ALTDEUTSCHE TEXTBIBLIOTHEK

Begründet von Hermann Paul · Fortgeführt von G. Baesecke
Herausgegeben von Hugo Kuhn

Nr. 74

Die Werke Notkers des Deutschen

Neue Ausgabe

Begonnen von Edward H. Sehrt und Taylor Starck
Fortgesetzt von James C. King und Petrus W. Tax

Band 8 A

Notker latinus

Die Quellen zu den Psalmen. Psalm 1–50

Herausgegeben von Petrus W. Tax

Max Niemeyer Verlag
Tübingen 1972

FÜR MARIA

Geb. Ausgabe ISBN 3-484-20058-8
Kart. Ausgabe ISBN 3-484-20059-6

© Max Niemeyer Verlag Tübingen 1972
Alle Rechte vorbehalten. Ohne ausdrückliche Genehmigung des Verlages ist es auch nicht gestattet, dieses Buch oder Teile daraus auf photomechanischem Wege (Photokopie, Mikrokopie) zu vervielfältigen.

INHALT

Zur neuen Ausgabe VII

Vorwort IX

Literaturverzeichnis XI

Abkürzungsverzeichnis XIII

Einleitung XV

    I. Allgemeines (§ 1-2) XV
    II. Die Psalmen (§ 3-9) XIX
    III. Die *Cantica* und die katechetischen Texte (§ 10-13) XXV
    IV. Forschungsprobleme (§ 14) XLVII
    V. Zur technischen Einrichtung des *Notker latinus* (§ 15) L

Notker latinus -- Die Quellen 1

ZUR NEUEN AUSGABE

Die beiden Herausgeber, James C. King und Petrus W. Tax, bringen die von Edward H. Sehrt und Taylor Starck begonnene Notker-Edition auf den neuesten Forschungsstand und führen sie zu Ende. Alle Texte werden nicht nur nach Mikrofilmen oder Photographien neu bearbeitet, sondern auch an den Handschriften selber überprüft. Auch die Frage nach den lateinischen Quellen von Notkers Erweiterungen und Erläuterungen wird aufs neue in Angriff genommen und womöglich an Hand der Notker zugänglichen St. Galler Handschriften zu beantworten gesucht. Der auf diese Weise erarbeitete *Notker latinus* oder Kommentar erscheint je nach dem Umfang entweder als Einlegeheft (etwa bei den *Categoriae*) oder als gesonderter Ergänzungsband (wie beim Psalter).

Nach förderlichen Beratungen mit den Herren Professoren Sehrt und Starck stellten die zwei Herausgeber im Jahre 1968 allgemeine Richtlinien und Vorschläge zur neuen Notker-Ausgabe auf. Diese wurden dann dem von Herrn Professor Hugo Kuhn, dem Herausgeber der Altdeutschen Textbibliothek, ins Leben gerufenen "Notker-Kuratorium" vorgelegt, das aus den Professoren Bernhard Bischoff, Ingeborg Schröbler und Stefan Sonderegger besteht. Übereinstimmung herrscht in folgenden Punkten:

1. Im Hinblick auf neuere Editionsauffassungen werden die Texte nicht normiert, sondern möglichst diplomatisch wiedergegeben. Wegen geplanter Faksimile-Ausgaben wurde auch beschlossen, alle Texte seiten- und zeilengetreu zu edieren.

2. Nur die lateinischen Originaltexte werden kursiviert, nicht Notkers lateinische Zusätze und Erläuterungen.

3. Interpunktion: Die kleine Pause wird durch den Punkt in der Mitte (.), die große Pause am Satzende durch den gewöhnlichen Punkt (.) bezeichnet.

4. Die handschriftlichen Abkürzungen und Ligaturen werden im Text stillschweigend aufgelöst, doch jeweils in der Einleitung besprochen. Besondere Abkürzungen sowie alle, die im deutschen Text vorkommen, werden im Apparat vermerkt.

5. Das lange ſ der Handschriften wird durch *s* wiedergegeben.

6. Aus Gründen der Deutlichkeit wird der Bindestrich, der in allen Notker-Handschriften (abgesehen von einem späten Psalterfragment) fehlt, maß-

voll eingeführt, und zwar bei der Silbentrennung am Zeilenende und zur Verbindung von Wortteilen, die in der Handschrift mit Zwischenraum geschrieben stehen, aber zweifellos zusammengehören. Da aber der Begriff der Worteinheit im Mittelalter von dem unseren teilweise verschieden sein dürfte, vermeiden die Herausgeber es, morphologische und syntaktische Vorentscheidungen zu treffen; in solchen Fällen bleiben sie bei der Handschrift.

7. Sonstige Zusätze des Herausgebers erscheinen neben dem eigentlichen Text auf dem Rand, so daß der Text selbst nicht unterbrochen oder verunziert wird.

In allen Fällen, wo keine verbindliche Regelung erreicht werden konnte, richten sich die Herausgeber nach den Anforderungen des Textes. Die jeweiligen Entscheidungen werden in der Einleitung des betreffenden Werkes begründet.

                                            James C. King   Petrus W. Tax
                                            Washington, D.C.   Chapel Hill, N.C.

VORWORT

Hiermit lege ich das Ergebnis meiner langjährigen Quellenuntersuchungen zu Notkers Psalmen vor. Das Werk erscheint in drei Bänden, parallel zu einer neuen dreibändigen Ausgabe von Notkers Psalter selbst.

Dieser neue *Notker latinus* hat dem Sucher nach den Quellen die Entzückung vieler Funde, dem Finder aber die langwierige Mühsal des Vergleichens, Abwägens und Ausarbeitens gebracht. Insgesamt jedoch überwog das Erfreuliche die Unannehmlichkeiten bei weitem. Die eingehende Beschäftigung nicht nur mit Notker selbst, sondern auch mit Autoren wie Augustin, Hieronymus, Boethius, Remigius, mit liturgischen Werken, vor allem aber mit den vielen Handschriften selber hat mir eine persönliche Bereicherung geschenkt, die einer *conuersio* gleichkommt. Galt es doch für mich, der bislang fast nur an höfischer Dichtung interessiert war, mich in Disziplinen wie Patristik, Liturgie, Paläographie zu vertiefen, Forschungsbereiche, die mir nahezu unbekannt waren.

Obwohl ich mich so gut wie ich konnte bemüht habe, wird diese Umwandlung nicht ganz ohne Bruch erfolgt sein. Für jede Kritik *sine ira et studio* sowie für jede sachliche Anregung werde ich daher dankbar sein. Insbesondere möchte ich mir zumindest *einen* Kritiker wünschen, einen Benediktiner-Germanisten etwa, der dieses *opus* von monastischem Standpunkt aus beurteilen würde. Denn so sehr ich versucht habe, mit diesem *Notker latinus* die Erforschung von Notkers Psalmenwerk auf eine neue konkrete *und* mediävistische Grundlage zu stellen, so bleibt auch hier gewiß noch manches zu tun übrig; ich selbst lerne noch jeden Tag hinzu. Es wäre daher für mich eine große Freude, in einigen Jahrzehnten eine bessere Auflage erscheinen lassen zu können.

Dieser *Notker latinus* wäre ohne Unterstützung und Mitarbeit vieler Personen und Instanzen nie zustandegekommen.

Es ist mir ein herzliches Bedürfnis, hier an erster Stelle Herrn Professor Johannes Duft, dem Direktor der Stiftsbibliothek in St. Gallen, und seinen Mitarbeitern dafür zu danken, daß sie mich im Sommer 1965 zwei Monate lang mit benediktinischer Gastfreundschaft aufgenommen und die *deliciae* der Handschriftenschätze ihrer Bibliothek haben kosten lassen. Dem "American

Council of Learned Societies" in New York bin ich für das Stipendium (Grant-in-aid), das meinen Aufenthalt in St. Gallen ermöglicht hat, zu Dank verpflichtet. Der Johns Hopkins University habe ich für einen Zuschuß zur Beschaffung von photographischen Reproduktionen zu danken.

Für Mikrofilme und Photographien von Handschriften sowie für wichtige kodikologische und bibliographische Auskünfte möchte ich neben Herrn Professor Duft folgenden Leitern von Handschriftenabteilungen auch hier meinen besonderen Dank aussprechen: Herrn Direktor Dr. Alfons Schönherr, Zentralbibliothek Zürich; Herrn Oberbibliotheksrat Dr. Kurt Hannemann, Badische Landesbibliothek, Karlsruhe; Herrn Dr. Hans Butzmann, Herzog August Bibliothek, Wolfenbüttel.

Es ist hier auch der Ort, den Herren Professoren *emeriti* Edward H. Sehrt und Taylor Starck nicht nur für alles, was sie für Notker und die Notker-Forschung seit über fünfzig Jahren getan haben, sondern auch für ihre weitere ständige Anteilnahme an der Notker-Arbeit der Jüngeren herzlich zu danken.

Den Mitgliedern des "Notker-Kuratoriums", Frau Professor Ingeborg Schröbler und den Herren Professoren Bernhard Bischoff und Stefan Sonderegger, bin ich für ihre Durchsicht großer Teile des Manuskriptes dankbar, Herrn Professor Bischoff auch für sonstige, mit gewohnter Liebenswürdigkeit erteilte Information. Herrn Professor Kuhn gilt mein Dank für die Aufnahme dieses *Notker latinus* in die "Altdeutsche Textbibliothek" und für *helfe unde rat* in manchen wichtigen Punkten. Herr Robert Harsch-Niemeyer und Frau Helga Jenkner haben immer wieder technische Fragen zu klären und zu lösen gewußt; dafür gebührt ihnen mein besonderer Dank.

Frau Professor Helen Adolf möchte ich auch an dieser Stelle für sachkundige Auskunft über den Tempel von Jerusalem und dessen fünfzehn Stufen von Herzen danken. Frau Professor Lieselotte E. Kurth gilt mein herzlicher Dank für die Sorgfalt, mit der sie große Teile der Einleitung auf Stilistisches hin durchgesehen hat; von ihren Anregungen habe ich vielfach Gebrauch gemacht; was stilistisch weniger gut ist, fällt mir zur Last. Ohne die unablässige und liebevolle Opferbereitschaft meiner Frau wäre dieser *Notker latinus* nie oder erheblich später erschienen. Wenn ich ihr dieses Buch zueigne, so ist das nur ein schwacher Abglanz des Dankes und des Verdienstes, die sie sich durch ihr Da-Sein um dieses Werk erworben hat.

Petrus W. Tax

LITERATURVERZEICHNIS

Vorbemerkung: Hier werden nur die Werke der Sekundärliteratur aufgeführt, aus denen öfter zitiert wird, auf die mehrmals verwiesen wird oder die immer wieder benutzt werden. Bei Zitaten und Verweisen wird nur der Verfassername oder der angegebene Kurztitel aufgeführt, darauf folgt dann die Bandzahl, die Seitenzahl oder - in einigen Fällen - die Nummer. Andere, bloß gelegentlich herangezogene Sekundärliteratur wird in den Anmerkungen an Ort und Stelle verzeichnet. Nähere Angaben zu den Primärtexten bringt die Einleitung.

Allgeier, Arthur, *Der Psalter Notkers von St. Gallen.* In: Festschrift Hans Vollmer. Potsdam 1941, 164-181 (Bibel und deutsche Kultur, Bd 11)

Bischoff, Bernhard, *Wendepunkte in der Geschichte der lateinischen Exegese im Frühmittelalter.* Sacris Erudiri 6 (1954) 189-281 (Wiederabgedruckt in: B.B., Mittelalterliche Studien. Ausgewählte Aufsätze zur Schriftkunde und Literaturgeschichte. Bd I. Stuttgart 1966, 205-273)

Bruckner, A., *Scriptoria Medii Aeui Heluetica. Denkmäler schweizerischer Schreibkunst des Mittelalters.* Bd 1-11. Genf 1935-1967

Butzmann, Hans, *Die Weissenburger Handschriften.* Frankfurt am Main 1964 (Kataloge der Herzog-August-Bibliothek Wolfenbüttel. Die neue Reihe, Bd 10)

Clark, J. M., *The Abbey of St Gall as a Centre of Literature and Art.* Cambridge 1926

Clauis Patrum Latinorum ... bearb. v. Eligius Dekkers und Aemilius Gaer. Steenbrugge ^{2}1961. Sacris Erudiri 3 (= *Clauis*)

Dutripon, F. P., *Vulgatae Editionis Bibliorum Sacrorum Concordantiae* ... Barri-Ducis ^{6}1875

Henrici, Ernst, *Die Quellen von Notkers Psalmen.* Straßburg 1878 (Quellen und Forschungen, Bd 29)

Hahn, August; Hahn, G. Ludwig, *Bibliothek der Symbole und Glaubensregeln der alten Kirche.* Breslau ^{3}1897 (Nachdruck Hildesheim 1962)

Holder, Alfred, *Die Reichenauer Handschriften. Bd I: Die Pergamenthandschriften.* Leipzig 1906 (Die Handschriften der Großherzoglich Badischen Hof- und Landesbibliothek in Karlsruhe, Bd 5)

Kattenbusch, Ferdinand, *Das Apostolische Symbol.* 2 Bde. Leipzig 1894 und 1900 (Nachdruck Hildesheim 1962)

Laistner, M. L. W.; King, H. H., *A Hand-list of Bede Manuscripts.* Ithaca 1943

Lowe, E. A., *Codices Latini Antiquiores. A Palaeographical Guide to Latin Manuscripts Prior to the Ninth Century.* Bd 1-11. Oxford 1934-1966

Mittelalterliche Bibliothekskataloge Deutschlands und der Schweiz. Bd I: *Die Bistümer Konstanz und Chur,* bearb. v. Paul Lehmann. München 1918 (= *MBK*)

Mohlberg, Leo Cunibert, *Mittelalterliche Handschriften.* Zürich 1932-1952 (Katalog der Handschriften der Zentralbibliothek Zürich, Bd 1)

Naumann, Hans, *Notkers Boethius. Untersuchungen über Quellen und Stil.* Straßburg 1913 (Quellen und Forschungen , Bd 121)

Ostberg, Kurt, *Notker III. als Lehrer.* In: St. Galler Klosterkultur. Renaissance, Heft 2 (Einsiedeln 1958/59) 14-25

Pflieger, André, *Liturgicae Orationis Concordantia Verbalia.* Prima Pars: *Missale Romanum.* Rom 1964

Scherrer, Gustav, *Verzeichniss der Handschriften der Stiftsbibliothek von St. Gallen.* Halle 1875

Seiler, Friedrich, Besprechung von Henrici, *Die Quellen ...* ZfdPh 10 (1879) 228-238

Stegmüller, Fridericus, *Repertorium Biblicum Medii Aeui.* Bd 1-7. Madrid 1940-1961

von den Steinen, Wolfram, *Notker der Dichter und seine geistige Welt.* [Bd 1:] *Darstellungsband*; [Bd 2:] *Editionsband.* Bern 1948

Steinmeyer, Elias, Besprechung von Henrici, *Die Quellen ...* AfdA 5 (1879) 216-221

Tax, P. W., *Notkers Psalmenerklärung und Hieronymus.* In: Taylor Starck Festschrift. The Hague 1964, 148-163

Wilhelm, Friedrich (Ed.), *Denkmäler deutscher Prosa des 11. und 12. Jahrhunderts.* 2 Bde. München 1914 und 1918 (Nachdruck in einem Bd, München 1960) (Germanistische Bücherei, Bd 3)

A B K Ü R Z U N G S V E R Z E I C H N I S

CC	= Corpus Christianorum, Series Latina
CSEL	= Corpus Scriptorum Ecclesiasticorum Latinorum
C(C)Sg	= St. Galler Handschrift(en)
CAug	= Reichenauer Handschrift
CTur	= Züricher Handschrift
MGH, Poetae	= Monumenta Germaniae Historica, Poetae Latini Medii Aeui. Bd 1-6 . Berlin, 1881-1951
Piper	= Pipers Ausgabe von Notkers Werken
PL	= Migne, Patrologia Latina
PLS	= Migne, Patrologia Latina Supplementum
Ps	= Psalm
Sehrt	= Sehrts Ausgabe von Notkers Psalter
S./St.	= Sehrts und Starcks Ausgabe von

    a) Notkers Übersetzung von Boethius, *De Consolatione Philosophiae*

    b) Notkers Übersetzung von Martianus Capella, *De Nuptiis Philologiae et Mercurii*

Vulgata	= Biblia Sacra Vulgatae Editionis ... Paris, 1922
LXX	= Septuaginta

EINLEITUNG

I				Obitus ... Notkeri doctissimi
				atque benignissimi magistri.
				(Necrologium Sancti Galli, saec. X-XI)

§ 1. Vor fast hundert Jahren erschien Henricis *Notker latinus* zu den Psalmen.[1] Das Werk war ein erster, verdienstvoller Versuch, die lateinischen Textstellen, die Notker aus patristischen und mittelalterlichen Psalmenkommentaren geschöpft und für seine Übersetzung und Auslegung der Psalmen benutzt hatte, zu einem Corpus zu vereinigen. So hatte man das Material beisammen, mit dessen Hilfe man besonders Notkers sprachliche Leistung angemessener beurteilen konnte.[2]
Der hier vorgelegte neue *Notker latinus* (= *Nl*) beruht gleichfalls auf dem Gedanken, daß man Notkers Übersetzungskunst in sprachlicher, allerdings auch in pädagogischer und unter Umständen in exegetischer Hinsicht erst voll würdigen kann, wenn man möglichst genau und vollständig weiß, was er aus seinen Quellen benutzt hat und wodurch er angeregt wurde. Es wird sich einerseits herausstellen, daß er gedanklich und motivisch weit mehr vom Reichtum der Tradition aufgenommen hat, als Henrici entdeckt hatte. So müßig es deshalb sein mag, das unzeitgemäße Kriterium der gedanklichen Originalität an Notkers Arbeit anzulegen, so findet man doch andererseits eine ausgesprochene Individualität in allem, was er formuliert. Die allein berechtigte Frage ist deshalb: Wie hat Notker das Übernommene in sprachlicher, syntaktischer, stilistischer, pädagogischer Hinsicht verwertet, worin liegt hier seine persönliche und einmalige Leistung?
Dieser *Nl* soll deshalb vor allem ein philologisches Arbeitsinstrument

---

1 Ernst Henrici, *Die Quellen von Notkers Psalmen*. Straßburg 1878, 45-358; vgl. die Besprechungen von Steinmeyer und Seiler.
2 Das nur bei Stegmüller, 4, 105 genannte Buch: A. S. Hayes, *The Sources of Notker's Commentary on the Psalms*, Diss. 1939, ließ sich auch in den Vereinigten Staaten nicht ermitteln; vgl. dazu: Bernd-Michael Neese, *Untersuchungen zum Wortschatz des Glossators von Notkers Psalmenkommentar*. Diss. Marburg 1966, 16, Anm. 56. Neeses Ausführungen über die "Misere" der Notker-Forschung könnten um viele Beispiele vermehrt werden.

(eine *ancilla philologiae*) sein, das weiteren Einzeluntersuchungen eine möglichst sichere Handhabe bieten möchte, mit der man Notkers spezifische Leistung besser und gerechter bewerten kann und gegebenenfalls von dem Hintergrund der mächtigen Tradition abzuheben vermag. Die eigentlich philologische Arbeit an Notker im oben angedeuteten Sinne wird zuverlässiger und zum Teil neu geleistet werden können; sie ist weithin noch in Angriff zu nehmen.

§ 2. Von Henricis erstem Versuch ist dieser *Nl* darin grundlegend verschieden, daß der Bearbeiter zum ersten Mal Notker dort aufgesucht hat, wo er sein ganzes Leben gewirkt hat: in der St. Galler Stiftsbibliothek. Die wohl einmalige und einmalig günstige Situation, daß beinahe alle Hss, die Notker zur Verfügung standen, bis heute erhalten sind und fast an demselben Ort aufbewahrt werden, wo Notker vor einem Jahrtausend lebte, wurde so gut wie möglich ausgenützt.[3] Das gilt nicht nur für die Psalmen, sondern vor allem auch für die *Cantica* und die katechetischen Texte, welche Henrici aus mir unbekannten Gründen nicht in seine Untersuchung einbezogen hatte. Während Henrici einfach Notkers Psalmen mit den modernen Ausgaben der zu untersuchenden Kommentare verglichen hatte, habe ich die reichen und prachtvollen Hss-Bestände der Stiftsbibliothek selbst herangezogen, indem ich während eines Aufenthaltes von zwei Monaten einerseits meine Exzerpte aus den modernsten Editionen an den CCSg überprüft, andererseits an Ort und Stelle nach noch unbekannten Quellen gesucht habe. Abgesehen von der seltenen Freude, nach fast einem Jahrtausend dieselben Hss studieren zu dürfen, die Notker vor sich hatte, waren die Ergebnisse dieser "zarten Empirie" vollauf der Mühe wert und in vielen Fällen höchst aufschlußreich. Denn wenn auch die Abweichungen der CCSg von unseren modernen Ausgaben in der Regel nicht sehr groß

---

3 Clarks gründliches Werk über das Kloster St. Gallen als Kulturzentrum im Mittelalter ist noch immer unentbehrlich. Zu den heutigen Handschriftenschätzen vergleiche man Scherrers Katalog; Bruckner, Bd 1-3; Lowe, Bd 7. Auf Grund der 13 erhaltenen mittelalterlichen Bibliothekskataloge St. Gallens (*MBK*, 66-146) können wir die meisten CCSg, zum großen Teil bis ins 9. Jh., zurückverfolgen. Es ist fast ein Wunder, daß so wenig verlorengegangen ist. Eine Anzahl von CCSg befindet sich jetzt allerdings in anderen Bibliotheken. Es würde sich wohl lohnen, alle auswärtigen CCSg bibliographisch und paläographisch zu bearbeiten; vgl. einstweilen die Hinweise und Übersichten, *MBK*, 62-65 mit den Nachträgen, 595f.; Clark, 303-304 (**Appendix** C); Mohlberg, vor allem die Nachträge und das Register s. v. *Sankt Gallen*; Bruckner, passim. Herr Professor Starck hat bei seinen Nachforschungen für seine "Niederdeutsche Bibliographie" viele CCSg in der Bremer Staatsbibliothek vorgefunden, wohin sie durch Melchior Goldast gekommen sind; vgl. auch Bruckner, 3, 50, Anm. 3. Sollte man die ursprünglichen CCSg nicht zumindest in Form von Mikrofilmen der ehrwürdigen Stiftsbibliothek zurückgeben?

sind, so gibt es doch sehr viele Einzelheiten, die verschieden sind; die
Folge ist, daß Henricis *Nl* zahlreiche Stellen aufweist, die in diesen Hss
überhaupt nicht vorkommen oder nicht in der Form, wie Henrici sie aufführt;
wie hätte Notker solche Texte verarbeiten können? Von dem vielen Neuen aber,
das gefunden wurde, wird die Einleitung weiter unten berichten und der *Nl*
selbst Zeugnis ablegen.

Einige Fälle ausgenommen, in denen etwa die CCSg wegen ausgeschnittener Blätter oder sonstiger Verluste jetzt unvollständig sind, enthält der neue *Nl*
selbst nichts, was nicht an den CCSg überprüft wurde, die Notker zur Verfügung standen. Was sonst an möglichen, aber nicht sicheren Quellen für Notker
in Frage kommen könnte, erscheint in den Anmerkungen zur Stelle.

Es ergibt sich freilich die Frage, ob Notker jede Stelle auch gesehen hat, die
im *Nl* selbst vertreten ist. Man darf von vornherein annehmen, daß der gelehrte *magister* in der Exegese so bewandert war, daß er in einigen Fällen von sich
aus zu ähnlichen Auslegungen wie die der Kommentare hätte kommen können. Das
dürfte besonders dort zutreffen, wo Beispiele geläufiger Exegese vorliegen.
Geleitet aber von dem methodischen Gedanken, daß die Art und Weise, wie Notker
eine gegebene Psalmstelle überhaupt so auslegt, wie er es tut (er hätte sie
auch anders auslegen oder bloß übersetzen können), der Begründung bedarf, habe
ich in der Regel überall, wo ich in den Kommentaren *an entsprechender Stelle*
eine Parallele zu Notkers Gedanken oder Formulierungen fand, diese Entsprechung auch aufgenommen. Ein Zuviel ist hier wohl besser als ein Zuwenig.

Gelegentlich ist in der Notker-Literatur der Wunsch geäußert worden, daß der
Nl auch angeben sollte, was Notker aus seinen Quellen *nicht* übernommen hat.[4]
Diese Bitte wäre sehr schwer zu erfüllen, denn bei dem Zuwachs an Quellenmaterial, das Notker gesehen haben kann, und deshalb bei dem Umfang des Weggelassenen wäre das ein Unterfangen, das den *Nl* zu nicht verantwortbaren und
wohl auch unerwünschten Proportionen anwachsen ließe. Auch scheint mir, daß
diese Bitte auf unrichtigen Voraussetzungen beruht. Notker war in seinem
Psalmenwerk nicht ein Exeget, der sich mit interpretatorischen Problemen kritisch auseinandersetzte und so ein neues, persönliches Lehrsystem aufbaute;
er war an erster Stelle ein Pädagoge, dessen Hauptziel bei der Auslegung der
Psalmen es war, seine Schüler zu religiösem Wissen und zur Frömmigkeit anzuhalten; geleitet von erzieherischen Absichten und von seiner eigenen Religiosität übernahm er, was er *hic et nunc* am besten gebrauchen konnte, wobei

---

4 Etwa Ostberg, 19.

seine Neigung zur Kombination und zur Synthese sehr viel stärker war als
sein Bemühen um Analyse und Differenzierung. Was Notker nicht übernommen
hat, ist also relativ unwichtig: er hat es weggelassen, hat es aber deshalb
nicht kritisch oder aus theologischen Gründen verworfen; derselbe Gedanke
mag bei ihm hier ausgelassen, dort aber aufgenommen werden. Da also Notkers
Kraft im Wort, nicht im Gedanken, in der Formulierung des Übernommenen,[5]
nicht in der Erarbeitung des schöpferisch Neuen liegt, habe ich nicht so
sehr das Weggelassene berücksichtigt, sondern mich vielmehr bemüht, im *Nl*
die jeweiligen Gedankengänge, die Art und Weise der Argumentation, wie die
Quellen sie bieten, so deutlich wie möglich hervortreten zu lassen. Für den-
jenigen, der Notker als Exegeten studieren möchte (eine dennoch fruchtbare
Aufgabe, sofern man die Aspekte der Frömmigkeit und der Pädagogik als für
Notker bedeutsamer erkennt), habe ich, soweit es mir mit einfachen Mitteln
möglich war, angedeutet, wo die Vorlagen andere Wege gehen, indem ich etwa
Adversativ- und Disjunktivwörter (*sed, siue, licet,* usw.) übernommen habe.
Sonst hoffe ich, daß die jeweilige genaue Seitenangabe der Quellen das Nach-
schlagen der Kommentare selbst erleichtern möge. Das gilt nicht nur für die-
jenigen, die an Notker als Ausleger interessiert sind, sondern auch in den
Fällen, wo ich wider Erwarten und gegen meine Absicht die lateinischen Stellen doch zu sehr gerafft haben sollte.

Die Texte, aus denen der *Nl* aufgebaut ist, sind den besten modernen Ausgaben
entnommen. Sofern diese Editionen die CCSg berücksichtigen, habe ich es in
der Regel nicht für nötig gehalten, diese Hss durchzuvergleichen. Haben die
modernen Ausgaben die CCSg nicht herangezogen, so habe ich meine Exzerpte
aus diesen Ausgaben sämtlich an den CCSg überprüft, in einigen Fällen auch
die ganzen Hss durchgenommen, und zwar an Ort und Stelle oder an Hand von
Mikrofilmen oder Photokopien. Die wichtigeren, vor allem die für Notker re-
levanten Abweichungen der CCSg von unseren modernen Ausgaben habe ich in den
Anmerkungen verzeichnet; sie sind also maßgeblich. Die noch nicht edierten
Texte führe ich nach den Hss selbst an, die ich gleichfalls in St. Gallen
oder nach photographischen Reproduktionen exzerpiert habe. Es verdient erwähnt zu werden, daß die CCSg, die heute in der Stiftsbibliothek aufbewahrt
werden, paginiert, nicht foliiert sind.

---

[5] Wie weit man hier durch geduldiges Hinhören und Vergleichen kommen kann, zeigt die Arbeit von Dietlinde Klein, *Der caritas-minna-Begriff im Psalmenkommentar Notkers des Deutschen. Eine Wortuntersuchung als Versuch einer Darstellung von Notkers Sprache.* Diss. Freiburg i. Br. 1963.

Notkers Psalmenwerk, wie es vollständig nur im CSg 21 vorliegt, umfaßt seine Übersetzung und Auslegung a) aller 150 Psalmen, b) der sogenannten *Cantica Veteris et Noui Testamenti* sowie einiger katechetischen Texte, des Vaterunsers, des Apostolischen Glaubensbekenntnisses und des sogenannten Athanasianischen Glaubensbekenntnisses. Im folgenden werde ich zuerst auf die Quellen zu Notkers Psalmen eingehen, dann auf die Probleme, die mit dem Nl zu den *Cantica* und den katechetischen Stücken verbunden sind.

II. DIE PSALMEN

> Certat in psalmo doctrina cum gratia.
> (Ambrosius, Einleitung zu seiner Auslegung von Ps 1)

§ 3. Meine Nachforschungen haben Henricis Ergebnis, daß Augustin[6] und Cassiodor die Hauptquellen für Notkers Auslegung der Psalmen sind, nur bestätigen können.

a) Augustin, *Enarrationes in psalmos* (= A); vgl. Stegmüller, 2, Nr. 1463; *Clauis*, Nr. 283.

> Ausg.: CC 38-40 (hg. v. E. Dekkers und I. Fraipont). Diese Ausgabe berücksichtigt die CCSg nicht.
> Hss.: CCSg 162 (Ps 1-35), 165 (Ps 36-50), 163 (Ps 51-76), 164 (Ps 77-100), 166 (Ps 101-118); alle 9. Jh.; vgl. Scherrer, 60; Bruckner, 3, 76f. sowie die Faks. auf Taf. VI und VII.

Nach dem St. Galler Katalog aus der Mitte des 9. Jhs. (*MBK*, 74, Z. 10f., vgl. auch 83, Z. 35f.) war A in der Bibliothek *in uoluminibus sex* vorhanden. Der Katalog von 1461 erwähnt nur 5 Bände (*MBK*, 105, Z. 9-14), der letzte (Ps 119-150) fehlt; das ist bis heute so. Nach langem Suchen fand ich ihn[7] in der Zentralbibliothek Zürich: CTur Car. C 32; vgl. Mohlberg, 101 und besonders den Nachtrag, 369. Leider ist diese Hs nicht mehr vollständig, etwa ein Drittel (von Ps 138,22 an) fehlt.[8]

---

6 Ich habe auch Augustins *De ciuitate Dei*, Buch 17, Kap. 9-19, durchgesehen CC 48, 572-586; diese Ausgabe berücksichtigt CSg 178; 9. Jh. Darin deutet Augustin einige Psalmen (3, 15, 21, 40, 44, 67, 68, 88 und 109) auf Christus und die *ciuitas Dei* hin.

7 Diese Hs wird nicht genannt von A. Wilmart, La tradition des grands ouvrages de Saint Augustin. IV. Les Enarrations. In *Miscellanea Agostiniana*. II (Rom 1931), 295-315; auch im Nachtrag zu Wilmarts Übersicht, CC 38, VI, Anm. 4, erscheint sie nicht.

8 Für briefliche Auskunft über diese Hs möchte ich auch an dieser Stelle Herrn Dr. Alfons Schönherr, dem Direktor der Hss-Abteilung der Zentralbibliothek in Zürich, freundlich danken. Er schrieb mir unter anderem (22.11.1965): "... Diese von mehreren Schreibern unter Abt Grimalt

b) Cassiodor, *Expositio psalmorum* (= C); vgl. Stegmüller, 2, Nr. 1894; *Clauis*, Nr. 900.

    Ausg.: CC 97-98 (hg. v. M. Adriaen). Diese Ausgabe berücksichtigt die CCSg nicht.
    Hss.: CCSg 200 (Ps 1-50), 201 (Ps 51-100), 202 (Ps 101-150); alle 9. Jh.; vgl. Scherrer, 74f.; Bruckner, 3, 81f. sowie die Faks. auf Taf. VII und VIII.

§ 4. An sekundären Quellen, d.h. Werke, aus denen Notker nur gelegentlich geschöpft hat, fand Henrici: Ps-Hieronymus, *Breuiarium in psalmos*; Beda; Remigius; Haymo; Rufinus; Gregor und Alkuin. Die neuere und neueste Forschung hat aber nachgewiesen, daß die Kommentare des Beda, Gregor, Haymo und Rufinus unecht sind;[9] sie wurden von nachnotkerschen Autoren verfaßt oder kompiliert und, wie so oft, berühmten Persönlichkeiten untergeschoben. Notker kann sie natürlich nicht gekannt haben.

Folgende sekundäre Quellen - sie sind teilweise neuentdeckt - wurden von mir mit Erfolg durchgenommen:

a) Ps-Hieronymus, *Breuiarium in psalmos* (= Br); vgl. Stegmüller, 3, Nr. 3333; *Clauis*, Nr. 629.

---

    geschriebene Hs ist heute tatsächlich unvollständig, d.h. es fehlt der Schlußteil der Enarrationes. Der Verlust muß aber sehr alt sein und jedenfalls beim Neubinden der Hs im 15. Jahrhundert schon bestanden haben. Nach einer groben Berechnung fehlt ca. 1 Drittel des ursprünglichen Codex. Gewisse Anzeichen sprechen auch dafür, daß der Band in alter Zeit und zwar ebenfalls vor 1461 einmal einer gewissen Feuchtigkeitseinwirkung ausgesetzt war. Es erweckt durchaus den Anschein, als ob damals die letzten 10 Lagen zugrundegegangen wären und deshalb entfernt worden wären. ... Zu welchem näheren Zeitpunkt oder aus welchem Anlaß der vorliegende Sangallensis in die Bibliothek des Züricher Großmünsters gelangte, läßt sich durch keinerlei Hinweis mehr ermitteln, jedenfalls aber noch im 15. Jahrhundert. ..." Da Notker offensichtlich A auch nach Ps 138, 22 noch benutzt hat, dürfen wir wohl annehmen, daß dieser CSg zu seiner Zeit komplett war. Von Ps 138, 22 an habe ich A natürlich nicht an dem ursprünglichen CSg überprüfen können. Weil St. Gallen aber der Reichenau in mancher Hinsicht so nahe war, habe ich versuchsweise den Schlußteil von Augustins *Enarrationes* (Ps 126-150) nach dem CAug 36 (jetzt in Karlsruhe; vgl. Holder, 139f.) herangezogen. Es stellte sich heraus, daß die Texte von CTur Car. C 32 und CAug 36 völlig übereinstimmen: sie zeigen genau dieselben Abweichungen von der CC-Ausgabe. Die eine Hs ist offensichtlich eine direkte Abschrift der anderen; da CAug älter ist (Holder, 139: Anfang des 9. Jhs), muß CTur die Abschrift sein. Ich habe also den letzten Teil von A im *Nl* "stellvertretend" an dem CAug 36 überprüft. Auch für eine weitere größere Lücke im CSg 166 von A (S. 277-288; Ps 114, 8-117, 22) habe ich den entsprechenden Text aus demselben CAug 36 herangezogen.

9 Vgl. Stegmüller, unter den betreffenden Autoren; fast alle Forschungsbeiträge sind hier verzeichnet.

Ausg.: PL 26, Sp. 871-1346. Diese Ausgabe berücksichtigt den CSg nicht.
Hs.: CSg 107; 9. Jh.; vgl. Scherrer, 40. Der Text dieser Hs wicht vielfach von dem in PL ab.

b) Hieronymus, *Tractatus siue homiliae in psalmos* (= HT); vgl. Stegmüller, 3, Nr. 3325; 3330-3331; *Clauis*, Nr. 592; 593.

Ausg.: CC 78 (hg. v. G. Morin).

In einem früheren Aufsatz habe ich meine Auffassung begründet, daß Notker sehr wahrscheinlich nur Gruppe 1 dieser HT (CC 78, 1-352), nicht Gruppe 2 (ebda, 353-447) noch auch Hieronymus' *Commentarioli in psalmos* (= HC, hg. v. G. Morin, CC 72, 163-245) gekannt hat.[10] Die Edition dieser Gruppe 1 beruht in der Hauptsache auf 4 Hss; zwei davon sind CCSg: 108 und 109; 8./9. bzw. 8. Jh; vgl. Scherrer, 41; Lowe, 7, Nr. 905 und 906 mit den Faks.; Bruckner, 1, 88 sowie die Faks. auf Taf. I und II; Bruckner, 2, 60f. sowie die Faks. auf Taf. VII und XVIII.

Über Notkers Verhältnis zu den HT und zum Br gibt mein Artikel Aufschluß.[11] Daß Notker das Br benutzt hat, konnte die Überprüfung von CSg 107 nur noch bestätigen. Ich bin jetzt mehr als früher geneigt anzunehmen, daß er auch die CCSg der HT herangezogen hat, was nur natürlich gewesen wäre, da beide auf der jeweiligen Titelseite ausdrücklich als Werke des Hieronymus bezeichnet werden. Der Hauptgrund ist, daß die HT einige Plusstellen gegenüber dem Br aufweisen (vgl. besonders zu Ps 14!), die bei Notker ihre Entsprechung finden. Auch ist die Schrift in CCSg 108 und 109 im allgemeinen viel größer und kräftiger als in CSg 107, der streckenweise sehr klein geschrieben ist. Da das Br die HT weithin ausschreibt, wird sich kaum ausmachen lassen, welche der Hss Notker in den Fällen, wo beide Werke übereinstimmen, vor sich hatte.

c) Hieronymus, *Epistula 106, ad Sunniam et Fretelam*; vgl. Stegmüller, 3, Nr. 3343.

Ausg.: CSEL 55, 247-289 (hg. v. I. Hilberg). Diese Ausgabe berücksichtigt den CSg nicht.
Hs.: CSg 446, 303-340; 10. Jh.; vgl. Scherrer, 144-146. Es ist wohl möglich, daß dieser Hieronymusbrief auch vorhanden war in den *uolumina IIII* der *Epistolarum Hieronimi*, die der Katalog aus der Mitte des 9. Jhs. erwähnt (*MBK*, 73, Z. 20f.). Leider sind diese Bände verschollen; CSg 159 mit seinen 40 Hieronymusbriefen gehört wegen seines sonst gemischten Inhalts wohl nicht dazu.

---

10 Vgl. Tax, 159-161. Zu Hieronymus' Beschäftigung mit den Psalmen vgl. die grundlegende Arbeit von Dom Germain Morin, Les monuments de la prédication de Saint Jérôme. In *Études, textes, découvertes*. Tome I (Maredsous und Paris 1913), 220-293.
11 Der dort versprochene zweite Teil meiner Untersuchungen über Notker und Hieronymus wurde im neuen *Nl* eingearbeitet. Leider besteht die Unklarheit in den Angaben der St. Galler Kataloge über die Psalmenkommentare des Hieronymus (S. 161, Anm. 18) weiter.

d) Prosper von Aquitanien, *Expositio psalmorum a C usque ad CL* (= Pr); vgl. Stegmüller, 4, Nr. 7011; *Clauis*, Nr. 524.

    Ausg.: PL 51, Sp. 277-426. Diese Ausgabe berücksichtigt den CSg nicht.
    Hs.:   CSg 184, 2-188; 9. Jh.; vgl. Scherrer, 64f.; Bruckner, 3, 79f.

e) Alkuin, *Expositio in VII psalmos paenitentiae*; *Expositio in psalmum CXVIII*; *Expositio in psalmos XV, canticum graduum* (= Al); vgl. Stegmüller, 2, Nr. 1089-1091.

    Ausg.: PL 100, 569-596; 597-620; 619-638. Diese Ausgabe berücksichtigt
          den CSg nicht.
    Hs.:   CSg 267, 45-106; 120-182; 182-236; 9. Jh.; vgl. Scherrer, 100;
          Bruckner, 2, 76 sowie das Faks. auf Tafel XLI. Der Text des CSg
          ist vielfach von dem in PL verschieden.

f) Walahfrid Strabo, *Explanatio psalterii excepta ex decadis beati Augustini episcopi* (= WS); vgl. Stegmüller, 5, Nr. 8324.

    Ausg.: PL 114, 751-794; nur Ps 1-20, ein Abdruck der Ausgabe, die Pez im
          Jahre 1723 nach der Reichenauer Hs (CAug 192, jetzt in Karlsruhe)
          veröffentlicht hatte; vgl. Holder, 434-437.
    Hss.: CCSg 167 (Ps 1-76), 317 (Ps 1-76), 313 (Ps 77-150); alle 9. Jh.;
          vgl. Scherrer, 60; 112; 113; Bruckner, 3, 77; 95; Leo Cunibert
          Mohlberg, Kleine Notizen zu einem "verschollenen" Psalmen-Kommen-
          tar Walahfrid Strabos. In: *Miscellanea Mercati*, II (Città del Va-
          ticano, 1946), 1-15. Studi e Testi, Bd 122.

Keine dieser Hss erwähnt den Namen des Walahfrid auf der Titelseite. Ob Notker gewußt hat, daß dieser Kommentar von ihm verfaßt wurde, muß offenbleiben. CCSg 167 und 313 gehören offensichtlich zusammen; beide sind zweispaltig und, wie ich glaube, teilweise von Notker Balbulus geschrieben; sie gehören zu den besten CCSg überhaupt.[12] Ich habe deshalb diese beiden Hss zugrundegelegt. Wie der *Nl* zeigen wird, hat Notker diesen Kommentar weit mehr zu schätzen gewußt als die Moderne. Ob er unrecht hatte?

g) Anonym, Randglosse zu einem lateinischen Psalter in CSg 27 (= CSg 27); 9. Jh.; vgl. Stegmüller, 7, Nr. 11025; Scherrer, 14f.; Bruckner, 3,59 sowie das Faks. auf Taf. III.

CSg 27 ist eine vorzüglich geschriebene, dreispaltige Hs; die Mittelspalte enthält in sehr großer Schrift den lateinischen Text der Psalmen, der *Cantica*, usw., der Kommentar in kleiner Schrift steht am Rande, abwechselnd links und rechts; zu Anfang auch einige wohl etwas spätere Interlinearglossen, die teilweise sehr auffällige Ober- und Unterlängen aufweisen; vgl. das Faks. bei Bruckner.[13]

---

12 Von ihnen heißt es *MBK*, 84, Z. 1: "Item de eisdem libris [Augustins *Enarrationes*] in uoluminibus duobus excerpta ualde necessaria."
13 Auf diese Hs bezieht sich wohl der Eintrag im *Verzeichnis der Privatbibliothek des Abtes Grimald* (*841-872*): "Psalterium optimum glossatum, quod ipse

h) Anonym, *Eglogae tractatorum in psalterium* (=*Eglogae*).
   Hs.: CSg 261, 146-274; 9. Jh.; vgl. Stegmüller, 2, Nr. 1665; 7, Nr. 11035; Scherrer, 98; Bruckner, 3, 88; Bischoff, 233.

Für seine etymologischen und sachlichen Erklärungen hat Notker öfter benutzt:

i) Isidor von Sevilla, *Etymologiarum siue originum libri XX* (= Isidor, *Et.*).
   Ausg.: W. M. Lindsay, 2 Bde, Oxford 1911 (= 1957, 1962).

Lindsay hat die CCSg 231, 232, 233, 235, 237, und 913 (Exzerpt) herangezogen. Da diese Hss, noch um einige andere vermehrt, zu Notkers Zeiten in St. Gallen vorhanden waren, habe ich darauf verzichtet, meine Exzerpte an den CCSg zu überprüfen: der Aufwand hätte in keinem Verhältnis zu den Ergebnissen gestanden. Vielmehr habe ich in St. Gallen CSg 905 (9. Jh.) durchgenommen, die sog. *Glossa(e) Salomonis* (= GS). Diese Hs,[14] einer der größten und umfangreichsten der CCSg, enthält ein alphabetisches Wörterbuch, in dem zu jedem Lemma Varianten und Synonyme, Etymologien und Erklärung gegeben werden. Letztere stammen aus den Kirchenvätern, aus grammatischen und historischen Schriften, aus dem Physiologus und Isidor; sie sind öfters namentlich gekennzeichnet. In Bezug auf die *Etymologiae* könnte man sagen, daß die Zusammensteller der GS Isidors systematische Enzyklopädie alphabetisiert haben.

Wenn man auch annehmen darf, daß Notker mit den *Etymologiae* selber wohlvertraut war, so dürfte er doch öfter den leichteren Weg gewählt und die GS nachgeschlagen haben, wenn er sich für die Bedeutung oder Herkunft eines Wortes besonders interessierte. Ich habe manche Sacherklärung Notkers zuerst in den GS gesucht und ermittelt; erst später fand ich dann dieselbe oder eine ähnliche Erklärung in Isidors eigenem Werk. Die Anzahl der Plusstellen aus den GS gegenüber denen aus den *Etymologiae* selber ist aber bei Notker zu gering, um einer der beiden Quellen den Vorrang geben zu können. In der Regel habe ich also nach Lindsay's Ausgabe zitiert, in den obenerwähnten Fällen - nicht allgemein! - aber auf die GS verwiesen.

k) Bibelzitate oder Anklänge an die Bibel (Vulgata) bei Notker habe ich so gut ich konnte zu identifizieren versucht, sofern das in den Quellen selbst nicht schon geschehen war. Einige Reminiszenzen Notkers aus Autoren, die ihm bestimmt bekannt waren, habe ich an passender Stelle im *Nl* untergebracht.[15]

Grimaldus Notingo Brixiensi episcopo primum, post uero Engelbirge regine dedit et per Rihbertum magistrum aliud restituit." (*MBK*, 88f.). Habent sua fata codices! Im übrigen hatte schon Steinmeyer, 217, diese Hs erwähnt. Sein Hinweis blieb unbeachtet.

14 Vgl. J. A. Mc Geachy, Jr., The *Glossarium Salomonis* and its Relationship to the *Liber glossarum*. Speculum 13 (1938) 309-318; Scherrer, 321-323.

15 Die Quellen zu den interpretierenden Übersetzungen des Glossators, der ja nicht mit Notker identisch ist, werde ich in meiner neuen Ausgabe von

§ 5. Von den sonstigen vornotkerschen Kommentaren zum Psalter oder zu einzelnen Psalmen seien die unten folgenden genannt.[16] Da sie für die Stiftsbibliothek nicht bezeugt sind oder dort nicht nachgewiesen werden können,[17] ist es unsicher, ob Notker sie gekannt hat.

a) (Ps-)Theodorus von Mopsuestia und Iulianus von Eclanum; vgl. Stegmüller, 3, Nr. 5316; 5316, 1; 5, Nr. 7992; *Clauis*, Nr. 777.

    Ausg.: Robert Devreesse, *Le commentaire de Théodore de Mopsueste sur les psaumes (I-LXXX)*. Città del Vaticano, 1939. Studi e Testi, Bd 93 (Nachdruck, 1962); *Il codice Irlandese dell'Ambrosiana*, edito e illustrato da G. I. Ascoli. Rom, Turin, Florenz, 1878. Archivio Glottologico Italiano, Bd 5.

b) Ambrosius, *Explanatio super psalmos XII*; vgl. Stegmüller, 2, Nr. 1241; *Clauis*, Nr. 140.

    Ausg.: CSEL 64 (hg. v. M. Petschenig).

c) Ambrosius, *Expositio de psalmo CXVIII*; vgl, Stegmüller, 2, Nr. 1242; *Clauis*, Nr. 141.

    Ausg.: CSEL 62 (hg. v. M. Petschenig).

d) Hilarius von Poitiers, *Tractatus super psalmos*; vgl. Stegmüller, 3, Nr. 3540; *Clauis*, Nr. 428.

    Ausg.: CSEL 22 (hg. v. A. Zingerle).

Hilarius' Werk war teilweise (Ps 119-147) ursprünglich in CSg 722 vorhanden; diese Hs war aber schon zu Notkers Zeiten ein *codex rescriptus*, so daß nur ein kleiner Teil des ursprünglichen Hilarius-Textes für ihn sichtbar war; vgl. Lowe, 7, Nr. 947 mit Faks.; Bruckner, 1, 91-93 sowie die Faks. auf Taf. I, IV und V.

e) Hieronymus, *Tractatus in psalmos XIV* (= HT, Gruppe 2) und *Commentarioli in psalmos* (= HC); vgl. oben § 4 b) und die dort genannte Literatur.

f) Hieronymus, *Epistula 65, ad Principiam uirginem explanatio psalmi XLIV*; vgl. Stegmüller, 3, Nr. 3344.

    Ausg.: CSEL 54, 616-647 (hg. v. I. Hilberg).

    Notkers Psalter angeben. Die Quellen zu den von Notker abweichenden Teilen des "Wiener Notker" (vgl. Henrici, 26f.) habe ich in einem Anhang zum *Nl* untergebracht.

16 Ich habe alle gedruckt vorliegenden vornotkerschen Kommentare zu den Psalmen, die bei Stegmüller verzeichnet sind, durchgenommen, abgesehen von den griechischen. Einmal ist von letzteren in St. Gallen nichts bekannt, zweitens hatte schon Henrici die für Notker in Betracht kommenden Texte ohne Erfolg durchgenommen (S. 24). Eine Ausnahme habe ich bei dem Kommentar des (Ps-)Theodorus gemacht, weil die Haupths aus Bobbio stammt.

17 Hilarius' Werk bildet eine gewisse Ausnahme.

g) Hieronymus, *Epistula 140, ad Cyprianum presbyterum de psalmo LXXXVIIII*; vgl. Stegmüller, 3, Nr. 3346.

Ausg.: CSEL 56, 269-289 (hg. v. I. Hilberg).

h) Hieronymus, *Epistula 34, ad Marcellam* (über Ps 126); vgl. Stegmüller, 3, Nr. 3349.

Ausg.: CSEL 54, 259-264 (hg. v. I. Hilberg).

Obwohl diese drei Briefe heute in St. Gallen nicht zu finden sind, halte ich es für sehr wahrscheinlich, daß sie in der Sammlung der Hieronymusbriefe [vgl. oben § 4c] vorhanden waren.

i) Arnobius Iunior, *Commentarii in psalmos*; vgl. Stegmüller, 2, Nr. 1439; *Clauis*, Nr. 242.

Ausg.: PL 53, Sp. 327-570.

Arnobius' Werk war auf der Reichenau vorhanden; die Hs ist jetzt in Karlsruhe als CAug 184; 10. Jh.; vgl. Holder, 423f.

Die Überprüfung all dieser Kommentare war bis auf einige Stellen, die für Notker möglicherweise relevant sind (ich habe sie in den Fußnoten angeführt), unergiebig. Das bedeutet nicht, daß es nicht öfters Entsprechungen zwischen diesen Kommentaren und Notker gäbe, sondern daß solche Parallelen in den Kommentaren, die er sicher gekannt hat, in einer Form vertreten sind, die seinem Wortlaut näher steht.

Eine überraschende Ausnahme bildete:

k) der echte Psalmenkommentar des Remigius von Auxerre (= R); vgl. Stegmüller, 5, 7212; 7213.

Henrici hatte einen Kommentar, als dessen Verfasser Remigius galt, durchverglichen und etwa 20 Entsprechungen gefunden. Vaccari[18] wies dann nach, daß dieser Kommentar eine späte Kompilation darstellt, in der der echte Remigius teilweise benutzt wurde; einige frühe Hss, in denen diese echte Psalmenerklärung bis heute vorliegt, sind bei Vaccari aufgeführt; eine dieser Hss - die einzige, die uns aus einem deutschen Kloster erhalten ist - stammt aus Weißenburg; sie wurde 10./11. Jh. geschrieben und befindet sich jetzt in Wolfenbüttel (Weißenburg 5; vgl. Butzmann, 99f.). Einen Mikrofilm dieser Hs, deren Text durch das Fehlen einer Lage und auch sonst nicht komplett ist, habe ich durchverglichen. Das Ergebnis war mehr als überraschend: einerseits stellte sich heraus, daß fast alle Stellen, die Henrici dem Ps-Remigius

---

18 Alberto Vaccari, Il genuino commento ai salmi di Remigio di Auxerre. Biblica 26 (1945) 52-99. Über die Abfassungszeit des Ps-Remigius heißt es S. 57: "In pari tempo abbiamo un punto fisso per affermare che tutta l'opera non fu compilata prima del sec. XII."

entnommen hatte, fehlten. Auf der anderen Seite aber fand ich so viele und
so bedeutsame Übereinstimmungen, die ich sonst nicht nachweisen kann, daß
ich es für sicher halte, daß Notker den Remigius in irgendeiner Form benutzt
hat. Das Problem ist: in welcher Form.
Notker hatte Kommentare des Remigius schon bei seiner Auslegung von Boethius'
Consolatio und des Martianus Capella herangezogen; er schätzte sie und Remigius selber offensichtlich sehr. Es würde deshalb auf der Hand liegen, daß
er für seine Psalmenauslegung auch den Psalmenkommentar seines so gleichgesinnten Kollegen benutzt hätte – sofern es ihm bekannt war, daß Remigius
einen solchen Kommentar verfaßt hatte. Von dem Vorhandensein eines Exemplars
in St. Gallen zu Notkers Zeiten wissen wir freilich nichts. Wie wahrscheinlich es auch sein mag, daß Notker sich das Exemplar aus dem Kloster Weißenburg, das mit St. Gallen im Verhältnis der *fraternitas* stand und auch sonst
vielfache Verbindungen damit hatte, für eine gewisse Zeit ausgeborgt hat,[19]
so fehlt doch jeder sichere Beweis dafür, daß Notker dieses (oder ein anderes) Exemplar dieses Kommentars gesehen hat. Es kommt noch etwas hinzu.
Remigius gilt als ein sehr gelehrter, aber auch als ein sehr unselbständiger
magister. Es bleibt so die Möglichkeit, daß die Entsprechungen zwischen Notker und Remigius auf eine ihnen gemeinsame Quelle zurückzuführen sind, die uns
verlorengegangen ist.[20] Man könnte an den Psalmenkommentar des Kolumban denken, der noch immer verschollen ist,[21] im Katalog aus der Mitte des 9. Jhs
aber für St. Gallen bezeugt wird (*MBK*, 76, Z. 22f.). Vielleicht kann die Ausgabe des echten Psalmenkommentars des Remigius, die von mir vorbereitet wird,
uns mehr Aufschluß geben, besonders im Hinblick auf die Lücken im Weißenburger Exemplar. Einstweilen halte ich es deshalb für ratsamer, die Entsprechungen
aus dem echten Remigius in den Fußnoten zum *Nl* zu verzeichnen.[22]

---

19 Auch zeitlich wäre das gerade möglich.
20 Wissenschaftsgeschichtlich gesehen verschiebt sich das Problem auf eine
   fesselnde Weise: Hatte Henrici seinerzeit manches Unbekannte bei Notker
   Hieronymus zugeschrieben, so müssen wir über den inzwischen wiederentdeckten Hieronymus hinaus weitersuchen.
21 Vgl. *Clauis*, Nr. 777; nach François Masais Notiz in Scriptorium 13 (1959)
   242f. war ein Exemplar dieses Kommentars noch im 17. und 18. Jh. in der
   Bibliothek des Klosters Luxueuil vorhanden.
22 Ich habe darauf verzichtet, den nur in einer Einsiedler-Hs des 8. Jhs vorliegenden Psalmenkommentar (Ps 1-70) des Adelpertus (Odilbertus? Antpertus?) heranzuziehen; vgl. Stegmüller, 6, Nr. 9129; Lowe, 7, Nr. 871. Einmal wurde das Stift Einsiedeln erst 934 gegründet. Wie und wann diese in
   Norditalien geschriebene Hs dorthin gekommen ist, wissen wir nicht. Zweitens aber besteht der Text, wie die Proben bei Allgeier, 173-175, zeigen,
   aus einer Kompilation, in der A und C wörtlich, aber sehr verkürzt und
   teilweise fehlerhaft verarbeitet worden sind. Ich wüßte nicht, was Notker,
   wenn er schon diese Hs gekannt hätte, damit hätte anfangen sollen.

§ 6. Henrici hatte in seinem *Nl* eine Anzahl von Stellen aus den Psalmenkommentaren von Rufinus, Gregor, Beda und Haymo aufgeführt. Wie oben in § 4 schon erwähnt wurde, sind diese Kommentare unecht und alle von nachnotkerschen Autoren verfaßt. Einen Teil dieser Stellen habe ich in Werken gefunden, die Notker zur Verfügung standen; sie erscheinen also auch in meinem *Nl*, aber unter anderem Namen. Ich habe mich aber grundsätzlich nicht dazu entschließen können, die restlichen Stellen aus diesen nachnotkerschen Autoren - sie ließen sich wohl vermehren - aufzunehmen. Einmal glaube ich nicht, daß wir uns in einer Sicherheit wiegen sollten, die es nicht gibt: was sich bei Notker mit Texten aus vornotkerschen Werken nicht belegen läßt, bleibe lieber offen. Vielleicht findet sich noch einiges, sonst aber sind solche "Lücken" nicht unwichtig, wenn man Notkers Arbeitsweise, die Richtungen seines Denkens und seine Assoziationen erforschen möchte. Zweitens aber war Notkers Psalmenwerk, wie die vielen Fragmente und die Überarbeitungen zeigen, besonders in süddeutschen Klöstern weit verbreitet.[23] Da einige der oben erwähnten nachnotkerschen Kommentare - es sind weithin Kompilationen - in deutschen Klöstern entstanden sind, darf man die Möglichkeit nicht ausschließen, daß diese Kompilatoren wenn sie auch selber lateinisch schrieben, eine lateinisch-deutsche Mischsprache verstanden und aus Notkers Psalmenwerk geschöpft haben.[24] Es ist hier nicht der Ort, dieses Problem zu lösen; die Frage nach dem Einfluß Notkers auf spätere lateinische Psalmenkommentare muß aber gestellt und beantwortet werden, wollen wir nicht einem exemplarischen *circulus uitiosus* zum Opfer fallen. Eine künftige Geschichte

---

23 Vgl. Albert L. Lloyd, Jr., *The Manuscripts and Fragments of Notker's Psalter*. Gießen 1958 (Beiträge zur deutschen Philologie, Bd 17) 9f.; Kurt Erich Schöndorf, *Die Tradition der deutschen Psalmenübersetzung*. Köln und Graz 1967 (Mitteldeutsche Forschungen, Bd 46) 39f.
24 Auf ein Musterbeispiel, den Kommentar des Ps-Beda, sei hier etwas näher eingegangen (PL 93, 477-1098). Dieses Werk gibt zu jedem Psalm zuerst ein kurzes *Argumentum*, dann eine etwas ausführlichere *Explanatio*, schließlich einen umfassenden *Commentarius*. Wie Heinrich Weisweiler in seinem aufschlußreichen Artikel, Die handschriftlichen Vorlagen zum Erstdruck von Pseudo-Beda, *In Psalmorum Librum Exegesis*. Biblica 18 (1937) 197-204 (mit 2 Abbildungen), gezeigt hat, ist dieser Kommentar als Ganzes eine Fälschung des 16. Jhs: der Herausgeber, Heerwagen, hat die *Argumenta* und die *Explanationes* einer Münchner Hs des 9. Jhs (Clm 14387; die *Argumenta* stehen fol. 28-36, die *Explanationes* fol. 40-94), die *Commentarii* einer ursprünglich Zwiefaltener, jetzt in der Stuttgarter Landesbibliothek befindlichen anonymen Kompilation aus dem 11./12. Jh. (Cod. theol. phil. Fol. 206) entnommen und diese drei "Bestandteile" zu jedem Psalm ineinandergeschoben - vgl. die Abbildungen zu Weisweilers Aufsatz! Wäre es verwunderlich, wenn der Kompilator dieser Zwiefaltener Hs Notkers Psalmenwerk gekannt und auch daraus geschöpft hätte? Die gut 30 Parallelen zwischen Notker und Ps-Beda, die Henrici in seinem *Nl* aufgenommen hat, wären dann genau umgekehrt als Übernahmen *aus* Notker aufzufassen.

der Psalmenexegese im Mittelalter wird also Notker nicht nur als den Empfangenden, sondern auch als einen Gebenden zu berücksichtigen haben.

§ 7. Seit der Besprechung von Henricis Buch durch Steinmeyer taucht in der Notkerliteratur immer wieder der Gedanke auf, daß Notker bei der Arbeit an seiner Auslegung der Psalmen nicht die Einzelkommentare A, C, Br, usw. benutzt habe, sondern eine Kompilation. Ich halte das aus mehreren Gründen für unwahrscheinlich, ja unmöglich.

a) Eine solche Kompilation, die doch wohl sehr umfangreich sein müßte, ist für St. Gallen nirgendwo bezeugt.

b) Notker selber erklärt in seinem Brief an Bischof Hugo von Sitten: "Hinc reuersus ad diuina totvm psalterivm et interpretando et secundum augustinum exponendo consummaui" (Piper, 1, 860).

c) Im Psalter selbst wird Augustin siebenmal, Cassiodor zweimal mit Namen genannt.

1. Zu Ps 73, 14 übernimmt Notker aus A, indem er sich ausdrücklich auf ihn beruft: "Also augustinus chît", ein Wortspiel mit *consumere* und *consummare*: "CHRISTVM QVO SE CONSVMMENT . DIABOLVM QVEM CONSVMANT". Wie seine anschliessende Übersetzung zeigt, hat er A im CSg richtig verstanden, obwohl sogar hier ein kleiner Fehler vorkommt (vgl. die Anm. zur Stelle im *Nl*). Im CSg 21 sowie in Pipers und Sehrts Ausgaben ist das Wortspiel halb verlorengegangen, indem statt CONSVMMENT (mit zwei M) CONSVMENT geschrieben wurde.

2. Zu Ps 93, 20 heißt es: "Sih dir selbo lector uuieo Augustinus chéde". Es folgt dann ein wörtliches Zitat, das sich in A, auch im CSg, findet.

3. Zu Anfang von Ps 118 gibt es eine gesonderte Einleitung zu diesem langen Psalm, eine Übersetzung von Augustins *proemium* zu diesem Psalm; diese Übersetzung ist von Notker mit den Eingangsworten "*VERBA SANCTI AVGVSTINI*" versehen worden.

4. Zu Ps 118, 5 heißt es über *iustificationes*: "Vuaz sind sîe chit Augustinus âne facta iustitię . opera iustorum quę imperat deus?" Die Stelle steht in A, aber zu Ps 118, 49. Notker hat sie sich also beim Durchlesen oder Meditieren gemerkt und sie als "Definition" hier angebracht.

5. Zu Ps 118, 20 sagt Notker: "Vuunder ist chit augustinus . daz man gelúste gerot . sô si neist". Die lateinische Entsprechung findet sich in A. Es ist zu bemerken, daß Notkers Auslegung dieses Verses sehr ausführlich ist, so daß der *Nl* aus A hier fast zwei Seiten umfaßt. Welche Kompilation wird für e i n e n Psalmvers zwei Seiten zur Verfügung haben?[25]

---

[25] Das gilt auch für die zahlreichen Fälle, wo Notkers Auslegung auf längeren Textstücken, vor allem aus A, beruht.

6. Zu Anfang von Ps 138 heißt es: "SECVNDVM AVGVSTINVM . CHRISTVS AD PATREM DE SE IPSO LOQVITVR". Das stimmt nur ungefähr zu A. Ich habe aber Notkers Formulierung sonst nirgendwo gefunden.

7. Am Ende von Ps 115 bemerkt Notker: "An dien exemplaribus augustini et cassiodori uuirt écchert éinest funden.. uota mea domino reddam . unde éinest. et nomen domini inuocabo". Es war ihm also aufgefallen, daß der kurze Psalm 115 in der Vulgata beide Versikel zweimal aufweist, was bei A und C nicht der Fall ist. In Übereinstimmung mit (den CCSg von) A und C läßt er denn auch beide Versikel einmal aus (v. 14).

8. Cassiodor wird noch einmal mit Namen genannt zu Ps 102, 17, wo Notker mit Einstimmung seine Begründung des Sachverhalts zitiert, weshalb es in diesem Psalmvers heißt *a saeculo*, und nicht *in saeculo*.

In all diesen Fällen liegt kein Grund vor anzunehmen, daß Notker nicht die CCSg von A und C selbst vor sich gehabt hat. Das gilt sogar, wenn vielleicht eine Kompilation *auch* irgendeine der oben angeführten Stellen aufweisen sollte - was, soweit ich sehe, nicht der Fall ist.

d) Hieronymus wird von Notker zweimal mit Namen genannt, zu Ps 67, 32 und zu Ps 105, 23. Im ersteren Fall handelt es sich um Hieronymus' Wiedergabe eines Versikels (nach dem *Psalterium iuxta Hebraeos*), und Notker übernimmt das, was Cassiodor schon bemerkt hatte[26] (vgl. den Nl zur Stelle). Die zweite Stelle ist komplizierter. Dieser Psalmvers hat nur: *...Moyses...stetisset in confractione*. Letzteres übersetzt Notker im Anschluß an A: "...an demo brúche . an dero plaga". Etwas weiter heißt es dann: "Ieronimus chît iz chéde in confractione irę eius . daz uuir chéden an démo brúche sines zornes". Keine der 3 Psalterversionen des Hieronymus hat diese Lesart, auch HT und HC haben nichts Einschlägiges. Das Br aber weist in etwa Notkers "Lesart" auf: "Perierat enim populus, nisi Moyses confregisset iram omnipotentis Dei" (vgl. Henrici, 19). In keinem anderen Psalmenkommentar habe ich dies gefunden. Das würde dann bedeuten, daß Notker das Br für ein echtes Werk des Hieronymus gehalten hat, ironischerweise unter Berufung auf eine Variante, die unecht ist! Das Interessante ist nun, daß A zu dieser Stelle bemerkt: "Non ita dixit stetisse *in confractione*, quasi ut frangeret iram Dei; sed ...". Wenn Notker hier A und das Br vor sich hatte, konnten beide Äußerungen für ihn nur bedeuten, daß Augustin hier mit Hieronymus polemisierte.[27] Es ist,

---
26 Vgl. Henrici, 18; auch hier hatte Notker offensichtlich C vor sich.
27 Es ist natürlich möglich, daß Augustin wirklich mit Hieronymus polemisiert. In diesem Falle ergibt sich das Problem, ob Hieronymus eine zweite Auslegung von Ps 105 verfaßt hat, die uns verlorengegangen ist.

wenn dies zutrifft, bezeichnend für Notker, daß er beide Auffassungen gelten läßt, die des Augustin aber zuerst aufführt. Auf jeden Fall dürfte er hier das Br selbst vor sich gehabt haben, wahrscheinlich auch den CSg des A.

e) Notker hat seiner Auslegung der Stufenpsalmen (Ps 119-133) zwei Einleitungen vorausgeschickt. Die zweite bietet eine Art von Zusammenfassung dieser 15 Stufenpsalmen, in der die 15 Stufen des religiösen Aufstiegs der *Ecclesia* kurz behandelt werden. Hier wie bei der Auslegung der Stufenpsalmen selbst folgt er fast nur A. Nun bringt C eine ähnliche Zusammenfassung der eigenen Erklärung der Stufenpsalmen, allerdings erst zum Schluß, nach Ps 133 (C 1212f.). Ich bin sicher, daß C.s Zusammenfassung Notker zu dem Gedanken eines Resümees angeregt hat. In keinem anderen vornotkerschen Psalmenkommentar gibt es etwas Ähnliches.

f) Notkers Auslegung eines Psalmverses ist an zahlreichen Stellen, und zwar durch den ganzen Psalter hindurch, nur verständlich als eine Verarbeitung von zwei verschiedenen Quellen, meistens A und C. Er geht dabei so vor, daß er entweder beide nebeneinander bestehen läßt,[28] oder aber sie miteinander verschmilzt, sie kombiniert.[29] Beide Methoden setzen offensichtlich voraus, daß er diese zwei Auslegungen gleichzeitig vor sich hatte. Die erste Methode nun kommt in den vornotkerschen Psalmenkommentaren und Florilegien gelegentlich vor, bei weitem aber nicht so häufig wie in Notkers Psalmen. Historisch gesehen nimmt Notker hier eine gewisse Mittelstellung ein; die umfangreichen Kompilationen mit ihrer manchmal wuchernden Vielfalt verschiedener *interpretationes* zu einem Psalmvers kommen erst im 11. Jh. auf. Die zweite Möglichkeit aber, die Methode des Ineinander, ist Notkers persönliche Leistung. Da dieses Verfahren ein sorgfältiges Erwägen und eine durchdachte Auswahl von kombinationsfähigen Stellen aus häufig umfangreichen Textstücken erfordert, konnte eine Kompilation mit ihrer normalerweise dürren Reihung der verschiedenen Erklärungen Notker kaum von Nutzen sein.[30]

g) Die frühen Kompilationen oder Florilegien (*abbreuiationes*) pflegen e i n e n Originalkommentar zu bevorzugen (WS entnimmt das meiste aus A, CSg 27 und R aus C, usw.). Ich habe keine vornotkersche Kompilation gefun-

---

28 Vgl. etwa zu Ps 10, 7; 32, 7; 33, 9; 34, 5; 35, 6; 37, 4; 43, 25; 50, 6; 85, 5.
29 Vgl. z.B. zu Ps 15, 4; 17, 20; 34, 11; 36, 27; 41, 5; 45, 4; 46, 6 und Schluß; 48, 17.
30 Vgl. zu Notkers Sonderstellung die Ausführungen Allgeiers, bes. 172-176.

den, weder in St. Gallen, noch sonstwo, die als *abbreuiatio* von A oder C auch nur für einen Bruchteil der Stellen genügte, die Notker aus A oder C geschöpft hat. Wenn er aber den ganzen A und C in vorzüglich geschriebenen Hss zur Verfügung hatte, ist nicht recht einzusehen, weshalb er zuerst oder gleichzeitig eine Kompilation herangezogen hätte, um daraus einiges zu entnehmen, dann oder daneben auch den vollständigen Text benutzt hätte, aus dem er alles andere auch noch geschöpft hätte. Umgekehrt ist leicht verständlich, daß er zuerst den vollständigen Originaltext, danach eine *abbreuiatio* heranzog: er hätte etwa hoffen können, in der Kompilation etwas anderes oder Neues, vielleicht auch eine deutlichere oder knappere Formulierung zu finden. Das ist denn auch etwa im Falle des WS öfters geschehen.[31]

h) Last but not least zeigen gerade die in den Anmerkungen zum *N1* verzeichneten Abweichungen der CCSg von den modernen Ausgaben, daß Notker immer wieder genau diese Hss benutzt haben muß. Ich habe solche Varianten, die in den CCSg und bei ihm gemeinsam vorkommen, mit einem Ausrufezeichen versehen (!). Auch wenn gelegentlich eine solche Variante in einem anderen Text zu finden sein sollte, so läßt der Umstand, daß diese Entsprechungen zwischen Notker und den CCSg vor allem von A so zahlreich sind und überall vorkommen, keinen Zweifel daran bestehen, daß er diese Hss selbst vor sich hatte, und zwar kontinuierlich. Ich weise vor allem auf die Bibelzitate hin. Deren Wortlaut zeigt in den CCSg besonders des A vielfach Änderungen gegenüber dem Text unserer Ausgaben. Notker übernimmt solche Bibelzitate fast immer wörtlich, so daß die Übereinstimmungen zwischen ihm und den CCSg gegen die Ausgaben genau und vielfältig sind. Nicht nur die anderen Worte an sich sind beweisend, sondern vor allem die andere Wortfolge, die beide gemeinsam haben. Anstatt hier solche Fälle *in extenso* aufzuführen, möchte ich lieber einige Musterbeispiele anderer Art kurz besprechen. Zu Ps 22, 5 hat Notker deshalb "ih keâzzet uuurde mit stárcherun fuoro", weil der CSg von A hier *maiorem cibum sumam* aufweist, nicht wie die Ausgabe *maior* ('als der Größere' im Gegensatz zu *paruulus*) *cibum sumam*. Bei Notker und im CSg von A heißt es zu Ps 41,5 in der Auslegung *fons intellegentiae*, in der Ausgabe *fons intellectus*. Zu Ps 46, 8 beruht seine Formulierung "Ube uuir den Got . den uuir negesêhen . so fílo máhtigoren bechénnen" auf dem Text des CSg "Multo magis nobis Deus commendatur potentior quia eum oculis non uidemus". In der Ausgabe fehlt *potentior*! Am Ende von Ps 88 heißt es bei Notker: "EXPLICIT

---

31 Umgekehrt hat Notker die sehr knappe *Eglogae*-Kompilation nicht oder kaum benutzt.

SERMO SECVNDVS HABITVS PER VIGILIAS SANCTI CYPRIANI. Hîer ist ende disses psalmi . der ze zuéin máttinon sancti cipriani gebrédigot uuard". Während die Ausgabe *am Anfang* von *sermo II* zu diesem Psalm als *titulus* bloß hat: *Habitus per uigilia sancti Cypriani* (vgl. A 1233; nur in Hs *R*), heißt es im CSg *am Ende* von *sermo II* (also genau wie bei Notker): EXPLICIT . SERMO . SECUNDUS . DE SEQUENTIA . PSALMI LXXXVIII . HABITUS . PER . UIGILIAS SANCTI CIPRIANI.[32] Schließlich verdankt der *primus dauid* in Notkers Auslegung von Ps 88, 42 sein Dasein einem "Interpunktionsfehler" im CSg von A, der hier den Text aufweist: "...diripuerunt dauid primum. Videte frusta ..." Die Ausgabe setzt das Satzschlußzeichen nach *Dauid*!
Ich bin deshalb der festen und, wie ich hoffe, begründeten Überzeugung, daß Notker die Originalkommentare von A, C, usw., wie sie ihm in den CCSg vorlagen, auf jeden Fall, und zwar intensiv und systematisch, studiert hat. Daß er daneben in mehr oder weniger regelmäßiger und umfassender Weise auch Kompilationen oder Florilegien nachgeschlagen hat, würde eigentlich auf der Hand liegen; die Stellen im *Nl* machen die Wahrscheinlichkeit zur Gewißheit. Wenn Notker bei einer solchen Arbeitsweise auch nicht *benignissimus* für sich selbst war, so erweist er sich bestimmt als *doctissimus magister* - nicht nur im Sinne seiner eigenen Zeit.

§ 8. Hinter der Frage nach der Art von Notkers Quellen liegt das verwickelte Problem verborgen, wie er sein Psalmenwerk überhaupt angefertigt hat. Die Meinung über seine Quellenbenutzung, die ich in § 7 zu widerlegen versucht habe, beruht auf dieser Voraussetzung: Notker wollte die Psalmen in seiner Muttersprache auslegen; er hat sich mit einer Psalmenhs hingesetzt und sich dann überlegt, ob er die Originalkommentare oder eine Kompilation benutzen sollte; er hat dann angefangen zu schreiben und mit der bequemeren Hilfe einer Kompilation den ganzen Psalter auf einen Zug bearbeitet.
Wir werden nie genau wissen können, wie Notker bei der Ausarbeitung seiner Psalmenauslegung verfahren ist. Es gibt aber auch sonst einige Gründe, die nahelegen, daß er anders vorgegangen ist als eben skizziert wurde.
a) Zwar scheint Notker in seinem Brief an Bischof Hugo anzudeuten [vgl. oben § 7b)], daß er den Psalter auf einen Zug ausgelegt habe, aber offen-

---

32 Vgl. zu dieser Stelle Henrici, 33-37. Henricis Versuch, die Auffassung Wackernagels, daß Notkers Auslegungen der Psalmen Predigten waren, zu widerlegen, bedarf einer Überprüfung. Im Mittelalter gab es viele Formen der Predigt. Wenn auch nicht als *sermo*, so ist doch mancher Psalm Notkers als *homilia* denkbar; vgl. Allgeier, 181.

sichtlich bezieht sich diese Äußerung auf das fertige handschriftliche Endprodukt. Über die Frage, ob dieses Ganze auf einmal oder stufenweise über eine längere Zeitspanne ausgearbeitet wurde, ist damit noch nichts ausgesagt.

Notkers Auslegekunst steht gedanklich und sprachlich auf einem hohen Niveau. Doch fällt es auf, daß bestimmte Psalmen oder Psalmengruppen[33] sorgfältiger und thematisch einheitlicher bearbeitet, ja fast durchkomponiert worden sind als andere. In solchen Fällen bewegt Notker sich freier, er erweitert und bereichert das, was die Vorlagen bieten, und verdeutlicht den Text mit gedanklichen Assoziationen oder Bibelzitaten nach dem Koncordanzverfahren. Eine Möglichkeit (die nur Hypothese sein kann), die Ungleichmäßigkeit in der Durcharbeitung zu erklären, wäre diese, daß er schon früh, vielleicht vom Anfang seiner *magister*-Laufbahn an, bestimmte Psalmen im Unterricht immer wieder ausgelegt hat, andere nur gelegentlich oder überhaupt nicht. Letztere würden dann im handschriftlich fertigen Psalter als die "routinemäßig" durchgearbeiteten, erstere als die liebevoll und detailliert durchkomponierten Auslegungen erscheinen. Es würde sich lohnen, solche Schichten in Notkers Psalmenwerk näher zu untersuchen.

b) In Anbetracht der im allgemeinen großformatigen CCSg ist es mir unmöglich anzunehmen, daß Notker bei der Arbeit an den Psalmen mehrere Hss gleichzeitig vor sich hatte, wie wir vielleicht nach unserer eigenen Arbeitsweise mit Büchern und Aufsätzen zu urteilen glauben könnten. Das wäre schon rein physisch unmöglich. Vielmehr denke ich, daß er im ersten Ansatz tatsächlich, wie der Brief an Bischof Hugo sagt, als unbestrittene Autorität A benützt hat, im gleichen Arbeitsgang daneben auch C [vgl. oben § 7 c)-f)], und beide sorgfältig exzerpierte; erst danach, vielleicht im Laufe der Jahre, hat er dann diese Exzerpte mit Gedanken aus anderen Kommentaren mit Bibelzitaten, die sich meditativ oder assoziativ einstellten, und mit sonstigen Stellen (Lesefrüchten) erweitert; auch Einwürfe oder Anregungen aus seinem Schülerkreis (Ekkehard IV.!) mögen verarbeitet worden sein. Eine längere Entstehungszeit würde auch hier gewisse Ungleichmäßigkeiten in ein helleres Licht rücken können, zumal es doch fast sicher ist, daß Notker die Psalmen, *Cantica* und katechetischen Texte (Vater unser! Glaubensbekenntnis!) nicht erst im Alter, sondern schon früher in der Schule gelehrt und interpretiert hat.[34]

---

33 So etwa Ps 118; die Stufenpsalmen (mit zweifacher Einleitung und am Ende von Ps 133: EXPLICIT DE . XV . PSALMIS GRADVVM); weiter Ps 2; 6 (*dies iudicii*); 37 (Sabbat); 38 (*transiliens*); 44 (*Sponsus et Sponsa*); 64; 65; 67; 68; 101-103; 144.

Betrachtet man also Notkers Psalmenwerk als das ausgeschriebene, fertige
Endprodukt, das, für einen Leser gedacht, fast zum Andachtsbuch geworden
ist, so möge man den Blick nicht davor verschließen, daß es seine Wurzeln
im mündlichen Unterricht hat und unter den Umständen der Unterrichtspraxis
gewiß formal, wahrscheinlich auch inhaltlich anders aussah als das, was wir
in Händen haben. Die Fragen, die mit den Schichten innerhalb des Werkes,
mit einer längeren Entstehungszeit und mit der mündlichen Unterrichtspraxis
verbunden sind, konnten hier nur angedeutet werden; sie dürften fesselndes
Studienmaterial für Pädagogen *und* Philologen bieten.

§ 9. Die Auffassung über die Quellenbenutzung durch Notker, wie sie sich
mir im Laufe der Zeit ergeben hat, bestimmt auch die Einrichtung des *Nl*.[35]
a) Da A und C Notkers Hauptquellen sind, habe ich sie zuerst herangezogen
und systematisch verarbeitet. In den Fällen, wo sich kaum ausmachen läßt,
aus wem Notker geschöpft hat, habe ich A aufgenommen, aber in der Regel
auf C verwiesen (mittels = oder~), besonders dort, wo A allein genügt oder
Notkers Formulierung A etwas näher steht als C. In den Fällen, wo ich
die Frage der Priorität nicht entscheiden konnte oder wollte, habe ich beide angeführt. Dabei hat mich folgende Überlegung geleitet: Wenn man, vor allem
bei Bedeutungsuntersuchungen, genau wissen möchte, weshalb Notker so (und
nicht anders) formuliert, ist es von Belang zu sehen, welche gedanklich ähnliche, aber im Wortlaut verschiedene Texte er möglicherweise vor sich hatte,
ehe er seine Übersetzung oder Auslegung schuf.
b) Den sekundären Quellen (ausgenommen die HT) liegt vorzugsweise
einer der großen Vorgänger zugrunde. In sehr vielen Fällen erscheinen deshalb
dieselben Auslegungen, teilweise wörtlich, in den späteren Kommentaren wieder,
so z. B. A in WS oder Al, C in CSg 27. Ich habe es in solchen Fällen nicht

---

34 Zu Ps 35, 10 bezeichnet Notker Christus als *lux lucis*, ohne daß die
Quellen eine Entsprechung bieten. Er hatte aber schon in seiner Übersetzung des Martianus Capella, Buch 2, Kap. 43, den Kommentar des Remigius: *Flos ignis filius dei lux de luce* durch " daz lîeht . fone lîehte
chômenez . táz chît filium dei" wiedergegeben (S./St., 212f.).- Die
Trias von Vogelnamen in der Auslegung von Ps 101, 7: "daz chit den
húuuen alde dia húuuelun alde den hôrotumbel" kommt auch schon in seiner
Übersetzung der *Consolatio*, Buch 4, Kap. 33, in der Form " álso húuuen .
únde húuuelâ . únde der nâht-râm" vor (S./St., 283, Piper, 1, 262). Solche Entsprechungen lassen sich ihrer Natur nach nicht zeitlich festle-
gen. Es ist aber durchaus möglich, daß sie zeitlich nicht zu weit von-
einander entfernt sind, was in diesem Falle bedeuten würde, daß Notker
zumindest einige Psalmen schon früh ausgelegt hätte.
35 Wenn ich nach den Hss selber zitiere, habe ich die normalen handschriftlichen Abkürzungen immer aufgelöst, abgesehen von einigen Sonderfällen
in den Anmerkungen zum *Nl*.

für nötig gehalten, diese sekundären Quellen anzuführen oder darauf zu verweisen. Nur wenn sie neue Entsprechungen zu Notker oder innerhalb des Übernommenen einen Wortlaut aufweisen, der Notkers Formulierung näher steht als die Originalvorlage, habe ich solche Stellen aufgenommen. Stimmen in dieser Hinsicht die sekundären Quellen unter sich überein, so habe ich aus e i n e m Kommentar zitiert, auf die anderen aber verwiesen. Eine Priorität wird damit nicht postuliert.

Eine gewisse Schwierigkeit liegt bei den HT und dem Br vor. In den HT ist nur etwas mehr als ein Drittel aller Psalmen (und mancher Einzelpsalm nur teilweise) ausgelegt worden; das Br hat das meiste davon mehr oder weniger wörtlich übernommen. Notker hatte die HT (sogar in zwei Exemplaren) und das Br zur Verfügung und hat auch beide Werke herangezogen [vgl. oben § 4 b)]. Das Problem ist aber, welche der Hss er in den Fällen benutzt hat, wo die HT und das Br gleichlautend sind, und er in beiden faktisch Identisches finden konnte. Da die Frage sich nicht entscheiden läßt, habe ich in solchen nicht allzu häufigen Fällen jeweils die Stelle aus den HT angeführt, dabei aber auf das Br verwiesen. Auch hier wird damit keine Priorität behauptet.

III Die *Cantica* und die katechetischen Texte

> Quid Deuteronomii et Isaiae cantico
> pulchrius?
> (Hieronymus, *Praefatio in librum II
> Chronicorum Eusebii.*)

§ 10. Henrici hatte aus unbekannten Gründen Notkers *Cantica* und katechetische Stücke nicht in seine Quellenuntersuchung einbezogen. In seiner Besprechung von Henricis Buch hatte Steinmeyer (S. 218) auf eine Münchener Hs (Clm 3729; 1o. Jh.) hingewiesen, in der sich ein Kommentar zu den *Cantica* und den katechetischen Texten unmittelbar an einen kompilatorischen Psalmenkommentar anschloß. Aus dieser Hs hat dann Edward H. Sehrt die einschlägigen Stellen zu diesen Texten Notkers exzerpiert und sie - wie Henricis N1 - unter seinem Text abgedruckt.

Bei meinen Nachforschungen in der Stiftsbibliothek war mein Augenmerk natürlich besonders darauf gerichtet, die Quellenfrage dieser Stücke *in concreto* zu erhellen. Eines der ersten Ergebnisse meiner Suche war, daß fast derselbe Gesamtkommentar zu diesen Texten, den Sehrt aus Clm 3729 abgedruckt hatte, in dem prachtvollen CSg 27 [s. oben § 4 g)] gefunden wurde, und zwar - wie bei

den Psalmen - als kleingeschriebene Glosse, die abwechselnd am linken und
rechten Rand steht, während der eigentliche lateinische Text der *Cantica*
und katechetischen Stücke in sehr großer Schrift jeweils die Mittelspalte
ausfüllt. Ich habe diese Marginalglosse durchverglichen und alles Einschlägige im *Nl* aufgenommen.[36]

Aber diese Stellen reichten nicht aus. Das gilt nicht nur für die *Cantica*,
sondern vor allem für die katechetischen Texte. Da sich sonst in der Stiftsbibliothek kein Gesamtkommentar zu diesen Texten ermitteln oder als zu Notkers Zeiten dort vorhanden nachweisen ließ, mußte nach anderen Lösungsversuchen umgesehen werden.

Im folgenden behandle ich zuerst die *Cantica*, dann die katechetischen
Texte.

§ 11. Neben den Psalmen und dem Hohelied sind die *Cantica ueteris et noui
testamenti* die mehr lyrischen Teile der Bibel, die ein mehr oder weniger
selbständiges Dasein führten und von alters her im *diuinum officium*, in der
Liturgie und bei der *lectio diuina*, im Brevier und seinen Vorformen[37] benutzt wurden. Aber als Bibeltexte gehören sie natürlich an erster Stelle gewissen Büchern des AT oder NT an. Die patristischen und mittelalterlichen
Auslegungen dieser ganzen Bücher der Bibel beziehen in der Regel auch die
Texte der *Cantica* ein, manchmal sogar sehr eingehend und ausführlich.[38]

Als sich nun zeigte, daß die Randglosse in CSg 27 zur Erhellung von Notkers
Erklärung nicht ausreichte, habe ich systematisch diese Kommentare zu den
ganzen biblischen Büchern, sofern sie in der Stiftsbibliothek vorhanden sind
oder als dort im 10. Jh. vorhanden angenommen werden können, überprüft. In
den meisten Fällen wurde das Fehlende dort entdeckt; ich habe es im *Nl* an
entsprechender Stelle eingefügt. Später habe ich auch solche einschlägigen
vornotkerschen Kommentare durchgenommen, die für St. Gallen nicht bezeugt
sind. Wie beim *Nl* zum Psalter habe ich Entsprechungen aus diesen Werken in
den Fußnoten untergebracht. Das gilt besonders für zwei Werke; einmal für

---

36 Daß Notker diese Glosse auf jeden Fall benutzt hat, werde ich unten § 13
nachweisen.
37 Vgl. neben den Standardwerken von Dom Suitbert Bäumer, *Geschichte des
Breviers*. Freiburg i. Br., 1895, und Pierre Batiffol, *Histoire du
Bréviaire romain*. Paris, ³1911, jetzt die beiden Bände von Dom Pierre
Salmon, *L'Office Divin. Histoire de la formation du Bréviaire* und *L'Office
Divin au Moyen Age. Histoire de la formation du Bréviaire du IXe au XVIe
siècle*. Paris, 1959 und 1967.
38 Wie bei den Psalmen fehlt uns noch immer eine Geschichte der Exegese dieser *Cantica*. Sehr viele Texte sind noch ungedruckt, sie sind aber zum
größten Teil bei Stegmüller verzeichnet.

die alte Exegese einiger *Cantica ueteris testamenti* des Verecundus, die J.B. Pitra unter dem Titel *Commentariorum super Cantica ecclesiastica libri IX* in seinem *Spicilegium Solesmense*, Bd. 4, 1 (Paris 1858 = Nachdruck, Graz 1963), 1-131, nach der einzigen, unvollständig überlieferten, jetzt Leidener Hs *Ms. lat. Voss. F. 58* aus dem 8./9. Jh. herausgegeben hat;[39] zweitens hat auch Remigius im Anschluß an seinen Psalmenkommentar einige *Cantica* aus dem AT kurz ausgelegt;[40] wenn auch das Meiste aus der Tradition stammt, so gibt es doch einige neue Gedanken, zu denen sich bei Notker Entsprechungen finden. Zu den einzelnen *Cantica* habe ich folgende Werke neu und mit Erfolg durchgenommen:

(1) *Canticum Isaiae* (Isai. 12, 1-6)

a) Randglosse in CSg 27, 645-646.

b) Hieronymus, *Commentarii in Esaiam* (= H); vgl. Stegmüller, 3, Nr. 3353; *Clauis*, Nr. 584.

    Ausg.: CC 73 (hg. v. M. Adriaen), 157-159. Diese Ausgabe berücksichtigt CSg 113 (Buch I-V des Kommentars) nicht.
    Hs.:   CSg 113; 9. Jh.; vgl. Scherrer, 42; Bruckner, 2, 61.

(2) *Canticum Ezechiae* (Isai. 38, 10-20)

a) Randglosse in CSg 27, 646-650.

b) Hieronymus, *Commentarii in Esaiam* (= H); vgl. oben unter (1).

    Ausg.: CC 73, 445-449, wo CSg 115 (Buch VI-XIII des Kommentars; 9. Jh.) herangezogen wurde; vgl. dazu Scherrer, 42; Bruckner, 2, 61f. sowie die Faks. auf Taf. XXXIX und XLI.[41]

(3) *Canticum Annae* (I Reg. 2, 1-10)

a) Randglosse in CSg 27, 650-653.

b) Augustin, *De ciuitate Dei*, Buch 17, Kap. 4 (= A); vgl. *Clauis*, Nr. 313.

    Ausg.: CC 48 (hg. v. B. Dombart und A. Kalb), 554-562. Diese Ausgabe berücksichtigt CSg 178 (Buch XI-XXII der *Ciuitas*; 9. Jh.); vgl. Scherrer, 63; Bruckner, 3, 79.

c) Hrabanus Maurus, *Commentaria in libros IV Regum* (= HM); vgl. Stegmüller, 5, Nr. 7033-36.

    Ausg.: PL 109, Sp. 16-20.
    Hs.:   CSg 284; 9. Jh.; vgl. Scherrer, 107; Bruckner, 3, 92 sowie das Faks. auf Taf. XXXIV.

---

39 Vgl. Stegmüller, 5, Nr. 8285; *Clauis*, Nr. 870. Nur Pitras Text findet sich jetzt PLS 4, Sp. 44-233; ich zitiere nach Pitras Ausgabe.

40 Vgl. Stegmüller, 5, Nr. 7216. Die Sammlung von Auslegungen der *Cantica*, die Hrabanus Maurus für König Ludwig den Deutschen um 844 veranstaltet hat, *Commentaria in Cantica quae ad matutinas laudes dicuntur* (PL 112, Sp. 1089-1166; vgl. Stegmüller, 5, Nr. 7041-50), scheint nicht sehr verbreitet gewesen zu sein; sie ist für St. Gallen und Umgebung nicht bezeugt.

41 Die *Excerpta Anonymi ex commentario Hieronymi in Iesaiam* (CSg 254; 9. Jh; vgl. Scherrer, 95f.; Bruckner, 3, 87) waren unergiebig.

Hrabanus Maurus hat Augustin fast wörtlich ausgeschrieben. Notker hat A sicher benutzt; wie aus dem N1 zu 544, 20 hervorgeht, hat er auch HM nachgeschlagen.

Anscheinend hat Notker auch die Auslegung des *Canticum Annae* gekannt, die sich findet in:

d) Beda, *In primam partem Samuhelis libri IV* (= B); vgl. Stegmüller, 2, Nr. 1603; *Clauis*, Nr. 1346.

> Ausg.: CC 119 (hg. v. D. Hurst), 21-25.

Da sich in St. Gallen keine Hs dieses Werkes hat nachweisen lassen (vgl. Laistner-King, 65f.), habe ich Einschlägiges aus B in den Fußnoten untergebracht.

(4) *Canticum Moysi* (Exod. 15, 1-19)

a) Randglosse in CSg 27, 653-659.

b) Walahfrid Strabo, *Pentateuch-Kommentar* (= WS); vgl. Stegmüller, 5, Nr. 8316-21.

> Ausg.: fehlt bisher.
> Hs.: CSg 283; 9. Jh.; vgl. Scherrer, 106f.; Bruckner, 3, 92; Karl Langosch, *Verfasserlexikon* 4 (1953), Sp. 739-741.

Es zeigte sich, daß die Glosse in CSg 27 fast ganz mit WS übereinstimmt. Notker hat wohl auch WS nachgeschlagen - vgl. den N1 zu 550, 14.

(5) *Canticum Habacuc* (Habac. 3, 1-19)

a) Randglosse in CSg 27, 659-665.

b) Hieronymus, *Commentariorum in Abacuc prophetam libri II ad Chromatium* (= H); vgl. Stegmüller, 3, Nr. 3367; *Clauis*, Nr. 589. Das zweite Buch bildet den Kommentar zum *Canticum Habacuc*.

> Ausg.: CC 76A (hg.v.M.Adriaen), 618-654. Zieht den CTur nicht heran.
> Hs.: CTur C 41 (278); 9. Jh.; diese Hs stammt aus St. Gallen; vgl. Mohlberg, 27 und 353; Bruckner, 2, 82f. sowie das Faks. auf Taf. XXXVIII; sie ist wohl identisch mit *MBK*, 73, Z. 9f.

c) Beda, *Super canticum Habacuc allegorica expositio* (= B); vgl. Stegmüller, 2, Nr. 1612; *Clauis*, Nr. 1354.

> Ausg.: PL 91, Sp. 1235-1254.
> Hs.: Der St. Galler Katalog aus der Mitte des 9. Jhs führt ein Exemplar dieses Werkes auf (*MBK*, 75, Z. 16f.), das aber nicht erhalten ist; vgl. Laistner-King, 43f. Wir dürfen aber wohl annehmen, das Notker diese Hs noch gekannt hat.

(6) *Canticum Deuteronomii* (Deut. 32, 1-43)

a) Randglosse in CSg 27, 665-677.

b) Walahfrid Strabo, *Pentateuch-Kommentar* (= WS); vgl. oben unter (4). Auch hier ergab sich, daß die Glosse in CSg 27 weithin mit WS übereinstimmt. Daß aber Notker auch WS benutzt hat, macht der N1 zu 556, 23 und zu 563, 7 zumindest wahrscheinlich.

(7) *Hymnus Zachariae* (Luc. 1, 68-79)

a) Randglosse in CSg 27, 685-687.

b) Beda, *In Lucae euangelium expositio* (= B); vgl. Stegmüller, 2, Nr. 1614; *Clauis*, Nr. 1356.

    Ausg.: CC 120 (hg. v. D. Hurst), 41-44. Diese Ausgabe berücksichtigt CSg 85; 9. Jh.; vgl. dazu Scherrer, 33; Bruckner, 2, 59.

Die Glosse in CSg 27 ist aus Beda exzerpiert. Der *Nl* zu 567, 13.16 zeigt zweifelsfrei, daß Notker auch B nachgeschlagen hat.

(8) *Canticum sanctae Mariae* (Luc. 1, 46-55)

a) Randglosse in CSg 27, 687-689.

b) Beda, *In Lucae euangelium expositio* (= B); vgl. oben unter (7).

    Ausg.: CC 120, 37-39.

Auch hier zeigte sich, daß die Glosse in CSg 27 aus Beda exzerpiert wurde.[42]

§ 12. Die katechetischen Texte. Zu allen drei Stücken, der *Oratio dominica*, dem *Symbolum apostolorum* und der *Fides sancti Athanasii episcopi*, hatte Sehrt einiges aus der Münchener Kompilation (Clm 3729) abgedruckt. Genau das findet sich wiederum im CSg 27. Aber die Anzahl dieser Entsprechungen ist so gering, daß Notker andere Quellen benutzt haben muß.

Auch hier habe ich die in Frage kommenden patristischen und frühmittelalterlichen exegetischen Schriften durchgearbeitet, zunächst die aus St. Gallen selbst, später auch einige andere.[43] Obwohl die Wege zu den Quellen recht verschlungen waren, wurde fast alles Ungeklärte in Werken gefunden, die Notker leicht zugänglich waren. Wiederum habe ich Entsprechungen aus Texten, deren Vorhandensein zu Notkers Zeiten in St. Gallen ich nicht nachweisen kann, in den Fußnoten untergebracht.

---

[42] Ambrosius, *Expositio euangelii secundum Lucam* (jetzt CC 14, hg. v. M. Adriaen; CCSg 96 und 99; 1o. bzw. 9. Jh.; vgl. Scherrer, 38f.; Bruckner, 3, 67), war für beide *Cantica* unergiebig.

[43] So habe ich auch die sehr reichhaltige Sammlung von Auslegungen des Vaterunsers und der Glaubensbekenntnisse in CAug XVIII durchgearbeitet. Diese Hs (Anfang 9. Jhs von Reginbert geschrieben; vgl. Holder, 58-69) enthält f. 1^r - 11^v elf Vaterunser-Erklärungen und f. 12^r - 66^v etwa fünfundvierzig Auslegungen von Glaubensbekenntnissen sowie Texte und Kommentare zur *fides catholica*, Dreifaltigkeit, usw. Bezeichnenderweise ist diese Sammlung, mit der vor allem die Liturgieforscher seit einem Jahrhundert vertraut sind, der Germanistik fast unbekannt geblieben; vgl. Kattenbusch, 2, 999 (Register) und schon C. P. Caspari, *Ungedruckte, unbeachtete und wenig beachtete Quellen zur Geschichte des Taufsymbols und der Glaubensregel* ... Bd 2 und 3. Christiana, 1869 und 1875. - Wenn auch Notker anscheinend diese Sammlung nicht gekannt (oder zumindest nicht über das hinaus, was ihm in den St. Galler Hss schon vorlag, benutzt) hat, so müßten doch all diese Texte - und auch solche aus ähnlichen Sammlungen wie Codex Bonifatius 2 aus Fulda - im Zusammenhang mit den katechetischen Bemühungen Karls des Großen in Deutschland und im Hinblick auf die alt-

(1) *Oratio dominica*

Das Vaterunser ist das Gebet des Christen par excellence. Auffälligerweise ließ sich Notkers doch so bündige Auslegung am schwierigsten ganz erhellen. Auch hier galt es, systematisch nach möglichen Quellen und Anregungen für Notker zu suchen.[44]

Das Vaterunser war von jeher nicht nur das beliebteste Gebet, das von allen Christen immer wieder gesprochen, vor allem auch von den Mönchen im *officium diuinum* jeden Tag öfters rezitiert wurde, es war ursprünglich und an erster Stelle Teil des Matthäus-Evangeliums (6, 9-13) und - in einer Kurzform - des Lukas-Evangeliums (11, 2-4). Nicht zuletzt hatte es seinen festen Platz im Kanon der Messe.

Entsprechend habe ich nicht nur alle in St. Gallen befindlichen selbständigen Vaterunser-Erklärungen durchgenommen,[45] sondern auch die einschlägigen Matthäus- und Lukas-Kommentare und Auslegungen des NT oder dessen Teile sowie die vornotkerschen Werke über kirchliche Einrichtungen (Liturgie, Messe, usw.) und das religiöse Leben im allgemeinen untersucht. Wenn so auch fast alles belegt werden konnte,[46] so ist doch Notkers Auslegung so persönlich

---

deutschen Denkmäler, die ja in relativ großer Anzahl erhalten sind, untersucht werden. Auf keinen Fall dürfen solche Hss in den germanistischen Handbüchern unerwähnt bleiben, sogar dann nicht, wenn sie vielleicht zur Erhellung der erhaltenen Texte nichts beitragen sollten.

44 Das Kapitel über Notkers Vaterunser-Auslegung in Norbert Pfältzers verdienstvoller Frankfurter Diss. vom Jahre 1959 (48-73) leidet an St. Gallen- und Handschriften-Ferne. Das mag dadurch entschuldigt werden, daß er sich zu sehr auf Brauers vielfach irreführendes Werk über die St. Galler Bibliothek verläßt. Trotzdem ist es bezeichnend, daß im ganzen Kapitel Scherrers Katalog nicht einmal erwähnt wird, geschweige denn Bruckners Standardwerk; auch *MBK* wird nur zögernd herangezogen und leider mißverstanden (57 und Anm. 4).

45 Die vornotkerschen anonymen, meist kurzen St. Galler Auslegungen des Vaterunsers (vgl. Scherrer, Sachregister, 615), vor allem in CSg 125, waren unergiebig.

46 Erst Sommer 1967 kam leihweise ein Exemplar von Vives' Sammlung von Vaterunser-Auslegungen (von den Anfängen bis etwa 1500) in meine Hände. Da dieses Standardwerk bislang der Germanistik unbekannt geblieben ist, sei es hier bibliographisch vollständig aufgeführt: *Expositio in orationem Dominicam iuxta traditionem patristicam et theologicam cum appendice CXXX exposit. total. et XLI partialium disposita* a Fr. Josepho Calasancto Card. Vives O. M. Cap. Romae Typis Artificum A S. Josepho MCMIII. - Der 850 Seiten umfassende Anhang mit seinen so reichhaltigen Originaltexten verdiente eine Neubearbeitung.
Kardinal Vives' Sammlung war mir bei der Überprüfung meiner St. Galler Funde nützlich; direkt verdanke ich ihr nur die Stelle aus Ps-Hieronymus zu 563, 20. Meinem Kollegen und Freund James C. King möchte ich auch an dieser Stelle herzlich dafür danken, daß er Sommer 1968 diese Stelle in den CCSg 124 und 227 (8./9. Jh.) für mich nachgeprüft hat.

und aus einem Stück, daß wir eine innige und lange Beschäftigung mit dem Text selbst und dessen Exegese annehmen müssen: *meditatio* und *ruminatio* in einem.

Es liegt in der Natur der Sache, daß gerade in den Vaterunser-Auslegungen - schon infolge der Tradition - gewisse Gedanken in ähnlicher Formulierung immer wieder vorkommen.[47] Ich führe denn auch unten nur die Erklärungen auf, die am ergiebigsten waren und deren Text den Formulierungen Notkers am nächsten steht.[48] Entsprechend habe ich der Übersichtlichkeit wegen nur verhältnismäßig selten auf Parallelgedanken in anderen Kommentaren verwiesen.

a) Randglosse in CSg 27, 689-690.

b) Augustin, *De sermone Domini in monte libri II* (= A); vgl. Stegmüller, 2, Nr. 1470; *Clauis*, Nr. 274.

    Ausg.: CC 35 (hg. v. A. Mutzenberger), 104-130. Diese Ausgabe berücksichtigt den CSg nicht.[49]
    Hs.: CSg 154; 9. Jh.; vgl. dazu Scherrer, 58.

c) Ambrosius, *De sacramentis* (= Am); vgl. *Clauis*, Nr. 154.

    Ausg.: CSEL 72 (hg. v. O. Faller), 65-72. Diese Ausgabe zieht CSg 188, die älteste Hs von *De sacramentis* (7./8. Jh.), heran; vgl. dazu Scherrer, 66-68; Lowe, 7, Nr. 913.

d) Amalarius, *Canonis missae interpretatio* (= Amal).

    Ausg.: *Amalarii Episcopi Opera Liturgica Omnia* (hg. v. I. M. Hanssens. 3 Bde. Città del Vaticano, 1948-1950. Studi e Testi 138-140) Bd 1, 330-334. Diese Ausgabe berücksichtigt u. a. CSg 446; 10. Jh.; vgl. dazu Scherrer, 144-146.

e) Iohannes Cassianus, *Conlationes XXIV*, Buch 9, Kap. 18-25 (= Cas); vgl. *Clauis*, Nr. 512.

    Ausg.: CSEL 13 (hg. v. M. Petschenig), 265-273. Diese Ausgabe berücksichtigt CSg 574 (Buch 1-10); 9./10. Jh.; vgl. dazu Scherrer, 187; Bruckner, 3, 112.

---

47 Eine Geschichte der Vaterunser-Exegese ... fehlt.
48 Bei der vielfach verflochtenen Tradition lag es nicht in meiner Absicht, die Originalfassungen ausfindig zu machen. Was für Überraschungen man erleben kann, möge ein Beispiel zeigen: es ergab sich, daß die Auslegung in Hrabanus Maurus' *De institutione clericorum* wörtlich mit der aus Bedas Lucas-Kommentar übereinstimmt. Wenn man nun die Neuausgabe Bedas in CC 120 (227f.) nachschlägt, findet man die ganze Auslegung kursiv gesetzt, am Rande zu Anfang ein A, am Schluß ein V: sie stammt aus Augustins *Enchiridion* und stimmt wörtlich mit dessen Kap. 115 und 116 überein. Hrabanus, nach dem ich diese Auslegung zitiere, kann also Augustin oder Beda ausgeschrieben haben. Alle drei Werke waren zu Notkers Zeiten in St. Gallen vorhanden.
49 Die Herausgeberin kennt aber diese Hs - vgl. ihren Aufsatz: Handschriftenverzeichnis zu Augustins *De sermone domini in monte*. Sacris Erudiri 16 (1965), 184-197, hier 194.

f) Cyprianus, *De dominica oratione* (= Cypr); vgl. Stegmüller, 2, Nr. 2029; *Clauis*, Nr. 43.

   Ausg.: CSEL 3, 1 (hg. v. G. Hartel), 265-294. Diese Ausgabe berücksichtigt CSg 89.
   Hss.: CCSg 89 und 150; 9. bzw. 10. Jh.; vgl. dazu Scherrer, 34f. und 55-57; Bruckner, 3, 66.

g) Hieronymus, *Commentarius in euangelium secundum Matthaeum* (= H); vgl. Stegmüller, 3, Nr. 3372; *Clauis*, Nr. 590.

   Ausg.: CC 77 (hg.v.D.Hurst u. M.Adriaen), 36f. CSg 126 wurde benutzt.
   Hss.: CCSg 40; 126; 127; alle 8. oder 9. Jh.; vgl. dazu Scherrer, 18 und 45f.; zu CSg 40, den ich überprüft habe,[50] Bruckner, 2, 57f. sowie das Faks. auf Taf. XXVI.

h) Ps-Hieronymus, *Expositio quattuor euangeliorum*[51] (= Ps-H); vgl. Stegmüller, 3, Nr. 3424-31; *Clauis*, Nr. 631; Bischoff, 236-237.

   Ausg.: PL 30, 565.
   Hss.: CCSg 124; 125; 227; alle 8./9. Jh.; vgl. dazu Scherrer, 44f. und 82f.; Bruckner, 2, 63 sowie die Faks. auf Taf. VIII, XI, XXIII und XXIV.

i) Hrabanus Maurus,[52] *De institutione clericorum ad Haistulphum libri III*, Buch 2, Kap. 16: *De discretione orationis dominicae* (= HM).[53]

   Ausg.: PL 107, 332-333.
   Hs.: CSg 286; 9. Jh.; vgl. dazu Scherrer, 107; Bruckner, 3, 93 sowie die Faks. auf Taf. II und XV (rechts unten!).

k) Sedulius, *Paschalis Carminis libri V* (= Sed, P.C.);[54] vgl. Stegmüller, 2, Nr. 1864; *Clauis*, Nr. 1447. Damit ist nicht zu verwechseln die Prosafassung dieses Werkes:

l) Sedulius, *Paschalis Operis libri V* (= Sed, P.O.); vgl. Stegmüller, 2, Nr. 1865; *Clauis*, Nr. 1448.

   Ausg.: CSEL 10 (hg. v. I. Huemer), 59-63 (P.C.); 220-230 (P.O.). Diese Ausgabe beruht auf mehreren CCSg: 197; 242; 877; CTur C 68 (aus St. Gallen); CTur Rh. 77 (aus St. Gallen); alle 9. oder 10. Jh.; vgl. dazu Scherrer, 72-74; 88-90; 305.; Mohlberg, 39; 193 sowie die Nachträge, 357; 388; Bruckner, 3, 125; 4, 41.

---

50 CSg 40 ist reich glossiert.
51 Dieser Kommentar wurde in PL 114 nochmals abgedruckt, diesmal unter dem Namen des Walahfrid Strabo.
52 Seine anderen liturgischen Werke, *Liber de sacris ordinibus, sacramentis diuinis, et uestimentis sacerdotalibus* (PL 112, Sp. 1165 - 1192) und *De ecclesiastica disciplina libri III* (ebda 1191-1262), sind für St. Gallen nicht bezeugt. Die darin enthaltenen Vaterunser-Erklärungen (Sp. 1188-1189 bzw. 1222-1224) bringen - bis auf eine mögliche Entsprechung - nichts Neues.
53 Vgl. Anm. 48.
54 Hat Notker auch die *expositio* des Remigius von Auxerre gekannt? Huemer hat S. 316-356 Auszüge daraus abgedruckt. Zumindest eine Stelle findet ihre genaue Entsprechung bei Notker - vgl. die Anm. zum *Nl* von 564, 11.

m) Venantius Fortunatus, *Carminum epistularum expositionum libri XI*, Buch
10, Kap. 1: *Expositio orationis dominicae* (= VF); vgl. Stegmüller, 5, Nr.
8282; *Clauis*, Nr. 1034.

> Ausg.: MGH, Auctorum antiquissimorum, 4, 1 (hg. v. F. Leo), 221-229.
> Diese Ausgabe berücksichtigt CSg 196; 9. Jh.; vgl. dazu Scherrer,
> 72; Bruckner, 3, 80.[55]

(2) *Symbolum apostolorum*

Auch das Apostolische Glaubensbekenntnis[56] ist ein Grundtext der Kirche; es
ist schon deshalb so beliebt, weil es nach der Legende von den zwölf Aposteln
selber stammt.[57] Dieses *symbolum* wurde von alters her vor allem bei der Taufe
und beim katechetischen Unterricht angewendet. Durch seine Knappheit und
Schlichtheit unterscheidet es sich vom sogenannten Athanasianischen Glaubensbekenntnis (s. unten) und von den vielen Glaubensregeln (*regulae fidei*),
unter denen das Credo der Messe (*Symbolum Nicaeno-Constantinopolitanum*)[58]
im Abendland bis heute am meisten benutzt wird.

Notker[59] legt seiner Auslegung den sogenannten *Textus receptus* (= T) des
Symbolum apostolorum zugrunde;[60] dieser Text war seit Karl dem Großen im
Abendland allgemein gebräuchlich.

Folgende St. Galler Auslegungen waren ergiebig:

a) Randglosse in CSg 27, 690-692.[61]

b) Amalarius, *De symbulo* in *Epistula Amalarii ad Carolum imperatorem de
scrutinio et baptismo* (= Amal).

> Ausg.: *Amalarii ... Opera ...* [s. oben unter *Oratio dominica*, d)] Bd. 1,
> 242-243. Der Herausgeber hat auch für diese *Epistula* CSg 446 heran-
> gezogen.

---

55 Notker hat die Vaterunser-Auslegung aus dem *Sacramentarium Gelasianum*,
das in mehreren Exemplaren in St. Gallen vorhanden war, wohl nicht benutzt, zumindest ist sie unergiebig; darauf hat schon Pfältzer, 56f., gegen Ehrismann mit Recht hingewiesen.
56 Vgl. J. N. D. Kelly in *Lexikon für Theologie und Kirche* 1 (1957), Sp. 760-
762; für alle Besonderheiten noch immer das monumentale Werk von Kattenbusch.
57 Zu dieser Legende vgl. Kattenbusch, 2, 3-24.
58 Denzinger, Nr. 86; Hahn, § 144f.
59 Seine Auslegung wird Hahn, § 101, behandelt; Hahns Fehler wurden schon
teilweise von Kattenbusch, 864 Anm. 108, korrigiert, aber Kattenbusch
scheint, S. 949, anzunehmen, daß Notker zweimal das *Symbolum* ausgelegt
habe, einmal im Rahmen seines "Katechismus", das zweite Mal beim Psalter!
Vermutlich hat Hahn, der § 103 Notkers Auslegung nochmal abdruckt, jetzt
aber nach der Wiener Hs, diese doppelte Zuschreibung verschuldet. - Auffälligerweise behandelt Karl-Josef Barbian, *Die altdeutschen Symbola.
Beiträge zur Quellenfrage*. Steyl, 1964, Notkers Auslegung nicht.
60 Denzinger, Nr. 6; Kattenbusch, *passim*, vor allem 1, 189-199; 2, 759-815.
61 Diese Glosse wurde als "Sermon" (*sic*) von A. E. Burn abgedruckt in Zeit-
schrift für Kirchengeschichte 19 (1899), 184-186; sie hat dann eine eigene
Nr. (1758) in der *Clauis* erhalten.

c) Isidor, *De ecclesiasticis officiis*, Buch 2, Kap. 23: *De symbolo*[62] (= Is); vgl. *Clauis*, Nr. 1207.

    Ausg.: PL 83, Sp. 815-817.
    Hs.:   CCSg 222; 10. Jh.; und 240; 9. Jh.; vgl. dazu Scherrer, 79 und 87f.; Bruckner, 3, 84; 2, 73 sowie das Faks. auf Taf. XLII.

d) Venantius Fortunatus, *Carminum epistularum expositionum libri XI*, Buch 11, Kap. 1: *De expositione symboli* (= VF); vgl. Stegmüller, 5, Nr. 8283; *Clauis*, Nr. 1035.

    Ausg.: s. oben unter *Oratio dominica*, m), 253-258. Auch hier wurde CSg 196 berücksichtigt.

d) Ps-Venantius Fortunatus, *Expositio fidei catholicae* (= Ps-VF); s. unten (3) c).

Da es in St. Gallen keine Hs gibt, weiß ich nicht, ob Notker die Auslegung des Symbols aus *Le Pontifical Romano-Germanique du dixième siècle* (hg. v. C. Vogel und R. Elze. 2 Bde. Città del Vaticano, 1963. Studi e Testi 226 und 227) Bd 2, 185-190 (= PRG), gekannt hat. Dieses *Pontificale* wurde um 960 in Mainz zusammengestellt, teilweise aus St. Galler Vorlagen; vgl. jetzt Cyrille Vogel, *Introduction aux sources de l'histoire du culte chrétien au moyen âge*. Spoleto, (1966), 187-203.

(3) *Fides sancti Athanasii episcopi*

Dieses Glaubensbekenntnis, das wegen des ersten Wortes auch als *Quicunque* bezeichnet wird, stammt nicht von Athanasius.[63] Wegen seiner Ausführlichkeit und seines theologischen Gewichtes wurde es nur bei besonderen Gelegenheiten rezitiert. Man könnte es das sonntägliche Glaubensbekenntnis nennen: zumindest seit dem 9. Jh. hatte es seinen festen Platz im Sonntagsoffizium der Kirche; diese Tradition wurde in der katholischen Kirche erst vor einigen Jahren abgeschafft.[64]

Der neue *N1* beruht auf folgenden Kommentaren:

a) Randglosse in CSg 27, 692-700.

---

[62] Isidors Auslegung ist fast wörtlich aus Rufins *Expositio symboli*, Einleitung § 2 (vgl. jetzt CC 20, 134f.), abgeschrieben. Da Rufins *expositio* in St. Gallen nicht nachgewiesen werden konnte, zitiere ich nur aus Isidor. Auch Hrabanus Maurus hat zweimal (in *De institutione clericorum* und in *De ecclesiastica disciplina*) Rufin (oder Isidor?) ausgeschrieben, seine Exzerpte sind aber kürzer und reichen für Notkers Auslegung nicht aus; ich habe sie deshalb im *N1* nicht berücksichtigt. Die Auslegung in seinem *Liber de sacris ordinibus* ... (s. oben Anm. 52), Sp. 1170, ergibt für Notker nichts Neues.

[63] Vgl. Denzinger, Nr. 39f.; Hahn, § 150; jetzt J. N. D. Kelly, *The Athanasian Creed*. London, 1964

[64] Vgl. J. Quasten in *Lexikon für Theologie und Kirche* 8 (1963), Sp. 1102f.

b) Boethius, *Opuscula sacra* (= BOS); vgl. *Clauis*, Nr. 890-894.

  Ausg.: Boethius, *The Theological Tractates*, with an English Translation (hg. v. H. F. Stewart und E. K. Rand. In: Loeb Classical Library, No. 74. London und Cambridge, Mass., 1962), 1-127.

  Hs.: CSg 134; 10. oder 11. Jh.; vgl. Scherrer, 49f. und vor allem Bruckner, 3, 71. In dieser Hs gibt es zu den *Opuscula sacra* eine Rand- und Interlinearglosse, die fast identisch ist mit dem Kommentar, der von E. K. Rand dem Iohannes Scottus Eriugena zugeschrieben wurde und von ihm veröffentlicht wurde in: *Johannes Scottus* (Quellen und Untersuchungen zur lateinischen Philologie des Mittelalters ... I. Bd, 2. Heft, München, 1906), 28-80. Notker hat auch die Glosse gekannt und benutzt. Vgl. zu Notker, BOS und CSg 134: Petrus W. Tax, Notkers Erklärung des Athanasianischen Glaubensbekenntnisses und seine angebliche Schrift *De sancta trinitate*. In *Germanic Studies in Honor of Edward Henry Sehrt* (hg. v. F. A. Raven, W. K. Legner, J.C. King. Coral Gables, Florida, 1968), 219 - 228. Die dort abgedruckten Entsprechungen zu Notker aus BOS und der Glosse habe ich mit einigen Veränderungen in den neuen Nl übernommen, die Stellen aus der Glosse wiederum *kursiv* in den Fußnoten untergebracht, um sie so von den anderen Anmerkungen abzuheben.

c) Ps-Venantius Fortunatus, *Expositio fidei catholicae* (= Ps-VF); vgl. Stegmüller, 5, Nr. 8284; *Clauis*, Nr. 1747.

  Ausg.: A. E. Burn, *The Athanasian Creed and its Early Commentaries* (Cambridge, 1896. Texts and Studies, 4, 1), 28-40. Diese Ausgabe[65] berücksichtigt neben CSg 27 [s. oben a)] auch CSg 241, der einen vollständigen Text dieser *expositio* enthält;[66] 9. Jh.; vgl. dazu Scherrer, 88; Bruckner, 2, 74 sowie das Faks. auf Taf. XXVII.

§ 13. Man kann nicht erwarten, daß die Randglosse zu den *Cantica* und den katechetischen Texten in CSg 27 ein ursprüngliches Werk ist. Es fragt sich deshalb, ob Notker tatsächlich CSg 27 herangezogen hat, oder ob wir nicht vielmehr annehmen müssen, daß er überall die Quellen zu dieser Hs selber gekannt und benutzt hat, so daß weiter gesucht werden müßte.

Es gibt nun eine Stelle, die beweist, daß Notker auf jeden Fall auch die Glosse in CSg 27 herangezogen hat.

---

[65] Burn hat offensichtlich eine 10 Jahre früher erschienene Ausgabe eines Textes übersehen, der eine teils erweiternde, teils raffende Überarbeitung des Ps-VF darstellt und gleichfalls dem Fortunatus zugeschrieben wurde: MGH, Auctorum antiquissimorum, 4, 2 (Venantius Fortunatus ... *Opera pedestria*, hg. v. B. Krusch), 106 bis 110; vgl. *Clauis*, Nr. 1052. Krusch's Ausgabe beruht auf nur 3 Hss (darunter ist kein CSg) und ist weniger zuverlässig als Burns Text. Die älteste dieser 3 Hss stammt aus Tegernsee und wurde im 9. Jh. geschrieben; Notker hat also vielleicht auch diese Fassung gekannt. Burns Text wurde jetzt in PLS 3, Sp. 726-734, ohne Beiwerk abgedruckt.

[66] Der Text enthält allerdings viele Fehler. Es ist wohl möglich, daß Notker eine andere St. Galler Hs dieser *Expositio* (wahrscheinlich 9. Jh.) benutzte; sie war im Besitze Goldasts, ist aber jetzt verschollen; nur Goldasts Abschrift dieses Textes ist erhalten; vgl. Burn, LVIII, LXIVf. und 39.

Versikel 12 des *Canticum Ezechiae* heißt bei Notker: *Generatio mea ablata est a me*. Nachdem er das übersetzt und ausgelegt hat, sagt er: Vuile dû lésen . quieuit generatio mea . so chit iz cessauit generatio mea. Nun hat CSg 27 hier in der Mittelspalte den Bibeltext:[67] Quieuit generatio mea . ablata est a me. Die Glosse dazu am rechten Rand lautet: Seq̄ hieroniɱ. Nam si quieuit generatio mea legeris . quieuit pro cessatione non pro requie . intellegere debebis. Offensichtlich hat diese Glosse Notker auf die *uaria lectio* aufmerksam gemacht. Daß er dann auch den Isaias-Kommentar des Hieronymus selbst nachgeschlagen hat, legt seine Form *cessauit* nahe, denn diese Form bietet Hieronymus an dieser Stelle (H 445), während die Glosse nicht die Verbform *cessauit*, sondern nur das dazugehörige Substantiv *cessatione* aufweist. Einen ähnlichen Hinweis auf diese *uaria lectio* habe ich in anderen CCSg nicht gefunden.

Man darf, denke ich, auf Grund dieses so bezeichnenden Falles annehmen, daß Notker die Glosse in CSg 27 auch für die übrigen *Cantica* und die katechetischen Texte nicht verschmäht hat. Da es m. W. in St. Gallen - anders als zu den Psalmen - sonst keinen Gesamtkommentar zu diesen Stücken gab, wäre es auch verwunderlich, wenn Notker die Glosse in dieser vorzüglich geschriebenen Hs nicht gekannt und dankbar ausgewertet hätte. Ja, die Tatsache, daß Notker bei seiner Auslegung einiger *Cantica* nicht oder kaum über das hinausgeht, was die Glosse in CSg 27 bietet, während die authentischen Kommentare, die ihm auch zur Verfügung standen, viel ausführlicher sind, führt mich zu der Annahme, daß er CSg zuerst berücksichtigte, daneben oder später nach Bedarf aus den Einzelkommentaren ergänzte.[68]

Da Notker also auf jeden Fall die Glosse des CSg 27 benutzt hat, habe ich es nicht für nötig erachtet, weiter nach allen ursprünglichen Quellen dieser kompilatorischen Glosse zu fahnden.[69]

---

[67] Die Vorlage für Notkers Grundtext war hier also nicht CSg 27.
[68] Was die *Cantica* und die katechetischen Texte betrifft stimme ich also in etwa mit Steinmeyers Auffassung, S. 217ff., überein.
[69] Wenn ich auch alles Einschlägige in der Stiftsbibliothek auf Notkeriana hin durchgesehen habe, so war es doch nicht möglich, für alle Erklärungen Notkers passende Entsprechungen zu finden. Mit dem Verlust einiger Quellen wie etwa Columbans Psalmenkommentar muß man rechnen. Der unbelegte Rest ließe sich wohl eruieren, aber dann müßte man mit Muße alle Schriften, die Notker hat lesen können, vor allem die umfangreiche Predigtliteratur, durchnehmen; ob der Aufwand an Zeit und *arbeit* sich lohnen würde, ist fraglich.

IV Forschungsprobleme

> ... und zu versuchen, d i e F r a g e n
> s e l b s t liebzuhaben wie verschlossene
> Stuben und wie Bücher, die in einer sehr
> fremden Sprache geschrieben sind.
>
> (Rilke, *Briefe an einen jungen Dichter*.)

§ 14. Im Vorhergehenden sind schon gelegentlich Fragestellungen zur Sprache gekommen, die der Erforschung noch harren. Ich darf an solche Themen erinnern wie eine Analyse von Notkers Texten vom Standpunkt der Pädagogik, an das Problem der Stellung Notkers innerhalb der mittelalterlich-abendländischen Psalmenexegese, an die Fragen, die mit der Entstehungsweise von Notkers Psalmenwerk verknüpft sind.

Vor allem muß, so will mir scheinen, das Problem neu untersucht werden, wie Notkers Psalmenauslegung im konkreten St. Galler Klosterleben verwendet wurde. De Boor stellt fest: "Richtiger wird man von einer Kathedersprache reden. ... Man darf Notkers Schriften aus dem mündlichen Vortrag nicht herauslösen; sie waren Vortragsgrundlage, an die weitere Erläuterungen anknüpfen konnten und sicherlich angeknüpft haben. Als die Psalmen Lesewerk wurden, hat man sie der Doppelsprachigkeit entkleidet und rein deutsche Bücher daraus gemacht".[70] So sehr dies auf den ersten Blick einleuchten mag, so waren doch Notkers Psalmen, wie sie uns in CSg 21 vorliegen, zumindest *auch* schon "Lesewerk".[71] Es kann auch keinem Leser verborgen bleiben, wie ganze Teile von Notkers Psalter ein meditatives, ja gebetsartiges Gepräge tragen. Ein Kenner biblischen und religiösen Schrifttums wie Arthur Allgeier muß denn auch am Schluß seines wichtigen, von der Germanistik kaum beachteten, geschweige denn ausgewerteten Aufsatzes über Notkers Psalmen gestehen: "Notkers Psalter gehört nur insofern, wie Wackernagel angenommen hat, zur Gattung der Predigten, als seine Hauptvorlage, die *Enarrationes* des h. Augustinus, Predigten sind. Aber auch als Schul- oder Unterrichtsbuch läßt sich das Werk nicht wesentlich ansprechen; ... Dagegen teilt Notker alle Merkmale der Bibelkommentare. Das schließt homiletischen und pädagogischen Gebrauch nicht aus, sondern ein".[72] Man könnte sich also etwa durchaus denken, daß Notkers Psalter *auch* bei der *lectio diuina* in der Klosterkirche oder bei der Tischlesung verwendet wurde.

---

70 H. de Boor, *Geschichte der deutschen Literatur*. Bd I. München, ^{6}1964, 116; vgl. 110.
71 Vgl. etwa Ps 93, 20: Sih dir selbo lector uuieo ...
72 Allgeier, 181.

Wie könnte man einer Beantwortung der Frage nach der konkreten Funktion von Notkers Psalter näherkommen? Das führt uns zu einem anderen Fragenkomplex.

Da äußere Hinweise uns leider fehlen, sind wir auf Form und Inhalt von Notkers Werken selbst zurückgeworfen. Was die Psalmen angeht, so muß zumindest der Versuch gemacht werden, durch eine Werkanalyse deren Funktion näher zu bestimmen. Mir scheint, daß syntaktische und stilistische Untersuchungen auf breitester Grundlage hier wirklich weiterführen können.[73]

Im Hinblick auf Syntax und Stil eröffnet der Vergleich mit den Quellen faszinierende Fragestellungen. Einige davon mögen hier angedeutet werden. Wie verhält Notker sich seinen verschiedenen Quellen gegenüber? Lassen sich etwa gewisse Gesetzmäßigkeiten bei seiner Aneignung und Verarbeitung Augustins entdecken, und inwiefern sind sie verschieden von seiner Behandlung Cassiodors? Bleibt er bei seinen Formulierungen und bei der Abrundung seiner Gedanken hinter seinen Vorlagen zurück, rafft er, erweitert er, präzisiert oder kombiniert er? Es kann auch keinem, der Notkers Psalmen zusammen mit dem Nl liest, entgehen, daß er Augustin auch in der Formulierung sehr viel näher steht als Cassiodor. Da aber A und C zwei verschiedene Stilformen repräsentieren, wäre das Ausmaß der Nähe zu A und der Entfernung von C gerade stilistisch festzustellen, wobei gewiß auch Licht auf die Funktion des deutschen Psalmenwerks zurückfallen würde. Dies wären also Probleme der direkten Auseinandersetzung Notkers mit seinen Quellen, vor allem A und C, wie sie sich in Stil und Syntax niederschlägt.

Aber jedem Leser Notkers muß auffallen, daß er in all seinen Werken einen eigenen Stil hat, der sich gleich bleibt und durch Klarheit und Einfachheit gekennzeichnet ist. So individuell dieser Stil innerhalb des althochdeutschen Schrifttums auch erscheinen mag, so ist doch zu fragen, ob Notker sich - zumindest was die Psalmen betrifft - nicht bewußt in die abendländisch-christliche Tradition des *sermo humilis* hineinstellt, wie Erich Auerbach sie vor kurzem dargelegt hat.[74] Auch in dieser Hinsicht wäre also Notkers Stellung in der Tradition näher zu bestimmen.[75] Da auch Augustin auf

---

73 Mein Kollege James C. King, Mitherausgeber der neuen Notker-Edition, bereitet eine Notker-Syntax vor; vgl. einstweilen sein Buch: *Two Dualisms in the Syntax of Notker Teutonicus*. Diss. (masch.) der George Washington University, Washington, D.C., 1954.
74 In seinem sehr anregenden Werk: *Literatursprache und Publikum in der lateinischen Spätantike und im Mittelalter*. Bern, 1958, bes. Kap. I: Sermo humilis, und II: Lateinische Prosa des frühen Mittelalters.
75 Es fragt sich, ob nicht auch Notkers eigene Interpunktion in die Tradition hineingestellt werden muß (*per cola et commata*); vgl. die *Praefatio*

seine Weise - vor allem auch in seinen *Enarrationes in psalmos* - am *sermo humilis* teil hat, ließe sich durch Vergleich und Kontrastierung Notkers Stil klarer und profilierter abheben. Von hier aus würde auch neu beleuchtet werden, weshalb Notker bei aller Hochachtung vor den *artes* sich nicht scheut, den lateinischen Text des Martianus Capella oder gar des Boethius syntaktisch zu vereinfachen.

Bei der Schaffung und Zusammenstellung des neuen Nl wurden Wünsche und Nöte des Bedeutungsforschers mit besonderer Sorgfalt berücksichtigt.[76] Es ist eine natürliche Folge des Zuwachses an Quellen, daß frühere Forschungen auf diesem Gebiet, einschließlich des Lehngutes in allen Aspekten, ergänzt oder überarbeitet werden müßten. Es eröffnen sich aber gerade hier neue, nicht oder kaum beackerte Gebiete, vor allem für Wortfelduntersuchungen. Man braucht sich nur Themen wie "Leid" oder "Doloses" zu vergegenwärtigen, um zu ermessen, wie fruchtbar und aufschlußreich Notkers Psalmen sein würden. Schon eine synchronische Untersuchung seines Wortschatzes in den Psalmen und in (oder im Vergleich mit) seinen anderen Werken würde ergiebig sein. Aber es sollte betont werden, daß bei dem Reichtum an deutschen, teilweise sogar kommentierenden Psalmenübersetzungen des Mittelalters gerade diachronische Untersuchungen des Wortschatzes oder bestimmter Wortfelder solide und bedeutsame Ergebnisse zeitigen werden. Denn einerseits hat der Forscher eine ständige Vergleichsgrundlage im Latein der Psalmen sowie gegebenenfalls der Kommentare, andererseits wird das verhältnismäßig einseitige Bild, das die deutsche Wortgeschichte bietet, erheblich differenziert werden können, sobald man die große Anzahl spätmittelalterlicher Psalmenübersetzungen sowie die Luthers einbezieht. Wenn auch manche Texte

---

zu Buch I von Cassiodors *Institutiones*: "Illud quoque credidimus commonendum, sanctum Hieronymum simplicium fratrum consideratione pellectum in Prophetarum praefatione dixisse, propter eos qui distinctiones non didicerant apud magistros saecularium litterarum colis et commatibus translationem suam, sicut hodie legitur, distinxisse. quod nos quoque tanti uiri auctoritate commoniti sequendum esse iudicauimus, ut cetera distinctionibus ornentur." (hg. v. R. A. B. Mynors. Oxford, 1937, 8); vgl. auch Isidor, *Et.* I, 20, 3-6; II, 18, 1-2. Cassiodors *Institutiones* waren schon zu Notkers Zeit in mehreren Exemplaren in der St. Galler Bibliothek vorhanden.

76 Im Gegensatz zu Henrici habe ich aber auch besonders auf den Gang der Argumentation und auf die Satzverknüpfungen in den Quellen geachtet. Dies ist vor allem im Hinblick auf Notkers Wahl und Gebrauch von Konjunktionen wichtig. Hier hat King (s. Anm. 73) schon verdienstvolle Arbeit geleistet, in dem er im ersten Teil seiner Dissertation einen der zwei "Dualismen" in Notkers Syntax untersucht hat: den Gebrauch von *uuanda* (neben- oder unterordnend) in Notkers Übersetzung des Martianus Capella.

noch in den Handschriften ruhen, so dürfte doch jetzt schon Material genug
vorhanden sein, daß solche Querschnitte von Notker bis Luther in monogra-
phischer Form angefertigt werden könnten.
Hier wie fast überall gilt es, den engen und vereinzelnden Rahmen der althochdeutschen Literatur- und Sprachgeschichte zu verlassen, um Notker innerhalb der umfassenden und vielfältigen Tradition mittelalterlicher Geistig-
keit und Religiosität als reproduktiven und als schöpferischen Meister deutscher Sprache neu sehen zu lernen und ihn so, in echt mittelalterlicher,
d. h. christlich-abendländischer und vor allem lateinischer Perspektive, um
viele Aspekte bereichert und auf seinem wahren Hintergrund, erneut zu würdigen. Wenn der neue *Nl* dazu anregen und dabei von Nutzen sein kann, so wäre die aufgewendete *arbeit* nicht umsonst.

V

§ 15. Zur technischen Einrichtung des *Notker latinus*.
a) Bei der Ausarbeitung des Materials ergab sich das Problem, auf welche
Ausgabe der *Nl* am besten bezogen werden könnte. Da Pipers Ausgabe veraltet
und vergriffen ist, Sehrts Edition ihren *Nl*, der jetzt auch veraltet ist,
schon hat, drängte sich mir während der Arbeit in St. Gallen und später immer stärker der Gedanke an eine Neuausgabe von Notkers Psalter selbst auf.
Denn einerseits kann der Text auf Grund des neuen *Nl* an manchen Stellen verbessert werden, andererseits legt die Tatsache, daß der Psalter nur in *einer*
vollständigen, und zwar sehr regelmäßig geschriebenen Hs (CSg 21) erhalten
ist, es nahe, diese Hs seiten- und zeilengetreu herauszugeben. Ich habe mich
denn auch zu einer solchen seiten- und zeilengetreuen Ausgabe entschlossen
und den neuen *Nl* auf diese Edition, die bald nach dem *Nl* erscheinen soll,
bezogen. Zahlenkombinationen im *Nl* ohne weiteren Zusatz (z. B. 9, 4; 24, 18;
166, 17) verweisen also immer auf Seite und Zeile der neuen Ausgabe, d. h.
der Hs. Die Verbindung mit den älteren Ausgaben wird dadurch gewährleistet,
daß ich im Kolumnentitel einer jeden Seite des *Nl* angebe, welche Psalmverse
sie umfaßt. Im übrigen ist in den Ausgaben die Seitenzahl des CSg 21 (= Hs *R*)
jeweils in eckigen Klammern angegeben, so daß man sich auch auf diese Weise
leicht zurechtfinden kann.
b) Der *Nl* ist an erster Stelle ein Arbeitsinstrument. Aus den Ausgaben im
CC, besonders Cassiodors *Expositio psalmorum*, habe ich denn auch dankbar folgende drucktechnische Mittel der Differenzierung übernommen:

1. Kursivierung *und* Sperrung. Es ist für den Notker-Forscher von Bedeutung zu wissen, wo der *Nl* selber Psalmtext ist und wo er aus den eigenen Worten des Auslegers besteht. Da den Kommentaren zum Teil Psalterversionen zugrundeliegen, die nicht mit der Vulgata oder mit Notkers lateinischem Psalmtext übereinstimmen, lassen sich beide Komponenten öfters nicht ohne weiteres unterscheiden. Ich habe deshalb immer den Text der Psalmverse, die *hic et nunc* ausgelegt werden, kursiviert *und* gesperrt; ich habe dieses Verfahren auch dann angewendet, wenn der Ausleger im Laufe seiner Ausführungen Worte oder Wendungen aus dem betreffenden Psalmvers wiederholt oder sie variiert. Dieses Mittel der Auszeichnung hat es möglich gemacht, solche Psalmverse im *Nl*, sofern sie mit Notkers eigenem lateinischem Psalmtext übereinstimmten, erheblich zu kürzen; dadurch wurde viel Raum gespart.

2. Kursivierung. In zwei Fällen habe ich bloß kursiviert. Einmal bei allen anderen wörtlichen Bibelzitaten; ich habe dann überall die Fundstelle zwischen Klammern angegeben. Zweitens aber pflegen die Kommentatoren, vor allem Augustin, bei ihren Auslegungen an frühere Stellen in demselben Psalm anzuknüpfen und lassen schon Gesagtes wieder anklingen, indem sie solche Psalmworte in ihren Ausführungen einflechten. Da Notker dieses Verfahren des rückverweisenden Vergegenwärtigens (eine Art von *ruminatio*) auch selber anwendet, habe ich solche wörtliche Anklänge an frühere Stellen im Psalm gleichfalls kursiviert; allerdings habe ich hier nur bei größeren Abständen zwischen Anklang und Originalstelle auf letztere verwiesen. Abgesehen von den Psalmstellen, die *hic et nunc* ausgelegt werden, sind also im *Nl* alle wörtlichen Bibelzitate bloß kursiviert.

Finden sich in den Kommentaren Anspielungen auf die Bibel, so habe ich mittels (vgl. ...) auf die betreffenden Fundstellen verwiesen. Auf diese Weise vermag der Notker-Forscher, wenn er weniger bibelfest sein sollte, manche freiere Auslegung Notkers besser zu verstehen: der Mönch, dem die Bibel ein offenes Buch war, hat nicht selten biblisch weitergedacht.

Die Verweise auf Bibelstellen habe ich zum Teil aus den Ausgaben, vor allem denen des CC, übernehmen können; doch mußte ich sie öfters verbessern, präzisieren oder ergänzen.

c) Das Material, aus dem der *Nl* aufgebaut wurde, stammt aus verschiedenartigen Quellen: aus Hss, älteren und modernen Ausgaben. Aus pädagogischen (und ästhetischen) Gründen habe ich daher in orthographischer Hinsicht die Texte geringfügig vereinheitlicht, und zwar einerseits in Anlehnung an Cassiodors *Expositio psalmorum* im CC, andererseits nach den Schreibgewohnheiten, die in den von mir benutzten CCSg vorherrschen. Ich schreibe also *ascendere* (statt *adscendere* in der Ausgabe von A), *humiliare* (statt *humilare* in A), *expectare* (statt *exspectare*), *exultare* (statt *exsultare*), *Ecclesia* (für *die* Kirche), *redemptio* und *temptatio* (statt *redemtio* und *tentatio* in A), usw.

d) Die Anmerkungen enthalten:

1. Abweichungen der CCSg von unseren modernen Ausgaben. Diese "Varianten" hatte Notker vor Augen; sie sind deshalb maßgeblich.

2. Quellen, die aus Werken stammen, welche für St. Gallen nicht nachgewiesen worden sind. Notker kann sie also gekannt haben, aber sichere Beweise fehlen.

3. Sonstige Informationen, Hinweise und Erläuterungen.

e) Bei Verweisen habe ich folgende Zeichen angewandt:

= die Stelle ist (faktisch) identisch mit dem angeführten Text.

~ 1. die Stelle ist dem angeführten Text in gedanklicher oder motivischer Hinsicht ähnlich;

   2. die Stelle ist textlich verwandt, weist aber mehrere Veränderungen gegenüber dem angeführten Text auf. Hierher gehören die mehr oder weniger wörtlichen Übereinstimmungen zwischen HT und Br oder A und WS, die auf Ausschreiben oder Exzerpieren beruhen.

Notker latinus

Die Quellen

Abkürzungen und Zeichen im *Notker latinus* zu den Psalmen. (Für genaue Angaben zu den Ausgaben und Hss vergleiche man die Einleitung, § 3-5).

A	= Augustin
Al	= Alkuin
Am	= Ambrosius
Br	= Ps-Hieronymus, *Breuiarium in psalmos*
C	= Cassiodor
CSg 27	= Randglosse in dieser Hs
Eglogae	= *Eglogae tractatorum in psalterium*
GS	= *Glossa(e) Salomonis*
HC	= Hieronymus, *Commentarioli in psalmos*
HT	= Hieronymus, *Tractatus in psalmos*
Hil	= Hilarius
Isidor, *Et.*	= Isidor von Sevilla, *Etymologiae*
Iul	= Iulianus von Eclanum
Pr	= Prosper
R	= Remigius
Theod	= Theodorus von Mopsuestia
WS	= Walahfrid Strabo
=	= (faktisch) identisch
~	= ähnlich (vgl. den Schlußparagraphen der Einleitung)

DIE PSALMEN

Psalm 1

9,4 A 1: *Beatus uir ... impiorum*, sicut homo terrenus qui uxori consensit deceptae a serpente, ut Dei praecepta praeteriret.

9,6 C 31: *Et ... non stetit*; utique quia uenit in mundum, qui est *uia peccatorum*, sed ibi *non stetit*, quoniam eius uitia immaculata conuersatione transiuit. Ponendo autem *uiam peccatorum* latam uult intellegi: quoniam angustam constat esse iustorum.
WS 11[b]: et Dominus ait: [12[a]] *Spatiosa est uia quae ducit ad mortem* (Matth. 7,13).
A 1: Quia uenit quidem [Christus] *in uia peccatorum*, ... sed *non stetit*, quia eum non tenuit illecebra saecularis. ... *stetit* [Adam], cum delectatus est peccato;
HT 4: Non dixit, *beatus uir* qui non peccauit, sed *beatus uir* qui in peccato non perseuerauit. (~ Br 872 C)

9,10 A 1: *Et ... non sedit.* Noluit regnum terrenum cum superbia; quae ideo *cathedra pestilentiae* recte intellegitur, quia non fere quisquam est qui careat amore dominandi et humanam non appetat gloriam. *Pestilentia* est enim morbus late peruagatus, et omnes aut paene omnes inuoluens.[1]

9,11 Vgl. A zu 10,7.

9,21 A 2: ... *secundum decursus aquarum.* ... Aut secundum Spiritum sanctum, secundum quem dicitur: *Ipse uos baptizabit in Spiritu sancto* (Matth. 3,11); ... *in tempore suo*, id est, postquam clarificatus est resurrectione et ascensione in caelum. Tunc enim Spiritu sancto misso apostolis, et eis in fiducia sui confirmatis et directis in populos, fructificauit ecclesias.
HT 7: De illo enim fonte procedunt omnia flumina. ... [8] ... Vnus

---

1 Für Notkers Etymologie *pestis = pecora sternens* habe ich keine Quelle finden können. Hat er sie selber erdacht - in Anlehnung etwa an Exod. 9,3?

fluuius egreditur de throno Dei (vgl. Apoc. 22, 1-7), hoc est **gratia** Spiritus sancti;

Br 873 A: Quod autem se arborem Dominus dici uoluit, ait: *Aut facite arborem bonam et fructum eius bonum* (Matth. 12,33). - Vgl. CSg 27,23 (*oratio* am Ende dieses Psalms[2]): Effice nos, quaesumus, Domine, tamquam fructuosissimum lignum ante conspectum tuum, ut tuis imbribus irrigati mereamur tibi suauium fructuum ubertate placere. Per Dominum, ...

10,1 A 2: Id est, uerbum eius non erit irritum.

WS 14[b]: *e t ... d e f l u e t*, uerborum eius immobilem significat firmitatem, ...

10,3 A 2: Id est, quaecumque illud *lignum* adtulerit; quae omnia uidelicet accipienda sunt fructa et folia, id est, facta et dicta.[3]

10,7 A 2: *T e r r a* hic accipienda est ipsa stabilitas in Deo, secundum quam dicitur: *Dominus pars hereditatis meae,* ...(Ps 15,5); ... secundum hanc dicitur: *Beati mites, quia ipsi hereditate possidebunt terram* (Matth. 5,4). ... [3] ... *A b* huius *t e r r a e f a c i e p r o i e c i t* etiam eum qui, cum consensisset et gustasset de prohibito ligno, ut esset sicut Deus, abscondit se *a f a c i e* Dei. WS 15[a]: Sed *t a m q u a m p u l u i s* aridus ... *p r o i c i u n t u r* a soliditate et stabilitate *t e r r a e* uiuentium, praesentis scilicet Ecclesiae et futurae, ...

10,9 A 3: Id est, *r e s u r g e n t* quidem, sed non ut iudicentur, quia iam poenis certissimis destinati sunt; (~C 37)

HT 9: Legimus in euangelio secundum Iohannem: ... *quicumque in me non credit, iam iudicatus est* (3,18). ... [10] ... Non *r e s u r g u n t* ut iudicentur, quia iam iudicati sunt: ...-Vgl. CSg 27,22: *R e s u r - g u n t i m p i i*, sed non *i n i u d i c i o*, quia iam iudicati sunt. *Über* in iudicio *des Psalmtextes ausserdem die Interlinearglosse*: quia iam iudicati sunt.

10,12 A 3: *p e c c a t o r e s* autem *n o n r e s u r g u n t i n c o n - s i l i o i u s t o r u m*, id est, ut iudicent, sed forte ut iudicentur, ...

C 37: *R e s u r g i t* enim *i u s t u s*, ut iudicet; *p e c c a t o r*, ut iudicetur; *i m p i u s*, ut sine iudicio puniatur.

10,14 A 3: Aut certe si aliud sunt *i m p i i*, aliud *p e c c a t o r e s*, ut,

---

2 S. das Faksimile dieser Seite der Hs bei Bruckner, 3 Taf. III. Vgl. zu solchen Gebeten: Dom Louis Brou (Ed.), The Psalter Collects...London 1949, hier 174 (freundl. Hinweis von Herrn Prof. Bischoff).

3 CSg: dicta et facta

iudicetur; *i m p i u s*, ut sine iudicio puniatur.

10,14 A 3: Aut certe si aliud sunt *i m p i i*, aliud *p e c c a t o r e s*, ut, quamquam omnis *i m p i u s   p e c c a t o r* sit, non tamen omnis *p e c c a t o r* sit *i m p i u s*. (~C 37)

10,17 HT 10: Sed dicitur Deus *n o s s e* eos quos *n o s s e* dignatur. Denique de peccatoribus dicitur: *Recedite a me, operarii iniquitatis, non noui uos* (Matth. 7,23; Luc. 13,27). (~Br 874 A)

CSg 27,22: *B o n o r u m   u i a m*, id est, opera dicit *n o s s e* Deum, ... *Über* uiam *des Psalmtextes eine Interlinearglosse:* opera. WS 15^b: *N o u i t*, id est, approbat, et laudans remunerat facta *i u s t o r u m*, ...

10,19 C 38: *V i a* enim dicitur, quod per eam unusquisque transeuntium uehatur.^{4} *I t e r*, quasi iterum actus, quod agendo teratur.

P s a l m 2

10,23 C 40: Quatuor membris psalmi huius species decora formata est. In primo loquitur propheta de Iudaeis propter passionem Christi. Secundo uerba sunt dementium Iudaeorum. ... [41] ... Corripit enim populos propheta, cur *f r e m u e r i n t* contra Dominum Saluatorem, cum causas iracundiae non haberent.

10,24 A 4: Pro eo dictum est *u t   q u i d*, ac si diceretur: frustra; non enim impleuerunt quod uoluerunt, ut Christus exstingueretur.^{1}

C 41: *M e d i t a t i   s u n t* quoque *i n a n i a*, quia scripturas diuinas sine fructu intelligentiae frequenter iterabant. Prophetatum est enim in innumeris locis de Domino Saluatore Messiam esse uenturum, quem illi maximo errore decepti non uenisse, sed adhuc uenturum esse confidunt.

11,1 C 41: *A s t i t e r u n t* non praesentiam significat sed [42] uoluntatem. Nam in passione Domini constat coram *r e g i b u s* omnimodo non fuisse. *R e g e s* autem *t e r r a e* Herodem uult intellegi, qui persequendo Dominum necauit infantes, alterum uero Herodem nepotem eius, qui Pontio Pilato in Saluatoris nece consensit. Merito ergo *a s t i -*

---

4 CSg: uiat$\bar{o}$r
1 R 4vb: Sed hoc meditatio inanis fuit, quia ad nullum effectum peruenit. Quo enim [5ra] amplius nomen eius obscurare uoluerunt, eo amplius per uniuersum mundum dilatatum est.

t i s s e dicti sunt, qui sacrilegis mentibus consentientes in uno scelere c o n u e n e r u n t. P r i n c i p e s autem de pharisaeis dicit. ... C o n u e n e r u n t   i n   u n u m, in unam uoluntatem, non in unum conuentum, nam diuersis conciliabulis hoc scelus leguntur fuisse machinati.

CSg 27,23: Über principes *des Psalmtextes die Interlinearglosse:* sacerdotum.²

11,7 C 42: E o r u m namque ad Christum pertinet et ad apostolos eius, ...

11,8 A 4: D i s r u m p a m u s ... i u g u m   i p s o r u m, demus operam ut non nos alliget, neque imponatur nobis christiana religio.

11,11 Br 874 D: Subsannatio proprie rugata fronte et contracto naso exprimitur.

A 4: Nihil horum tamen sapere oportet carnaliter, quasi aut buccis Deus i r r i d e a t, aut naso s u b s a n n e t; sed ea uis accipienda est, quam dat sanctis suis, ut futura cernentes, id est, nomen Christi et dominationem peruagaturam in posteros et uniuersas gentes obtenturam, illos *inania meditatos esse* intellegant. Haec enim uis qua ista praescita sunt, irrisio Dei est et subsannatio. ... C a e l o s si animas sanctas accipiamus, per has eos, utique praesciens quid futurum sit, deridebit Deus et s u b s a n n a b i t.

11,17 C 43: I r a ergo Dei uocatur retributio peccatorum, ... T u n c   l o q u e t u r illud tempus significat, cum iudicare uenerit mundum.

11,18 Br 875 A: E g o   a u t e m, vox Christi, ... (= CSg 27,24)

11,19 C 43: ... uerba refert Domini Saluatoris, qui se R e g e m a Patre c o n s t i t u t u m   e s s e testatur. Quod etiam scriptum est de ipso in titulo passionis: *Rex Iudaeorum* (Ioh. 19,19). Hoc nec Pilatus deleri passus est, qui eum Iudaeis cruci tradidit affigendum.

11,21 A 5: S i o n autem, si speculationem, ut quidam interpretantur, significat, nihil magis quam Ecclesiam debemus accipere, ubi quotidie intentio erigitur speculandae claritatis Dei, ... Ergo iste sensus est: E g o   a u t e m   c o n s t i t u t u s   s u m   r e x   a b   e o super Ecclesiam s a n c t a m eius, quam m o n t e m appellat propter eminentiam et firmitatem.

C 43: S i o n hic Ecclesiam debemus accipere, quam m o n t e m appellat propter eminentiam honoris et firmitatem fidei. S i o n enim hebraea

---

2 Vgl. das Faksimile bei Bruckner, 3, Taf. III.

lingua dicitur specula, quae competenter aptatur Ecclesiae, quoniam ad futuras spes sufficienter instructa promissiones Domini mentis prouidentia contuetur, nec tantum praesenti-[44]bus quantum futuris beneficiis gloriatur. ... *Praedicans praeceptum Domini*. Quod fecit euangelium docens, ...[3]

11,27 C 44: *Dominum* significat Patrem, ... [45] ... *Ego hodie genui te*, quod nulli alteri probatur edictum, sed[4] solus ille sine tempore genitus est, per quem creata constant uniuersa.[5]

12,1 A 5: ... tamen *hodie* quia praesentiam significat atque in aeternitate nec praeteritum quidquam est, quasi esse desierit, nec futurum, quasi nondum sit, sed praesens tantum, quia quidquid aeternum est, semper est, diuinitus accipitur secundum id dictum *Ego hodie genui te*, quo sempiternam generationem uirtutis et sapientiae Dei, qui est unigenitus Filius, fides sincerissima et catholica praedicat. (~C 44)

12,4 A 5: Hoc iam temporaliter secundum susceptum hominem, ... ut scilicet *gentes* nomini christiano copulentur atque ita a morte redimantur, et possideantur a Deo.
C 45: Hoc per habitum dicitur formamque seruilem, ex eo quod filius est uirginis. Quidquid enim in tempore accepit Christus secundum hominem ea quae non habebat acquirit. Hic enim iubetur ut petat secundum naturam inferiorem et accepta possideat, nam secundum potentiam Verbi indiffe-[46]renter omnia quae habet Pater, habet et Filius; ... *Gentes* autem significat nationes toto orbe diuisas, ...

12,7 A 5: Hoc iam temporaliter secundum susceptum hominem, qui sacrificium se obtulit pro omnibus sacrificiis, qui etiam interpellat pro nobis (vgl. Rom. 8,34); ut ad totam ipsam dispensationem temporalem, quae pro genere humano facta est, referatur quod dictum est *Postula a me*, ...

12,10 A 5: *Reges eos in uirga ferrea*, in[6] inflexibili iustitia.

12,13 A 5: id est, *conteres* in eis terrenas cupiditates, ... (~C 47)

---

[3] R 5vb: *Sion* autem arx est altissima in Ierusalem; hac per hoc significat sanctam Ecclesiam, quia sancta Ecclesia terrena despiciens ad caelestia subleuatur.
[4] CSg: si
[5] R 5vb: *Dominus ... me*, id est, Deus Pater, ...
[6] CSg: *fehlt*.

12,14 C 47: Venit ad tertium membrum, in quo iam propheta commonet ...[7]

12,15 A 5: *n u n c* [6] *i n t e l l e g i t e* iam *r e g e s*, id est, iam ualentes regere quidquid in uobis seruile atque bestiale est, et iam ualentes pugnare, non quasi aerem caedentes, sed castigantes uestra corpora et seruituti subicentes (vgl. I Cor. 9, 26-27).

12,18 C 47: *E r u d i r e* docere est. ... [48] ... Quod illis bene dicitur, qui iam carnalia delicta domuerunt. Ipsi enim bene *i u d i c a n t   t e r r a m*, quando repressis uitiis, corporibus suis, fauente Domino, praecepta legis imponunt.

12,20 A 6: *S e r u i t e   D o m i n o   i n   t i m o r e*, ne in superbiam uertat quod dictum est: *Reges qui iudicatis terram*.

Br 875 D: *T i m o r e* dixit, ut elationem eis tolleret, quia *reges* eos appellarat.

12,21 C 48: Et iterum, ne haec exultatio negligens redderetur, addidit: *c u m   t r e m o r e*, ut utraque sociata caelestem reuerentiam competenter exprimerent.

12,26 C 48: *E t   p e r e a t i s   d e   u i a   i u s t a*, id est, a caelesti Rege Christo, quia uia est recte ambulantium ad uitam, dux euntium, iter ad beatitudinem festinantium, ... (vgl. Ioh. 14,6).

13,1 A 7: Id est, cum uindicta uenerit, ... Quod autem positum est *i n   b r e u i*, hoc significare arbitror, quia repentinum aliquid erit, dum hoc remotum et longe futurum peccatores existimabunt. (~C 48f.) - Zu *ictu oculi* vgl. I Cor. 15,52.

P s a l m   3

13,4 A 7: Hunc psalmum ex persona Christi accipiendum persuadet ... (~C 51)

13,5 Vgl. den *titulus* dieses Psalms.

13,6 A 8: Tam scilicet *m u l t i p l i c a t i   s u n t*, ut etiam de numero discipulorum[1] non defuerit qui numero accesserit persequentium. (~C 51)

13,10 A 8: Manifestum est quod nisi desperarent resurrecturum, non utique occiderent.

13,12 A 8: *T u ... s u s c e p t o r   m e u s   e s*, secundum hominem dicit Deo; quia hominis susceptio est Verbum caro factum. (~C 52)

---

[7] R 6rb: Prophetae uox ad sanctos;
[1] CSg: meorum *nach* discipulorum *von Ekkehard IV. übergeschr. Wann?*

13,17 A 8: Id est, non corporis *u o c e*, quae cum strepitu uerberati aeris promitur, sed *u o c e* cordis, quae hominibus silet, Deo autem sicut clamor sonat.

13,19 C 53: ... *d e   m o n t e*, id est, de diuinitatis excellentissima summitate, ...

13,20 A 9: Non inconuenienter animaduerti potest quod positum est *E g o* ad significandum quod sua uoluntate mortem sustinuit, ... Somnum autem pro morte positum innumerabiliter scripturae continent, ...

C 53: *S o p o r a t u s   s u m*, securam significat pausationem, non sicut impii qui in morte quatiuntur, quos inquietat iugiter conscientia peccatorum, sed soporatio ista fuit sacri corporis beata dormitio.

13,24 A 10: cum resurgere utique nisi illa susceptione non posset.

C 53: Natura enim humanitatis per se non potuisset propria uirtute resurgere, nisi eam diuina omnipotentia *s u s c e p i s s e t*, ...

13,27 C 53: Nam quod dicit: [54] *N o n   t i m e b o*, non significat se non esse moriturum, sed mortem formidare non poterat, quam triduanam et mundo profuturam esse praesciebat.

14,3 A 12: Potest hoc ipsi capiti suo corpus dicere. Illo enim *e x s u r g e n t e   s a l u u m   f a c t u m* est qui ascendit in altum, ...

14,6 C 54: *Saluum me fac, Deus meus.* Hoc de resurrectione dicitur, non enim declinari patiebatur uitae huius occasus, qui erat humano generi profuturus.

14,5.8 A 10: id est, in irritum^2 quasi in puluerem perducta^2 uerba peccatorum dilacerantium maledictis Filium Dei; ut sic accipiamus *d e n t e s*, uerba maledica.

14,11 A 11: Nemo de se praesumat, quoniam *D o m i n i   e s t* saluos facere de morte peccati;

Br 877 A: *D o m i n i   e s t   s a l u s*, hoc est, non ab homine, sed a Deo.

P s a l m   4

14,14 C 56: Per totum psalmum uerba sunt sanctae matris Ecclesiae, ...

A 14: *C u m   i n u o c a r e m, e x a u d i u i t   m e   D e u s*, inquit, a quo est *i u s t i t i a   m e a*.

---

2 CSg: et *nach* irritum, s[unt] *nach* perducta *von Ekkehard IV. eingefügt.*

14,17 C 57: *T r i b u l a t i o* est enim quae *d i l a t a t* semper Ecclesiam, quando eodem tempore confessores fiunt, martyres coronantur, totaque turba iustorum contritionibus semper augetur.

14,19 Br 877 B: Licet mihi auxilium tuleris et *i n   t r i b u l a t i o n e   d i l a t a s t i   m i h i*, tamen ego misericordia tua semper indigeo.

14,21 A 15: Saltem usque in aduentum, inquit, Filii Dei uester error durauerit; quid ergo ultra *g r a u e s   c o r d e* estis?

C 57: ...hic per energiam alloquitur genus humanum, ne in culturis daemoniorum grauissimo errore permaneat, ...Merito eos diutius *g r a u e s   c o r d e* fuisse dixit, qui post ueritatis praedicationem, adorare magis elegerunt idola falsitatis,...[1]

14,24 C 57: *V a n i t a s* quidem nomen est generale uitiorum, sed illud proprie uanum dicitur, quod a Deo probatur alienum. ...Arguuntur itaque illi qui idolorum turpissimo amore flagrabant ... [58] ... Istud autem *m e n d a c i u m* idola significat, quae tale nomen merito susceperunt, quia contra dignitatem ueritatis erecta sunt.

14,25 A 15: Sed interpositum *d i a p s a l m a* uetat istam cum superiore coniungi. Siue enim hebraeum uerbum sit, sicut quidam uolunt, quo significatur Fiat; siue graecum, quo significatur interuallum psallendi, ut psalma sit quod psalli-[16]tur, *d i a p s a l m a* uero interpositum in psallendo silentium; ut quemadmodum sympsalma dicitur uocum copulatio in cantando, ita *d i a p s a l m a* disiunctio earum, ubi quaedam requies disiunctae continuationis ostenditur; siue ergo illud, siue hoc, siue aliud aliquid sit, certe illud probabile est, non recte continuari et coniungi sensum, ubi *d i a p s a l m a* interponitur.

15,2 A 15: Quem, nisi eum quem suscitauit ab inferis, et in caelo ad dexteram collocauit? Increpatur ergo genus humanum, ut ad eum se tandem ab huius mundi amore conuertat.

C 58: *S a n c t u m   s u u m* dicit Dominum Christum, ...

15,6 C 58: Merito se *e x a u d i r i* confidebat, quoniam Dominum sanctum magnificandum populis praedicabat. *D u m   c l a m a u e r o*, dicit, id est, cum bonis operibus diuinitati supplicauero.

15,8 A 16: Quod duobus modis intellegi potest, aut: Etiam si *i r a s c i m i n i,   n o l i t e   p e c c a r e*, id est, etiam si surgit motus animi, qui iam propter poenam peccati non est in potestate, saltem ei non consentiat ratio et mens, quae intus regenerata est secundum Deum,

---

[1] R 8[rb]: id est, usquequo [8[va]] adgrauatum et depressum in infidelitate *c o r* habeatis?

ut mente seruiamus legi Dei, si adhuc carne seruimus legi peccati; aut: Agite paenitentiam, id est, *irascimini* uobis ipsis de praeteritis, et ulterius *peccare* desinite. (~C 58f.)

15,12 A 16: *Quae dicitis in cordibus uestris*, subauditur: dicite, ut sit plena sententia: Quae dicitis, in cordibus uestris dicite; id est, nolite esse populus de quo dictum est: *Labiis me honorant, cor autem eorum longe est a me* (Isai. 29,13; Matth. 15,8; Marc. 7,6).

15,16 A 16: Hoc est quod iam dictum est, *in cordibus*. Haec enim sunt *cubilia* de quibus et Dominus monet, ut intus oremus clausis ostiis (vgl. Matth. 6,6).

C 59: *Compungimini* significat paenitentiam agite, nam compunctione quadam animarum fit optata conuersio, ac si diceret, deserite prauas cogitationes uestras antequam scelera perpetretis.

15,20 A 17: *Sacrificate ... in Domino*, id est, recte uiuite, et *sperate* donum Spiritus sancti ut uos ueritas, cui credidistis, illustret.

C 59: *Et sperate in Domino*, ut uitam bonam spes felicior subsequatur. Non enim hic plene recipere possumus, ... sed *sperare* docemur *in Domino*, ut in futuro promissa salutaria consequamur.

15,23 A 17: Qui sermo, et quae interrogatio quotidiana est omnium stultorum, siue ...; siue de ipsa futura uita, ... dubitantium uel desperantium, qui saepe dicunt: Quis nouit si uera sunt, aut quis uenit ab inferis ut ista nuntiaret?

C 60: *Dicunt* enim *multi* adhuc carnaliter sapientes, quod nec pauci dicere debuissent: *Quis ostendit nobis bona*?

15,27 A 17: Hoc *lumen* est totum hominis et uerum bonum, quod non oculis, sed mente conspicitur. ... Homo enim factus est ad imaginem et similitudinem Dei (vgl. Gen. 1,26; 5,3), ...

16,3 A 17: Non ergo foris quaerenda est *laetitia*, ... [18] ... sed intus ubi *signatum est lumen uultus* Dei.

16,5 A 18: Sed homines temporalia sectantes, qui certe *multi* sunt, nihil aliud nouerunt *dicere*, nisi *Quis ostendit nobis bona*, cum uera et certa bona intra semetipsos uidere non possint. Itaque consequenter de his rectissime dicitur, quod adiungit: *A tempore ... multiplicati sunt*.

16,8 C 61: Redit ad eos qui rebus carnalibus probantur intenti. ... Ergo ista Dei non habent peccatores, sed sua, id est, terrena, unde corpus uiuat, non anima perfruatur.

16,11 C 61: *I n   i d i p s u m* quippe dicitur, quod nulla rerum uicissitudine commutatur; sed *i p s u m* in se permanens incommutabile perennitate consistit. ... *r e q u i e s c a m*, futuram beatitudinem indicare monstratur, quando iam requies dabitur sanctis, et gloriosa pausatio. - Zu *id ipsum* vgl. 487,2 sowie A und C zu dieser Stelle.

16,15 C 61: *S i n g u l a r i s* itaque *s p e s* est Ecclesiae in membris suis, quia sola recipiat regnum Dei, quod Babyloniae populus non [62] potest adipisci. Et cum dicit: *C o n s t i t u i s t i   m e*, significat dignam deliberatamque sententiam, quam hic habemus *i n   s p e*, ibi autem possidetur in re. Sed tunc reuera illud munus quietis merebimur, si hoc fieri Domini iuuamine confidamus.

A 19: Et bene ait: *s i n g u l a r i t e r*. Potest enim referri aduersus illos multos qui, *multiplicati a tempore frumenti uini et olei sui*, dicunt: *Quis ostendit nobis bona?*

P s a l m   5

16,20 HT 12: *H e r e d i t a s* nostra non in principio repromittitur, sed in fine mundi. ... Quae est *e a   q u a e   h e r e d i t a t e m   c o n s e - q u i t u r*? Mihi uidetur quod Ecclesia sit: ... Cantat in principio quod Ecclesia accipiat[1] in finem. (~Br 878 A)

A 19: Intellegitur ergo Ecclesia, *q u a e   a c c i p i t   h e r e d i t a t e m* uitam aeternam ... Quapropter uox Ecclesiae est in hoc psalmo uocatae ad *h e r e d i t a t e m*, ut et ipsa fiat *h e r e d i t a s* Domini.

C 62: *P r o   e a   u e r o   q u a e   h e r e d i t a t e m   c o n s e q u i - t u r*, Ecclesiam significat, cuius persona in hoc psalmo introducitur ad loquendum. Haec bona Domini Saluatoris adit ac possidet.

16,21 A 19: Bene ostendit quis iste sit *c l a m o r*, quam interior de cordis cubili sine strepitu corporis perueniat ad Deum; quandoquidem uox [20] corporalis auditur, spiritalis autem intellegitur.

HT 12: *C l a m o r* in scripturis, non uocis, sed [13] cordis est. (= Br 878 A)

C 62: Vox enim ista non erat la-[64]biorum crepitus sed cordis affatus,

---

1 CSg 108: accepit; CSg 109: recipiat

qui non auribus audiri sed mentis lumine consueuit intellegi.

16,21.24 A 20: id est, illi *u o c i*, quam ut Deus intellegat petit; quae qualis sit iam insinuauit, cum dixit: *Intellege clamorem meum*.

C 64: modo dicit: *I n t e n d e   u o c i   o r a t i o n i s   m e a e*, ut declararet orationem hanc esse perfectam, quam affectus mentis inflammat.

17,1 A 20: peracta ergo erroris mei nocte, et discedentibus tenebris quas mihi peccatis meis feci, *e x a u d i e s   u o c e m   m e a m*.

17,1.3 C 65: Ecclesia enim, quae se cognoscit habuisse tenebras peccatorum et de nocte mundi istius congregatam, tunc se *e x a u d i r i* merito credit, cum in lucem caelestis conuersationis erumpit.

17,6 A 21: Si enim *D e u s* esset qui *u e l l e t   i n i q u i t a t e m*, posset etiam ab iniquis uideri, ...

17,8 C 66: Ostendit eos in iudicio Domini generaliter esse uenturos, ...

17,10 C 65: Nam licet eum carnaliter tantum uideant, [66] quos reatus inuoluit, sicut scriptum est: *Videbunt in quem compunxerunt* (Zach. 12,10); iuxta ipsum tamen habitare nequeunt, qui gehennae cruciatione damnandi sunt.[2]

17,15 C 66: Non dixit *q u i   o p e r a t i   s u n t*, quia illi tantum in iudicio damnabuntur, qui usque ad finem uitae suae crimine se nefando commaculant.

17,17 HT 15: Ergo hic quod dicit, ... intellegere possumus, quia de haereticis dicit. ... qui autem haereticus est, et *l o q u i t u r   m e n d a c i u m*, tot occidit homines, quot induxerit.[3] (∼Br 879 D-880 A)

C 66: Sed hic significat haereticos, qui *l o q u e n t e s   m e n d a c i u m* sequacium animas perdiderunt.

17,19 C 66: *V i r* quidem *s a n g u i n u m* est qui humano cruore polluitur, sed et ille qui decipit uiuum. ... *D o l o s u s* autem illos significat, qui scientes malum alienum operari nituntur exitium. Dum dicit: *a b o m i n a b i t u r*, significat omnes quos superius dixit a regno Domini reddendos extraneos.

A 23: Potest hic recte uideri repetitum quod ait superius: *Odisti ... mendacium*, ut *u i r u m   s a n g u i n u m* ad operantem *iniquitatem* referas, *d o l o s u m* autem ad *mendacium*. Dolus enim est, cum aliud

---

2 R 9vb: Sed *i u s t i s* cum eo *p e r m a n e n t i b u s* reprobi eicientur a consortio sanctorum et uisione sui conditoris; iuxta quod et alibi scriptum est: Tollatur impius ne uideat gloriam Dei.

3 Br, CSg: induxerit (in *durch Punkt darunter getilgt*, se *darübergeschr.*)

agitur, aliud simulatur. Et apto uerbo usus est quod ait: *a b o m i - n a b i t u r*. Solent enim abominati dici exheredati.⁴

HT 15: Recte dixit, *d o l o s u m*: et homicida est, et *d o l o s u s* est. (= Br 880 A) *D o l o s u s* quare est? uerba sua uerba Domini conmentitur.

17,22 A 23: *I n m u l t i t u d i n e m i s e r a t i o n i s*, fortasse in multitudine hominum perfectorum et beatorum dicit, quibus ciuitas illa constabit, quam nunc parturit et paulatim parit Ecclesia. Homines autem multos regeneratos atque perfectos, recte dici *m u l t i t u d i - n e m m i s e r a t i o n i s* Dei quis negat, ...?

C 66: Nam cum ipsa Ecclesia hic *d o m u s* sit Domini, tamen potest per unumquemque beatum dicere, [67] qui eius membra sunt, futuram se Ierusalem nihilominus intraturam.

17,27 A 23: Et fortasse ob hoc addidit: *i n t i m o r e t u o*, quod magnum est praesidium procedentibus ad salutem. Cum autem quisque peruenerit, fiet in eo quod dictum est: *Consummata dilectio foras mittit timo-*[24] *rem* (I Ioh. 4,18), ...

17,26;18,3 HT 16: Ipsa est *domus*, quae est *t e m p l u m*. ... sed quoniam continuata semitis scandala ponunt inimici mei, et me in *domum tuam* ire cupientem laqueos ponunt in itinere; propterea quaeso te, ut tu dirigas pedes meos usque ad finem in uiam tuam. (~Br 880 A-B)

18,4 A 24: *I n t u a i u s t i t i a* autem, non in ea quae uidetur hominibus. Nam et malum pro malo reddere, iustitia uidetur;

18,7 A 24: Hoc est enim *i t e r* quod non terrarum locis peragitur, sed affectibus animorum.⁵

18,11 A 24: Quomodo ergo potest *esse in ore eorum ueritas*, quorum *c o r* fallitur de peccato et poena peccati?

C 68: Recte enim dicitur in *ore ipsorum non esse ueritatem*, quorum *c o r* uanitas possidebat.

HT 16: non habent Christum *ueritatem in ore* suo, quia nec in *c o r d e* habent. *C o r e o r u m u a n u m e s t*. (= Br 880 C)

18,13 C 68: Bene autem addidit: *p a t e n s*; quod si clausum esset, minus feteret.

18,15 HT 16: Aliud in corde tenebant, aliud in sermone pollicebantur: ... (= Br 880 D) - Vgl. A zu 17,19.

---

4 R 9vb: *V i r u m* [10ra] *s a n g u i n u m* appellat homicidam, ...
5 CSg: animarum

18,17 A 25: Prophetia est, non maledictio. (~C 68)

18,18 C 68: *D e c i d e r e* enim proprie dicitur, qui spei suae amissione fraudatur.

18,20 HT 17: Vnde? ab *ea quae hereditatem consequitur*, hoc est, Ecclesia, ... Tu *e x p e l l e   e o s* inde, ut quoniam fidem non habent Ecclesiae, nec uersentur in Ecclesia.[6] (~Br 881 B)

A 25: *E x p e l l u n t u r* ergo impii ab illa *hereditate* quae intellegendo et uidendo Deum possidetur;

18,25 A 26: Ipsa ergo erit aeterna exultatio, cum templum Dei fiunt iusti; et erit gaudium ipsorum, ipse incola[7] eorum.

HT 17: Felices qui tabernaculum Christi erunt. (= Br 881 C)

19,1 A 26: Et bene *i n   t e*, tamquam possidentes *hereditatem* de qua titulus psalmi est, ... (~C 69)

19,3 A 26: Haec est benedictio, *gloriari* in Deo, et *inhabitari* a Deo. Ista sanctificatio conceditur iustis; sed ut iustificentur, praecedit uocatio, quae non est meritorum, sed gratiae Dei.

C 69: Magnitudine praemii et gaudiorum immensitate praemissa, quare tanto bono indebite repleatur humanitas, breuiter docemur, ne quis adscribat meritis suis quod tributum benedictione constat auctoris.

19,6 C 69: *B o n a* siquidem *u o l u n t a s* Creatoris, quae nos ineffabilibus muneribus replet, dicta est *s c u t u m*, quod reuera nos protegit et praemia decora concedit. Clypeus enim impositus capiti corona est, aptatus cordi defensio. - Vgl. 25,26.

HT 18: protexisti nos *s c u t o* tuo, et protectio tua corona nostra fuit, corona nostra fuit *s c u t u m* tuum, fuit nostra uictoria. Corona enim uictoria interpretatur. Gratias agamus Deo, et deprecemur illum, ut in *b o n a   u o l u n t a t e* sua ipse sit *s c u t u m* et corona nostra, ... Cui est gloria in saecula saeculorum. Amen. (~Br 882 C)

P s a l m   6

19,7 A 27: *D e   o c t a u o* hic uidetur obscurum. ... Visum est autem nonnullis diem iudicii significare, id est, tempus aduentus Domini

---

6 Vgl. HC 186.
7 CSg: incolatus

nostri, quo uenturus est iudicare uiuos et mortuos. Qui aduentus, computatis annis ab Adam, post septem annorum milia futurus creditur; ut septem annorum milia tamquam septem dies transeant, deinde illud tempus tamquam dies octauus adueniat. ... [29] Quam damnationem metuens, orat Ecclesia in hoc psalmo dicens: *D o m i n e, ... a r g u a s   m e*. Dicit etiam apostolus iram iudicii: *Thesaurizas tibi*, inquit, *iram in die irae iusti iudicii Dei* (Rom. 2,5).

C 70: *P r o   o c t a u a* uero, ut quidam uolunt, Domini significatur aduentus, quando finita saeculi hebdomada, ad iudicandum uenerit mundum; unde et psalmus ipse cum tremore maximo fecit initium dicens: *D o m i n e, ... c o r r i p i a s   m e*. ... [72] ... Quatuor modis in hoc psalmo uir confitens et religiosus exorat. ... Totus autem hic psalmus propter futuri iudicii timorem noscitur esse conscriptus;

19,11 C 73: Sed *i r a* longa indignatio est, *f u r o r* repentina mentis accensio.

19,14 C 74: Petit ergo ut ante iudicium, non in iudicio *c o r r i p i a- t u r*, quia qui ibi *arguitur*, sine dubitatione damnatur.

A 29: *C o r r i p i a s* mitius[1] uidetur[2]; ad emendationem enim ualet. Nam qui *arguitur*, id est, accusatur, metuendum est ne finem habeat damnationem.

19,18 C 74: *O s s a* hic per allegoriam, fortitudinem mentis debemus aduertere, quae cum deficit, uigor omnis elabitur, sicut et ossibus quassatis corpus minime continetur.

A 29: ... *o s s a   m e a*, id est, firmamentum animae meae, uel fortitudo; hoc enim *o s s a* significant.

19,18.20 Br 883 A-B: Ego sum *infirmus* per peccatum, ... Ac si dicat: omnes uirtutes, quae *o s s a* appellauit, in primo homine transgressae sunt, siue perditae.

19,21 A 29: ... *u s q u e q u o*? [30] Quis non intellegat significari animam luctantem cum morbis suis, diu autem dilatam a medico, ut ei persuaderetur in quae mala se peccando praecipitauerit?[3]

C 74: *V s q u e q u o* subaudiendum differs, qui usque ad finem preces supplicum non soles ullatenus obliuisci?

19,24 A 30: Et ideo postquam dixit: *Conuertere, Domine*, addidit:*e t   e r u e*

---

1 CSg: mihi
2 CSg: ad correctionem pertinere *von Ekkehard IV. übergeschr.*
3 R 11rb: ... *u s q u e q u o*, subaudiendum, non subuenis mihi et [11va] misereris.

a n i m a m   m e a m, tamquam inhaerentem perplexitatibus huius saeculi, et spinas quasdam dilacerantium desideriorum in ipsa conuersione patientem.

C 75: *E r i p e   a n i m a m   m e a m*, ab imminenti scilicet supplicio, ...

19,26 A 30: ... iusta damnatio debebatur.

20,1 A 31: *I n* qua *m o r t e* hoc est esse immemorem Dei, legem eius et praecepta contemnere; ut *i n f e r n u m* dixerit, caecitatem animi, quae peccantem, id est, morientem excipit et inuoluit. *Sicut non probauerunt, inquit, habere Deum in notitia, dedit illos Deus in reprobum sensum* (Rom. 1,28).

20,4 A 31: An *i n f e r n u m* uult intellegi, quo post iudicium praecipitabuntur impii, ubi iam propter profundiores tenebras nullam Dei lucem uidebunt, cui aliquid confiteantur? (~C 75)

20,5 C 75: ... uenit ad narrationem actuum suorum, asserens paenitentiam suam magnis cruciatibus fuisse completam;

20,6 A 31: Et tamquam parum profuerit, addit et dicit: *L a u a b o ... l e c t u m   m e u m*. *L e c t u s* est hoc loco appellatus ubi requiescit animus aeger et infirmus, id est, in uoluptate corporis et in omni delectatione saeculari. Quam deleetationem lacrimis *l a u a t* qui sese ab illa conatur extrahere.[4]

C 76: Si hoc ad litteram uelis accipere, merito quidem *l e c t u m*, quem *n o c t i b u s* polluerat, lacrimis abluebat. Sed occurrit impossibilitas, ... (Weiter C ~ A)

20,9 Zu QVI ... OFFENDIT vgl. Ioh. 11,10.

20,11 A 31: *I n   l a c r i m i s* [32] *s t r a t u m   m e u m   r i g a b o*, repetitio est. Cum enim dicit *i n   l a c r i m i s*, ostendit quemadmodum superius *lauabo* dixerit. Hoc autem accipimus *s t r a t u m*, quod superius *lectum*.

20,13 A 32: Huius igitur *i r a e* inchoatio est quam in hac uita patitur quisque peccator. Timens itaque iudicii diem, laborat et plangit.

20,17 A 32: *I n* [33] *o m n i b u s* autem *i n i m i c i s   m e i s*, uel inter ipsa uitia dicit, uel inter homines qui nolunt ad Deum conuerti. Nam et hi, ... nihilominus tamen intentione contraria, *i n i m i c i* sunt eis qui se ad Deum conuertunt. ... Nam si possint, eos secum ad poenas

---

4 Vgl. R 94vb (zu Ps 40,4): Sicut enim homo in *l e c t o*, ita anima requiescit in corpore.

trahunt. Et magnum donum est, inter eorum uerba uersari quotidie, et non excedere[5] de itinere praeceptorum Dei.

20,23 A 33: Crebra eiusdem sententiae repetitio, ... affectum exultantis ostendit. ... Iste fructus est illius gemitus in quo *laboratur*, et illarum *lacrimarum* quibus *lauatur lectus*, et *stratus rigatur*; quoniam qui seminat in lacrimis, in gaudio metet, et beati lugentes, quoniam ipsi consolabuntur (vgl. Ps 125,5 und Matth. 5,5).

20,26 C 78: Et intuere quod sancta conscientia paenitentis, a peccatis suis facta libera, ... mox pro *i n i m i c i s* suis, ut conuertantur, exorat; ut, sicut ille suscepit ueniam, ita et *i n i m i c o s* eius carnales ad Domini gratiam redire contingat.[6]

20,26; 21,1 A 34: Deinde addidit: *u a l d e   u e l o c i t e r*. Cum enim iam desperari coeperit iudicii dies, cum dixerint: Pax, tunc eis repentinus ueniet interitus (vgl. I Thess. 5,3). ... [35] ... Quamquam et illud hic accipi potest, ut quia tamquam gementem et tam saepe diuque flentem Deus exaudiuit, intellegatur liberata a peccatis, ...; quod cum ei prouenerit, non mirum est si iam ita perfecta est ut oret pro *i n i m i c i s* suis. Potest ergo ad hoc pertinere quod dixit: *E r u b e s c a n t ... m e i*, ut de peccatis suis agant paenitentiam, quod sine confusione et conturbatione fieri non potest. Nihil itaque impedit sic accipere et illud quod sequitur: *C o n u e r t a n t u r   e t   e r u b e s c a n t*, id est, *c o n u e r t a n t u r* ad Deum, et *e r u b e s c a n t* se in prioribus tenebris peccatorum aliquando gloriatos, ...

C 78: Sequitur: *A u e r t a n t u r   r e t r o r s u m*, ... Sed quoniam hic de peccatoribus agebatur, bene illis optata est uotiua conuersio. Et ne eos diutius iudicaret forsitan differendos, addidit: *E t   e r u b e s c a n t   u a l d e   u e l o c i t e r*.[7]

21,2 Vgl. HT 20: Hoc est quod nunc dicitur, *Pro octaua* (vgl. *titulus*): in *octaua* enim nos accepimus regna caelorum. Vnde dicit: *Domine ne in furore tuo arguas me, neque in ira tua corripias me* (v. 2).

---

5 CSg: excidere
6 R 11vb: Optat paenitens alios peccantes de suis reatibus *e r u b e s c e r e*, et *c o n t u r b a r i* de futuro iudicio.
7 R 11vb: Prius est enim ut *e r u b e s c a m u s*, consequitur uero ut salubriter ad paenitentiam *c o n u e r t a m u r*. (uerta *über durchgestrichenem* turbe)

Psalm 7

21,4 C 79: Cum Dauid a filio suo Abessalom crudeli bello premeretur, amicum suum *C h u s i* fecit pro dignoscendo consilio ad eius castra migrare, ut quidquid aduersus eum ageretur, sibimet secretius indicaret. Nam et ipsum nomen praedictam indicat causam. *C h u s i* enim, patre Augustino docente [vgl. A 35], interpretatur silentium, ... Sic Dominus noster in medio Iudaeorum silentium misit, cum mysteria sanctae incarnationis assumpsit. ... Hunc ergo psalmum ad similitudinem *C h u s i* de futuro mysterio Domini propheta cantauit, quia sicut Dauid filii sui Abessalom a se geniti et educati iniustam persecutionem pertulit, ita Dominus liberati a se populi atque nutriti [80] furorem detestabilis praesumptionis sustinuit. - Vgl. II Reg. 15.

21,10 C 80: Causam suam propheta trahens in futurum mysterium Domini Saluatoris, ... in prima diuisione ex sua persona Dominum deprecatur ...[1]

21,14 C 80: Quamuis propheta, Abessalom filii sui causa uideatur esse proposita, de uniuersis tamen inimicis se supplicat debere *l i b e r a r i*, ab spiritalibus maxime nequitiis, quas conuenit studiosissime praecaueri, quia carnales hostes corpus impetunt, spiritales uero animas necare contendunt. *L i b e r a* a peccato, *e r i p e* a diabolo.

21,17 A 37: *D u m ... f a c i a t*, id est, ne ille *r a p i a t*, dum tu *n o n r e d i m i s   n e q u e   s a l u u m   f a c i s*. Si enim Deus *n o n r e d i m a t   n e q u e   s a l u u m   f a c i a t*, ille *r a p i t*. C 81: id est, cum tu a subueniendo cessaueris; illo enim tempore praeualet diabolus *r a p e r e*, cum nobis ... Creator distulerit subuenire.

21,22 C 81: Sed *i s t u d* ad persecutionem Abessalom dicitur filii, a quo propheta iniuste uideatur affligi. ... *R e t r i b u e b a n t* enim Saul atque Abessalom *m a l u m*, qui ab ipso prius acceperant pietatis officium.

21,25 C 81: Sed iste uir ... perfectae beneuolentiae se conditione constringit, ut si *m a l u m* pro malo *r e d d i d i t, d e c i d a t   a b i n i m i c i s* suis *i n a n i s*, id est, fructu mansuetudinis magnae uacuatus;

21,26 A 38: diabolus autem quas animas persecutus *c o m p r e h e n d e r i t*, possidebit. (∼C 81 f.)

---

1 R 12va (rot): Vox prophetae timentis minas Saul, ...

22,1   C 82: Sic enim de animabus efficit, quas crudelissimus uincit, ut actus earum terrena faciat contagione maculari.

22,3   A 38: Recte itaque hic posuit *g l o r i a m*, quam non uult *i n   p u l-
u e r e m   d e d u c i*. Vult enim eam solidam habere in conscientia coram Deo, ubi nulla iactantia est. ... Ista soliditas *i n   p u l-
u e r e m   d e d u c i t u r*, si per superbiam quisque contemnens secreta conscientiae, ubi solus Deus hominem probat, uelit apud ho-
[39]mines gloriari.

22,5.7 A 39: An et iste non aduersus homines haec precatur, sed aduersus diabolum et angelos eius, quorum possessio peccatores et impii homines sunt? ... *F i n e s* dixit ipsam possessionem, ubi uult Deum *e x a l t a r i* potius, id est, honorari et glorificari, quam diabolum, ...

C 83: Verum haec uindicta quae dicitur *i r a*, in diabolum potius debet aduerti, qui toties punitur quoties ab eo peccator subiugatus eripitur.

22,10 A 39: id est, quia humilitatem praecepisti, humilis appare; et tu prior imple quod praecepisti, ...

22,13 A 39: Duplex intellectus est. *C o n g r e g a t i o* enim *p o p u l o-
r u m* siue credentium siue persequentium potest accipi, ...

22,15 A 40: id est, *p r o p t e r   h a n c   congregationem   r e g r e d e-
r e   i n   a l t u m*; quod resurgendo et in caelum ascendendo fecisse intellegitur. ... *R e g r e s s u s* ergo ... misit Spiritum sanctum; quo impleti praedicatores euangelii orbem terrarum ecclesiis impleuerunt. ... Nonne et *p r o p t e r   h a n c   congregationem* peccatis suis a se lumen ueritatis abalienantem, Deus *i n   a l t u m   r e-
g r e d i t u r*, id est, ut aut non, aut a perpaucis, ... [41] teneatur et percipiatur sincera fides, ...?

22,17 A 41: Siue enim *in altum regressus est*, cum post resurrectionem ascendit in caelum, bene sequitur: *D o m i n u s   i u d i c a t   p o-
p u l o s*, quia inde uenturus est iudicare uiuos et mortuos;

22,20 Vgl. C zu 21,22 - A 41: Ista est uera *i n n o c e n t i a*, quae nec inimico nocet. Itaque bene se *i u d i c a r i* postulat *s e c u n-
d u m   i n n o c e n t i a m* suam, qui uere dicere potuit: *Si reddidi retribuentibus mihi mala* (v. 5).

22,24 A 42: *C o n s u m m e t u r*, inquit, perficiatur, secundum illud

quod est in Apocalypsi (22,11): *Iustus iustior fiat, et sordidus sor-*

descat adhuc. ... *d i r i g i t* [Deus] *i u s t u m* in ipsa conscientia coram se, ubi nullus hominum uidet, sed solus ille qui perspicit quid quisque cogitet, et quid quemque delectet. ... Videt igitur curas nostras qui *s c r u t a t u r c o r*. Videt [43] autem fines curarum, id est, delectationes, qui perscrutatur *r e n e s*: ut cum inuenerit, non ad concupiscentiam carnis, neque ad concupiscentiam oculorum, neque ad ambitionem saeculi, quae omnia transeunt tamquam umbra (vgl. 1 Ioh. 2,16-17), inclinari curas nostras, sed ad gaudia rerum aeternarum sustolli, quae nulla commutatione uiolantur, *d i r i g a t*^{2} *i u s t u m, s c r u t a n s c o r d a e t r e n e s D e u s*.

23,5 A 43: hic autem *i u s t u m a u x i l i u m* est, quia iam iusto tribuitur.^{3}

23,8 A 44: Ipse *i u s t u s*, qui reddet unicuique iuxta opera sua (vgl. Matth. 16,27). Ipse *f o r t i s*, qui etiam persecutores impios, cum sit potentissimus, pro nostra salute tolerauit. Ipse *l o n g a n i m i s*, qui etiam ipsos qui persecuti sunt, non statim post resurrectionem ad supplicium rapuit,^{4} sed sustinuit, ut se aliquando ad salutem ab illa impietate conuerterent; et adhuc sustinet, seruans ultimo iudicio ultimam poenam, ...

23,13 A 45: ultimo uero tempore, ... in die irae et reuelationis iusti iudicii Dei *g l a d i u m s u u m u i b r a b i t*. ... *u i b r a b i t* autem, cum in secundo aduentu ueniens iudicare uiuos et mortuos, in manifesto splendore claritatis suae, iustis suis lumen, et terrores impiis coruscabit.

23,15 A 45: *A r c u m* ergo istum, scripturas sanctas libenter acceperim, ubi fortitudine Noui Testamenti, quasi neruo quodam, duritia Veteris flexa et edomita est.

23,19 A 46: Sed quia non *sagittas* tantum, sed etiam *u a s a m o r t i s* dixit in *arcu* Dominum *parasse*, quaeri potest quae sint *u a s a m o r t i s*. An forte haeretici? ... Malo enim uoto per peccatum legentes, male coguntur intellegere, ut ipsa sit poena peccati;

23,21 C 86: Egressae sunt autem de isto *arcu* tamquam *s a g i t t a e*, id est, apostoli, qui ardentibus, hoc est, desiderantibus animis, in modum

---

2 CSg: Dirigit
3 R 13va: Vox Christi est; quia ego, inquit, iustus sum, *i u s t u m* est et rectum a Deo Patre *a d i u t o r i u m* nostrum.
4 CSg: parauit

s a g i t t a r u m praecepta salutaria transmiserunt, ... *E f f e -
c i t* autem significat operatus est, ...

23,24 Vgl. v. 8. - C 86: *P a r t u r i u i t   i n i u s t i t i a m* plebs
iudaica, cum uideret Dominum pro salute humana miracula facientem et
de eius potius exitio cogitauit. *C o n c e p i t   d o l o r e m*, quando eos diuersis parabolis increpabat, ut a sua illos peruersitate conuerteret. *P e p e r i t   i n i q u i t a t e m*, quando dixit: *Crucifige, crucifige* (Luc. 23,21; Ioh. 19,6).[5]

24,1 Vgl. Ioh. 8,19.23.27.44.

24,5 C 87: Talis ergo et iste fuit *l a c u s* iniquitatis, quem Iudae prauitas excauauit; ... A se enim incohat tractatus malus et antequam laedat alterum, sibi prius operatur exitium.[6]

24,7.10 C87: Hic *c a p u t* nostram animam debemus accipere, ... Huic subiecta sunt peccata, quando refrenantur obnoxia. ... *V e r t e x* quoque dictus est, quod dextra laeuaque uertat capillos, qui significat capitis summitatem. Quam rationem esse non immerito dixerimus, quia contemplatiuae animae culmen excelsum est; ... Primum est quia *i n i q u i t a s*, dum ex alto praecipitata *d e s c e n d i t*, uiolenter percutit.

A 47: Hoc fit, cum in homine peruerso seruit ratio et libido dominatur.

24,14 C 88: *Confiteri* autem duobus dicimus modis: ... Secundus, unde nunc sermo est, cum laudes Domini magna exultatione celebrantur, ...

24,15 Vgl. A zu 23,8.

P s a l m   8

24,18 C 88: *I n* [89] *f i n e m* significare Dominum Saluatorem, quarti tituli expositione iam notum est.

A 49: *T o r c u l a r i a* ergo possumus accipere ecclesias, eadem ratione qua et aream intellegimus Ecclesiam. Quia siue in area, siue in

---

[5] R 13vb: *E c c e ... i n i u s t i t i a m*. De Synagoga iterum loquitur psalmista ...
[6] R 13vb: *L a c u m   a p e r u i t*. ... quando uidelicet Christi necem plebs iudaica coepit tractare. ... Sed quid? ipsa *i n   f o u e a m* quam praeparauerat *i n c i d i t*, quia ex eo quod nomen Christi de terra delere uoluit, regnum et locum et gentem amisit (vgl. Ioh. 11,48).

torculari, nihil aliud agitur, nisi ut fructus ab integumentis purgentur, ... His ergo uel integumentis uel sustentaculis, ... et uinaciis in *torcularibus* uina exuuntur; ... Agitur enim nunc, ut non loco, sed affectu interim separentur boni a malis, quamuis simul in ecclesiis, quantum adtinet ad corporalem praesentiam, conuersentur.

24,24 C 89: Ecclesia uetus, ... primo ingressu laudes Christi Domini laeta decantat, ...

A 50: ut iste sit sensus: *Domine*, qui es[1] *Dominus noster*, quam te admirantur omnes qui incolunt *terram*!

25,1 C 90: *Magnificentia* est enim Domini incarnationis arcanum, inter cuius diuersa miracula hoc nobis super omnia cognoscitur esse collatum, quod Deus dignatus est homo fieri et crucem pro omnium salute sustinuit. Ista ergo *magnificentia super caelos* omnesque creaturas *eleuata est*, quando Dominus Christus resurgens a mortuis, sedet ad dexteram Patris, ...

A 50: Quaero unde *sit admirabile nomen* eius *in uniuersa terra*? Respondetur: *Quoniam ... caelos*; ut iste ... (vgl. weiter A zu 24,24).

25,5 C 90: Vnde *infantes* et *lactentes* illi intellegendi sunt, qui propter rudimenta et infantiam fidei escam non capiunt fortiorem, sed doctrina teneriori nutriuntur. Vt iste sit sensus: non solum a perfectis, qui te omnino intellegunt, es laudabilis, sed etiam ab incipientium et paruulorum ore praedicaris.

25,7 A 51: *Inimicos* huic dispensationi ... generaliter accipere debemus omnes qui uetant credere incognita, et certam scientiam pollicentur; sicut faciunt haeretici uniuersi, ... *Propter inimicos*, contra quos etiam illud dicitur: *Confiteor tibi, Domine caeli et terrae, quia abscondisti haec a sapientibus, et reuelasti ea paruulis* (Matth. 11,25). A sapientibus enim dixit, non qui sapientes sunt, sed qui esse se putant.

C 90: Haec prophetia in euangelio, ore Domini docetur exposita, cum a Iudaeis prohiberentur *infantes* ne *laudes* Domini personarent, putantibus aliquid pueriliter fieri, quod a tali aetate uidebatur assumi. Tunc ille respondit: *Num legistis ex ore infantium et lactentium perfecisti laudem*? (Matth. 21,16)

---

1 CSg: quis es?

25,11 A 51: Quem, nisi haereticum? Nam et ipse est *i n i m i c u s   e t
d e f e n s o r*, qui fidem christianum cum oppugnet, uidetur defendere.

C 91: *I n i m i c u m* uero *e t   d e f e n s o r e m* Iudaeum perfidum specialiter dicit, qui dum Deum² Patrem se putat defendere, Filio exsistit *i n i m i c u s*.

25,14 A 52: id est, cernam et intellegam scripturas, quas operante Spiritu sancto per ministros tuos conscripsisti.

C 91: Ait enim: *V i d e b o   c a e l o s*, id est, libros euangelicos, qui *c a e l i* merito dicuntur, quoniam continent Dominum Saluatorem, qui dixit: *Caelum mihi sedes est, terra autem scabellum pedum meorum* (Isai. 66, 1; Act. 7,49).

25,17 A 53: *L u n a   e t   s t e l l a e* in *caelis* sunt fundatae, quia et uniuersalis Ecclesia, in cuius saepe significatione *l u n a* ponitur, et particulatim per loca singula ecclesiae quas nomine *s t e l l a r u m* insinuatas arbitror, in eisdem scripturis collocatae sunt, quas *caelorum* uocabulo positas credimus.

C 91: *L u n a* enim multis rebus a se discrepantibus comparatur, modo omni Ecclesiae, ... modo membro eius lucidissimo, ut est hic, ... Subiunxit quoque *s t e l l a s*, iustos homines et religiosos, ... - Vgl. C zu 25,23.

25,21 C 92: Cum despectu pronuntiandum est, id est, fragilis et caducus, Adae sequax, qui in ueteri peccato permixtus, socia prauitate conclusus est. Huius *m e m o r   e s t* Dominus, quando ei peccata dimittit et misericordiae suae dona largitur, ... Hoc est ergo *e s s e   m e m o r e m*, conferre delinquentibus tantae gratiae sospitatem.

25,23 A 54: *F i l i u s* igitur *h o m i n i s* primo *u i s i t a t u s   e s t* in ipso homine dominico, nato ex Maria uirgine.

C 92: Hac iam uoce surgendum est, quia Dominum significat Saluatorem, qui non ut ceteri mortales ex duobus hominibus natus est, sed ex Spiritu sancto et beatae Mariae semper uirginis utero tamquam sponsus de glorioso thalamo processit.³

25,25 C 92: Hinc iam Domini Saluatoris humilitas narratur et gloria.

---

2 CSg: *fehlt*.
3 R 15ra: *f i l i u s   h o m i n i s*, id est, *f i l i u s* Adae, subaudiendum, *quid est quod u i s i t a s   e u m? V i s i t a r i* dicitur aegrotus, et Deus *u i s i t a u i t* genus humanum, mittens ei Filium suum quasi medicum ad aegrotum.

Minoratus est enim non necessitate ministratoria sed pietatis suae spontanea uoluntate, [93] sicut apostolus ait: *Semetipsum exinaniuit formam serui accipiens* (Phil. 2,7). Sequitur: *paulo minus ab angelis*, quia crucem pro omnium salute suscepit. Ex ea siquidem parte Creator angelorum *minor* factus est *angelis*. Bene autem dixit: *paulo minus*, quia etsi mortale corpus assumpsit, tamen peccata non habuit.

25,25;26,3 A 54: Quandoquidem et *angeli* sunt *opera manuum* Dei, etiam super *angelos* constitutum accipimus unigenitum Filium, quem *minutum paulo minus ab angelis* per humilitatem carnalis generationis atque passionis audimus et credimus.[4]

26,3.5 C 93: Dicendo enim: *omnia*, nec terrena uidetur excepisse nec supera, ... Nam et alio loco dicit: *Adorate eum, omnes angeli eius* (Ps 96,7).

26,6 C 93: *Oues* electum populum significant christianum, ... Qui ideo comparantur *ouibus*, quoniam se, praestante Domino, innoxia conuersatione moderantur; ... [94] ... *Boues* autem praedicatores designant, ...

A 55: nisi *oues* et *boues* intellegamus animas sanctas, uel innocentiae fructum dantes, ...

26,8 A 56: *Pecora* enim *campi* congruentissime accipiuntur homines in carnis uoluptate gaudentes, ubi nihil arduum, nihil laboriosum ascendunt. *Campus* est enim etiam lata uia, quae ducit ad interitum, ... (vgl. Matth. 7,13).

26,11 A 56: Vide nunc etiam *uolucres caeli*, superbos, ... Intuere etiam *pisces maris*, hoc est, curiosos ... [57] ... Propter torculariorum itaque significationem, *subiecta sunt pedibus eius* non solum uina, sed etiam uinacia; non solum scilicet *oues* et *boues*, id est, sanctae animae fidelium, uel in plebe, uel in ministris; sed insuper et *pecora* uoluptatis, et *uolucres* superbiae, et *pisces* curiositatis. Quae omnia genera peccatorum nunc bonis et sanctis mixta esse in ecclesiis uidemus.

Psalm 9

26,14 A 58: Canitur itaque iste psalmus *pro occultis* unigeniti

---

[4] R 15ra: ... *super opera manuum tua*-[15rb]*rum*, id est, super omnem creaturam, quae in caelis est et quae in terra.

F i l i i Dei. ... Quae sunt igitur *o c c u l t a   F i l i i*? In quo uerbo primum intellegendum est esse aliqua Filii manifesta, a quibus distinguuntur haec quae appellantur *o c c u l t a*. Quamobrem, quoniam duos aduentus Domini credimus, unum praeteritum, quem Iudaei non intellexerunt, alterum futurum, quem utique speramus; et quoniam iste, quem Iudaei non intellexerunt, gentibus profuit, non inconuenienter accipitur de hoc aduentu dici: *p r o   o c c u l t i s   F i l i i*, ubi caecitas ex parte Israel facta est, ut plenitudo gentium intraret (vgl. Rom.11,25). Duo etiam iudicia insinuantur per scripturas, si quis aduertat, unum occultum, alterum manifestum. Occultum nunc agitur, ... Occultum itaque iudicium est poena, qua nunc unusquisque hominum aut exercetur ad purgationem, aut admonetur ad conuersionem, aut si contempserit uocationem et disciplinam Dei, excaecatur ad damnationem. Iudicium autem manifestum est, quo uenturus Dominus iudicabit uiuos et mortuos, ... Quocirca in hoc psalmo obseruanda sunt *o c c u l t a   F i l i i*, id est, et humilis eius aduentus quo profuit gentibus cum caecitate Iudaeorum, et^1 poena quae nunc occulte agitur, nondum damnatione peccantium, sed aut exercitatione [59] conuersorum, aut admonitione ut conuertantur, aut caecitate ut damnationi praeparentur qui conuerti noluerint.

26,26 C 96: Totus hic psalmus a persona prophetae depromitur.

27,1 A 59: Non *i n   t o t o   c o r d e   c o n f i t e t u r* Deo, qui de prouidentia eius in aliquo dubitat; sed qui ... et sic omnia ad diuinae prouidentiae regimen referantur, quae stulti quasi casu et temere et nulla diuina administratione fieri putant.

27,5 A 59: *N a r r a t   o m n i a   m i r a b i l i a* Dei, qui ea non solum in corporibus palam, sed in animis inuisibiliter quidem, sed longe sublimius et excellentius fieri uidet. Nam terreni homines et occultis dediti, magis mirantur resurrexisse in corpore mortuum Lazarum, quam resurrexisse in anima persecutorem Paulum.

27,9 A 59: Non iam in hoc saeculo, non in uoluptate contrectationis corporum, nec in palati et linguae saporibus, ... nec in superfluis temporalium diuitiarum, nec in conquisitione huius saeculi, ... sed *l a e t a b o r ... i n   t e*, ...(~C 97)

27,13 A 60: Sed tamen adcommodatius de diabolo dictum intellegitur: *I n*

---

1 CSg: uel

conuertendo ... retrorsum. - Vgl. A 62 (zu v.7): *C i u i t a t e s* autem in quibus diabolus regnat, ubi dolosa et fraudulentia consilia tamquam curiae locum obtinent, cui principatui quasi satellites et ministri adsunt officia quorumque membrorum,... Br 889 D: *I n f i r m a b u n t u r ... t u a.* ... Vel sicut superius dixit singulariter, ita et hic pluraliter, id est, omnes satellites suos insimul comprehendit, qui *p e r i t u r i   s u n t* in die iudicii. (∼CSg 27,45)

C 97: Quamuis multos *i n i m i c o s* habuerit, tamen hic modo Saulem conuenienter aduertimus. ... Et cum prius *i n i m i c u m* numero dixit singulari, hic dicit: *i n f i r m a b u n t u r*, quia rex persecutor erat, qui uoluntates suas multis famulantibus exerebat.[2] ... *E t   p e r i e n t ... t u a*, dum ego ad te [98] deuota mente confugio. Iniquus enim ante faciem tuam, id est, ante gratiam tuam, non uenit quia persequitur innocentem. - Vgl. C 98 (zu v. 6): Nam quis ulterius in regno Domini aut diabolum nominet aut eius sequaces, cum dominicam ciuitatem nec aduersitas concutiat, nec ullus hostis inuadat?

27,17 A 60: id est, *i u d i c i u m* illud ... *m e u m   f e c i s t i; e t c a u s a m* illam in qua me iustum et innocentem homines damnauerunt, *m e a m   f e c i s t i*. Haec enim ei militauerunt ad nostram liberationem;

27,20 A 61: *S e d i s t i ... a e q u i t a t e m*, quia resurrexisti a mortuis, et ascendisti in caelum, et *s e d e s* ad dexteram Patris; C 98: *S e d e s   s u p̄ e r   t h r o n u m*, Domino dicitur Christo, qui nunc *s e d e t* ad dexteram Patris, ...

27,21 A 61: Conuenientius hoc Domino Iesu Christo dici, quam[3] ipsum dicere, accipimus. Quis enim alius *i n c r e p a u i t   g e n t e s, e t   p e r i i t   i m p i u s*, nisi qui postea quam ascendit in caelum, misit Spiritum sanctum, quo completi apostoli, cum fiducia praedicarent uerbum Dei, et peccata hominum libere arguerent? Qua increpatione *p e r i i t   i m p i u s*, quia iustificatus est *i m p i u s*, et factus est pius.

27,22 Zum Bibelzitat vgl. Ioh. 16,8.

---

2 CSg: exercebat (c *übergeschr.*)
3 CSg: quasi (*davor et übergeschr.*)

27,25 A 62: *N o m e n* ergo *impiorum d e l e s t i   i n   a e t e r n u m*, quia deinceps numquam erunt *impii*.

28,1 A 62: Cuius autem *i n i m i c i*, nisi diaboli *f r a m e a e   d e f e − c e r u n t*? (~C 99)

28,2 C 99: *C i u i t a t e s* autem dicit *d e s t r u c t a s*, populos infideles ultima Domini Christi manifestatione conuictos, quorum pectora diabolus in hoc saeculo, tamquam suae *c i u i t a t i s* moenia, possidebat. − Zu *ubeli* vgl. die eingehende Schilderung: A 62.

28,4 A 62: *P e r i i t   m e m o r i a   e o r u m   c u m   s t r e p i t u*, *impiorum* scilicet. ... Non enim transit ad summam pacem, ubi summum silentium est, nisi qui magno *s t r e p i t u* prius cum suis uitiis belligauerit;

28,6 A 63: Vtquid ergo fremuerunt gentes, ... aduersus Dominum et aduersus Christum eius? Nam *D o m i n u s   i n   a e t e r n u m   p e r m a − n e t*.

28,8 A 63: *P a r a u i t*, cum iudicatus est, *s e d e m   s u a m*. Per illam enim patientiam homo caelum adquisiuit, et Deus in homine credentibus profuit. Et hoc est *occultum Filii* iudicium.

C 99: *P a r a u i t*, hoc est, Deus homo, ut qui hic in humilitate iudicatus est, ibi in maiestate sua iudicaturus adueniat. Haec sunt quae titulus dixit: *occulta Filii*, ...

28,11 A 63: *et   i p s e* item palam *i u d i c a b i t   o r b e m   t e r r a − r u m   i n   a e q u i t a t e*, id est, meritis digna distribuet, ...

28,14 A 63: Non quemadmodum iudicant homines, qui corda non uident, a quibus plerumque deteriores absoluuntur quam condemnantur; sed *in aequitate* et *c u m   i u s t i t i a* Dominus *i u d i c a b i t*, testimonium perhibente conscientia, et cogitationibus accusantibus seu defendentibus.

28,18 C 100: *P a u p e r* ille Dei est, qui terrena cupiditate uacuatus, caelesti desiderat largitate ditescere.

28,20 A 63: Nam quid sit *a d i u t o r   i n   o p p o r t u n i t a t i b u s*, exposuit cum addidit *i n   t r i b u l a t i o n e*.

28,22 A 64: Item Dominus dicit ad Moysen: *Ego sum qui sum*; et *dices filiis Israel: Misit me qui est* (Exod. 3,14). *S p e r e n t* ergo *i n   t e   q u i   c o g n o s c u n t*[4] *n o m e n   t u u m*, ne[5] sperent in his

---

4 CSg: cognouerunt
5 CSg: nec (c übergeschr.)

rebus quae temporis uolubilitate praeterfluunt, nihil habentes nisi: 'erit' et 'fuit'. ... In Dei autem natura non erit aliquid, quasi nondum sit; aut fuit, quasi iam non sit; sed est tantum id quod est, et ipsa est aeternitas.

29,1 A 64: his dicitur, quos non *derelinquit quaerentes se* Dominus. Ipse *h a b i t a t   i n   S i o n*, quod interpretatur speculatio, et gestat imaginem Ecclesiae quae nunc est, sicut Ierusalem gestat imaginem Ecclesiae quae futura est, id est, ciuitatis sanctorum iam angelica uita fruentium, quia Ierusalem interpretatur uisio pacis. Praecedit autem speculatio uisionem, ... Sed praecedit tempore, non dignitate, quia honorabilius est quo peruenire mereamur; agimus autem speculationem, ut perueniamus ad uisionem. - Vgl. 11,21 sowie A und C zur Stelle.

29,5 Br, CSg 30: Vox prophetae admonet praedicatores: *A d n u n t i a t e   s t u d i a   e i u s*, hoc est, praedicate mandata eius. (~Br 891 B; CSg 27,47)

C 101: Exponit etiam quod superius dixit: *psallite*, quia hoc est reuera illi *psallere*, uniuersis *g e n t i b u s   e i u s   m i r a b i l i a   n u n t i a r e*.

29,5.7 A 64: Quasi responderetur ab his qui missi sunt euangelizare, illi praecepto quod dictum est: *A n n u n t i a t e   i n t e r* [65] *g e n t e s*⁶ *m i r a b i l i a   e i u s*, et diceretur: ... *Propter te occidimur tota die* (Ps 43,22), conuenienter sequitur, dicens, non sine magno fructu aeternitatis morituros in persecutione Christianos: *Q u o n i a m ... e s t*.

C 101: Quia superius dixerat: *Gentibus* praedicate, et multos eorum constat occisos ne quis putaret inultum esse quod gestum est, sequitur *s a n g u i n e m* martyrum ab impiis persecutoribus esse *r e q u i r e n d u m*, ut in aeternum recipiant quod temporaliter effecerunt.

29,7 Br 891 C: *Q u o n i a m   r e q u i r e n s   s a n g u i n e m   e o r u m*. Et Dominus: *Nolite timere: quia si occidunt corpus, animam non possunt occidere* (vgl. Matth. 10,28).

29,10 A 65: sed ... secundum affectum infirmorum hominum positum est, qui quasi *o b l i t u m* Deum putant, quia non tam cito facit quam ipsi

---

6 CSg: in gentibus

uolunt. His dicitur etiam quod sequitur: *N o n ... p a u p e r u m*,
id est, *n o n* ut putatis *o b l i t u s   e s t*;

29,12 C 101: *H u m i l i t a t e m* igitur suam de *i n i m i c o r u m* superbia supplicat aestimari, quia tantum carnaliter humiliantur martyres Christi, quantum persecutores eorum temporaliter uidentur extolli.

A 65: Sed quaero quis *clamor pauperum* sit quem Deus *non obliuiscitur*. An iste *clamor* est, cuius haec uerba sunt: *M i s e r e r e ... m e i s*?

29,16 A 65: et *e x a l t a t u r* ab omnibus prauis cupiditatibus, quae sunt *p o r t a e   m o r t i s*, quia per illas itur in mortem.

C 101: *P o r t a* uero *m o r t i s* est diabolus uel omnis illecebra saecularis, quoniam per haec ad aeternum exitium infeliciter introitur. ... [102] ... Liberatus ergo ex illis *p o r t i s* mortalibus, in istis *p o r t i s* Ecclesiae, quae beatitudinem tribuunt sempiternam, pronuntiaturum se *l a u d e s* Domini pollicetur;

29,19 A 66: Huc usque est *clamor pauperum*, quem *non oblitus est* Dominus.[7]

29,21 A 66: id est, cum beatitudine continebor a *s a l u t a r i   t u o*, quod est Dominus noster Iesus Christus, ... Ergo Ecclesia dicit quae hic affligitur, et spe salua est;

29,22 A 66: Animaduerte quemadmodum seruetur poena peccatori de operibus suis, et quemadmodum qui uoluerunt persequi Ecclesiam, in ea corruptione sunt fixi, quam se inferre arbitrabantur. Nam interficere corpora cupiebant, cum ipsi in anima morerentur.

29,26 Br 892 A: Quia unusquisque *l a q u e u m* quem alteri parat ad cadendum ipse prius in eo cadet.

30,6 A 67: id est, dentur in manus suas, cum eis parcitur, et illaqueentur delectatione mortifera.

30,8 A 67: Quia cum non probauerunt Deum habere in notitia, dedit illos Deus in reprobum sensum (vgl. Rom. 1,28).

30,10 A 67: *Q u i a   n o n   i n   f i n e m   i n   o b l i u i o n e   e r i t   p a u p e r*,[8] qui uidetur[8] nunc *i n   o b l i u i o n e   e s s e*, cum peccatores felicitate huius saeculi florere existimantur, et iusti laborare;

30,13 WS 45[b]: Sed *p a t i e n t i a* eorum qua nunc portant malos *n o n   p e r i b i t*, sed remunerabitur *i n   f i n e m*.

---

7 CSg: Deus
8 CSg: pauperum; uidentur (n *übergeschr.*)

30,14 C 104: Cum de *fine* saeculi propheta tractaret, aduentum Antichristi cordis illuminatione prospexit et periculi magnitudine perterritus, magna uoce proclamauit: *E x s u r g e , D o m i n e ; n o n p r a e - u a l e a t h o m o*. Ipse est enim *h o m o* pessimus, quem humana non potest sustinere conditio, in quo tanta erit uersutia uel potestas, ut sola Domini uirtus eius possit superare nequitiam.

30,19 C 104: *G e n t e s* etiam petit celerrimo aduentu *i u d i c a r i*, quae cum ipso saeuissimo scelera magna facturae sunt.

30,25 A 67: *C o n s t i t u e , D o m i n e , l e g i s l a t o r e m s u - p e r e o s*. Videtur mihi Antichristum significare, ...

C 104: Euidentius iam de ipso dicit Antichristo, ut talis princeps detur peccatoribus, non qui eos regat sed qui cum ipsis una depereat. ... *L e g i s* enim uerissimus *l a t o r* solus est Deus. Et quia ille contra praecepta Domini multa iussurus est, in maledicto ponitur, ut eis prauae *l e g i s* conditor tribuatur, quod non ad salutem sceleratis proficiat, sed ad ruinam.

30,26 A 67: *S c i a n t* ... [68] ... *s u n t*. Vt qui nolunt liberari a Filio Dei, et pertinere ad filium *h o m i n i s*, et esse filii *h o m i n u m*, id est, noui *h o m i n e s* seruiant *h o m i n i*, id est, ueteri *h o - m i n i* peccatori, *q u o n i a m h o m i n e s s u n t*.

31,3 C 105: ... temporis illius mala pertractans, afflictorum consideratione Domino dicit more infirmitatis humanae: *C u r r e c e s s i s t i l o n g e?* ...

A 68: Et quia ille ad tantum culmen inanis gloriae uenturus creditur, tanta ei licebit facere, et in omnes homines, et in sanctos Dei, ut tunc uere nonnulli infirmi arbitrentur Deum res humanas neglegere;[9]

31,8 C 105: Tunc magis *p a u p e r* ad studium uirtutis accenditur, quia dum[10] uiderit peccatorem nimis exaltatum, facile nouit esse casurum et auidius ad humilia tendit, unde se exaltandum potius esse confidit.

31,12 C 105:* Sed istis *impiis* ac superbis prouenit illa damnatio, ut debitis poenis, quasi quibusdam uncis apprehendantur, ne illos in lucem prodire liceat, qui tenebrosis actibus contraduntur.

31,15 C 105:* Verum iste qui adulantium falsitate deceptus, in **magnam** se su-

---

9 R 17vb: Vox prophetae pro electis in tribulatione positis quodammodo conquerentis: *V t q u i d ... l o n g e?*

10 Im CSg fehlt ein Blatt, so daß C von hier an und an den folgenden durch * gekennzeichneten Stellen nicht überprüft werden konnte.

perbiam dominationis euexerit, quod proprie de Antichristo datur intellegi, qui fallentium cateruis eo usque perducitur, ut se non solum regem terrenum sed etiam rerum omnium praedicet deum; sicut apostolus dicit: *Ita ut in templo Dei sedeat et extollat se super omne quod colitur et quod dicitur Deus* (II Thess. 2,4).

31,18 C 106:* *i r r i t a t* enim uerum *D o m i n u m*, ut falsus deus flammis ultricibus addicatur. ... In exponenda uoluntate Antichristi perseuerat, ... (~A 69)

Br 893 A: *E x a c e r b a u i t   D o m i n u m   p e c c a t o r*. Ipse Antichristus.

31,25 A 69: Ita enim traditur, quod reges omnes superaturus sit, et solus regnum obtenturus;

32,2 A 69: id est, fama mea et nomen meum *d e* hac *g e n e r a t i o n e   i n   g e n e r a t i o n e m* posterorum non transiet, nisi artibus malis adipiscar tam excelsum principatum, de quo posteri tacere non possint. ... Est et alius intellectus. Si *d e   g e n e r a t i o n e* mortali ad aeternitatis *g e n e r a t i o n e m* se uenire non posse uanus et erroris plenus animus arbitratur, nisi artibus malis; quod quidem etiam de Simone diffamatum est (vgl. Act. 8,9-23), cum sceleratis artibus caelum se putasse adepturum, et de humana *g e n e r a t i o n e* in diuinam *g e n e r a t i o n e m* rebus magicis transiturum.

C 106:* His uerbis proprie cogitationem designat Antichristi uel eorum qui eius famulantur arbitrio, ...

32,6 C 107:* Nequitia eius duplici peruersitate describitur, in *o r e* quippe habebit blasphemam *m a l e d i c t i o n e m*, cum se Dei Filium mentietur; *a m a r i t u d i n e m*, quando resultatoribus suis poenam mortis indicet et ad supplicia iubebit peruenire, qui eum tamquam numen contempserint adorare. - Vgl. A 71 (zu v.31): Sed *i n c l i n a b i t u r, e t   c a d e t, d u m   d o m i n a b i t u r   p a u p e r u m*, id est, dum quaelibet supplicia irrogabit resistentibus sibi seruis Dei.

32,8 A 70: Nihil est laboriosius iniquitate et impietate; ... Et propterea *s u b   l i n g u a   e i u s*, non: in *l i n g u a*, quoniam tacite ista cogitaturus est, hominibus autem alia locuturus, ut bonus et iustus et filius Dei uideatur.

32,11 A 70: Quibus *d i u i t i b u s*, nisi eis quos huius saeculi muneribus cumulabit?

32,13 A 70: *I n n o c e n t e m* autem *i n t e r f i c e r e*, est ex *i n n o c e n t e* facere nocentem.

32,15 A 70: Iustos enim maxime persecuturus est de quibus dictum est: *Beati pauperes spiritu*, ... (Matth. 5,3).

32,17 A 70: *L e o n e m   i n   c u b i l i* dicit eum in quo et uis et dolus operabitur. (~C 107f.)

32,20 C 108: *d u m   a t t r a h i t   e u m*, id est, dum illum a ueritate culturae ad nominis sui uenerationem molitur adducere.

32,21 A 71: Et bene ait: *H u m i l i a b i t   e u m   i n   m u s c i p u l a   s u a*. Cum enim signa illa facere coeperit, quanto mirabiliora uidebuntur hominibus, tanto illi sancti, qui tunc erunt, contemnentur, et quasi pro nihilo habebuntur.

33,3 A 71: ... *m a n u s   t u a*, id est, manifesta sit potentia tua.

C 109: Nunc rogat ne secundum uotum Antichristi *o b l i u i s c a t u r   p a u p e r u m   i n   f i n e m* saeculi, ...

33,6 C 109: Constat quippe, ideo Dominum irritatum, quoniam eum *i m p i u s* facta sua non putabat posse *r e q u i r e r e*.

33,9 C 109: *V i d e s* quoniam tibi nullus illudet. Superius enim dixerat: *Sub lingua eius labor et dolor*, ...

33,10 C 109: *Consideras* profecto, quando *i n   t u i s   m a n i b u s*, id est, iudicio *t r a d i t u s* non euadit, sed digna factis recipit, qui uacandum ab sceleribus non putauit.

33,12 A 72: Ideo enim *p a u p e r* est, id est, omnia huius mundi temporalia bona[11] contempsit, ut tu sis tantum spes eius.

33,14 A 72: id est, ei qui moritur pater hic mundus, ... (~C 110)

33,16 A 72: illius scilicet de quo supra dicebatur: *Omnium inimicorum suorum dominabitur* (v. 5). *B r a c h i u m* ergo eius dixit potentiam eius, cui contraria est Christi potentia, ...

33,19 A 72: id est, iudicabitur de *p e c c a t o* [73] suo et ipse periet propter peccatum suum.

C 110: Addit: *n e c   i n u e n i e t u r*, quia dubium non est perire scelestam potestatem, cuius damnandum constat auctorem.

33,22 C 110: *G e n t e s* autem posuit peccatores et impios, qui feraliter uiuunt nec Domini legibus obsequuntur. *D e   t e r r a   e i u s* regnum significat Domini Saluatoris, quo soli beatissimi perfruuntur.

33,24 A 73: *D e s i d e r i u m* illud quo aestuabant, cum in angustiis et tribulationibus huius saeculi Domini diem concupiscerent.

---

11 CSg: *fehlt*.

C 110: ... ad futurarum rerum ordinem uenit, quoniam interfecto Antichristo, Domini regnum aeternum, pium, munificumque uenturum est.

34,1 A 73: Haec est *c o r d i s   p r a e p a r a t i o*, de qua in alio psalmo (56,8) canitur: *Paratum cor meum, Deus*, ...

34,3 C 111: Ecce auctoritate prophetica commonemur, non solum quemlibet *p u p i l l u m* sed *p u p i l l u m   e t   h u m i l e m* Deo esse **gratissimum**.

34,6 C 111: Sequitur quoque definitiua promissio, ideo illa quae dicta sunt fieri, ut ulterius a nullo hominum permittatur excedi. Tunc siquidem omnia mala finienda sunt, quando auctor omnium peccatorum cum sua plebe damnabitur.

P s a l m   10

34,8 C 112: Cum frequenter in titulis positum uideatur: *I n   f i n e m* et intentionem mentis nostrae ducat semper ad Dominum Christum, tamen propter diuersa [113] miracula positum esse non dubium est. ... Sciendum tamen hunc psalmum prolatum esse ad haereticos destruendos. ... His ergo uir fidelis dicit: ...

A 74: Ipsum ergo textum psalmi uideamus, qui mihi uidetur aduersus haereticos canendus, ...

34,12 A 74: Notum est autem Christum in prophetia, cum multis nominibus allegorice insinuaretur, etiam *m o n t e m* appellatum. ... Vnum *m o n t e.m* teneo in quo confido, *q u o m o d o   d i c i t i s* ut ad uos transeam, tamquam multi sint [75] Christi? ... Et factus est Dominus refugium pauperi (vgl. Ps 9,10).

C 113: Ad persuasores quippe haereticos hic sermo dirigitur, ... *P a s s e r u m* quoque plura sunt genera; alii gaudent ad foramina parietum, alii ualles roscidas requirunt, nonnulli montes appetunt squalentes. Sed nunc de illis dicit, qui ad altissima loca terrarum leuissima uoluntate rapiuntur;

34,16 C 113: Primo capite de insidiatoribus dicit haereticis, qui nituntur catholicos in suam conuertere prauitatem. ... His [haereticis] ergo uir fidelis dicit: Dum ego sim in religionis fixo cacumine constitutus, quemadmodum mihi suadetis: *Transmigra in montem*, id est, ad haereticam prauitatem, mentientes ibi esse Christum, ubi ueritas nullum probatur habere uestigium.

34,17.19 A 74: Respondendum est itaque istis et dicendum: *In Domino ... meae: Transmigra in montem sicut passer?*

34,23 A 75: Terrores isti sunt comminantium nobis de p e c c a t o r i b u s, ut ad se tamquam ad iustos transeamus. ... Sed contra omnes istos terrores dicendum est: *In Domino confido.*

C 114: *R e c t i* enim *c o r d e* non sunt, nisi qui nulla iniqua decipi persuasione potuerunt.

34,25 A 79: et sermonem ab ipsis conuertat ad Dominum, et dicat: *Q u o n i- a m ... d e s t r u x e r u n t.*

C 114: Idem de ipsis haereticis dicit: *d e s t r u x i s s e* illos legem Domini, cum interpretationibus falsis scripturas sanctas lacerare moliuntur, ... Subiungitur etiam defensio Domini Christi; dicit enim, si homines uoluerunt aequitatem iniqua interpretatione subuertere, cur accusant eum qui iuste locutus est? Errores enim non de praecepto trahunt sed de nequissima sua uoluntate concipiunt.

35,2 C 114: Et bene *arcus* ponitur in sacratissimis scripturis, quia in unum duo testamenta coniungens, aut defensionem tribuit aut ruinam; ... Permanet in comparatione sagittarii, nam sicut iste habet *sagittas in pharetra*, ita ille gestat in corde uerba uenosa.

A 75: *Ecce ... arcum:* credo scripturas, quas illi, carnaliter interpretando, uenenatas inde sententias emittunt.

35,4 A 79: Si uos Macarius, si uos Caecilianus offendit, Christus *q u i d f e c i t* uobis, qui dixit: *Pacem meam do uobis, pacem meam relinquo uobis* (Ioh. 14,27), quam uos nefanda dissensione uiolastis? - Vgl. C zu 55,15.[1]

Br 895 D: *I u s t u s   a u t e m   q u i d   f e c i t*, cum calumniantur haeretici et discordant inter se? Hoc respondit Ecclesia: ...

35,6 C 114: *C a e l u m* enim sanctos uiros significat, quos praesentia maiestatis suae diuinitas insidere dignatur.

Br, CSg 37: Dicit apostolus: *Vos estis templum Dei uiui* (II Cor. 6,16). ... *I n   c a e l o*, hoc est, in sanctis praedicatoribus; unde dixit: *Caelum mihi sedes est* (Isai. 66, 1; Act. 7,49), et anima iusti sedes sapientiae.[2] (~Br 895 D-896 A)

---

[1] R 20rb: id est, Christus, qui est iustificatio et redemptio nostra. *Q u i d f e c i t*, id est, quid peccauit et quid meruit, ut tot haeretici de eo mala loquerentur, ...?

[2] R 20rb: Sed *i n   t e m p l o   s a n c t o   s u o*, id est, in catholicis sanctorum mentibus ... *D o m i n u s ... s e d e s   e i u s*, id est, in

A 80: Si *c a e l u m* acceperis iustum, ... quod dictum est: *D o m i - n u s i n t e m p l o s a n c t o s u o*, repetitum intelleges dum dictum est: *D o m i n u s i n c a e l o s e d e s e i u s.*

35,10 C 115: Et intende quod prius posuit: *o c u l o s*, post uero *p a l p e - b r a s. P a l p e b r a e* dictae sunt a palpitando. Sunt enim quaedam luminum thecae et quasi folles oculorum, quos claudimus dormientes, ut fatigatum corpusculum reparare possimus. Ergo quia in Domino membrorum ministeria per allegoriam frequenter aptantur, dicit eum, non solum quando intendit *o c u l i s*, sed etiam tunc *r e q u i r e - r e*, id est, considerare *f i l i o s h o m i n u m*, cum ea neglegere quasi dormiens aestimatur.

35,13 Br 896 B: ... *i n t e r r o g a t* ... id est, probat. (= CSg 27,56)

35,15 A 80: id est, non ei qui credit Deo et spem suam non ponit in homine, sed tantum animae suae nocet dilector iniquitatis.

35,17 A 80: Si autem nubes nonnisi boni et ueri prophetae intelleguntur, et de his mani-[81]festum est *s u p e r p e c c a t o r e s l a q u e - o s p l u e r e* Deum, quamuis de his etiam pios ad fructificandum irriget. *Quibusdam*, inquit apostolus, *sumus odor uitae in uitam, quibusdam odor mortis in mortem* (II Cor. 2,16). Non enim prophetae tantum, sed omnes uerbo Dei animas irrigantes, nubes dici possunt. ... Et hic igitur eadem scripturarum nube, pro suo cuiusque merito, et peccatori pluuia *l a q u e o r u m*, et iusto pluuia ubertatis infusa est.

C 115: *P l u i t* ad uerba praedicantium retulit caelo manantia, quae piissimis imbres sunt, perfidis autem igniti *l a q u e i*.

35,21 A 81: Haec poena eorum atque exitus, per quos blasphematur nomen Dei, ut primo cupiditatum suarum *i g n e* uastentur, deinde malorum operum putore a coetu beatorum abiciantur, postremo abrepti atque submersi, ineffabiles poenas luant. Haec enim *p a r s* est *c a l i c i s e o - r u m*; ... *C a l i c e m* autem propterea puto appellatum, ne quid praeter modum atque mensuram, uel in ipsis peccatorum suppliciis, per

---

sanctis caelestem uitam ducentibus qui sunt utique fideles Dei; iuxta quod sapiens quidam dicit: Anima iusti sedes sapientiae. - Den **sapiens**, der dieses gesagt hat (auch im Br), habe ich nicht ausfindig machen können. - Vgl. HT 360: Ex quo secundum ἀναγωγήν *D o m i n u s* habitans *i n t e m p l o s a n c t o s u o*, id est, in anima credentis, aut in parte eius habitat aut in toto. Quando adhuc inperfecti sumus, et est in nobis et boni aliquid et mali, in parte tantum animae nostrae habitat Deus, hoc est *i n c a e l o*.

diuinam prouidentiam fieri arbitremur.

C 115: *C a l i x* enim mensura est qua potantur animae. *C a l i x* autem [116] dictus, eo quod assidue calidam soleat suscipere potionem.

Psalm 11

36,3   A 82: Potest et *p r o   o c t a u o* intellegi pro aeterno saeculo, quia post hoc tempus quod septem diebus uoluitur, dabitur sanctis.
C 117: Petit itaque propheta iniquitatem mundi istius destrui, ... Merito ergo huic psalmo *o c t a u u s* dies aptatus est, ubi saeculi istius consuetudo uitiosa deseritur et illius uenire innocentia postulatur. ... Cetera uero huius tituli uerba praecedentibus expositionibus probantur esse notissima.

36,12 C 118: Aliter enim *s a n c t u s   d e f i c e r e* non poterat, nisi fuisset inter *h o m i n e s   u e r i t a s* imminuta.

36,16 A 83: Quod bis ait *i n   c o r d e   e t   c o r d e*, duplex *c o r* significat. (~C 118)
Br 897 C: Contra quem [Christum] Iudaei in uaniloquio exercebantur. *L a b i a ... s u n t*. Symmachus ita transtulit: Labia lubrica: in corde aliud est, et aliud[1] loquitur.

36,21 C 119: Illos exponit qui in prosperis rebus nimia loquacitate turgentes, gloriam suam exaltare praesumunt et ponunt in propria potestate, quod se dementes a Deo non intellegunt accepisse.

36,25;37,3 A 83: Hoc autem ex persona Dei Patris accipiendum est, qui *propter inopes et pauperes*, id est, inopia et paupertate bonorum spiritalium egentes, Filium suum dignatus est mittere.

37,1   C 119: Sed *e x s u r g a m* dicit, apparebo et manifestabor in Filio.

37,1-2 C 120: Et quid *s u p e r* eum *p o n i t*? Consolationem scilicet, quam superius dixit *inopum et pauperum*, quod Domino Saluatore resurgente, fidelibus prouenisse manifestum est.

37,4   C 120: ... quia reuera ille *f i d u c i a l i t e r   a g i t*, cuius uoluntati nullus praeualet obuiare.
A 83: *F i d u c i a l i t e r   a g a m   i n   e o*, secundum illud in euangelio: *Erat enim*[2] *docens eos tamquam potestatem habens, non tamquam scribae eorum* (Matth. 7,29).

---
1 So CSg und HC 193; *fehlt* PL.
2 CSg: autem (!)

37,7 A 83: *C a s t a* dicit, sine corruptione simulationis. Multi enim praedicant ueritatem non *c a s t e*, ... De talibus dicit apostolus, quod Christum adnuntiarent non *c a s t e* (vgl. Phil. 1,17).

37,9 C 120: *A r g e n t u m ... e x a m i n a t u m*, quod solet esse purissimum, quando frequenti fuerit decoctione mundatum.

37,11 A 83: *P u r g a t u m   s e p t u p l u m*: per timorem Dei, per pietatem, per scientiam, per fortitudinem, per consilium, per in[84]tellectum, per sapientiam (vgl. Isai. 11,2).

C 120: Qui numerus ad septiformem Spiritum uidetur posse respicere, id est, ... [7 Gaben]; per quae Verbum diuinum tamquam in succensis fornacibus manens, ueritatis rutila coruscatione resplendet. - Zum Zitat vgl. v. 2.

37,14 A 84: hic tamquam *inopes* et *pauperes*, ibi tamquam opulentos et diuites.

37,15 A 84: id est, in temporalium rerum cupiditate, quae septem dierum repetito *c i r c u i t u*, tamquam rota uoluitur; et ideo non perueniunt in *octauum*, id est, in aeternum, pro quo iste psalmus titulatus est.

C 121: Dicit enim sub breuissima sententia: *I n   c i r c u i t u   i m p i o s   a m b u l a r e*, ut numquam ad rectam possint semitam peruenire. ... Et ideo peruenire ad requiem *octaui* diei nequeunt, qui rotarum more in sua semper terga uertuntur.

37,17 A 84: *M u l t i p l i c a n t u r* autem iusti *s e c u n d u m   a l t i t u d i n e m* Dei, quando ibunt de uirtute in uirtutem.

C 121: *M u l t i p l i c a s t i* autem *f i l i o s   h o m i n u m* ad illam promissionem respicit Abrahae in qua dicit: *Multiplicans multiplicabo semen tuum sicut stellas caeli* (Gen. 16,10). Quod eum in sanctis suis et fecisse et cotidie facere manifestum est.

P s a l m   12

37,20 A 84: *Finis enim legis Christus, ad iustitiam omni credenti* (Rom. 10,4).
C 123: Plenus propheta, ut dictum est, Domini caritate copiosa, qua eius humanationem auide sustinebat, confidenter eructans dicit differri se diutius ab expectatione sua, ... *I n   f i n e m* hic tempus significat quo incarnationem Domini praeuidebat esse uenturam. ... Apparitionem postulat Christi, quam in Spiritu iam praeuidebat.

37,24.26 C 123: Apparitionem postulat Christi, ... Ipsa est enim *f a c i e s* eius, quae carnalibus oculis potuit apparere, quam ille uir sanctus affectu generalitatis merito cupiebat aspicere, quae mundum dignata est caelesti uisitatione saluare.

38,3 A 85: *P e r   d i e m* autem continuationem significat, ut *d i e s* pro tempore intellegatur;[1] a quo se quisque desiderans exui, *d o l o r e m   p o n i t   i n   c o r d e*, deprecans ad aeterna conscendere et humanum *d i e m* non pati.

38,5 A 85: *V s q u e q u o ... m e*? uel diabolus, uel consuetudo carnalis.

C 124: *I n i m i c u s   m e u s* de diabolo dicit, qui ante aduentum Domini *e x a l t a t u s* humana captiuitate gaudebat. *S u p e r   m e*, hoc est, super credulitatem meam, quia ille toto orbe colebatur instanter, cum deuotionem fidei diuina religio non haberet.

Br 899 C: Quasi dicat: Quamdiu habet aduersarius dominationem Ecclesiae? - Vgl. Br 900 A (zu v. 4-5): Ac si dicat: Si nos potest aduersarius in somno infidelitatis inuenire, tunc praeualet super nos.

38,8 A 85: *R e s p i c e* refertur ad id quod dictum est: *Vsquequo auertis faciem tuam a me. E x a u d i* refertur ad id quod dictum est: *Vsquequo obliuisceris me in finem.* (~C 124)

38,11 A 85: *O c u l o s* cordis oportet intellegi, ne delectabili defectu peccati claudantur.

C 124: *O c u l o s* autem cordis hic debemus aduertere, qui in mortem obdormiunt, quando fidei lumine sepulto, carnali delectatione clauduntur. Ipse est enim somnus de quo laetatur *inimicus*.

38,14 A 85: Diaboli insultatio metuenda est. (~C 124)

38,16 A 85: Diabolus et angeli eius. (~C 124)

38,17 C 124: Nam quod dicit: *s i   m o t u s   f u e r o*, significat infidelis animae mutabilitatem, [125] quia necesse est ut in laqueum diaboli pedem mittat, si se quispiam uestigio mentis a Domini firmitate subducat.

38,20 A 85: *E x u l t a b i t ... s a l u t a r i   t u o*: in Christo, in sapientia Dei.

38,20.22 A 85: *C a n t a b o ... m i h i*: bona spiritalia, non ad humanum diem pertinentia. *E t ... a l t i s s i m i*, id est, cum gaudio gratias ago, et ordinatissime utor corpore, qui est cantus animae spiritalis.

---

1 CSg: intellegitur

Psalm 13

38,25 A 86: *Finis enim legis Christus, ad iustitiam omni credenti* (Rom. 10,4), sicut apostolus dicit. Illi credimus, quando incipimus uiam bonam ingredi. Ipsum uidebimus, cum peruenerimus. Et ideo ipse *f i n i s*.
C 126: Modo tamen psalmus hic Iudaeorum uesaniam uehementi increpatione castigat: ...

39,2 A 86: Ideo ergo *d i x i t   i n   c o r d e   s u o*, quia hoc nemo audet dicere, etiam si ausus fuerit cogitare.
C 126: Videns populus Iudaeorum Christum humiliter in assumpta carne uenisse, insipienter dixit: *N o n   e s t   D e u s*. ... Ideo grauius quia non labiis, sed *d i x i t   i n   c o r d e*, ut malo uoto peior incredulitas iungeretur.
Br 900 D: *D i x i t   i n s i p i e n s*. Populus iudaicus; qui dicunt in corde: *N o n   e s t   D e u s*, non est Christus filius Dei.

39,5 A 86: id est, dum amant hoc saeculum, et non amant Deum; ipsa sunt *a f f e c t i o n e s* quae *c o r r u m p u n t* animam, et sic excaecant, ut possit etiam dicere imprudens in corde suo: *Non est Deus*. Sicut enim non probauerunt Deum habere in notitia, dedit illos Deus in reprobum sensum (vgl. Rom. 1,28).

39,8 A 86: *V s q u e   a d   u n u m*, uel cum ipso *u n o* potest intellegi, ut nullus hominum intellegatur; uel praeter *u n u m*, ut accipiatur Dominus Christus. ... Et iste est melior intellectus ut nemo intellegatur fecisse bonitatem *u s q u e   a d* Christum; quia non potest quisquam[1] hominum facere bonitatem, nisi ipse monstrauerit.

39,11 A 86: Super Iudaeos potest intellegi, ut honoratius eos appellauerit *f i l i o s   h o m i n u m*, propter unius Dei cultum, ... (~C 127)
C 127: Quomodo *p r o s p e x i t*? Scilicet ut nobis mitteret unigenitum Filium suum, per quem uera fides euidentius potuisset agnosci.

39,14 C 128: *O m n e s* dicuntur *d e c l i n a s s e*, cum tamen ex eis non minima turba crediderit. Sed a parte totum accipiendum est; tanti enim impii fuerunt ut paene omnes perfidi esse ac periisse putarentur.

39,16 C 128: Isti ergo *declinauerunt* a gratia Dei et *f a c t i   s u n t   i n u t i l e s* sibi.

39,17 A 86: similiter ut supra intellegendum est.

---

[1] CSg: quisque

39,18 A 87: ... aut in allegoria, qui² occidunt et quasi³ deuorant interfectos eos, quibus suorum morum peruersitatem persuadent.

C 128: Merito ergo *s e p u l c r u m* dictum est *g u t t u r e o r u m* qui mortifera loquebatur; nam sicut illa cum patent fetidos odores exhalant, ita et istorum *g u t t u r* pestiferos sermones proferebat;

39,21 A 87: *V e n e n u m* dolum dicit; *a s p i d u m* autem, quia nolunt audire praecepta legis, sicut *a s p i d e s* nolunt audire uerba incantantis, quod in alio psalmo euidentius dicitur.(Vgl. A 714 zu Ps 57,5:)
A s p i s cum coeperit pati incantatorem Marsum, ... audite quid facit. ... [715] ... recusans tamen audire illas uoces quibus se cogi sentit, allidit unam aurem terrae, et de cauda obturat alteram, atque ita uoces illas quantum potest euitans, non exit ad incantantem.

39,25 A 87: Hoc est *uenenum aspidum*.

39,26 C 129: *A d e f f u n d e n d u m s a n g u i n e m*, subaudiendum Domini Saluatoris, ...

40,2.4 A 87: Omnes enim malorum hominum *u i a e* plenae sunt laboribus et miseria. Ideo Dominus clamat: *Venite ad me, omnes qui laboratis et onerati estis,*⁴ *et ego reficiam uos*⁵ (Matth. 11,28).

C 129: ... ipsum Dominum, qui est *u i a p a c i s*, ...

40,7 A 87: Isti non dicunt: *Non est Deus* (v.1); sed tamen non timent Deum.

40,8 A 87: Iudicium minatur. (~C 129)

Br 902 C: Ac si dicat: Si modo non *c o g n o s c u n t, c o g n o s c e n t* in iudicio, quando uenturus est. (~CSg 27,67)

40,10 C 130: De illis dicit, qui dogmate ferali absorbent simplices Christianos. Nam quod ait, *s i c u t e s c a m p a n i s*, animo peccantium uidetur aptatum quia sicut esurientes famem suam putant dulcissimo cibo *p a n i s* expleri, ita et isti festinant Christianorum deceptione satiari. Additum est unde illis augeatur interitus quia *D o m i n u m i n u o c a r e* noluerunt.

40,12 A 87: Non enim uere hunc *i n u o c a t*, qui ea desiderat quae illi displicent.

40,14 A 87: id est, in damno rerum temporalium. Dixerunt enim: *Si relinquamus eum sic, credent in eum omnes, et uenient Romani, et tollent nobis et locum et gentem* (Ioh. 11,48). Timuerunt regnum terrenum amittere,

---

2 CSg: quia
3 CSg: quas (*durch Unterstreichung getilgt*)
4 CSg: et onerati estis *fehlen*. (!)
5 CSg: uos reficiam.

u b i   n o n   e r a t   t i m o r, et amiserunt regnum caelorum, quod timere debuerant. Et hoc de omnibus temporalibus commodis intellegendum est, quorum amissionem cum timent homines, ad aeterna non ueniunt.

40,19 A 87: id est, non est in eis qui diligunt saeculum.

40,21.24 A 88: id est, contempsistis humilem aduentum Filii Dei, quia in eo non uidistis pompam saeculi; ut hi quos uocabat, in Deo solo *s p e m* ponerent, non in rebus transeuntibus.

C 130: *I n o p i s* autem de Domino dicitur Saluatore, qui de suo diues, propter nos factus est pauper.

Br 903 A-B: *I n o p s* dicitur Christus, ut ait Paulus: *Quia cum diues esset, inops factus est, ut illius inopia nos diuites faceret* (vgl. II Cor. 8,9).

40,26 A 88: Subauditur: nisi ipse cuius humilitatem contempsistis? Ipse enim in claritate uenturus est ... et sic omnis Israel saluus fieret (vgl. Rom. 11,26). Pro Iudaeis enim apostolus etiam illud Isaiae testimonium accipit, quod dictum est (59,20): *Veniet ex Sion qui auertat impietatem ab[6] Iacob,* ...

41,4 C 126: Ad postremum eorum in finem[7] saeculi praedicitur euenire conuersio, cum plenitudo gentium longis saeculis expectata prouenerit, ...

41,5 C 131: Hic enim *I a c o b* Iudaeorum antiquus populus debet intellegi, ... *I s r a e l* autem uniuersalem Ecclesiam ... aduertimus, quae necesse est ut *e x u l t e t*, quando ad regnum caelorum Domini miseratione peruenerit. - Vgl. 38,25.

P s a l m   14

41,7 HT 30: *D a u i d* autem noster est Christus, ut saepe diximus[1]. (= Br 903 D)

41,8 C 132: ... sed propheticae interrogationi respondet Dominus ...

41,11 C 132: Desiderans propheta nosse quos dignos Ecclesia sua Dominus iudicaret, ... petit ... [133] ... Vnde factum est ut fides catholica, quae per ecclesias toto orbe diffusa est, Dei *t a b e r n a c u l u m* nuncupetur.

---

6 CSg: ex (!)
7 CSg: fine (*danach Rasur*)
1 Dauid = *manu fortis*, ist ein Gemeinplatz der Psalmenexegese. Vgl. A 94, 168, 169, usw.; C 229, 243, usw.; Isidor, *Et.* VII, 6,64.

A 88: Vnde et contubernales milites dicuntur, tamquam simul habentes *t a b e r n a c u l a*.

41,11.14 WS 63[a]: *M o n s* uero *s a n c t u s* ipsam aeternam habitationem significat. (~A 88; C 133) Sed intuere, quam pulchre per uarios sensus apta uerba distinguantur: *I n   t a b e r n a c u l o*, dicitur, *q u i s   h a b i t a b i t?* de illo qui adhuc in huius saeculi agone contendit; *i n   m o n t e   q u i s   r e q u i e s c e t?* quando iam unusquisque fidelium, post labores huius saeculi, aeternae pacis securitate reficitur.

41,15 C 132: ... sed interrogatio constat uno uersiculo, responsio uero sex uersibus continetur. ... [133] ... et ex persona Domini Christi dicitur, ...

41,16 HT 32: Non sufficit nobis malum non facere, nisi fecerimus et bonum. (= Br 904 C) Dieser *Tractatus* hat in CSg 109 (= Morins Hs *G*), S. 46, die Überschrift (rot): ... ad eos qui ad baptizandum accedunt. (Vgl. HT 30, Lesart.) Das dürfte Notkers *nâh sînero tóufi* erklären. Da dieser *titulus* in Hs *S* (= CSg 108) fehlt, hätte Notker hier die Hs *G* vor sich gehabt.[2]

41,18 A 89: Nonnulli enim in labiis habent *u e r i t a t e m*, et *i n   c o r d e* non habent. Tamquam si aliquis dolose ostendat uiam, sciens in ea esse latrones, et dicat: Si hac ieris, a latronibus tutus eris; et contingat ut uere non ibi latrones inueniantur, uerum ille *l o c u t u s   e s t*, sed non *i n   c o r d e   s u o*. Aliud enim putabat, et nesciens uerum dixit.[3]

41,20 A 89: *P r o x i m u m* omnem hominem accipi oportere notum[4] est.

41,21 A 89: id est, non libenter aut temere credidit criminatori.[5]

Br 905 C: *O p p r o b r i u m* detractionis de fratre tunc non accepit, si prius non credit illa antequam probet.

41,23 C 134: ... diabolum *m a l i g n u m   i n   c o n s p e c t u* suo *d e d u x i t   a d   n i h i l u m*, quando ei dixit: *Redi retro, satanas, non temptabis Dominum Deum tuum* (Matth. 4,7.10).

---

2 Hil 88: igitur inpollutus *i n g r e d i e n s* et extra omnem peccati labem uiuens hic esse responsus est, cui post baptismi lauacrum nullae adhaeserint sordes, ...
3 Vgl. Theod,Devreesse 88 (Ascoli 112): *Q u i ... s u o*. A quo abest studium fallendi, non prout fors tulerit, sed ex decreto mentis atque proposito.
4 CSg: notissimum
5 CSg: de quocumque quod dicitur.

A 89: Ista perfectio est, ut nihil in hominem ualeat *m a l i g n u s*;
41,25 HT 34: Iste sanctus, ... si quem uiderit *t i m e r e* Deum, licet pauper sit, tamen illum *g l o r i f i c a t*.
Br 906 A: *T i m e n t e s ... m a g n i f i c a t*. Scit enim in his habitare Deum; sicut ait Dominus: *Qui uos diligit, me diligit* (Luc. 10,16).

42,1 A 89: sed qui nec ista potest, multo minus potest *loqui ueritatem in corde suo, et non dolum agere in lingua sua*, sed ut est in corde uerum ita próferre, et habere in ore: *Est, est, Non, non* (Matth. 5,37), ...
C 135: *I u r a r e* enim dictum est quasi iure orare, id est, iuste loqui. Tunc autem quispiam iuste loquitur, quando ea quae promittit implentur.[6]

42,6 C 136: Quoniam *q u i f a c i t h a e c*, ipse *habitat in tabernaculo Domini, et in sancto monto* eius *r e q u i e s c i t*[7] (vgl.v.1).

P s a l m 15

42,8 Br 907 A-B: *D a u i d*, id est ipse Christus. Iste psalmus ad passionem pertinet. ... *C o n s e r u a m e, D o m i n e, q u o n i a m i n t e s p e r a u i*. Vox Christi ad Patrem in passione, ...
C 136: Retinemus enim, quando est Dominus passus, hunc titulum supra caput eius fuisse conscriptum: *Iesus Nazarenus Rex Iudaeorum* (Ioh. 19,19). ... Et quia Rex noster Saluator de sua passione et resurrectione locuturus est, merito huius inscriptionis commemoratio facta est, ...[137]... persona Domini Saluatoris ... uerba facit ad Patrem, conseruari se petens, ...

42,12 Br 907 C: *Q u o n i a m ... n o n e g e s*. Vox Christi.[1]

42,15 A 90: *q u o n i a m ... n o n e g e s*: quoniam bonis meis non expectas tu fieri beatus.

42,17 A 90: *s a n c t i s q u i i n t e r r a* uiuentium spem suam posue-

---

6 Vgl. Theod, Devreesse 89 (Ascoli 114): *Q u i ... e u m*. Quoniam sub lege positis loquebatur, non remouet iusiurandum, sed periurii imperat cautionem. Vgl. zu 42,4: Hil 95: Igitur ea *m u n e r a*, quae in alterius operarentur iniuriam, inhibuit.
7 CSg: requiescet.
1 HT 367: Quod autem sequitur, *D i x i ... t u*, ad apostolos et ad discipulos et ad nos, si tamen meremur esse discipuli, sermonem mittit, ...

runt, ... His ergo *s a n c t i s* miras fecit *o m n e s   u o l u n t a-*
t e s   m e a s in prouectu² eorum, ...

C 138: Addidit, *i n t e r   i l l o s*, hoc est, *s a n c t o s   q u i*
s u n t   i n   t e r r a uiuentium; significans innocentes et iustos,
inter quos mirae factae sunt uoluntates Domini Saluatoris, quando illis oboedientibus et iussa ipsius facientibus, de mortalibus aeternos
reddidit, et de terrenis caelestes beneficio suae pietatis effecit.

42,22 C 138: De *sanctis* dicit, qui Domino prospiciente, afflictione saluberrima de mundi istius deceptiosa uoluptate liberati sunt.

42,24 A 90: Itaque post *m u l t i p l i c a t a s   i n f i r m i t a t e s*
accelerauerunt, ut sanarentur.

42,25 C 138: Prius enim *m u l t i p l i c a t a* est illis per seueritatem
legis *i n f i r m i t a s* carnalis, ut ad Noui Testamenti liberatri-
cem gratiam desiderabilius peruenirent: quos dicit non sanguine pecudum aut uictimarum consuetudine congregandos sed immolatione scilicet
corporis et sanguinis sui, quae humanum genus toto orbe celebrata
saluauit.

43,3 A 90: Sed spirituali mutatione obliuiscentur quid fuerint; nec a me
iam uel peccatores, uel inimici, uel homines, sed iusti et fratres
mei et filii Dei uocabuntur per pacem meam.

C 138: *N o m i n a* illa antiqua quae infideles habuerunt, sequenti dicit *gratia* commutata. Prius enim dicti sunt filii irae, filii carnis;
post aduentum uero Domini, sacris fontibus renati, appellati sunt
Christiani, filii Dei, amici Sponsi.

43,5 A 90: Possidebunt enim mecum *h e r e d i t a t e m*, ipsum Dominum.
Eligant sibi alii partes quibus fruantur, terrenas et temporales: portio sanctorum Dominus aeternus est. Bibant alii mortiferas uoluptates:
portio *c a l i c i s   m e i* Dominus est. Quod dico *m e i*, adiungo
Ecclesiam; quia ubi caput, ibi et corpus.

Br 908 A: *H e r e d i t a s* Christi, Ecclesia est, ...

C 139: *H e r e d i t a s* pertinet ad gentium fidem, *c a l i x* ad uene-
rabilem passionem, qui sobrie potatus confert gloriosissimam resurrectionem.

43,10 A 91: Non enim *r e s t i t u e s   m i h i* quod non amisi, sed *r e-*
s t i t u e s his qui amiserunt eius claritatis notitiam; in quibus
quia ego sum, *m i h i   r e s t i t u e s*.

---

2 CSg: profectu

43,12 A 91: Limites possessionis meae in tua claritate, tamquam sorte *c e c i d e r u n t*, uelut possessio sacerdotum et leuitarum Deus est.

C 139: Prisco more *f u n i b u s* terrarum diuidebatur hereditas, ut ad mensuram unusquisque spatia telluris pro quantitate tributi et personae suae qualitate perciperet;

43,14 C 139: *H e r e d i t a s* autem Christi est prae-[140]destinata multitudo sanctorum. - Zum Bibelzitat vgl. Matth. 13,43.

43,17 A 91: *B e n e d i c a m ... i n t e l l e c t u m*, quo ista *hereditas* uideri et possideri potest.

43,20 A 91: Super *intellectum* autem usque ad mortem me eruduit inferior pars mea, carnis assumptio; ut experirer tenebras mortalitatis, quas ille intellectus non habet.[3]

43,23 A 91: Sed ueniens in ea quae transeunt, non abstuli oculum ab eo qui semper manet, hoc prouidens ut in eum post temporalia peracta recurrerem.

43,25 A 91: Quoniam fauet mihi, ut stabiliter in eo permaneam. (~C 140)

44,2 A 91: *P r o p t e r h o c* et in cogitationibus meis iucunditas, et in uerbis exultatio. (~C 141)

44,3 C 141: quod *c a r o* illa passibilis, quam pro nostra omnium salute suscepit, ueritatem gloriosae resurrectionis incorrupta promeruit.

A 91: *I n s u p e r e t c a r o m e a* non deficiet in interitum, sed *i n s p e* resurrectionis obdormiet.

44,5 C 141: Ecce ipse clamat, ipse Patri gratias agit, quia eius *a n i m a* non sit more communi *i n i n f e r n o d e r e l i c t a* sed celeri resurrectione clarificata, ad caelorum regna peruenerit, ...

44,7 C 141: Hic enim *c o r r u p t i o n e m*, id est, putrefactionem iuste negat fieri, quae generaliter carnem uastat humanam.

Br 909 B: Non de *c o r r u p t i o n e* corporis Christi in sepulcro dicit, sed de ceterorum sanctorum.[4]

44,9 A 91: *N o t a s f e c i s t i* per me humilitatis *u i a s*, ut ad *u i t a m* redirent homines, unde per superbiam ceciderant; (~C 141)

44,12 A 91: *A d i m p l e b i s* eos *l a e t i t i a*, ut non ultra quaerant aliquid, cum facie ad faciem te uiderint;

C 141: Illa autem *l a e t i t i a* [142] sic *a d i m p l e t*, ut semper

---

[3] R 25rb: Potest et aliter accipi. Per *r e n e s* enim qui sunt extrema corporis potest humanitas Christi intellegi quae est inferior et posterior pars eius.

[4] CSg: *fehlt*.

tota teneatur. Significat etiam iustos in illa beatitudine *l a e t i - t i a   u u l t u s* Domini esse complendos, in quibus, quia ipse est, se *a d i m p l e r i* posse testatur.

44,15 A 91: *D e l e c t a t i o* est in fauore et in propitiatione tua in huius uitae itinere, perducens usque ad *f i n e m* gloriae conspectus tui.

C 142: Sed post resurrectionis gloriam proprie se dicit in Patris *d e x t e r a* delectatum, ubi iam mundi istius aduersitate deposita, humanitas eius totius maiestatis clarificatione completa est, ...

P s a l m   16

44,17 A 92: Haec est personae Domini tribuenda, adiuncta Ecclesia, quae corpus eius est.

44,21 Zum Bibelzitat vgl. Eccli. 29,15.

45,1 Br 910 B: *N o n ... d o l o s i s.* Ac si dicat: Exaudi orationem meam, quia ex toto corde oro.

45,2 C 144: .. et nobis inusitata locutio est, quia de mente solet manare sententia, sed hoc Domino per tropicas elocutiones decenter aptatur, quia ille quod iudicat uidet, dum testis est examinis sui; nec de facto alicuius testimonium quaerit, qui solus omnium ueracissime secreta cognoscit.

45,5 Vgl. Hieronymus, *Epistula 106* [s. Einl. § 4 c], 252: sed rectius *o c u - l i   t u i*, quia et supra dixerat: *de uultu tuo iudicium meum prodeat*, ut *o c u l i* Dei in propheta operante non praua, sed recta conspiciant.

45,7 C 144: Ibi enim probatus est, ubi inter multas Iudaeorum iniquitates et pericula mortis, mirandae patientiae documenta monstrauit.

45,9 C 144: Metaphora introducitur fornacium *i g n e* flagrantium, quae metallorum uitia solent purgare, ac decoctione consumere et in naturae puritatem mundata reuocare.

45,10 C 144: Prius se dicit *probatum*, deinde fuisse *uisitatum*, sed probatio significat passionem, uisitatio resurrectionem.

45,11 C 144: Pulchre autem subiunxit: *V t   n o n ... m e u m*, id est, etsi ego taceam, tu me purum esse perpendis. Quid enim opus erat eum de probitate morum suorum aliquid loqui, dum certum sit a paterna maiestate cuncta cognosci?

45,16 A 92: *P r o p t e r ... t u o r u m. P r o p t e r   u e r b a* pacis tuae, uel prophetarum tuorum. *E g o ... d u r a s. E g o c u s t o d i u i u i a s* laboriosas mortalitatis humanae atque passionis.

45,21 C 145: *P e r f i c e*, dixit, usque in finem conserua: ... Petit ergo Dominus Christus et *g r e s s o s* suos, id est, actus humanos, et sua *u e s t i g i a custodiri*, quae fideles apostolos congruenter accipimus, in quibus post ascensionem gloriosam, religionis catholicae signa dereliquit. Talis ergo sensus est: *custodi* me in mandatis tuis, ut imitantes me, minime *m o u e a n t u r* abs te.

45,22 C 146: Secundam sectionem sanctae orationis ingreditur. ... cur haec sententia ordinem uideatur habere conuersum? Qui *c l a m a t*, quoniam *e x a u d i t u r* utique purus, innocens et immaculatus agnoscitur. Nam confidenter orauit, quoniam se audiri posse de conscientiae puritate praesumpsit.

45,25 C 146: quoniam ad eum per se non ualet humana infirmitas peruenire.

45,26 C 146: Significat enim mirabilia, quae in carne facturus erat, quae iudaeus populus, etsi uniuersus non credidit, tamen sub admiratione conspexit.

Br 911 B: Per similitudinem infirmi rogat ... ut ueniat medicus et sanat infirmitates suas. ... sed tunc *m i r i f i c a u i t m i s e r i c o r d i a s* suas, quando per sanctos apostolos et sanctos suos infirmitates curabat. (∼CSg 27,74)

46,3 C 146: *S a l u o s ... t e*, id est, in aeterna uita constitues. ... *D e x t e r a* enim Patris est Filius ...

46,5 C 146: *P u p i l l a* est enim in medio posita perspicua pars oculi, qua corporum colores uaria qualitate discernimus: ... - Vgl. Isidor, *Et.* XI, 1,37: Pupilla est medius punctus oculi, in quo uis est uidendi; A 93: per eam tamen dirigitur acies luminis quo lux et tenebrae diiudicantur, sicut per Christi humanitatem diuinitas iudicii discernens inter iustos et peccatores.

46,9 A 93: *I n t e g m i n e*[1] ... *m e*. In munimento caritatis et misericordiae tuae protege me *a f a c i e i m p i o r u m q u i m e a f f l i x e r u n t*.

C 146: Misericordia quippe et caritas quasi *a l a e* sunt Patris, quibus se *p r o t e g i* congruenter expostulat. Haec autem comparatio uenit ab auibus, quae caros filios *a l a r u m* suarum extensione custodiunt.

---

1 CSg: Sub umbra

46,12.13 C 147: Sic ergo actum est, ut instigatione daemonum *i n i m i c i eius Iudaei a n i m a m ipsius*, id est, uitam temporalem eripere uoluissent.

46,13 A 93: Laetitia sua pingui cooperti sunt, postea quam cupiditas eorum de scelere satiata est.

46,14 A 93: Et propterea *o s   e o r u m   l o c u t u m   e s t   s u p e r- b i a m*, dicendo: *Ave, rex Iudaeorum* (Matth. 27,29), et cetera talia.

46,16 C 147: *n u n c   c i r c u m d e d e r u n t* non obsequio, sed furore, quando cruci eum constat affixum.

A 93: *P r o i c i e n t e s   m e* extra ciuitatem, *n u n c   c i r- c u m d e d e r u n t   m e* in cruce.

46,19 C 147: Dicit consuetudinem perditorum, qui terram respiciunt, quando in mala cogitatione uoluuntur.

46,21 C 147: *S u s c e p e r u n t   m e*, hoc est Iudaei a Pilato, quando eis dixit: *Tollite eum, et secundum legem uestram crucifigite eum* (vgl. Ioh. 19,6-7), quod auide *s u s c i p i e n t e s*, et uotum suae crudelitatis implentes, merito ferarum saeuitiae comparantur.

46,23 C 147: *H a b i t a n s   i n   a b d i t i s*: permanens in insidiis. (~ A 93)

46,25 A 93: *E x s u r g e,   D o m i n e*, quem dormire arbitrantur et iniquitates hominum non curare, ante excaecentur malitia sua, ut² factum eorum uindicta praeueniat, et ita *s u b u e r t e   e o s*.

46,26 A 93: *E r u e   a n i m a m   m e a m* resuscitando me a morte, quae mihi *a b   i m p i i s* irrogata est.

47,1 C 148: *F r a m e a m   t u a m*. Breuiter conclusum est quid sit anima Domini Saluatoris; *f r a m e a* est enim Patris, quando per ipsam diabolum uicit, ...

47,3 Br 913 B: ... ut dicitur: *Multi uocati, pauci uero electi* (Matth. 20,16; 22,14).

47,3.4 WS 70ᵇ: *P a u c i* sunt boni ad comparationem malorum; sed *d i u i s i Iudaei per orbem s u n t   a   p a u c i s* qui ex eis crediderunt, de Ecclesia quae *t e r r a* uiuentium est separati.

47,4 A 93: *D o m i n e,   p e r d e n s* eos *d e   t e r r a* quam inhabitant, *d i s p e r t i r e   e o s* per orbem terrarum *i n* ista *u i t a*, quam solam *u i t a m* putant qui aeternam desperant.³

---

2 CSg: aut
3 R 28ᵛᵃ: *I n   u i t a   e o r u m*, id est, dum adhuc uiuunt, priusquam inuoluantur illa nouissima captiuitate quae facta est sub Tito et Vespasiano.

47,7   C 149: *D e   a b s c o n d i t i s   t u i s*, id est, de lege Veteris
       Testamenti, et de miraculis quae Christus Dominus in eis erat glori-
       osa dispensatione facturus. ... Audiebat sensus eorum mandata Dei, et
       illi *s a t u r a b a n t u r* sordibus peccatorum, nouoque modo bonis
       caelestibus pasti, malorum faecibus explebantur.
       A 94: *S a t u r a t i* sunt immunditia, conculcantes margaritas ser-
       monum Dei.

47,10 C 149: Transmiserunt autem reliquias peccatorum filiis suis quando
       clamabant: *Sanguis huius super nos et super filios nostros* (Matth.
       27,25).[4] (~A 94)

47,13 A 94: *E g o   a u t e m* qui non apparui eis qui corde sordido et tene-
       broso lucem sapientiae uidere non possunt, *i n   t u a   i u s t i t i a
       a p p a r e b o   i n   c o n s p e c t u   t u o*.

47,15 A 94: Et cum illi *saturati sunt* immunditia sua, ut me intellegere non
       possint, ego *s a t i a b o r   d u m   m a n i f e s t a b i t u r
       g l o r i a   t u a*, in his qui me intellegunt.
       C 149: *S a t i a b o r*: sermo iste aptissime uidetur iteratus. Superi-
       us enim Iudaeos dixit *saturari porcina*, id est, immunditia sua: se
       autem *saturari* de humani generis credulitate suscepta, quando numerus
       sanctorum beata adunatione supplendus est.

P s a l m   17.

47,20 C 151: Psalmus hic uni tantum non potest conuenire personae. Nam pri-
       mo ordine propheta loquitur gratias agens quod eum de grauibus pericu-
       lis diuina pietas liberare dignata est. Secundo Ecclesia loquitur,
       quae ante aduentum Domini innumeras pertulit calamitates, posteaque[1]
       misertus ei, medicinam[2] sanctae incarnationis indulsit ...

48,1   A 95: *D e u s   m e u s*, qui mihi adiutorium prius uocationis tuae
       praestitisti, ut *s p e r a r e* in te possim.

48,3   C 152: *C o r n u a* enim arma sunt beluarum, quibus salutem suam sol-
       lerti concertatione defendunt.

---

4 R 28vb: *D i m i s e r u n t* uero ... *s u i s*, quia non solum seipsos sed
  posteros quosque suos maledicto [29ra] damnationis implicuerunt. Non sufficit eis propria damnatio, nisi eos haec eadem inuoluerent, dicentes:
  Sanguis eius super nos et super filios nostros.
1 CSg: quam postea (*auf Rasur*)
2 CSg: misertus, ei medicinam

48,7 A 95: *C i r c u m d e d e r u n t   m e   d o l o r e s   m o r t i s*,
id est, carnis.

C 152: Nam merito iustus iste *c i r c u m d a t u m* se *g e m i t i-
b u s* asserebat, quia dum esset superstitionum innumera multitudo,
fidelium erat rara deuotio.

48,9 A 95: Turbae iniquae ad tempus commotae, ueluti flumina pluuialia cito desitura, egerunt ut *c o n t u r b a r e n t* me. (~C 153)

48,11 C 153: de paganis dicit, qui erunt *d o l o r e s   i n f e r n i*, id
est, qui in *i n f e r n o* debito *d o l o r e* torquendi sunt.

A 95: In his qui *m e   c i r c u m d e d e r u n t* ut perderent me,
erant *d o l o r e s* inuidentiae, qui mortem operantur perducuntque ad
i n f e r n u m peccati.

48,13 Zum Bibelzitat und zur Randglosse vgl. I Ioh. 5,16.

48,15 C 153: *P r a e u e n i r i* uero dicimus, quando aliquid nos antici-
pare dignoscitur, ut est ille reatus originalis peccati qui nos, antequam nascamur, ab ipso conceptu reddit obnoxios, ...

48,19 A 95: *E x a u d i u i t* de corde meo, in quo habitat, *u o c e m
m e a m*.

48,21 A 95: *E t   c l a m o r   m e u s*, quem non in auribus hominum, sed coram ipso intus habeo, *i n t r o i b i t   i n   a u r e s   e i u s*.

C 153: *E x a u d i t a m* ergo dicit *u o c e m* suam, quam de aduentu
Domini iugiter offerebat.

48,23 A 95: Ita[3] clarificato Filio hominis, *c o m m o t i   s u n t* et *c o n-
t r e m u e r u n t* peccatores.

C 154: Congrue siquidem ad aduentum Christi *t e r r a   c o m m o t a
e s t*, quoniam praesentia iudicis dignum fuit *c o n t r e m i s c e-
r e* peccatores.

48,26 A 95: Et spes superborum, quae in hoc saeculo fuerunt, *c o n t u r-
b a t a e   s u n t*. ... Vt scilicet iam firmamentum non haberet in
cordibus hominum spes temporalium bonorum.

49,3 A 95: *A s c e n d i t* lacrimosa deprecatio paenitentium, cum cognouissent quid minetur Deus impiis.

C 154: *F u m u s* hic in bono positus est, quia sicut iste terrenus inu-
tiles lacrimas mouet, ita et ille paenitentiae calore succensus, fruc-
tuosa profundit fluenta lacrimarum. *I n   i r a   e i u s*: tempore quo
hic peccatores futuri iudicii timore *conturbat*, ...

---

3 CSg: Itaque (que *übergeschr.*)

49,5   A 95: Et flagrantia caritatis post paenitentiam de notitia eius inardescit.

49,7   A 95: Qui iam mortui erant deserti ab [96] *igne* boni desiderii ac luce iustitiae, et frigidi tenebrosique remanserant, rursus accensi et illuminati reuixerunt.

C 154: *C a r b o n e s* uero *s u c c e n s o s* peccatores dicit, qui uelut *c a r b o n e s* mortui, in mundi istius caecitate tenebrantur, sed iterum paenitentia inflammante reuiuiscunt, et ex mortuis prunis uiui incipiunt *c a r b o n e s*.

49,11 C 155: *C a l i g o* uero hic diabolus est, qui hominum mentes innubilat, dum ueritatis splendorem non facit uidere quos possidet. *S u b   p e d i b u s   e i u s*: quia sine dubio maiestate Domini Saluatoris conculcatur daemonum exsecranda nequitia, sicut et in nonagesimo psalmo (90,13) dicturus est: *Super aspidem et basiliscum ambulabis et conculcabis leonem et draconem.*

49,14 A 96: Et exaltatus est super plenitudinem scientiae, ut nemo ad eum perueniret, nisi per caritatem. Plenitudo enim legis caritas (vgl. Rom. 13,10). Et cito se incomprehensibilem esse demonstrauit dilectoribus suis, ...

49,15 C 155: *A s c e n d i t* ergo *s u p e r   c h e r u b i m*, quando uidentibus apostolis ad caelorum regna conscendit.

49,17 A 96: Illa autem celeritas, qua se incomprehensibilem esse monstrauit, *s u p e r* uirtutes animarum est, quibus se uelut *p e n n i s*[4] ... in auras libertatis adtollunt.

49,19 A 96: Et *p o s u i t* obscuritatem sacramentorum, et occultam spem in corde credentium, ubi lateret ipse, non eos deserens.

C 156: *T e n e b r a s*, incarnationis eius mysterium dicit, ut qui in natura deitatis suae uideri non poterat, incarnationis uelamine humanis conspectibus Redemptor piissimus appareret.

49,22 A 96: Conuersi tamen ad ipsum ambiunt qui credunt ei; quia in medio eorum est, cum omnibus aequaliter fauet, in quibus tamquam in *t a b e r n a c u l o* habitat hoc tempore.

49,24 A 96: Nec propterea quisquam in illa luce, quae futura est cum ex fide ad speciem uenerimus, iam se esse arbitretur, si scripturas recte intellegit. In prophetis enim atque in omnibus diuini uerbi praedicatoribus obscura doctrina est. (~C 156)

---

4 CSg: super pennas (super *aus* sub **verbessert**)

49,26 A 96: Praedicatores uerbi eius non iam in Iudaeae finibus continentur, sed *t r a n s i e r u n t* ad gentes. (~C 156)

C 156: *P r a e f u l g o r a e* una pars orationis est, id est, nominatiuus pluralis, et respondet ad *n u b e s*. *N u b e s* autem, sicut superius dictum est, praedicatores diuini uerbi intellegendi sunt. Et sensus talis est: illae *n u b e s* quae aquam continent Dei, id est, eloquia diuina, sicut in hoc aere tenebrosae, hoc est, obscurae uidentur, ita *i n   c o n s p e c t u* Dei *p r a e f u l g o r a e* sunt, ubi semper ueritas patet.

50,2 A 96: *G r a n d o   e t   c a r b o n e s   i g n i s*. Obiurgationes figuratae, quibus uelut *g r a n d i n e* corda dura tunduntur; ... igne autem caritatis accensa corda reuiuiscunt. Haec omnia in *nubibus* ipsius ad gentes *transierunt*. (~C 157)

50,4 A 96: Et euangelica [97] fiducia de corde iusti sonuit Dominus.

Br 917 D: Per sanctos suos *i n t o n u i t*; quasi de caelo per iustorum corda euangelizat.[5]

50,7 A 97: *E t ... u o c e m   s u a m*, ut haberemus eam, et in profundo rerum humanarum audiremus caelestia.

C 157: Quippe qui erat ingentia sacramenta locuturus.

50,8 A 97: *E t   e m i s i t* euangelistas pennis uirtutum recta itinera transuolantes, non suis, sed eius a quo missi sunt uiribus. *E t   d i s p e r s i t   e o s* ad quos missi sunt, ut aliis eorum essent odor uitae in uitam, aliis odor mortis in mortem (vgl. II Cor. 2,16). (~C 157)

50,11 C 157: id est, miracula multa fecit, ...

A 97: Et miracula *m u l t i p l i c a u i t*, ...

50,13 C 157: Id est, ueritas praedicantium, qui *f o n t e s* aeternae uitae sanctitatis suae ore fundebant.

50,15 A 97: *E t   r e u e l a t i   s u n t* prophetae, qui non intellegebantur, super quos aedificaretur *o r b i s   t e r r a r u m* credens Domino.

50,17 A 97: *A b ... D o m i n e*, clamantis: *Adpropinquauit*[6] *super uos regnum Dei* (Luc. 10,9). - Für andere Fassungen dieses Zitats vgl. Matth. 3,2; 4,17.

50,19 A 97: *A b   i n s p i r a t i o n e   s p i r i t u s   i r a e   t u a e*,

---

5 CSg: euangelizauit.
6 CSg: adpropinquabit

dicentis: *Nisi paenitentiam egeritis, omnes similiter moriemini* (Luc. 13,5).

50,20 C 158: Per has igitur parabolas sublucentes propositionesque uerborum hucusque prophetiae spiritu, fidelium populis, qui est sancta Ecclesia, aduentum Domini nuntiauit. ... Hinc iam mater Ecclesia loquitur de temporibus christianis. *M i s i t* utique Pater Dominum Saluatorem *d e s u m m o*, ut intellegant homines quia quod *d e s u m m o* uenit, diuina potestate gloriatur. Apte uero dixit Ecclesia, *a c c e p i t m e*, quae Sponso Christo iuncta laetatur.

50,25 C 158: Siue hoc dicit de fontibus sacris, quando Ecclesia catholica multitudinem filiorum baptismatis regeneratione conquirit.

51,2 C 158: *F o r t i s s i m o s i n i m i c o s*, persecutores truculentos enuntiat, qui christianum populum tormentis et caedibus affligebant; ... Tunc enim Ecclesia crescere meruit, quando eam data desuper potestate *i n i m i c u s* afflixit. - Vgl. C 159 (zu v. 20): In Ecclesia catholica hunc esse morem fidelium nullus ignorat, ut quanto plus persecutionibus constringitur, tanto, sicut dictum est, amplius fidei augmento dilatetur.

51,6 C 158: Illud significat, quando pseudoapostoli ueros praedicatores praeuenire nitebantur, conantes subuertere corda simplicium. Sequitur: *I n d i e a f f l i c t i o n i s*, quando Christianorum martyria celebrantur.

51,8 C 158: Ideo Deus *p r o t e c t o r*, quia homo exstitit impugnator.

51,10 A 97: *E t ... l a t i t u d i n e m*. Et quia carnalis patiebar angustias, *e d u x i t m e i n* spiritalem *l a t i t u d i n e m*[7] fidei. C 159: Tunc enim per gratiam Dei exsurgunt inuicti animi, tunc incendium caritatis ardescit, ...

51,10 C 159: Quod autem dixit *s a l u u m m e f e c i t*, non moueat, quia ad masculinum genus deducta est; quoniam non uidetur absurdum hoc ei nomen aptari, quae constat ex populo.

51,13 A 97: ... *q u o n i a m u o l u i t m e*. Antequam illum ego uellem, *e r u i t m e a b i n i m i c i s m e i s p o t e n t i s s i m i s*, ...

51,15 A 98: *E t r e t r i b u i t m i h i D o m i n u s s e c u n d u m i u s t i t i a m* bonae uoluntatis, qui prior praebuit misericordiam, antequam haberem bonam uoluntatem.

---

7 CSg: altitudinem (*sic*)

51,20 A 98: id est, et praemia iustorum, et poenas impiorum, et flagella corrigendorum, et temptationes probandorum, perseueranti contemplatione considero.

C 160: Quod faciunt carnis fragilitate superati, qui longa obseruatione deficientes, aequitatem interdum deserunt, quam coeperant custodire.

52,1 A 98: Non quod homines uident, sed *in conspectu oculorum eius*.

52,2 A 98: Itaque non solum propter *latitudinem* fidei, quae per dilectionem operatur (vgl. Gal. 5,6), sed etiam propter longitudinem perseuerantiae *retribuet mihi Dominus secundum iustitiam meam*.

52,4 A 98: Est etiam occulta profunditas, qua intellegeris *cum sancto sanctus*, quia tu sanctificas.

52,6 A 98: Quia tu nulli noces, sed criniculis[8] peccatorum suorum unusquisque constringitur.

52,8 A 98: Et ab eo quem *eligis, eligeris*.

52,9 A 98: *Et cum peruerso* uideris *peruersus*;[9] quoniam dicunt: *Non est recta uia Domini* (Ezech. 18,25); et ipsorum uia non est recta.

52,12 A 99: Hoc autem *peruersum* uidetur *peruersis*, quod confitentes peccata sua *saluos facies*.

52,14 A 99: Ignorantes autem Dei iustitiam, et suam uolentes constituere (vgl. Rom. 10,3), *humiliabis*.

52,18 A 99: Quoniam non est lumen nostrum ex nobis;

52,19 A 99: Nos enim peccatis nostris *tenebrae* sumus; sed: *Deus meus, illuminabis tenebras meas*.

52,21 A 99: *Quoniam* non a me, sed *a te eruar a temptatione*.

C 162: *A te* dixit *eripiar*, non a me. *Temptatio* uero diabolum significat, ...

52,22 A 99: Et non in me, sed *in Deo meo transgrediar murum*, quem inter homines et caelestem Ierusalem peccata erexerunt.

52,24 Zu *gladius uersatilis* vgl. Gen. 3,24.

---

8 CSg: funiculis
9 CSg: et peruersus uideris peruersis

52,26 C 162: *I m p o l l u t a   u i a   e i u s* significat semitam eius esse purissimam. Siue hoć ad incarnationem pertinet Verbi, quam constat pollutionem non habuisse peccati. - Zu *uiam peccatorum* vgl. Ps 1,1.

53,2 Zum Bibelzitat vgl. Ps 11,7.

53,4 A 99: Et *o m n e s* qui non in seipsis, sed in illo *s p e r a n t*, eadem tribulatione non consumuntur.[10]

53,5 C 163: Hoc contra paganorum dementiam dicitur, qui deos sibi multifaria uanitate[11] finxerunt.

53,6 Zum Bibelzitat vgl. Ps 95,5.

53,7 A 99: *D e u s   q u i   m e   p r a e c i n x i t* ut fortis sim, ne diffluentes[12] sinus cupiditatis impediant opera et gressos meos.

53,11 A 99: *Q u i   p e r f e c i t* amorem meum, ad transcendenda spinosa et umbrosa implicamenta huius saeculi.

C 163: Frequenter hoc animal in scripturis diuinis in bono ponitur, ... ibi, quia nimium sitiunt; hic, quia uelociter currunt.

53,13 A 99: Et *s u p e r* caelestem habitationem figet[13] intentionem meam, ut implear in omnem plenitudinem Dei.

Br 921 B: *S u p e r ... m e.* Spem meam in caelestibus collocauit.

53,14 A 99: *Q u i   d o c e t* me operari ad superandos inimicos, qui nobis intercludere caelestia regna conantur.

C 164: *p r a e l i u m*, diaboli certamen demonstrat, cum quo spiritaliter confligitur;

53,16 A 100: *E t   p o s u i s t i* infatigabilem intentionem bonorum operum meorum.

53,19 A 100: Et fauor gratiae tuae *s u s c e p i t   m e.*

53,21 A 100: Et correptio tua me deuiare non sinens *d i r e x i t*, ut quidquid ago, *i n* eum *f i n e m* referam, quo cohaeretur tibi.

53,22 A 100: Et eadem correptio tua *m e   d o c e b i t* peruenire quo *direxit.*

53,24 A 100: Nec impedient carnales angustiae, quoniam latam fecisti caritatem meam operantem hilariter, etiam de ipsis quae *s u b t e r   m e* sunt mortalibus rebus et membris.

CSg 27,87: *D i l a t a s t i   g r e s s u s   m e o s*, id est, sensum meum in amplitudine tuae caritatis.

---

10 CSg: consummantur
11 CSg: uarietate
12 CSg: defluentes
13 CSg: figit

54,5 A 100: *P e r s e q u a r* affectus carnales meos, nec ab eis comprehendar; sed *c o m p r e h e n d a m   i l l o s*, ut absumantur.

54,6 C 151 (Diuisio psalmi): Secundo Ecclesia loquitur, ... Tertio in rorem misericordiae uox Domini Saluatoris illabitur, ...

A 102 (Schlußbemerkung zur Auslegung dieses Psalms): Quaecumque in hoc psalmo dicta sunt, quae ipsi Domino proprie, id est, capiti Ecclesiae congruere non possunt, ad Ecclesiam referenda sunt. Totus enim Christus hic loquitur, in quo sunt omnia membra eius.

54,7 C 164: Istos duos uersus [38 und 39] de illis intellegi non dubium est qui primo contra Dominum eriguntur, postea *c o n u e r s i* eius *p e d i b u s* inclinantur; et uitam merentur subditi, qui mortem incurrerant contumaces. *P e r s e q u i t u r* enim *i n i m i c o s* suos afflictionum diuersa clade fatigatos *e t   c o m p r e h e n d i t   e o s* quos ab studio peruerso mutauerit. Sed felix est omnino qui capitur, felix qui illas manus euadere non meretur; tunc magis liber redditur, cum fuerit tali sorte captiuus.

54,11 A 100: Et constrinxisti fluentia desideria carnis meae uirtute, ne in tali pugna praepedirer.

C 165: *P r a e c i n c t u s   e s t* enim *u i r t u t e*, quando patientiae fortitudine iniquorum aduersa superauit.

54,17 A 100: *E t   i n i m i c o s   m e o s* conuertisti, et *d o r s u m   m i h i* eos esse fecisti, id est, ut sequerentur me.

C 165: Primum est quod *d o r s u m* conuersionem eorum significat qui ex resistentibus eius nomini, in salutiferam uictoriam fugati, emerserunt subito Christiani, ut Paulus apostolus de persecutore saeuissimo, post Domini increpationem apparuit repente discipulus.

54,19 A 100: Alios autem eorum qui in *o d i o* perdurauerunt, *d i s p e r d i d i s t i*.

C 165: Secundum est quod *o d i e n t e s* se *d i s p e r d e n d o s* esse denuntiat, qui in perfidiae suae obstinatione mansuerunt;

54,21 A 100: Quis enim *s a l u o s   f a c e r e t*, quos tu non faceres?

54,26 A 101: Per latas quas multi[14] ambulant perditionis uias, luxuriantes et lubricos *d e l e b o   e o s*.

C 165: Bene autem *l u t o   p l a t e a*-[166]*r u m* comparat peccatores,...

55,3 A 101: *E r u e s   m e   d e   c o n t r a d i c t i o n i b u s* eorum qui

---

14 CSg: qui *statt* quas multi

dixerunt: *Si dimiserimus eum, omne*[15] *saeculum post illum ibit*(Ioh. 11,48).

55,5 C 166: Nam quod ait, *c o n s t i t u e s   m e   i n   c a p u t   g e n t i u m*, signum dicit fidei christianae: quia in fronte *g e n t i u m*, crucis habuerunt uexilla radiare.

55,6 A 101: *P o p u l u s* gentium quem corporali praesentia non uisitaui, *s e r u i u i t   m i h i*.

55,8 A 101: Neque oculis me uidit; sed recipiens praedicatores meos, *i n   o b a u d i t u   a u r i s   o b o e d i u i t   m i h i*.

55,10 C 166: *F i l i i   a l i e n i*, *f i l i i* diaboli, quibus ipse in euangelio dicit: *Vos ex patre diabolo estis* (Ioh. 8,44); *m e n t i t i   s u n t   m i h i*, quando dicebant: *Magister, scimus quia a Deo uenisti et in ueritate doces* (Matth. 22,16). *M e n t i r i* enim est contra mentem loqui et illud lingua promere quod unumquemque constat in animo non habere.

55,11 C 167: Nam *c l a u d i c a r e* proprie dicimus eos qui uno pede sunt debiles. Quod Iudaeis accidisse manifestum est, qui Vetus Testamentum carnaliter tenentes, Noui gratiam respuerunt: et hinc factum est, ut una parte debiles mentis suae gressibus *c l a u d i c a r e n t*.

A 101: *F i l i i   a l i e n i*, quibus ut renouarentur Nouum Testamentum adtuli, in uetere homine remanserunt. ... Et tamquam uno pede debiles, quia Vetus tenentes, Nouum Testamentum respuerunt, claudi effecti sunt, ...

55,15 C 167: Nec illud uacat quod addidit *s u i s*, quia deserentes intellectum legis, suis superstitionibus agebantur; ut non recipientes promissum Dominum Saluatorem, de lauandis manibus et calicibus insanas calumnias commouerunt (vgl. Matth. 15,2; 23,25);

A 101: Calumniabantur enim de manibus non lotis, quia tales erant *s e m i t a e* quas ipsi fecerant et consuetudine triuerant, aberrando ab itineribus praeceptorum Dei.

55,20 Br 923 B: ... in me semper excelsus sit, ...

55,21 Br 923 C: sub potestate Ecclesiae, ad regendum gentes incredulas.

C 167: In isto mundo praeconialiter *u i n d i c a t u r* Ecclesia quando blasphemi et infideles ad uerae religionis penetralia perducuntur; - Vgl. 55,6.

---

[15] CSg: eum uiuum (!)

55,23 A 101: ... *i r a c u n d i s*, clamantibus *Crucifige, crucifige* Iudaeis (Luc. 23,21; Ioh. 19,6).

55,25 A 101: A Iudaeis[16] *i n s u r g e n t i b u s   i n   m e* patientem, *e x a l t a b i s   m e* resurgentem.[16]

56,1 Br 923 D: Et *a b   i n s u r g e n t i b u s ... m e*, id est, a persecutoribus; *a   u i r o   i n i q u o   e r i p i a s   m e*, id est, a diabolo, ...

56,3 C 168: *C o n f i t e b o r   t i b i*, id est, laudem te per populos christianos, ...

A 101: *P r o p t e r e a   t i b i* per me *c o n f i t e b u n t u r* gentes, *D o m i n e*.

56,6 A 102: Deus qui *m a g n i f i c a t*, ut admirabiles[17] faciat *s a l u t e s* quas eius Filius dat credentibus.

56,8 C 168: *C h r i s t u s* ante dicebatur omnis unctus in regem;

56,9 C 168: *E t   s e m i n i   e i u s*, Dominum significat Saluatorem, qui secundum carnem ab ipsius generatione descendit. ... *V s q u e   i n   s a e c u l u m* accipitur in aeternum;

P s a l m   18

A hat zu diesem Ps zwei *Enarrationes*.

56,10 C 169: Inscriptio ista frequenter exposita est, psalmi dicta referens ad Dominum Christum, de cuius primo aduentu propheta dicturus est, ...

56,13 C 169: Quamuis et ad litteram possit intellegi, ... tamen hoc melius ad apostolos conuertimus et prophetas, qui de aduentu ipsius disserendo, orbem terrarum sanctis admonitionibus impleuerunt. In quibus Deus tamquam in *c a e l i s* habitauit, ...

A 102: Iusti euangelistae, in quibus Deus tamquam in *c a e l i s* habitat, ...

56,16 A 107: Quod autem ad *m a n u s* Dei adtinet, et de *caelis* dictum est: *Et opera manuum tuarum sunt caeli* (Ps 101,26).

56,17 Zum Bibelzitat vgl. Ps 116,2. - Vgl. A 106 (zu v. 5): Quorum, nisi *caelorum*? Quorum ergo, nisi apostolorum? Ipsi *enarrant* nobis *gloriam*

---

16 CSg: quibus ... resurgentem? a Iudaeis.
17 CSg: amabiles

Dei, positam[1] in Christo Iesu, per gratiam[2] in remissionem[2] peccatorum. ... Ille autem ... propter suam misericordiam saluos nos fecit ...

56,18 C 170: *D i e s   d i e i   e r u c t a t   u e r b u m*, quando Dominus loquebatur apostolis. ... *E r u c t a b a t* enim *u e r b u m*, cum de imis penetralibus sermones in sanctorum notitiam perducebat. *N o x* autem *n o c t i   i n d i c a b a t   s c i e n t i a m*, quando Iudas Christum Iudaeis prodidit ac tradidit occidendum.[3] (~A 108)

56,21 A 102: Per quos *n o n   a u d i t a e   s i n t*[4] *u o c e s* euangelistarum,[4] cum omnibus linguis euangelium praedicaretur.[5]

56,26 C 171: *I n   s o l e*, in manifestatione mundi dicit.

A 109: in manifestatione Ecclesiam suam, non in occulto, non quae lateat, non uelut opertam;[6]

57,3 A 102: *E t   i p s e* [103] *p r o c e d e n s* de utero uirginali, ...

C 171: *E t   i p s e*, Christum Dominum dicit, qui *t a m q u a m   s p o n s u s* Ecclesiae suae, *p r o c e s s i t   d e   t h a l a m o   s u o*, id est, de utero uirginali.

57,6 A 110: Quam autem *u i a m* cito *c u c u r r i t* uis audire?

57,9 C 172: *O c c u r s u s   e i u s* secundum hominem dicitur, quia post assumptionem carnis, in utraque natura Christus permanens, ad sedem paternae maiestatis occurrit.

Br 925 C: *A   s u m m o   c a e l o*, id est, a Patre, ...

57,11 A 110: Sicut ignis uenit Spiritus sanctus, ... et ideo sequitur: *E t ... c a l o r e   e i u s.*

C 172: Spiritum sanctum uidetur significare ... Ipse ergo *c a l o r* est, a quo nemo possit *a b s c o n d i*, qui deitatis suae potentia uniuscuiusque corda cognoscit.[7]

57,13 A 103: *L e x* ergo *D o m i n i* ipse est, qui uenit legem implere, non soluere (vgl. Matth. 5,17); et *i m m a c u l a t a   l e x*, qui peccatum non fecit, nec inuentus est dolus in ore eius (vgl. I Petr. 2,22);

---

1 CSg: positi
2 CSg: gratiam remissionis
3 R 33va: *D i e s* ergo Christus *d i e i*, id est, choro apostolorum, *e r u c t a t*, id est, profert, *u e r b u m* praedicationis et euangelicae doctrinae.
4 CSg: sunt ... euangelistarum?
5 CSg: praedicarent (n *übergeschr.*)
6 R 33vb: Hic iam manifeste incipit de Christo loqui, qui *p o s u i t   t a b e r n a c u l u m* carnis suae *i n   s o l e*, id est, in manifesto.
7 R 34rb: Hic *c a l o r* Spiritus sanctus intellegitur quo omnium electorum corda accenduntur et illuminantur, omnia etiam uiuentia caleficantur.

non premens *a n i m a s* seruitutis iugo, sed ad se imitandum libertate *c o n u e r t e n s*.

C 172: *L e x* enim illa, quam per Moysen dedit, *i r r e p r e h e ns i b i l i s   e s t*, quia perfecta ueritate consistit, quae per Dominum Saluatorem non reprehensa, sed potius probatur impleta; ait enim in euangelio: *Non ueni legem soluere, sed implere* (Matth. 5,17). Et ne esset nobis rigoris eius perniciosa desperatio, adiunxit, *c o nu e r t e n s   a n i m a s*. Illius enim districtionis metus errantem corrigit et ad Christi gratiam facit recurrere, cum spem in suis coeperint meritis non habere.

57,18 A 103: *T e s t i m o n i u m   D o m i n i   f i d e l e*, quia nemo nouit Patrem nisi Filius, et cui uoluerit Filius reuelare; quae abscondita sunt a sapientibus, et reuelata paruulis (vgl. Matth.11,25.27), quoniam Deus superbis resistit, humilibus autem dat gratiam (vgl. I Petr. 5,5; Iac. 4,6).[8]

57,21.26 A 103: Omnes *i u s t i t i a e   D o m i n i* in illo *r e c t a e*, qui non docuit quod ipse non fecit; ut qui imitarentur, corde gauderent, in eis quae libere cum caritate facerent, non seruiliter cum timore.

C 173: Reuera *r e c t a e*, quia non aliter cognoscitur fecisse quam docuit, quia illorum *i u s t i t i a   r e c t a* non est, quibus aliud est in ore, aliud in opere. – Zu den Bibelzitaten vgl. Matth. 23,2.3.5.

58,1 C 173: Reuera *l u c i d u m*, quia sincere purum et immaculatum, quale a Patre luminum prodire docet[9] (vgl. Iac. 1,17).

58,2 A 110: ... *o c u l o s*, non hebetans; non carnis *o c u l o s*, sed cordis;

58,5 A 110: *T i m o r   D o m i n i*, non seruilis, sed *c a s t u s*; gratis amans, non puniri timens ab eo quem tremit, sed separari ab eo quem diligit. Iste est *t i m o r   c a s t u s*, non quem consummata caritas foras mittit (vgl. I Ioh. 4,18), sed *p e r m a n e n s   i n   s a e c ul u m   s a e c u l i*.

A 103: *T i m o r   D o m i n i*, non ille sub lege poenalis,[10] temporalia

---

8 R 34rb: *S a p i e n t i a m   p r a e s t a n s   p a r u u l i s*, id est, illuminans ... nihilque de se magnum putantes uel de suis meritis praesumentes; de his *p a r u u l i s* dixit, aiens: *Confitebor tibi, Domine Pater, quia abscondisti haec a sapientibus et prudentibus, et reuelasti ea paruulis* (Matth. 11,25).
9 CSg: decet
10 CSg: poenali (*das ganze Wort auf Rasur*)

bona sibi subtrahi perhorrescens, quorum dilectione anima fornicatur, sed *c a s t u s*, quo Ecclesia Sponsum suum quanto ardentius diligit, tanto diligentius cauet offendere; et ideo non foras mittit consummata dilectio timorem hunc (vgl. I Ioh. 4,18), sed *p e r m a n e t   i n   s a e c u l u m   s a e c u l i*.

Br 926 B: *T i m o r* cum caritate; unde dixit: *Perfecta caritas foras mittit timorem* (I Ioh. 4,18). Timeat non *t i m o r e* gehennae aut *t i m o r e* poenae, sed *t i m o r e   s a n c t o*; sic timeat, ut quem amat, non perdat per negligentiam.

58,16 A 104: ... plus quam seipsum desiderat iudicia Dei,[11] cuius uoluntatem praeponit suae.

58,19 A 104: Nam non *c u s t o d i e n t i* amara dies Domini.

58,22 A 104: Non in aliquo extra posito commodo, sed in eo ipso quo *iudicia* Dei *c u s t o d i u n t u r, m u l t a   r e t r i b u t i o; m u l t a* est, quia gaudetur in eis.

58,25;59,2 A 104: In *d e l i c t i s* autem qualis suauitas potest esse, ubi non est intellectus? Quoniam *d e l i c t a   q u i s   i n t e l l e g i t*, quae ipsum oculum claudunt, cui suauis est ueritas, cui *desiderabilia* et *dulcia* sunt *iudicia* Dei; et sicut tenebrae oculos, ita delicta mentem claudunt, nec lucem sinunt uidere, nec se?

59,1 A 111: Pater, ignosce illis, quia nesciunt quid faciunt (vgl. Luc. 23,34). ... Nam quando quisque ipso delicto inuolutus est, quasi obtenebratis opertisque oculis non uidet delictum; quia si[12] tibi tegatur et carnis oculus, nec aliud uides, nec hoc unde tegitur uides.

59,6 A 111: *Delicta*, inquit, mea inquinant me, *delicta a l i e n a* affligunt me, ab illis parce. Tolle mihi ex corde malam cogitationem, repelle a me malum suasorem;

A 104: Ne seducar ab aliis; neque enim *a l i e n i s* capitur, qui est mundus a suis.

59,10 A 104: *S i   m e i   n o n   f u e r i n t   d o m i n a t a occulta mea*, et *aliena* peccata, *t u n c   i m m a c u l a t u s   e r o*. (~A 112)

59,12 A 104: Quo alio, nisi superbiae?[13] (~A 112; C 176)

A 112: Quaeritis quam *m a g n u m* sit hoc *d e l i c t u m*, quod deiecit angelum, quod ex angelo fecit diabolum, ... *M a g n u m* hoc *d e l i c-*

---

11 CSg: eius
12 CSg: quasi *statt* quia si; si *von Ekkehard IV. nach* quasi *übergeschr.*
13 CSg: superbia (*danach Rasur*)

t u m est, et caput atque causa omnium delictorum. Scriptum est enim: *Initium peccati omnis superbia* (Eccli. 10,15).

C 176: *M a x i m u m* uero *d e l i c t u m* est superbia, qua et diabolus cecidit et hominem traxit. ... quae ex angelo diabolum fecit, quae homini mortem intulit ... Omnium malorum mater, scelerum fons.

59,17 A 113: Superba anima *i n c o n s p e c t u* hominum uult placere; humilis anima in occulto, ubi Deus uidet, uult placere.

59,19 A 113: *A d i u t o r* in bonis, *r e d e m p t o r* a malis; (~C 176)

P s a l m   19

59,20 A 113: Notus est iste titulus, nec Christus dicit, sed Christo dicit propheta, figura optandi quae uentura sunt canens.

C 177: Futurorum igitur illuminatione propheta completus, per optatiuum modum euenire prospera sanctae deprecatur Ecclesiae, quae ille per aduentum Domini certissime nouerat esse uentura; et nimia caritate completus, illi optat prospera, cuius se membrum esse noscebat.

59,24 A 113: *E x a u d i a t t e D o m i n u s i n d i e* qua dixisti: *Pater, clarifica Filium tuum* (Ioh. 17,1).

59,26 A 113: Ad te enim pertinet populus posterior natu,[1] quia maior seruiet minori (vgl. Gen 25,23).

C 177: Perscrutandum est quoque quare patriarchae *I a c o b n o m e n* uidetur annexum? Hic enim maiori fratri subripiens, totius benedictionis gratiam conquisiuit, ut et ipse illi cum reliquo populo subderetur. Quae similitudo benedictionis, christiano populo congruenter aptatur, qui gentem subsequens Iudaeorum, eam deuotae mentis religione superauit, ut gratiae munere primus donante Domino redderetur. Nam cum dicit *p r o t e g a t t e n o m e n D e i I a c o b*, huiusmodi similitudinem a Domino uult intellegi, et nouo populo concedendam, quam ille in praefiguratione sanctus patriarcha percepit.[2]

60,3 C 177: Optando ait *m i t t a t*, ut ostendat a Patre Filium mis-[178]sum.

---

1 CSg: posterius natus
2 R 35[va]: *N o m e n D e i I a c o b*, idem est quod et *D e u s I a c o b*. *I a c o b* et Esau fratres fuerunt, ... In hoc itaque loco uel Esau in Ecclesia figuram tenet Iudaeorum et ceterorum persecutorum, Ecclesiam humilem ... persequentium. ... *p r o t e g a t t e*, id est, defendat a persecutoribus, o Ecclesia, ut ita illos euadas sicut *I a c o b D e u m* inuocando meruit liberari et [35vb] exaudiri.

Sed hoc uerbum caritatis, non subiectionis; sicut et ipse in euangelio de Spiritu sancto dicit: *Expedit uobis ut ego uadam; si enim ego
non abiero, Paraclitus non ueniet ad uos; si autem abiero, mittam eum
ad uos* (Ioh. 16,7).

60,3 C 178: *S i o n* enim, sicut saepe diximus, mons èst, significans speculationem, quae conuenit diuinitati: quoniam illi omnia, non ut nobis
ex euentu nota sunt sed ex glorioso suae dispositionis arcano.

60,5 A 113: *M e m o r e s* nos faciat omnium iniuriarum tuarum et contume-
liarum, quas pro nobis pertulisti.

60,7 A 113: Et crucem, qua totus ablatus es Deo, in laetitiam resurrectionis conuertat.

60,10 A 113: *T r i b u a t   t i b i* Dominus, non *s e c u n d u m   c o r* eorum qui putauerunt persequendo delere[3] te posse; sed *s e c u n d u m
c o r   t u u m*, quo[4] scisti quid utilitatis haberet passio tua.

60,13 A 113: *E t   c o m p l e a t   o m n e   c o n s i l i u m   t u u m*, non
solum quo[5] animam tuam[6] posuisti pro amicis tuis (vgl. Ioh. 15,13), ut
mortificatum granum copiosius resurgeret (vgl. Ioh. 12,24-25); sed
etiam quo[5] caecitas [114] ex parte Israel facta est, ut plenitudo gentium intraret, et sic omnis Israel saluus fieret (vgl. Rom. 11,25-26).
- Zu ECCLESIAM ... SVMERE vgl. Sap. 8,2.

60,15 A 114: *E x u l t a b i m u s* quod tibi mors nihil nocebit; ita enim
nec nobis eam nocere posse monstrabis.

60,18 Br 928 A: Et alibi: *Pater sancte, serua eos in nomine tuo, quos dedisti
mihi* (Ioh. 17,11). - Zu dem zweiten Bibelzitat vgl. Ioh. 17,15.

60,22 A 114: *N u n c* mihi per prophetiam demonstratum est, quoniam resusci-
tabit *D o m i n u s   C h r i s t u m   s u u m.* (~C 179)

60,24 A 114: *E x a u d i e t   i l l u m*, non de terra tantum, ubi se petiit
clarificari, uerum etiam *d e   c a e l o*, ubi iam ad dexteram Patris
interpellans pro nobis (vgl. Ioh. 17,1; Rom. 8,34), diffudit inde Spiri-
rum sanctum super credentes in se.

61,1 A 114: *P o t e n t a t u s* nostri sunt *s a l u s* fauoris eius, cum
etiam de tribulatione dat auxilium, ut quando infirmamur, tunc potentes
simus. Nam uana[7] *s a l u s* hominum, quae non dexterae, sed sinistrae

---

3 CSg: deleri
4 CSg: qui
5 CSg: quod
6 CSg: *fehlt.* (!)
7 CSg: una

eius est. Hac enim extolluntur in magnam superbiam, quicumque peccantes temporaliter salui facti sunt.

C 179: *S a l u s* igitur, quam ipse condidit *p o t e n t a t u s* noster esse dignoscitur: quando illa *s a l u s* nec morbis afficitur nec doloribus sauciatur sed potentes nos efficit, cum in sua perennitate custodit. – Zu *corruptio* und *mortalitas* vgl. I Cor. 15,53.

61,5 C 179: Sed ista [duo genera triumphorum, nämlich das Reiten in curribus oder in equis] saecularibus relinquens, *i n   n o m i n e   D o m i n i   s e   m a g n i f i c a t u m   e s s e* confirmat.

A 114: *H i* uolubili successione temporalium bonorum trahuntur, et *h i* superbis praeferuntur honoribus, atque in his *e x u l t a n t*. ... *N o s   a u t e m* spem figentes in aeternis, neque gloriam nostram quaerentes, *i n   n o m i n e   D o m i n i   D e i   n o s t r i   e x u l t a b i m u s*.

61,10 A 114: Et ideo *i p s i* temporalium rerum cupiditate *o b l i g a t i* sunt, ... et irruentes in lapidem offensionis et petram scandali, de spe caelesti *c e c i d e r u n t*;

C 180: Nam humanis honoribus praesumentes, laqueati prauis desideriis suis in mortis foueam corruerunt. ... Resurgere enim duobus modis dicitur Christianus: quando a uitiorum morte in hoc mundo per gratiam liberatus, in diuinis iustificationibus perseuerat, .. Dicitur et generalis illa resurrectio, in qua iusti aeterna praemia consequentur.

61,13 C 180: id est, Christus Dominus resurgat a mortuis, ...

P s a l m   20

61,15 A 115: Titulus notus est; de Christo canitur.

61,18 C 181: *D o m i n e*, pro-[182]pheta dicit ad Patrem: *i n   u i r t u t e   t u a*, id est, in omnipotentia maiestatis tuae, in qua et Filius regnat sicut ipse dicit: *Omnia Patris mea sunt et omnia mea Patris sunt* (Ioh. 17,10). *L a e t a b i t u r   r e x*, gaudet Iesus Christus, ...

61,22 C 182: id est, in eo quod per eum saluasti homines, Filius tuus, qui Saluator est *e x u l t a b i t*.

61,23 C 182: *D e s i d e r i u m   e i u s   a n i m a* fuit, sicut in euangelio dicit: *Desiderio desideraui manducare uobiscum pascha* (Luc. 22,15). (~A 115)

62,1   A 115: *Pacem meam,*[1] inquit, *relinquo uobis* (Ioh. 14,27); et factum est.

62,4   A 115: *Q u o n i a m* prius hauserat *b e n e d i c t i o n e m   d u l - c e d i n i s* tuae, fel peccatorum nostrorum non nocuit ei.
C 182: ... uenit ad secundum modum: ubi incarnationis eius potentiam mirabili fulgore describit. Dicendo enim: *Q u o n i a m   p r a e u e - n i s t i*, significat [183] humanitatem anticipante diuinitatis gratia semper ornari: quia nullus illi quidquam primus offert, nisi hoc quod bonum est caelesti munere concedatur.

62,8   A 115: In principio sermonis eius accedentes ambierunt eum *l a p i - d e s   p r e t i o s i*, discipuli sui, a quibus exordium annuntiationis eius fieret. (~C 183)

62,10 A 115: Resurrectionem *p e t i i t*, dicens: *Pater, clarifica Filium tuum* (Ioh. 17,1); *e t   d e d i s t i   e i.* (~C 183)

62,13 A 115: Longa tempora saeculi huius, quae haberet Ecclesia, et deinceps aeternitatem *i n   s a e c u l u m   s a e c u l i.*

62,16 C 183: Sanctae siquidem incarnationi *m a g n a   e s t   g l o r i a   i n   s a l u t a r i*, id est, in Verbo Patris.

62,17 A 115: Sed adhuc *g l o r i a m* et *m a g n u m   d e c o r e m* addes ei, cum in caelo collocabis ad dexteram tuam.

62,21 C 184: Multis locis iam diximus suscipiendum esse pro parte membrorum, quod ipsi Domino Saluatori non potest conuenire; ... Quapropter *l a e - t i f i c a b i s ... t u o*, suscipiendum est de unoquoque fidelium,...

62,23 A 116: *Q u o n i a m   r e x* non superbit, sed humilis corde *s p e r a t   i n   D o m i n o.* - WS 89^b fügt hinzu: ... humilians se et oboediens usque ad mortem crucis (vgl. Phil. 2,8).
C 184: Dicit causam ...: quia *r e x* iste qui in passione sua tribus linguis legebatur ascriptus, secundum hominem *s p e r a u i t   i n   D o m i n o,* ...

62,25 C 184: Sequitur etiam aeternitatis huius causa probabilis, quia nescit a Patris *m i s e r i c o r d i a* submoueri, qui sperare in eius gloria perseuerat, ...

63,1   A 116: *I n u e n i a t u r*, o rex, potestas tua, cum ad iudicandum ueneris, *o m n i b u s   i n i m i c i s   t u i s*, qui eam in humilitate tua non intellexerunt.

---

1 CSg: *fehlt.* (!) Br 929 B hat das ganze Zitat (mit zweimal *meam.*)

63,5   C 185: *C l i b a n u s* est coquendis panibus aenei uasculi deducta rotunditas, quae sub urentibus flammis ardet intrinsecus. In qua similitudine merito peccatores ponuntur, ...

A 116: *I n   t e m p o r e   u u l t u s   t u i . I n   t e m p o r e* manifestationis tuae.

63,8   A 116: Deinde ... dabuntur *i g n i* aeterno *d e u o r a n d i*. (~C 186)

63,10 C 186: *F r u c t u s   e o r u m* fuerat in *t e r r a* uiuentium, si Dei Filio credidissent; sed quia mandatis eius contumaci spiritu restituerunt, merito fructum illum beatitudinis perdiderunt.

63,12 A 116: Et opera illorum, uel quoscumque seduxerunt, non deputabis inter *f i l i o s   h o m i n u m*, quos in hereditatem sempiternam uocasti (~C 186)

63,13 A 116: Haec autem poena retribuetur eis, quoniam *m a l a* quae sibi imminere te regnante arbitrabantur, in te occidendum detorserunt.[2]

C 186: *D e c l i n a r e* dicimus *m a l a* supra alios pendentia, in alio loco sine iniquitatis causa relidere, quod in passione Domini constat effectum. Nam cum putarent Iudaei imperium romanum sibi fore perniciosum, si Regem Saluatorem Dominum suscepissent, in ipsum uisi sunt *m a l a   d e c l i n a r e*, quae sibi credebant Romanis ulciscentibus euenire.

63,17 A 116: *C o g i t a u e r u n t   c o n s i l i u m*, dicentes: *Expedit unum pro omnibus mori* (Ioh. 11,50; 18,14); *q u o d   n o n   p o t u e r u n t   s t a b i l i r e*, nescientes quid dixerint. (~C 180f.)

WS 90[b]: *C o g i t a u e r u n* tque *c o n s i l i a*, dicentes: *Expedit enim unum pro omnibus mori* (Ioh. 11,50; 18,14), et: *Venite, occidamus eum, et habemus hereditatem eius* (Matth. 21,38); *q u a e   n o n   p o t u e r u n t   s t a b i l i r e*, nescientes quid dixerunt, nec adepti quod cupierunt.

63,19 A 116: *Q u o n i a m* ordinabis *e o s* in his, a quibus postpositis et contemptis auerteris.

63,21 A 116: Et in his quae relinquis, id est, in cupiditatibus regni terreni, *p r a e p a r a b i s* tibi ad passionem impudentiam eorum.

63,24 A 116: Quem humilem non cognouerunt, *e x a l t a r e , D o m i n e , i n   u i r t u t e   t u a*, quam infirmitatem putauerunt.

63,26 A 116: Corde et opere celebrabimus et nota faciemus mirabilia tua.

---

2 CSg: retorserunt

P s a l m   21

      A hat zu diesem Ps zwei *Enarrationes*.[1]

64,2 A 117: *I n   f i n e m*, pro resurrectione sua ipse Dominus Iesus Christus loquitur. *M a t u t i n a* enim fuit prima sabbati resurrectio eius, qua susceptus est in aeternam uitam, cui mors ultra non dominabitur (vgl. Rom. 6,9). Dicuntur autem ista ex persona crucifixi. Nam de capite psalmi huius sunt uerba quae ipse clamauit cum in cruce penderet, personam etiam seruans ueteris hominis, cuius mortalitatem portauit. Nam uetus homo noster confixus est cruci cum eo (vgl. Rom. 6,6).

      C 188: *S u s c e p t i o   m a t u t i n a* est tempus resurrectionis, sicut dicit in euangelio: *Vna sabbatorum ualde diliculo, uenit Maria ad monumentum*, etc. (Ioh. 20,1). *S u s c e p t i o* enim fuit, quando Dominus Christus mortale corpus ueteris hominis conditione deposita, in magnam gloriam clarificatus assumpsit: ... *M a t u t i n u m* autem dictum est, quasi mane primitiuum, quod tempus innumeris locis ad resurrectionem Domini constat aptatum. Sed cum in hoc psalmo multa de sua passione constat esse locuturum, uideamus cur eius titulus solam resurrectionem commemorare uoluerit. Saepe [189] significatur per id quod sequitur, illud scilicet quod praecessit; ... Vnde dubium non est commemorationem factam resurrectionis indicare nihilominus et beatissimam passionem.

64,7 C 189: Per totum quidem psalmum loquitur Dominus Christus; ... Haec tamen uerba accipienda sunt ab humanitatis ipsius natura. (~A 123)

      A 123: Istum[2] uersum primum[3] in cruce audiuimus, ubi Dominus dixit: *Eli, Eli,*[4] quod est: *D e u s   m e u s, D e u s   m e u s, Lama sabachtani?*[5] quod est: *q u a r e   m e   d e r e l i q u i s t i?* (Matth. 27,46).[6]

64,14 C 191: Ille qui peccata non habuit, nostra *d e l i c t a* sua dicens esse peccata; ... unde apostolus dicit: *Eum qui non nouerat peccatum,*

---

1 Im CSg folgt I auf II.
2 CSg: Iterum
3 CSg: .s. huius psalmi *von Ekkehard IV. übergeschr.*
4 CSg: heli, heli
5 CSg: sabactani
6 Zu 64,9 vgl. R 39vb: Non autem Pater Filium reliquit, ... sed secundum illorum loquitur affectum, qui putabant eum a Patre *d e r e l i c t u m*. Ait ergo: *D e u s ... d e r e l i q u i s t i?* id est, utquid a tormento passionis me non liberas?

pro nobis peccatum fecit (II Cor. 5,21). Nam et in ipsa lege peccata appellantur quae pro peccatis offerebantur.

64,16 A 123: Dixit utique de me, de te, de illo. Corpus enim suum gerebat, id est, Ecclesiam. Nisi forte putatis, fratres, quia quando dixit Dominus: *Pater, si fieri potest, transeat a me calix iste* (Matth. 26,39), mori timebat.

C 191: P e r   d i e m clamabat humanitas Verbi, quam non circumdabant tenebrae peccatorum;

64,19 A 124: Multi enim clamant in tribulatione, et non e x a u d i u n- t u r; sed ad salutem, n o n   a d   i n s i p i e n t i a m. Clamauit Paulus ut auferretur ab eo stimulus carnis (vgl. II Cor. 12,7), et non est e x a u d i t u s ut auferretur;

64,23 C 192: Postquam se dixerat *auditum* non fuisse: ne quis putaret Deum Patrem proprium Filium non amare, quia eum dissimulauit audire, ... adiecit ...: T u ... I s r a e l. I n   s a n c t o   h a b i t a s, incarnationem suam declarauit; sicut et in alio loco dicit: *Custodi animam meam, quoniam sanctus sum* (Ps 85,2).

64,25 A 124: E r u i t [125] ipsum populum Israel de terra Aegypti; e r u i t tres pueros de camino ignis;[7] e r u i t Danielem de lacu leonum; e r u i t Susanna de falso crimine. (~C 192 - ohne Susanna!)

65,3 A 117: A d   t e   c l a m a u e r u n t, ... et ideo s a l u i   f a c- t i   s u n t.

C 192: Certissima est sententia quae demonstrat effectum. Necesse est enim ut ad utilitatem suam audiatur qui c l a m a t   a d Dominum.

65,5 A 125: Vnde n o n   h̊ o m o ? Quia Deus. Quare ergo sic se abiecit ut diceret: V e r m i s ? An quia u e r m i s de carne sine concubitu nascitur, sicut Christus de Maria uirgine? Et u e r m i s, et tamen n o n   h o m o. Quare u e r m i s ? Quia mortalis, quia de carne natus, quia sine concubitu natus. Quare n o n   h o m o ? Quia *in principio erat Verbum, et Verbum erat apud Deum, et Deus erat Verbum* (Ioh. 1.1).

65,10 C 194: A s p e r n a b a n t u r ergo Iudaei Dominum Saluatorem, quando dicebant: *Alios saluos fecit, seipsum non potest saluum facere* (Matth. 27,42), ... Quid tamen isti l a b i i s   l o q u e b a n- t u r ? *Si Filius Dei est, descendat de cruce* (Matth. 27,40).

65,10.16 C 194: Verba siquidem ista specialiter euangelii sunt; dicebant

---

7 CSg: *fehlt*.

enim Iudaei, quando pendebat in cruce: *Sperauit in Domino, liberet nunc, si uult, eum* (Matth. 27,43).

65,19 A 126: Verbum enim illud per quod facta sunt omnia, non *e x t r a c- t u m   e s t   d e   u e n t r e*, nisi quia Verbum caro factum est, ...

65,21 A 126: Nam ante saecula Pater meus, *a b   u b e r i b u s   m a t r i s   m e a e* Deus meus.

65,22 A 126: *I n ... u t e r o*. Id est, ut mihi tu solus esses spes, ...

65,25 A 126: Non de te *D e u s   m e u s*; nam de te Pater meus; sed *d e   u e n t r e   m a t r i s   m e a e, D e u s   m e u s*.

66,2 A 118: Quis enim adiuuat, si tu non adiuuas? (~C 195)

Br 933 D: *N o n   e s t   q u i   a d i u u e t*, neque angelus, neque homo, nisi tu, Pater.

66,5 A 118: *C i r c u m d e d i t   m e* multitudo luxuriantis plebis. ... Et principes eius de oppressione mea laeti, *o b s e d e r u n t   m e*. (~A 126; C 196)

66,7 A 118: *A p e r u e r u n t   i n   m e   o s*, [119] non de scripturis tuis sed de cupiditatibus suis.

A 126: Audiamus rugitum suum in euangelio: *Crucifige, crucifige!* (Luc. 23,21; Ioh. 19,6). (~A 118; C 196f.)

66,9 C 196: *r a p i e n s* pertinet ad insanissimam seditionem, quando eum raptum traxerunt ad tribunalia praesidis audiendum; - Zum Bibelzitat vgl. Ioh. 19,6

66,12 A 126: *O s s a   s u a*, firmos suos dicit; ossa enim firma sunt in corpore. Quando *d i s p e r s i t   o s s a   s u a*? Quando dixit illis: *Ecce ego mitto uos uelut agnos in medio luporum* (Matth. 10,16; Luc. 10,3). Firmos suos dispersit, et *s i c u t   a q u a   e f f u s u s   e s t*; aqua enim quando effunditur, aut abluit, aut irrigat. *E f f u- s u s   e s t* Christus *s i c u t   a q u a*, abluti sunt sordentes, rigatae sunt mentes. - Vgl. C 197: *D i s p e r s a   s u n t   o s s a* eius, id est, firmi ac fideles apostoli, ... sic illi orbem terrarum diuino imbre satiantes, peccatorum sordibus abluerunt.

66,16 A 126: *V e n t r e m* suum dicit infirmos in Ecclesia sua. Quomodo *c o r* ipsius *f a c t u m   e s t   s i c u t   c e r a ? C o r* ipsius scriptura ipsius, id est, sapientia ipsius quae erat in scripturis. Clausa enim erat scriptura; nemo illam intellegebat; crucifixus est Dominus, et liquefacta est *s i c u t   c e r a*, ut omnes infirmi intellegerent scripturam. (~A 119; C 197)

66,18 A 126: Magnifice quod [127] dixit: Firmius factum est nomen meum de tribulatione. Quomodo enim *t e s t a* ante ignem mollis est, post ignem fortis, sic Domini nomen ante passionem contemnebatur, post passionem honorificatur.

66,21 A 127: Quomodo membrum illud in nobis non ualet nisi ad loquendum, sic praedicatores suos, *l i n g u a m* suam, dixit *a d h a e s i s s e f a u c i b u s* suis, ut de interioribus eius caperent sapientiam.

66,24 C 197: Sed hoc ad uotum intellegendum est imma-[198]nium Iudaeorum, qui se putabant Christo *m o r t e m* dedisse communem, in qua crederetur usque *i n p u l u e r e m f u i s s e p e r d u c t u s*;

67,1 C 198: *C a n u m* igitur natura talis est, ut nouis hominibus nullatenus acquiescat sed importunis atque assiduis latratibus arceat, quos notitia domesticae conuersationis ignorat. His ergo Iudaei iustissime comparantur, qui nouam doctrinam Domini minime recipientes, contra eum ferocissimis uocibus oblatrabant. Doctrina uero noua est, sicut euangelista dicit: *Mandatum nouum do uobis, ut uos inuicem diligatis* (Ioh. 13,34);

67,5 A 119: *F o d e r u n t* clauis *m a n u s m e a s e t p e d e s.*

67,7 A 127: Quando pendens extentus erat in ligno. Non potuit melius describi extensio corporis in ligno, quam ut diceret: *D i n u m e r a u e r u n t o m n i a o s s a m e a.* (~C 200)

67,9 A 127: *C o n s i d e r a u e r u n t*, et non intellexerunt; *c o n s p e x e r u n t*, et non uiderunt. Vsque ad carnem oculos, non usque ad Verbum cor habuerunt.[8]

67,11 Br 935 A: Facientes unicuique militi partem suam.

67,12 A 127: *V e s t i m e n t a* sua, sacramenta ipsius. Adtendite, fratres. *V e s t i m e n t a* ipsius, sacramenta ipsius potuerunt diuidi per haereses; sed erat ibi uestimentum quod nemo diuisit. ... *Erat ibi tunica*, dicit euangelista, *desuper texta* (Ioh. 19,23). Ergo de caelo, ergo a Patre, ergo a Spiritu sancto. Quae est ista tunica, nisi caritas, quam nemo potest diuidere? Quae est ista tunica, nisi unitas? In ipsam *s o r s m i t t i t u r*, nemo illam diuidit. Sacramenta sibi haeretici diuidere potuerunt, caritatem non diuiserunt. Et quia diuidere non potuerunt, recesserunt; illa autem manet integra. Sorte obuenit quibusdam; qui habet hanc, securus est;

67,26 A 119: *T u a u t e m, D o m i n e*, non in fine saeculi, sicut ceteros, sed statim resuscita me.

---

8 CSg: *fehlt*; tendebant *vor dem ersten* usque *von Ekkehard IV. übergeschr.*

A 127: Et factum est: post triduum resurrexit.

68,2 Zu *lancea militis* vgl. Ioh. 19,34.

68,3 A 128: *V n i c a m* dixit, Ecclesiam;[9] *d e   m a n u*, id est,[10] de potestate *c a n i s*. Qui sunt *c a n e s* ? Qui canino[11] more[12] latrant, nec intellegunt contra quos.

A 119: Et de potestate populi ex[13] consuetudine latrantis Ecclesiam meam. - Vgl. v. 17.

68,6 A 128: *L e o* rugiens nostis quis sit, circumiens et quaerens quem deuoret (vgl. I Petr. 5,8).

C 202: *D e   o r e   l e o n i s*, de potestate diaboli dicit, ...

68,8 A 120: Et a sublimitatibus superborum se singulariter erigentium, consortesque non ferentium,[14] *s a l u a m   f a c* humilitatem meam. (~C 203)

68,11 A 120: *N a r r a b o   n o m e n   t u u m* humilibus, et se inuicem diligentibus sicut a me dilecti sunt fratribus meis.

C 203: Post sacram passionem dicit gloriam diuinitatis toto orbe uulgandam. *N a r r a r e* enim dicit, id est, narrare facio. *F r a t r e s* autem dicuntur qui diligunt et diliguntur.

68,12 C 203: *I n   m e d i o* au-[204]tem dicit, palam et in conuersatione multorum, ubi rectae mentis operatio reliquis fidelibus praestat exemplum.

68,14 A 120: *Q u i   t i m e t i s   D o m i n u m*, nolite quaerere laudem uestram, sed ipsum *l a u d a t e*.

68,15 A 129: Forte adhuc dicunt: Nos sumus *s e m e n   I a c o b*.

C 204: *V n i u e r s u m* in partem bonorum accipe: quia illos tantum uult intellegi qui fidei *I a c o b* deuotionique consentiunt, superantes per religionis affectum ueteris hominis primam natiuitatem.

68,16 A 120: *T i m e a n t   e u m* omnes ad nouam uitam nati, et ad uisionem Dei reparati.

Br 936 A: ... *o m n e   s e m e n   I s r a e l*. Hoc est, omnes uidentes Deum, qui renati per baptismum uidetis mente Deum.

68,19 A 120: *Q u o n i a m   n o n   s p r e u i t   p r e c e m*, non illius qui uerbis delictorum clamans ad Deum uitam uanam transire nolebat, sed *p r e c e m   p a u p e r i s* non timentis in pompis transeuntibus.

---

9 CSg: ecclesiam meam
10 CSg: de manu, id est *fehlen*.
11 CSg: caeco
12 CSg: ore (*davor Rasur*)
13 CSg: *fehlt*.
14 CSg: fieri uolentium

A 129: Quorum *p a u p e r u m*? Non de se praesumentibus.

68,20 C 205: ... se intulit Dominus Christus dicendo: *N e q u e ... m e*.

68,22 C 205: Quid autem *c l a m a u i t*, quid se dicit *a u d i t u m*? Vtique, ut mors nostra eius exitio finiretur, ut peccatum ueteris hominis redimeretur pretio sanctissimae passionis.

68,23 Br 936 B: *A p u d   t e   l a u s   m i h i*, id est, apud[15] Patrem.

A 120: Non enim *l a u d e m   m e a m* quaero, quia tu mihi es *l a u s* ...

68,25 C 205: *I n   E c c l e s i a   m a g n a*, catholica scilicet, quae uniuerso terrarum orbe diffusa est. *M a g n a* enim et amplitudine recte dicitur et honore.

A 120: *I n   E c c l e s i a* orbis terrarum confitebor tibi. ... (~C 205:) Sacramenta corporis et sanguinis mei *r e d d a m   c o r a m   t i m e n t i b u s   e u m*.

A 129: *E c c l e s i a   m a g n a* totus orbis est.

69,2 A 120: *E d e n t* humiles et contemptores saeculi, et imitabuntur. Ita enim nec copiam huius saeculi concupiscent, nec timebunt inopiam. (~C 205)

69,5 A 130: Diuites se *l a u d a n t, p a u p e r e s* Dominum *l a u d a n t*. (~C 205)

69,6 A 120: Nam cibus ille *c o r d i s* est.

69,7 A 120: *C o m m e m o r a b u n t u r*, exciderat enim Deus gentibus mortaliter natis et in exteriora tendentibus, et tunc[16] *c o n u e r t e n t u r   a d   D o m i n u m   u n i u e r s i   f i n e s   t e r r a e*.

69,11 A 120: *E t   a d o r a b u n t* in conscientiis suis *u n i u e r s a e   p a t r i a e   g e n t i u m*.

C 206: Ne quis putaret dubium, quomodo esset ab *u n i u e r s i s   g e n t i b u s   a d o r a n d u s*, interposuit *i n   c o n s p e c t u   e i u s*, ubi nullus *a d o r a t*, nisi qui de sincera fide praesumpserit.

69,15 A 121: *M a n d u c a u e r u n t* corpus humilitatis Domini sui etiam *d i u i t e s   t e r r a e*, nec sicut *pauperes saturati sunt* usque ad imitationem, sed tamen *a d o r a u e r u n t*.

69,18 A 121: Solus enim uidet quomodo *p r o c i d a n t*[17] *u n i u e r s i*, qui caelestem conuersationem deserentes, *i n   t e r r a* eligunt beati apparere hominibus, non uidentibus ruinam eorum.

---

15 CSg: Christus apud
16 CSg: *fehlt*.
17 CSg: porro cadent (*ursprüngliches e durch Unterstreichung getilgt, a darüber geschr.*)

69,20 A 121: *Et anima mea* quae in contemptu saeculi huius quasi mori uidetur hominibus, non sibi, sed *ipsi uiuet*. - Vgl. 65,16.

69,21 A 121: Et opera mea, uel per me credentes in eum, *seruient illi*.

Br 937 A: *Semen meum*, ... populus credentium.

69,22 A 121: *Annuntiabitur* in honorem Domini generatio Noui Testamenti.

C 207: *Annuntiabitur Domino* dicit, ab angelis, ut quidam uolunt, ...

69,24 A 121: *Et annuntiabunt* euangelistae *iustitiam eius*.

69,26 C 208: Quapropter nimis apte dictum est christianum *populum Dominum fecisse*, creauit enim, quando illum de uentre matris eduxit; sed tunc eum a peccatis liberum fecit, quando Christianum per aquam regenerationis instituit.

Psalm 22

70,3 A 134: Ecclesia loquitur Christo: *Dominus ... deerit*.

Br 937 B: Psalmus iste continet uocem Ecclesiae collaudantis Christum.[1]

70,5 C 210: Asserit se ergo *in locis pascuae* constitutum, non unde caro corpusque saginetur, sed unde anima caelesti pabulo refecta, spiritalis laetitiae nitore pinguescat. ... *Locus* autem iste qui dicitur pabulorum, diuina lectio est.[2]

C 211 (zu v. 3): *Semita* enim *iustitiae* sunt duo praecepta salutaria, in quibus lex et prophetalis sermo concluditur: ...

70,8 C 210: *Aqua refectionis* est baptismi lauacrum (~A 134), quo anima sterilis ariditate peccati ad bonos fructus inferendos diuinis muneribus irrigatur.

70,9 C 210: Sed *conuersam* dicit, quia post baptismum de peccatrice facta est iusta, de faeculenta mundissima, de contracta sine ruga;[3]

70,11 A 134: non propter meritum meum, sed *propter nomen suum*.

70,13.16 C 211: Dicit enim, etsi inter haereticos et schismaticos ambulem,

---

1 Im CSg *titulus*, also großgeschrieben.
2 R 46va: *Loca pascuae* sunt sacrae scripturae dicta, scilicet Danielis, Ieremiae, Isaiae et ceterorum prophetarum.
3 R 46vb: ... *conuertit*, de malo in bonum, de infidelitate ad fidem.

qui recte *u m b r a e   m o r t i s* esse dicuntur, quoniam exitii figuram portant, cum ad inferna perducunt, *n o n   t i m e b o* eorum prauas suasiones;

70,16 A 134: *N o n   t i m e b o   m a l a*, quoniam tu habitas in corde meo per fidem;

70,18 A 134: Disciplina tua tamquam *u i r g a* ad gregem ouium, et tamquam *b a c u l u s* iam ad grandiores filios et ab animali uita ad spiri-[135]talem crescentes, *i p s a   m e* non afflixerunt, magis *c o n s o l a t a   s u n t*;

C 212: De *u i r g a* quid dicemus, quae percutit, affligit, et uitia nostra iudiciaria seueritate castigat? *C o n s o l a t u r* plane et ipsa fideles, quando eos ad uiam Domini adhibita emendatione perducit.

70,21 A 135: Post *uirgam* autem, qua paruulus et animalis in grege pascuis erudiebar, post illam *uirgam* cum esse coepi sub *baculo*, *P a r a s t i   i n   c o n s p e c t u   m e o   m e n s a m*, ut non iam lacte alar paruulus, sed maior⁴ cibum sumam (vgl. I Cor. 3,1-2), firmatus *a d u e r s u s   e o s   q u i   t r i b u l a n t   m e*.

70,25 A 135: Laetificasti laetitia spiritali mentem meam.

71,2 A 135: *E t   p o c u l u m   t u u m* obliuionem praestans priorum uanarum delectationum, *q u a m   p r a e c l a r u m   e s t*!

71,4 A 135: Id est, quamdiu uiuo in hac mortali *u i t a*, non tua, sed mea.

C 213: Nam cum *m i s e r i c o r d i a* Domini semper praecedat, hic dicit *s u b s e q u e t u r   m e*: subsequitur utique ad custodiam, sed praecedit ad gratiam conferendam.

71,6 C 214: Finis iste pendet de superioribus dictis. Ideo enim illa professus est sibi esse concessa, ut *a d   h a b i t a n d u m   i n   d o m o* eius gloriae perueniret. ... *D o m u s* quippe *D o m i n i* futuram significat Ierusalem, ...⁵ – Zu *éinen dag* vgl. Ps 83,11 und Notker zu dieser Stelle; vgl. auch 79,26; 341,18.

P s a l m   23

71,9 A 135: *P s a l m u s   i p s i   D a u i d*, de clarificatione et resurrectione Domini, quae matituno *p r i m a e   s a b b a t i* facta est, qui iam dies dominicus dicitur. (~C 214f.)

---

4 CSg: maiorem (!)
5 R 47ᵛᵇ: ... *i n   d o m o   D o m i n i*, id est, in caelesti Ierusalem, ...

71,14 A 135: Cum clarificatus Dominus annuntiatur in fidem[1] omnium gentium, et *u n i u e r s u s   o r b i s   t e r r a r u m* fit Ecclesia eius.

C 215: ... *t e r r a m* ... hic tamen Ecclesiam debemus aduertere, quae Domino specialiter pura mente famulatur.

71,16 A 135: *I p s e* firmissime stabiliuit *e a m   s u p e r* omnes fluctus saeculi huius, ut ab ea superarentur, nec nocerent ei.

C 215: Quid est *s u p e r   m a r i a   f u n d a r e*, nisi super uitiorum huius saeculi tremulos fluctus Ecclesiam [216] firmissima credulitate solidare, ut ancora fidei fundata procellas cuiuslibet periculi non pauescat?

Br 939 C: *S u p e r* fluctus huius saeculi stabiliuit *e a m* ne ab his dilabatur.

71,17 A 135: *F l u m i n a* in mare fluunt, et cupidi homines labuntur in saeculum; etiam istos superat Ecclesia quae deuictis per Dei gratiam cupiditatibus saecularibus ad recipiendam immortalitatem caritate parata est.

71,20 A 135: *Q u i s   a s c e n d e t* in altissimam iustitiam *D o m i n i* ?

71,22 A 136: *A u t   q u i s* permanebit *i n* eo, quo[2] *ascendet*, ... *l o c o* ?

71,23 A 136: *Quis* ... nisi *i n n o c e n s* in operibus, et *m u n d u s* in cogitationibus?

71,25 A 136: *Q u i   n o n* in rebus non permanentibus deputauit *a n i m a m   s u a m*, sed eam immortalem sentiens, aeternitatem[3] stabilem atque incommutabilem desiderauit.

C 216: *I n   u a n o* uero *a c c i p i t   a n i m a m   s u a m*, qui putat desideranda quae sunt uel transitoria uel caduca.

72,2 A 136: Et ideo sine *d o l o*, sicut simplicia et non fallentia[4] sunt aeterna, ita se praebuit *p r o x i m o   s u o*.

72,7 A 136: *Q u a e r u n t* autem[5] *f a c i e m   D e i*, qui posterius nato primatum dedit (vgl. Gen. 25). (~C 218)

72,10 CSg 27,107: *Über* principes *des Psalmtextes Verweisungszeichen* (/.) *auf Randglosse*: uocatiuus.

72,11 Br 941 D (zu v.9): *T o l l i t e   p o r t a s*, id est, superbiam et cupiditatem et auaritiam, quia per has tres omnis homo ad infernum descen-

---

1 CSg: fide (*danach Rasur*)
2 CSg: qui (i *auf Rasur*)
3 CSg: aeternitate (*danach Rasur*)
4 CSg: fallacia
5 CSg: Quaerentium *statt* Quaerunt autem

debat.⁶ (~CSg 27,108 zu v. 9)

CSg 27,107: Praecipit enim propheta *p o r t a s* mortis auferre, id est, cupiditatem et malitiam, quae *p r i n c i p e* diabolo positae erant, ... - Vgl. C zu 72,21.

72,13 A 136: *E t   e l e u a m i n i* aditus aeternae uitae, renuntiationis saeculo⁷ et conuersionis ad Deum.⁸

C 218: *E l e u a t a e   s u n t* enim *p o r t a e   a e t e r n a l e s*, id est, baptismatis gratia, chrismatis honor, ...

72,14 A 136: *E t   i n t r o i b i t   r e x*, ... qui superatis *portis* mortalitatis, et patefactis sibi caelestibus, impleuit quod ait: *Gaudete, quoniam ego uici saeculum* (Ioh. 16,33).

72,15 C 218: Interrogat propheta ad conuincendam perfidiam Iudaeorum: ... Respondetur ...

72,17 A 136: *D o m i n u s   f o r t i s   e t   p o t e n s*, quem tu infirmum et oppressum putasti.

72,19 C 219: Denique cum ad eum tenendum uenissent, audierunt: *Ego sum* (Ioh. 18,6), et omnes, testante Iohanne euangelista, retrorsum protinus corruerunt.

72,21 C 218 (zu v. 7): ... propheta, christiana religione declarata, cum magna exultatione imperat diuersis errantibus, quatenus prioribus claustris congrua fide patefactis, ipsum regem Dominum in suis pectoribus admittere merantur. Auferre enim praecipit *p o r t a s* mortis, quae a *p r i n c i p e* diabolo positae comprobantur.

72,24 A 136: *E t   e l e u a m i n i   p o r t a e* aeternae iustitiae, caritatis et castitatis, per quas anima diligit unum uerum Deum, ...

73,1 A 137: Quid et tu princeps potestatis aeris huius miraris et quaeris: *Q u i s   e s t   i s t e   r e x   g l o r i a e?*

73,4 A 137: neque principatus, neque angelus, neque uirtus nos separat a caritate Christi (vgl. Rom. 8,38-39).

P s a l m   24

73,5 A 137: Christus, sed in Ecclesiae persona, loquitur. Nam magis ad po-

---

6 R 48vb: Hic locus multipliciter a diuersis exponitur, ideoque necesse est ut singulorum opiniones ponamus. [49ra] Est autem uox prophetae increpantis saeculares homines, reges et alios *p r i n c i p e s*, quorum *p o r t a e* sunt uitia: ... quibus utique ad aeternam perditionem apertus est ingressus ... Secundum alios uox est angelorum ...
7 CSg: saeculi (!)
8 CSg: Dominum

pulum christianum conuersum ad Deum pertinent quae dicuntur.

73,7 A 137: *A d   t e ... a n i m a m   m e a m*. Desiderio spiritali, quae[1] carnalibus desideriis conculcabatur in terra.

73,9 A 137: *D e u s   m e u s*, ex eo quod in me *c o n f i d e b a m*, perductus sum usque ad istam infirmitatem carnis; et qui deserto Deo sicut Deus esse uolui, a minutissima bestiola mortem timens, de superbia mea irrisus *e r u b u i*; iam ego *i n   t e   c o n f i d o, n o n   e r u - b e s c a m*.

73,16 C 222: *V a n u m* enim dicimus infructuosum atque uacuum.

73,18 C 222: Inter *u i a s* et *s e m i t a s* non parua distantia est. *V i a s* enim dicimus, quas commeantium generaliter licentia peruagatur, quae dictae sunt a uehendo. *S e m i t a e* uero sunt quae angusto calle diriguntur, nec uulgo notae sunt, sed occultis itineribus ambulantur. Dicta est enim *s e m i t a* quasi semiuia. Quapropter *u i a s* dicamus ad uitae ordinem pertinere, in quo ambulat et doctorum conuersatio, et simplicium multitudo.

A 137: *V i a s ... e d o c e   m e*. Quae non latae sunt, nec multitudinem ad interitum ducunt; sed angustas et paucis notas *s e m i t a s   t u a s   e d o c e   m e* (vgl. Matth. 7,13).

73,21 A 137: Nam per meipsum non noui nisi mendacium.

73,23 A 137: Neque enim dimissus a te de paradiso, et in longinquam regionem peregrinatus, per meipsum redire possum, nisi occurras erranti; nam reditus meus toto tractu temporis saecularis misericordiam tuam *s u s - t i n u i t*.

73,25 A 138: *R e m i n i s c e r e* operum misericordiae tuae, *D o m i n e*, quia tamquam oblitum te homines putant.

74,2 A 138: Et hoc **reminiscere**, quia *m i s e r i c o r d i a e   t u a e   a   s a e c u l o   s u n t*. Numquam enim sine illis fuisti, qui etiam peccantem hominem uanitati quidem, sed in spe subiecisti, et tot tantisque creaturae tuae consolationibus non deseruisti.

74,6 A 138: *M e m o r   e s t o* quidem *m e i*; non secundum iram qua ego dignus sum, sed *s e c u n d u m   m i s e r i c o r d i a m   t u a m* quae te digna est.

74,8 A 138: Non propter meritum meum, sed *p r o p t e r   b o n i t a t e m   t u a m, D o m i n e*. (~C 224)

---

[1] CSg: quo

74,9 A 138: *D u l c i s* est *D o m i n u s*, quandoquidem et peccantes et
impios ita miseratus est, ut omnia priora donarit;² sed etiam *r e c-
t u s* est *D o m i n u s*, qui post misericordiam uocationis et ueniae,
quae habet gratiam sine meritis, digna ultimo iudicio merita requiret.

74,12 C 224: Quod autem *l e g e m   s t a t u i t*, utique dulcedinis et re-
ctitudinis fuit; quando noluit errare quos maluit legis promulgatione
corrigere.

A 138: Quia misericordiam praerogauit ut perduceret *i n   u i a m*.

74,14 A 138: *D i r i g e t   m i t e s*, nec perturbabit in iudicio eos ...

74,16 A 138: *D o c e b i t   u i a s   s u a s*, non eos qui praecurrere uolunt, ... sed eos qui non erigunt³ ceruicem, neque recalcitrant, cum
eis iugum lene imponitur et sarcina leuis (vgl. Matth. 11,29-30).

74,18 A 138: Quas autem *u i a s docebit* eos, nisi *m i s e r i c o r d i a m*
qua placabilis, et *u e r i t a t e m* qua incorruptus est? Quorum unum
praebuit donando peccata, alterum merita iudicando. Et ideo *u n i-
u e r s a e   u i a e   D o m i n i*, duo aduentus Filii Dei, unus mise-
rantis, alter iudicantis.

74,25 A 138: Intellegunt enim Dominum mise-[139]ricordem primo aduentu, et
secundo iudicem, qui *mites* et *mansueti r e q u i r u n t   t e s t a-
m e n t u m* eius, cum sanguine suo nos in nouam uitam redemit; *e t
in prophetis atque euangelistis t e s t i m o n i a   e i u s*.

C 225: Hic ergo *T e s t a m e n t u m* Nouum debemus accipere; *t e s-
t i m o n i a* uero praecedentium dicta prophetarum, testes enim fuerunt sacrarum promissionum, quas Dominus aduentus sui manifestatione
compleuit.

74,26 Isidor, *Et.* V, 23; V, 24,2.4.5.6: Item testes dicti quod testamento
adhiberi solent; sicut signatores, quod testamentum signant. ... et
inde dictum testamentum, quia non ualet nisi post testatoris monumen-
tum, ... Tabulae testamenti ideo appellatae sunt, quia ante chartae
et membranarum usum in dolatis tabulis non solum testamenta, sed
etiam epistolarum alloquia scribebantur; ... Testamentum iuris ciui-
lis est quinque testium subscriptione firmatum. Testamentum iuris
praetorii est septem testium signis signatum: ... Ebda, VI, 1,1-5:
Vetus Testamentum ideo dicitur, quia ueniente Nouo cessauit. ...
Testamentum [autem] Nouum ideo nuncupatur, quia innouat. Non enim

---

2 CSg: donaret
3 CSg: rapiunt

illud discunt nisi homines renouati ex uetustate per gratiam, et pertinentes iam ad Testamentum Nouum, quod est regnum caelorum. Hebraei autem Vetus Testamentum, ... in uiginti duos libros accipiunt, diuidentes eos in tres ordines: Legis scilicet, Prophetarum et Hagiographorum. Primus ordo Legis in quinque libris accipitur, ... Hi sunt quinque libri Moysi, quos Hebraei Thora, Latini Legem appellant. Proprie autem Lex appellatur, quae per Moysen data est.

GS 991[b]: Testamentum ideo nuncupatum quod testibus conscripta est et confirmata uoluntas. (Was GS 992f folgt, stimmt weithin mit Isidor, Et. V, 24,2-12; VI, 1,1-10 überein.)

75,7 C 225: *Propter nomen tuum, Domine*: quia Iesus dicendus erat, quod lingua nostra Saluator interpretatur. ... Sed dum *copiosum* dicitur, abundantissimum esse monstratur, quoniam cursu temporis semper augetur;

75,11 C 226: *In uia quam elegit*, id est, in sanctitate propositi.[4]

75,13 C 226: modo tamen futuri praemii certissima spei delectatione pascuntur.

75,13 A 139: Et opus eius hereditatem solidam instaurati corporis possidebit (vgl. I Cor. 15,42.53).

75,16 C 226: In hoc uersiculo diligenter credentium animos mentesque roborauit. ... Humanus timor diffidentiam tribuit, diuinus autem spei *firmamenta* concedit. (~A 139)

75,19 A 139: Et facit ut *testamentum ipsius manifestetur illis*, ...

75,22 A 139: Nec timeam pericula terrena, dum terram non intueor; quoniam ille quem intueor, *euellet de laqueo pedes meos*.

75,24 C 227: Quod de persona christiani populi conuenienter dicit Ecclesia, qui *unicus* est ei, quia solus ueracis fidei sacramenta custodit. *Pauper*, quoniam a mundi illecebris segregatus, nulla saeculi ambitione refertus est.

A 139: Quoniam *unicus* populus, *unicae* Ecclesiae tuae seruans humilitatem, quam nulla schismata uel haereses tenent.

76,2 A 139: *Tribulationes cordis mei* abundante ini-

---

[4] R 51[ra]: *In uia quam elegit*, id est, in proposito sanctitatis ...

quitate et refrigescente caritate (vgl. Matth. 24,12) *m u l t i-
p l i c a t a e   s u n t.*

76,3 A 139: Quoniam haec tolerare mihi necesse est, ut perseuerans usque in finem saluus sim (vgl. Matth. 10,22; 24,13), *d e   n e c e s s i-
t a t i b u s   m e i s   e d u c   m e.*

76,5 A 139: *V i d e   h u m i l i t a t e m   m e a m*, qua[5] numquam me iactantia iustitiae ab unitate abrumpo; *e t   l a b o r e m   m e u m*, quo indisciplinatos mihi commixtos suffero.

76,7 A 139: Et [140] his sacrificiis propitiatus *r e m i t t e   p e c c a-
t a   m e a*, ...

76,9 C 227: Dicendo: *R e s p i c e   i n i m i c o s   m e o s*, pro ipsis orat, ut redeant, ... Addidit causam qua perire non [228] debeant: *Q u o n i a m   m u l t i p l i c a t i   s u n t.* Pauci enim crederentur fortasse contemni, multorum uero perditio sine maximo dolore non poterat sustineri.

76,12 A 140: *E t   o d e r u n t   m e* diligentem[6] se.

76,14 A 140: *C u s t o d i   a n i m a m   m e a m*, ne decliner ad imitationem eorum; *e t   e r u e   m e* a perplexitate, qua mihi miscentur.

76,17 A 140: *N o n   c o n f u n d a r*[7] si forte insurgunt aduersum me; *q u o n i a m* non in me, sed *i n   t e   s p e r a u i.*

76,19 A 140: *I n n o c e n t e s   e t   r e c t i* non praesentia corporali miscentur tantum, sicut mali, sed consensione cordis in ipsa innocentia et rectitudine *a d h a e r e n t   m i h i*; *q u o n i a m* non defeci, ut imitarer malos, sed *s u s t i n u i   t e*, expectans uentilationem ultimae messis tuae (vgl. Matth. 3,12; Luc. 3,17).

76,24 A 140: *R e d i m e*, *D e u s*, populum tuum, quem praeparasti ad uisionem tuam, *e x   t r i b u l a t i o n i b u s   e i u s*, non tantum quas foris, sed etiam quas intus tolerat.

P s a l m 25

A hat zu diesem Ps zwei *Enarrationes*.

76,26 A 140: *I p s i   D a u i d*, non mediatori homini Christo Iesu, sed

---

5 CSg: quia
6 CSg: diligentes
7 CSg: confundar ab indisciplinatis (*die zwei letzten Worte von Ekkehard IV. auf Rasur geschr.*)

omni Ecclesiae iam perfecte in Christo stabilitae, adtribui potest. C 229: *P s a l m u s   D a u i d.* Cum *p s a l m u s* significet in actibus nostris conuenientiam spiritalium rerum, *D a u i d* autem manu fortis atque desiderabilis, totus hic textus ad perfectum aptandus est Christianum, ...

77,1   A 145: Quid est *i u d i c a r i* quod optat? Discerni se optat a malis.

77,4   A 145: Ille enim titubat inter malos, qui non *i n   D o m i n o   s p e - r a t*; hinc factum est ut schismata [146] fierent. Trepidauerunt inter malos, cum ipsi peiores essent, et quasi nollent esse boni inter malos. ... Si enim sperauero in homine, uisurus sum fortasse ipsum hominem aliquando male uiuentem, nec eas uias tenentem, quas uel didicit uel docet in Ecclesia bonas, sed quas diabolo docente sectatus est; et[1] quia spes mea in homine[1] erit,[1] titubante homine titubabit[1] spes mea; et cadente homine cadet spes mea; quia uero *i n   D o m i - n o   s p e r o, n o n   m o u e b o r*.

77,7.13 C 230: *P r o b a   e t   t e m p t a*, non praesumptiue dicitur, sed hoc emendationis gratia fieri postulatur. Nam quando ille perscrutatur et *t e m p t a t*, facit nos intellegere peccatum nostrum et ad fructum paenitentiae peruenire. Alioquin si nulla nos in hoc saeculo aduersitate commoneat, sub neglecto relinquimus ea pro quibus satisfacere deberemus. Ipse enim subsequenter exponit, cur se *p r o b a - r i* et *t e m p t a r i* desideraret, utique ut *u r e n t u r   r e - n e s   e t   c o r* eius; quatenus delectationes et cogitationes humanae uerbi Domini calore purgarentur, qui more fornacium, uitiorum sordes absumens, animas hominum ad emundationem perfectissimi decoris adducit. Perscrutandum est autem cur hic petat se debere *t e m p t a - r i*, cum in euangelica oratione sit positum: *Ne inducas nos in temptationem* (Matth. 6,13). Duae sunt igitur temptationes: una Domini, qua bonos temptat, ut eos competenter erudiat, sicut legitur in Genesi (22,1): *Temptauit Dominus Abraham*; ... Altera uero diaboli est, quae semper ducit ad mortem: de qua precamur ne in eius partes caecis mentibus inducamur.

77,13   A 146: *U r e* delectationes meas, *u r e* cogitationes meas (*c o r* pro cogitationibus, *r e n e s* pro delectationibus posuit), ne aliquid

---

1 CSg: Sed ... hoc ... erat ... titubauit

mali me delectet. Vnde autem *u r e s   r e n e s   m e o s* ? Igne uerbi tui. Vnde *u r e s   c o r   m e u m* ? Calore spiritus tui.

Br 946 D: *V r e*, hoc est igne Spiritus sancti, ...

77,17 C 231: Hoc erat unde temptationum pericula non timebat, quia *m i s e r i c o r d i a m* eius non potest obliuisci. ... Qua de re etiam Domino *c o m p l a c u i s s e* se dicit. *C o m p l a c e r e* est autem cum sanctis Domini aeternam gratiam promereri.²

77,19 A 146: Hoc est, non in homine *c o m p l a c u i*, sed intus *c o m p l a c u i* tibi, ubi tu uides;

77,22 A 146: Aliquando *n o n es i n   c o n c i l i o*, et³ ibi *s e d e s*. Verbi gratia, in theatro *n o n   s e d e s*, sed cogitas theatrica, contra quae dictum est: *Vre renes meos*.

C 231: *Complacuisse* se Domino egregia nimis narratione declarat. ... *N o n ... u a n i t a t i s*: qui tractatibus iniquorum nulla *c o n c i l i i* sui participatione consentit. Fieri enim potest ut homo sanctus casu aliquo ad *c o n c i l i u m* ueniat iniquorum, ubi uel incongrua uel uana referuntur.

77,24 A 141: Et quia ipsa causa est omnium iniquitatum, ideo *c u m   i n i q u a   g e r e n t i b u s* absconditam conscientiam non habebo.⁴

77,26 C 231: *O d i u m* enim significat diuisionem, ...

78,1 C 231: Et cum superius se dixerit *in uanitatis concilio non sedisse*, modo se profitetur *c u m   i m p i i s   n o n   s e d e r e*. Vtrumque quidem erat omnino deserendum. Sed alii sunt uani, alii *i m p i i*. Vani sunt qui caducis inquisitionibus occupantur, et in superflua tempus narratione consumunt. *I m p i i* autem, haeretici, qui quaestionibus perfidis scripturas [232] diuinas deprauare contendunt, ...

78,4 A 141: Munda faciam *i n t e r   i n n o c e n t e s* opera mea;

78,6 A 147: *Lauas manus*, quando pie cogitas de operibus tuis, et innocenter coram oculis Dei; quia est et *a l t a r e*⁵ coram oculis Dei, quo ingressus est sacerdos, qui pro nobis se primus obtulit. Est caeleste *a l t a r e*, et non amplectitur illud *a l t a r e*, nisi qui *lauat manus in innocentibus*. ... *E t   c i r c u m d a b o   a l t a r e   D o-*

---

2 R 52va: ... *a n t e   o c u l o s   m e o s   e s t*, quia numquam obliuiscor illius beneficii, prae *o c u l i s* illud semper et in memoria habeo, indeque tibi gratias reddo.
3 CSg: nec
4 CSg: habeo
5 CSg: altare tuum

m i n i, ubi offers uota Domino, ubi preces fundis, ubi conscientia tua pura est, ubi dicis Deo qui sis;

78,9 A 147: Quid est: *V t   a u d i a m   u o c e m   l a u d i s* ? Vt intellegam, inquit. ... *A u d i r e   u o c e m   l a u d i s* est intellegere intus, quia quidquid in te mali est de peccatis, tuum est; quidquid boni in iustificationibus, Dei est.

A 141: Vt discam quemadmodum te laudem.

78,13 A 148: id est, ex ipso bono meo non de me praesumam, sed de te qui dedisti, ne laudari[6] uelim de me in me, sed de te in te. Ideo sequitur: *V t ... t u a*; non mea, sed *t u a*.

78,15 A 149: *D o m u s* Dei Ecclesia est; adhuc habet malos, sed *d e c o r   d o m u s* Dei in bonis, in sanctis est;

78,18 A 149: Quae est *g l o r i a* Dei? De qua paulo ante dicebam, ut et qui fit bonus, non in se, sed in Domino glorietur (vgl. Rom. 3,23). ... Qui enim pertinent ad *decorem domus* Dei, in quibus habitat *g l o r i a* Dei, ipsi sunt *l o c u s   h a b i t a t i o n i s   g l o r i a* Dei. In quibus autem habitat *g l o r i a* Dei, nisi qui sic gloriantur, ut non in se, sed in Domino glorientur?

78,20 Vgl. 77,24! - A 149: Ergo quia *dilexi decorem domus tuae*, id est, omnes qui ibi sunt et gloriam tuam quaerunt; sed et non praesumpsi in homine, et non consensi *i m p i i s*, et *non introibo*, et *non sedebo* in *congregatione* eorum; quia ita fui in Ecclesia Dei, quid mihi retribues? Sequitur quid[7] respondeamus: *N e ... u i t a m   m e a m*.[8]

78,25 A 149: Sed quid est accipere *m u n e r a* ? Propter *m u n e r a* laudare hominem, adulari homini, palpare blandiendo, iudicare contra ueritatem propter *m u n e r a*. Propter quae *m u n e r a* ? Non solum propter aurum et argentum et huiusmodi aliquid, sed etiam propter laudem qui iudicat male, munus accipit, et munus quo nihil inanius.

C 233: Exponit qui sunt *u i r i   s a n g u i n u m*, in quorum consuetudine uidemus esse nequissimas actiones.

79,4 C 233: Inter concutientes haereses et mundi grauiter saeuientes angustias, hoc bene uir catholicus [234] profitetur, quia *p e s* eius immobilis perdurauit;

79,4 A 151: Id est, *i n   e c c l e s i i s* non me *b e n e d i c a m*, quasi

---

6 CSg: laudare
7 CSg: quare (*teilweise auf Rasur*)
8 R 53ra: *c u m   u i r i s [s a n g u i n u m]*, id est, cum homicidis ...

certus de hominibus, sed *t e   b e n e d i c a m* in operibus meis. Hoc
est enim *b e n e d i c e r e* Deum *i n   e c c l e s i i s*, fratres,
sic uiuere ut per mores cuiusque *b e n e d i c a t u r* Deus. Nam qui
b e n e d i c i t Dominum lingua, et factis maledicit, non *i n   e c-
c l e s i i s   b e n e d i c i t* Dominum.

C 234: Dicit ergo beatus iste quem diximus, non in Ecclesia, sed *i n
e c c l e s i i s* se Domino cantaturum, quia per uniuersum mundum
nomen constat esse catholicam.

P s a l m   26

A hat zu diesem Ps zwei *Enarrationes*.

79,9   A 151: Dominus mihi et[1] notitiam sui et *s a l u t e m* dabit, quis me
auferet ei?

A 155: Non enim talem *s a l u t e m* dat Deus, quae ab aliquo possit
extorqueri; aut tale lumen est, quod ab aliquo possit obtenebrari.

79,14 C 236: Truculentium inimicorum hic uota panduntur, qui non solum
exstinguere, sed etiam auiditate furoris, ipsas quoque humanas carnes cupiunt crudeliter deuorare. Et ideo inimicorum tanta feritas
proditur, ut liberationis gratia duplicetur.

79,21 C 237: Sed haec omnia sibi dicit esse contemptibilia, cum ualletur
auxiliatione diuina.

CSg 27,116: *p r o e l i u m* dicit Ecclesia pugnas daemonum, et se
s p e r a r e in auxilium et defensionem Christi.

79,22 C 237: Bonorum ergo mos est domum Domini solam expetere, in qua bona
omnia continentur. Mali autem terrena uoluntate discissi, dum sanita-
tem corporis petunt, cum diuitias deprecantur, cum inimicorum deiecti-
ones expostulant, petendo fatigantur et interdum peritura conquirunt.

A 157: Quid est hoc? quae est illa *u n a* ?

79,26 A 157: Haec est *u n a*: domus enim ea dicitur ubi semper manebimus. ...
Hac iste, si dicendum est, cupiditate ardens, et amore isto aestuans,
desiderat *o m n e s   d i e s   u i t a e* suae *i n   d o m o   D o m i n i
h a b i t a r e; i n   d o m o   D o m i n i   o m n e s   d i e s
u i t a e* suae, non quasi finiendos, sed aeternos. ... Nam *d i e s
u i t a e* aeternae unus dies est sine occasu.

---

1 CSg: ad (!) (*durch Unterstreichung getilgt*)

80,4 A 151: Eo fine scilicet, ut in fide perseueranti appareat mihi species delectabilis, quam facie ad faciem *c o n t e m p l e r*.

A 158: quid est quod desideras? ... Ecce quod amo, ... Habet ibi magnum spectaculum, delectationem ipsius Domini contemplari. ... [159] ... Vt autem semper *c o n t e m p l e r*, et nulla molestia me contingat *c o n t e m p l a n t e m*, nulla suggestio auertat, nulla auferat alicuius potentia, nullum inimicum patiar in *c o n t e m p l a n d o*, et perfruar deliciis securus, ipso Domino Deo meo, quid fiet mihi?

80,6 A 159: *V t   t e m p l u m* suum *m e   p r o t e g a t*, ero *t e m p l u m   e i u s*, et *p r o t e g a r* ab eo.

80,8 A 152: *Q u o n i a m   a b s c o n d i t   m e* in dispensatione incarnati Verbi sui in tempore temptationum, quibus mortalis uita mea subiacet. - Vgl. A zu 80,21!

C 238: Ait itaque: *Q u o n i a m ... m a l o r u m*, significans illud tempus quando Saule persequente multis locis per squalentes speluncas et montium secreta latibabat. Quod illi reuera *t a b e r n a c u l u m* fuit, quia mens ipsius numquam a religionis pietate discessit.

80,12 A 160: Et forte ipse sacerdos est *a b s c o n d i t u m   t a b e r n a c u l i* Dei. Accepit enim de isto *t a b e r n a c u l o* carnem, et fecit nobis *a b s c o n d i t u m   t a b e r n a c u l i*; ut *t a b e r n a c u l u m* eius alia membra ipsius credentes in eum sint, *a b s c o n d i t u m* autem *t a b e r n a c u l i* ipse sit.

A 152: *P r o t e x i t   m e*, corde credentem[2] ad iustitiam (vgl. Rom. 10,10).

80,14 A 160: Petra nempe est Christus (vgl. I Cor. 10,4).[3]

80,16 A 161: Adhuc patior inimicos corporis Christi, adhuc non *s u m   e x a l t a t u s   s u p e r   i n i m i c o s*; sed *c a p u t   m e u m   e x a l t a u i t   s u p e r   i n i m i c o s   m e o s*. Iam *c a p u t* nostrum Christus in caelo est, adhuc *i n i m i c i* nostri possunt in nos saeuire; nondum *s u m u s   e x a l t a t i* super illos, sed *c a p u t* nostrum iam ibi est. Vnde hoc dixit: *Saule, Saule, quid me persequeris?* (Act. 9,4).

80,19 Vgl. A zu 80,4 und 80,25.

80,21 A 161: ... *i m m o l a m u s   h o s t i a m* laetitiae, hostiam gratu-

---

2 CSg: credenti
3 Das Zitat steht wörtlich Br 950 A.

lationis, hostiam gratiarum actionis, quae uerbis explicari non potest. *Immolamus* autem, ubi? *In* ipso *tabernaculo eius*, in sancta Ecclesia. Quid ergo *immolamus*? Abundantissimum et inenarrabile gaudium, nullis uerbis, uoce ineffabili. Haec est *hòstia iubilationis*. Vnde quaesita, unde inuenta est? Circumeundo. ... Est et alius sensus, qui mihi uidetur ad contextionem [162] psalmi magis pertinere. ... Id est, consideraui fidem orbis terrarum, in qua *exaltatum est caput meum*, super eos qui me persequebantur; et *in* ipso *tabernaculo eius*, id est, in Ecclesia toto orbe diffusa, ineffabiliter laudaui Dominum.[4]

80,25 A 162: Securi erimus, et securi *cantabimus*, et securi *psallemus*, cum *contemplabimur delectationem Domini*, et *protegemur templum* (v. 4) eius, in illa incorruptione, quando absorbebitur mors in uictoriam (vgl. I Cor. 15,54).

81,3 A 162: *Vnam* illam *petit*, tam diu rogans, flens, gemens, non *petit nisi unam* (v. 4).

81,7 A 163: Quomodo se fixit in ista una petitione! Vis impetrare? Aliud noli *petere*; uni suffice, quia *una* tibi sufficiet.

81,10 A 163: Quid amauit? *Vultum tuum*. Ideo hanc putat *iram* Domini, si *auertat* ab illo *uultum* suum: ... Ira eius non est nisi auersio *uultus* eius. ... *Auertat* ergo *faciem* suam a peccatis tuis; sed non *auertat*[5] *faciem* suam a te.

C 239: Saepe diximus *iram* poni iudicii tempus, cum discernit malos a bonis.

81,14 A 164: Forte dices mihi: Nitere,[6] ambula; liberum arbitrium tibi dedi, uoluntatis tuae es; ... noli de te praesumere; si te dereliquerit, in ipsa uia deficies, cades, aberrabis, remanebis. Dic ergo illi: Voluntatem quidem liberam mihi dedisti, sed sine te nihil est mihi conatus meus; ... Tu enim adiuuas qui condidisti, tu non deseris qui creasti.

81,18 A 164: Exceptis etiam illis duobus parentibus, de quorum carne nati sumus, *patre* masculo, et *matre* femina, tamquam Adam et Eua; ... habemus hic alium *patrem*, et aliam *matrem*, ... [den Teufel und *Babylonia* nämlich].

---

4 R 54rb: *Circuiui*, id est, diligenter inquisiui et studiose inuestigaui ...
5 CSg: auertit
6 CSg: ut irem (r[equire!] *am Rande*)

C 240: *P a t r e m* suum Adam primum hominem dicit, *m a t r e m* uxorem eius Euam, unde generatio humana descendit.

81,23 A 166: Ergo *l e g e m   m i h i   c o n s t i t u e* in Christo tuo. Ipsa enim uia locuta est nobis, et dixit: *Ego sum uia, ueritas et uita* (Ioh. 14,6). (~C 240)

81,24 C 240: *S e m i t a m* uero iam diximus ad scripturarum intelligentiam pertinere. ... *P r o p t e r   i n i m i c o s* autem dicit, id est, haereticos, siue incredulos Iudaeos qui eos [Veteris Testamenti libros] nitebantur praua intentione subuertere.

81,26 C 240: *N e ... p e r s e q u e n t i u m   m e*; ... Secundum historiam potest intellegi de Saule, qui eum acerrimo odio persequebatur. Sed quoniam rex erat, nec poterat solus agere quod iubebat, apte numerus [241] pluralis hic positus est.

82,3 A 153: *Q u o n i a m   i n s u r r e x e r u n t   i n   m e* falsa de me dicentes, ...

A 166: Iam quia *t e s t e s   i n i q u i* sunt, et multa mala in me dicunt, et in multis mihi detrahunt;

82,4 A 166: *S i b i*, non mihi,

C 241: *T e s t e s* ergo *i n i q u i* fuerunt Doech Idumaeus eiusque similes, qui eum prodiderunt Sauli a propheta Achimelech fuisse susceptum et gladium illi sumptusque datos; quod rex sacerdotis atque filiorum eius morte reserauit. *M e n t i t i* sunt enim dicentes contra regem Saulem Dauid consilia fuisse data Deumque pro eo fuisse deprecatum (vgl. I Reg.22); ... Pulcherrime autem dixit *s i b i*, quia mendacii sui poenas recipit qui falsum testimonium proferre contendit.

82,7 C 241: ... ad confidentiae suae redit auxilium sibique ipsi promittit quod *b o n a   u i d e a t   i n   t e r r a   u i u e n t i u m*, id est, in futura uita, ubi bona sunt sempiterna. Et proprie dictum est *t e r r a m* illam esse *u i u e n t i u m*, quoniam ista morientium est.

A 167: Eruet me Dominus a terra morientium, qui propter me dignatus est suscipere terram morientium, et mori inter manus morientium;

82,12 Br, CSg 113: Propheta hic hortatur fidelem illum, qui usque nunc locutus est, dicens: ...[7]

82,13 A 167: Audiamus et uocem Domini desuper exhortantis nos, consolantis nos;

---

7 *fehlt* PL.

Psalm 27

82,14 A 168: *I p s i u s* mediatoris uox est, manu fortis in conflictu passionis. (~C 242f.)

82,16 C 243: Christus Dominus *c l a m a t* ad Patrem tempore passionis, ...
  A 168: *A d   t e, D o m i n e, c l a m a u i, D e u s   m e u s* ne separes unitatem Verbi tui ab eo quod homo sum.

82,14.18 Br 952 B:[1] Psalmus uocem habet *i p s i u s* mediatoris, passionis in conflictu[2] ... loquentis ad Patrem. ... Vel uox hominis assumpti in diuinitate.

82,20 C 243: Id est, si *silueris, e r o   s i m i l i s* in mundi huius profunditate uersantibus. *L a c u s* enim quidam hoc saeculum est, qui quasi delectabilis ac tranquillus creditur sed quas profunditates et mersuras habeat ignoratur.

82,22.26 A 168: Dum crucifigor, ad eorum salutem, qui credentes fiunt *t e m p l u m   s a n c t u m   t u u m*.
  Br 952 C: *O r a u i t* Christus in cruce pro toto mundo, ...
  C 245 (zu v. 4): Nam in euangelio dicit: *Pater, dimitte illis, non enim sciunt quid faciunt* (Luc. 23,34).

83,5 Br 953 A: *L o q u e b a n t u r* Iudaei *p a c e m* cum Christo, dicentes: *Magister, scimus quia uerax es, et uiam Dei in ueritate doces; m a l a   a u t e m* sunt *i n   c o r d i b u s* eorum quando interrogabant eum: *Licet tributum dari Caesari an non?* (Matth. 22,16.17). (~CSg 27,120)

83,9 C 245: *S e c u n d u m ... i p s o r u m*, id est, ambitum malum, ut innoxio nocerent; et qui ad eos saluandos uenerat, morti tradere maluissent.

83,11.13 A 168: Quia pro ueritate quam audiebant, uoluerunt fallaciam retribuere; fallacia ipsorum ipsos fallat.[3]

83,14 A 169: Haec ipsa nimirum iam *r e t r i b u t i o* fuit, ut quem maleuolo animo hominem temptauerunt, non cognoscerent Deum quo consilio incarnatum Pater misit.

83,16 A 169: Nec mouerentur ipsis uisibilibus *o p e r i b u s*, quae porrecta sunt usque ad oculos eorum.

---

1 Der Text ist im CSg *titulus*, also großgeschrieben.
2 CSg: IN PASSIONe (*von ursprünglichem* IS *ist* I *zu* e *verbessert*, S *durch Punkt darüber und darunter getilgt*) CONFLETU (vm *über* ON *übergeschr.*)
3 CSg: fallet

C 246: Sequitur *et in opera manuum eius non considerauerunt*.

83,19 C 246: Sic ergo *illos* dicit *destrui*, ut *non* iterum debeant *aedificari*. Quod dictum, sicut saepe monuimus, ad prophetiam potius uidetur pertinere quam ad iracundiae qualitatem.[4] - Zu *romanis* vgl. Ioh. 11,48; vgl. auch 140,12; 330,16.

83,22 C 246: Sciens complenda esse omnia quae petebat, partem secundae sectionis ingreditur: ... Apte ergo positum est *benedictus*, quia *exaudire* dignatus est.

83,23 A 169: *Dominus adiuuans* tanta patientem, et immortalitate *protegens* resurgentem.

84,1 A 169: id est, et resurrexit *caro mea*.

84,3 A 169: Vnde iam consumpto mortis metu, non timoris necessitate sub lege, sed libera *uoluntate* cum lege *confitebuntur illi*, qui credunt in me; in quibus quia ego sum, ego *confitebor*.

84,5 Br 953 D: *Dominus fortitudo*, populo christiano.

84,7 C 247: *Salutarium*, ac si diceret, iustorum, quorum salus est Dominus. Bene autem addidit *Christi sui*, ut Filium Dei debuisses aduertere. *Christi* enim dicebantur et ceteri, quos aut unctio regalis, aut sacerdotalis gloria decorabat.

84,10 A 169: Interpello igitur, postquam *refloruit caro mea*, quia dixisti: *Postula a me, et dabo tibi gentes hereditatem tuam* (Ps 2,8).

84,12 A 169: *Et rege illos* in hac temporali uita, et in aeternam hinc *tolle illos*.

Psalm 28

84,15 A 169: *Psalmus ipsi* mediatori manu forti, perfectionis Ecclesiae in hoc saeculo, ubi aduersus diabolum temporaliter militatur. Propheta loquitur: *Afferte* ... (∾C 248)
WS 111[a]: Propheta in spiritu Christi alloquitur sacerdotes, ... uel certe uniuersis generaliter fidelibus dicitur: *Afferte* ...
(weiter = A 170 zu 84,19)

---

4 R 56[ra] (zu v. 4): Haec maledictio sub Tito et Vespasiano completa est.

84,19 A 170: *A f f e r t e   D o m i n o* uosmetipsos, quos per euangelium duces gregum apostoli genuerunt.

C 249: *A r i e t e s* apostoli accipiendi sunt, qui tamquam duces gregum in caulas Domini perduxerunt populum christianum.

84,22 A 170: Per opera uestra Dominus glorificetur et honoretur.

84,24 A 170: Gloriose per orbem innotescat.

84,25 A 170: *A d o r a t e   D o m i n u m* in dilatato et sanctificato corde uestro. Vos enim estis regium sanctum habitaculum eius.[1]

85,1 A 170: *V o x* Christi *s u p e r* populos.[2]

C 250: id est, Spiritus sapientiae. Ipse enim legem condidit qua credentium turba regeretur; ... *S u p e r   a q u a s*, populos significat, ...

85,3 A 170: *D e u s   m a i e s t a t i s* de nube carnis terribiliter paenitentiam praedicauit.

85,5 A 170: Ipse *D o m i n u s* Iesus postea quam uocem emisit *s u p e r* populos, et perterruit eos, conuertit in se, et habitauit in eis.

C 250: ... *s u p e r   a q u a s   m u l t a s*, id est, supra populos gentium diuersarum, quas prophetarum et apostolorum praedicatione lucratus est.

85,7 A 170: *V o x   D o m i n i* iam in ipsis, potentes faciens eos.

85,9 A 170: *V o x   D o m i n i* magna faciens in eis.

WS 111[b]: *u o x   D o m i n i* magna facientis in eis, dum praestat ut de impiis efficiantur pii, de captiuis liberi, de seruis prouehantur in filios.

85,11 A 170: *V o x   D o m i n i* contritione cordis humilians superbos.

(~C 251)

85,12 C 251: *C e d r i* enim quae alibi nascuntur non omnino procerae sunt; in *L i b a n o* autem tales inueniuntur, ut omnes altitudines arborum superare uideantur. Ergo mundi istius nobiles et reges, ... uirtus diuina *c o n f r i n g i t*, quando pauperes et humiles eligit.

A 170: Conteret per paenitentiam Dominus elatos nitore terrenae nobilitatis, cum ad eos confundendos ignobilia huius mundi elegerit, in quibus ostendat diuinitatem suam.

GS 500[b]: Libanus, Phoenicum mons in quo cedrorum arbores etiam secundum litteram maximae sunt et excellentissimae;

---

[1] Vgl. R 54[ra] (zu Ps 26,4): In quo [*t e m p l o*] ... ueluti ... residet palatio.
[2] CSg: populum

85,15 A 170: Et amputata superba celsitudine illorum, deponet[3] eos ad imitationem humilitatis suae, qui *t a m q u a m   u i t u l u s* per ipsam huius saeculi nobilitatem ad uictimam ductus est.

C 251: *V i t u l o s* autem *L i b a n i* sacrificiis frequenter antiquitas offerebat, qui propter luxu-[252]riam dulcium herbarum pingues erant admodum et decori. Eos mauult mundanis summitatibus comparare, quae sic *c o m m i n u e n d a e   s u n t*, tamquam illi qui sacrificiis uidebantur offerri. Nam et ipsi sunt uictima, dum conuersi Christo Domino nitidis mentibus offeruntur.

85,18 A 170: Nam et ipse *d i l e c t u s* atque unicus Patri exinaniuit se nobilitate sua; et factus est homo, sicut *f i l i u s* Iudaeorum ignorantium iustitiam Dei et superbe iactantium tamquam singularem iustitiam suam.

C 252: Propter incarnationem enim factus est *s i c u t   f i l i u s   u n i c o r n u o r u m*, id est, Iudaeorum singulariter se extollentium. Siue *u n i c o r n e s* appellati sunt Iudaei, quia unum tantum uidentur accipere Testamentum. Sic ergo dicit Christum carne moriturum, sicut et *f i l i o s* Iudaeorum, qui inaestimabili pietate conditionem nostram in morte suscepit, ut nobis de sua immortalitate praestaret.

85,20 A 170: *V o x   D o m i n i* per ardorem concitatissimum persequentium se sine ulla sua laesione transeuntis, uel diuidentis furentem iracundiam persecutorum suorum, ut alii dicerent: Numquid forte ipse est Christus; alii: Non, sed seducit populum; atque ita *p r a e c i d e n t i s* insanum tumultum eorum, ut alios in caritatem suam traiceret, alios in malitia eorum relinqueret.

85,24 A 170: *V o x   D o m i n i* commouentis ad fidem gentes quondam sine spe et sine [171] Deo in hoc mundo, ...

85,26 A 171: Et tunc celebrari faciet Dominus sanctum uerbum scripturarum suarum, quod a Iudaeis non intellegentibus deserebatur.[4]

C 252: Sed hunc locum narratio libri Numeri (20,1-11) diligenter exponit, referens cum israeliticus populus in *C a d e s* uenisset nimiaque siti loci ariditate laboret, Moysen iussu Domini percussa petra subito illis aquarum copiam contulisse miroque modo facta est terra irrigua, quae arida siccitate iacebat squalida. Per hanc ergo simili-

---

3 CSg: deponit
4 CSg: deseratur

tudinem dicit peccatorum corda durissima in aquas[5] sapientiae posse dissolui, iterumque illud exemplum *C a d e s* in humanis cordibus esse faciendum. Saepe enim *d e s e r t u m* ponitur, ubi et infideles populi conuenire noscuntur, ...

86,4.6 C 253: *R e u e l a u i t* etiam timor Domini *c o n d e n s a*, quando ignoratione deposita, ad intellegentiam diuini legis deuoti populi conuenerunt.

A 171: *E t r e u e l a b i t s i l u a s*. Et tunc eis *r e u e l a b i t* opacitates diuinorum librorum et umbracula mysteriorum, ubi cum libertate pascantur.

Br 956 C: ... *c o n d e n s a*. Obscura diuinarum scripturarum siue mysteriorum caelestium per Spiritum sanctum patefecit.[6]

86,8 A 171: Et in Ecclesia eius omnis in spem aeternam regeneratus laudat Deum[7] pro suo quisque dono, quod a sancto Spiritu accepit. (~C 253)

86,10 A 171: *D o m i n u s* ergo primum *i n h a b i t a t d i l u u i u m* huius saeculi in sanctis suis, tamquam in arca, ita in Ecclesia custoditis.

86,15 A 171: *E t* deinde *s e d e b i t* regnans in eis *i n a e t e r n u m*.

86,16 A 171: Quia *D o m i n u s u i r t u t e m p o p u l o s u o* contra huius mundi procellas et turbines dimicanti *d a b i t*, quia pacem illis in hoc mundo non promisit.

86,20 A 171: Et idem *D o m i n u s b e n e d i c e t p o p u l u m s u u m*, in seipso illi *p a c e m* praestans, quoniam, inquit, *pacem meam do uobis, pacem meam relinquo uobis* (Ioh. 14,27). (~C 254)

86,21 C 248: Quapropter hunc psalmum ... in laudem Spiritus sancti propheta decantat; ... Est enim totus psalmus Spiritus sancti laude plenissimus et per uarias allusiones praeconia eius maiestatis exsoluens.

86,26 Zum Vergilzitat vgl. Aeneis I, 174.[8]

---

5 CSg: aqua (*danach Rasur*)
6 Vgl. R 58ra: id est, patefecit omnia scripturae sacrae mysteria obscura satis et densa.
7 CSg: Dominum
8 Naumann, 86, meint, daß Notkers Hinweis auf die "uita sancti GALLI diu metrice getân ist" sich auf Ratperts Galluslied beziehe; Dümmler, der eine metrische *Vita sancti Galli confessoris* aus St. Gallen (ca 850) im *Appendix ad Walahfridi Strabi Carmina* (MGH, Poetae, 2,428-473) ediert hat, zitiert in der Einleitung (S. 266 Anm. 5) diesen Hinweis Notkers und nimmt offensichtlich an, daß Notker die von ihm herausgegebene *uita* meinte. Ich habe aber in beiden Werken keine Stelle gefunden, "dâr diu officia gesézzet uuerdent", auch nicht -- wegen der Lücke in Dümmlers *uita* nach v. 717 -- in der Vorlage, Walahfrids *uita sancti Galli* in Prosa. Wenn auch die von

87,3 Die *septem uoces psalmi spiritus sancti* werden C 249-254 im Laufe der Auslegung aufgezeigt.

P s a l m 29

A hat zu diesem Ps zwei *Enarrationes*.

87,5 A 171: *I n   f i n e m   p s a l m u s* laetitiae resurrectionis atque in immortalem statum mutationis atque innouationis corporis, non tantum Domini, sed etiam totius Ecclesiae.

C 255: *D o m u s* significat dominici corporis templum; *d e d i c a t i o* uero resurrectionem eiusdem Domini nostri Iesu Christi. ... *D e d i c a r e* quippe dicimus, cum nouitas domus alicuius in usum celeberrimum deputatur. *D o m u s* autem *D a u i d* propter semen eius est posita, unde Saluator noster carnis traxit originem. Ista *d o m u s* est quae nunc apertis foribus labiorum laeta decantat: *E x a l t a b o   t e , D o m i n e*; quae fabricata est nascendo, sed in sancta resurrectione cognoscitur esse dedicata.

Dümmler edierte *uita* vieles wörtlich aus antiken und christlichen Dichtern übernimmt, so kann ich in ihr keine *allusiones* im Sinne Notkers entdecken: Anspielungen, die zugleich Wortspiele sind. Denn Notker zeigt doch an dem Beispiel aus Vergil, wie feinsinnig dieser Dichter den Achates (der nach einem Edelstein benannt wurde) Feuer aus einem Stein schlagen läßt. [Der Glossator beweist durch seine geistreiche Übersetzung (Neubildung?) "steinunch" ('der Steinmann'), daß er die *allusio* im Sinne Notkers verstand.] Auch in Ekkehards IV. Übersetzung von Ratperts Galluslied kann ich keine solchen *allusiones* finden; ich glaube nicht, daß Ekkehard sie unterschlagen hätte. Ich möchte deshalb annehmen, daß Notkers Hinweis sich auf die *uita sancti Galli* bezieht (MGH, Poetae, 4,1093-1108), die von Notker Balbulus und Hartmannus zusammen in Poesie und Prosa (*prosametricum*) verfaßt wurde (vgl. die wahlverwandte Darstellung dieser Begegnung durch von den Steinen, I, bes. 50-58). Leider ist diese *uita* nur lückenhaft überliefert, so daß die erhaltenen Fragmente keine Stelle aufweisen, "dâr diu officia gesézzet uuerdent". Aber die Freude des Notker Balbulus am Wortspiel zeigt sich sonst öfters, z.B. in dem Gedicht aus dem dritten Buch der *uita*, in dem er die Verfolgung des Gallus durch den Bischof Sidonius höchst humorvoll darstellt, indem er alles, was des Hahns ist (*pulli, gallire*(!), *calcaria, culmen, cantus,* usw.), wortspielerisch einbezieht; vgl. den Text bei von den Steinen, 2,147; MGH, Poetae, 4,1106f. Daß dieses Gallusleben als *uita metrica* aufgefaßt wurde, zeigt auch eine Stelle im CSg 564 (12.Jh.), 69: "hic legendus est sermo sancti Galli qui reperitur in uita eius metrica" (zitiert von Dümmler, S. 266 Anm. 5; vgl. Scherrer, 180); Wilhelm Emil Willwoll hat in seinem Buch, *Die Konstanzer Predigt des heiligen Gallus, ein Werk des Notker Balbulus* (Fribourg, 1942), nachgewiesen, daß Notker Balbulus diesen *sermo sancti Galli* verfaßt und ihn in seine eigene *uita sancti Galli* eingefügt hat.

87,11 C 255: Dominus Christus Patri gratias agit ... Nam *e x a l t a b o* dicit, latius innotescere facio, quod sancti Verbi incarnatione gloriosaque resurrectione completum est.[1]

87,13 A 174: Nam hoc dictum est ab apostolo, etiam post resurrectionem Domini nostri Iesu Christi: *Qui sedet*, inquit, *ad dexteram Dei, qui etiam interpellat pro nobis* (Rom. 8,34).

87,14 A 177: quandoquidem *i u c u n d a t i   s u n t   i n i m i c i* eius super eum, quando illum crucifixerunt, ...

A 182: Quos ergo *i n i m i c o s*? Iudaeos, an potius diabolum et angelos eius, qui confusi discesserunt, postquam Dominus resurrexit? Praepositus mortis doluit uictam mortem. *E t   n o n   i u c u n d a s t i   i n i m i c o s   m e o s   s u p e r   m e*. Quia teneri apud inferos non potui.

87,17 A 182: Orauit in monte Dominus ante passionem, *s a n a u i t* eum ... *S a n a t a   e s t* autem caro. Quando?[2] Cum resurrexit. - Vgl. 87,7!

87,20 Br 957 D: *R e u o c a s t i   a b   i n f e r i s   a n i m a m   m e a m*, id est, *a n i m a m* Christi cum aliis animabus sanctorum Deus de *i n f e r n o   r e u o c a u i t*. (~CSg 27,124)

87,22 A 183: Qui sunt qui *d e s c e n d u n t   i n   l a c u m*? Omnes peccatores mergentes in profundum. *L a c u s* est enim profunditas saeculi. Quae est ista profunditas saeculi? Abundantia luxuriae et nequitiae. Qui ergo libidinibus sese immergunt et terrenis desideriis, *d e s c e n d u n t   i n   l a c u m*. Tales Christum persecuti sunt.[3]

87,25 A 183: Quia resurrexit caput uestrum, hoc sperate, membra cetera, quod uidetis in capite, hoc sperate, membra, quod credidistis in capite. ... Christus in caelum ascendit, quo nos secuturi sumus;

88,2 A 183: Obliti enim eratis eum, sed ipse uos non est oblitus.

88,4 A 172: Quoniam uindicauit in uos primum peccatum, quod morte soluistis.

88,5 A 172: Et *u i t a m* aeternam, ad quam redire nullis uestris uiribus possetis, quia uoluit dedit.

A 183: Quid est: *i n   u o l u n t a t e   e i u s*? Non in uiribus nostris, non in meritis nostris; sed quia uoluit, saluos nos fecit; non quia digni eramus. (~C 257)

---

1 R 58vb (rot): Vox Christi est ad Deum Patrem, ...
2 CSg: Quomodo?
3 Zu 87,24 vgl. R 59rb: Hortatur propheta sanctos ut laudent Dominum et agant gratias.

88,7 A 172: *V e s p e r e* coepit, ubi sapientiae lumen[4] recessit a peccante homine, quando morte damnatus est; ab ipso *u e s p e r e* moras habebit *f l e t u s*, quamdiu in laboribus et temptationibus populus Dei expectat diem Domini.

88,9 A 172: Vsque *i n   m a t u t i n u m*, quo *e x u l t a t i o* resurrectionis futura est, quae in matutina Domini resurrectione praefloruit. A 184: In Domino nostro *u e s p e r a* fuit, qua sepultus est, et *m a t u t i n u m*, quo resurrexit, tertio die; sepultus es et tu *u e s- p e r e* in paradiso, et resurrexisti tertio die.[5]
Br 958 D: Potest hoc et de tempore passionis, sicut superius, et de resurrectione, et consummatione saeculi accipi.

88,13 A 184: Quis hic habet *a b u n d a n t i a m*? Nemo. ... *A b u n- d a n t i a* erat, quando constitutus est homo in paradiso, quando nihil deerat illi, quando Deo fruebatur; sed dixit: *N o n   m o u e b o r. i n   a e t e r n u m*. Quomodo dixit: *N o n ... a e t e r n u m*? Quando libenter audiuit: *Gustate, et eritis tamquam dii*; cum Deus diceret: *Qua die ederitis, morte moriemini*; et diabolus: *Non morte moriemini* (Gen. 3,4-5).

88,17 A 184: Id est, quia non ex me bonus eram et fortis, sed ex te eram et pulcher et fortis, *d e c o r i   m e o   u i r t u t e m   p r a e s- t i t e r a s*, ex uoluntate tua, qua me feceras. Et ut ostenderes mihi, quia ex uoluntate tua hoc eram, *A u e r t i s t i ... c o n t u r- b a t u s*. (~A 172)

88,24 A 185: Propinquat tribulanti, qui deseruit superbientem. *Deus enim superbis restitit, humilibus autem dat gratiam* (Iac. 4,6).

88,25 C 258: *A b u n d a n t i a* erat Filio semper Virginis Mariae, quod *Verbum caro factum est et habitauit in nobis* (Ioh. 1,14). Quid enim illa gratia copiosius, quae habere meruit plenitudinem deitatis? ... Iure ergo dicebat, *i n   a e t e r n u m   s e   m o u e r i* non posse, cui sua maiestas confidentiae dona praestabat. ... *V i r t u t e m* quippe se de humana natura habuisse non dicit, sed desuper sibi asserit contributam. Nam *d e c o r e m* ipsius probat illud exemplum: *Speciosus forma prae filiis hominum* (Ps 44,3).[6]

---

4 CSg: lumen sapientiae
5 R 59vb: Alio etiam sensu *u e s p e r e* diem iudicii significat.
6 R 60rb: *A u e r t i s t i ... a m e*. Vnde nec me iuuas inter tormenta passionis. ... [60vb, zu v. 12:] ... *P l a n c t u m*, inquit, *m e u m*, id est, quod dicebat: *Tristis est anima mea usque ad mortem* (Matth. 26,38; Marc. 14,34), *c o n u e r t i s t i* ...

89,4   Vgl. Br 959 D (zu v. 12): *C o n u e r t i s t i   p l a n c t u m   m e u m*, cum dicerem: *Tristis est anima mea usque ad mortem* (Matth. 26,38; Marc. 14,34).

89,7   A 172: *Q u a e   u t i l i t a s* in[7] effusione *s a n g u i n i s   m e i, d u m   d e s c e n d o   i n   c o r r u p t i o n e m?*

C 259: ... *i n   c o r r u p t i o n e m*, id est, ad putrefactionem, cui lege generali cuncta caro subiecta est; qualis erit spes fidelium, qui me sub triduana celeritate resurgere crediderunt? Petit ergo non ut non moriatur, sed ne caro ipsius *c o r r u p t i o n e* resoluta nullum signum promissae maiestatis ostendat, ...

89,12 C 259: Confessio uero hic laudem significat, quam utique offerre non possunt qui in puluerem communi morte soluuntur. Sequitur: *a u t ... t u a m?* Illam uidelicet quam post resurrectionem discipulis dixit: *Ite, praedicate hoc euangelium omni creaturae* (Marc. 16,15).

89,15 A 185: Audi iam ipsam resurrectionem: *C o n u e r t i s t i ... l a e t i t i a.*

89,17 C 259: *P l a n c t u s* ad mortem attinet, *g a u d i u m* ad resurrectionem;

89,18 A 185: Quis est *s a c c u s*? Mortalitas. *S a c c u s* de capris conficitur et de haedis, et caprae et haedi inter peccatores ponuntur.

A 173: *C o n s c i d i s t i* uelamentum peccatorum meorum, tristitiam mortalitatis meae, et *c i n x i s t i* me stola prima, immortali laetitia.[8]

89,21 C 260: *G l o r i a* uero Christi, Patris maiestas est, ...

A 173: Vt iam non plangat, sed *c a n t e t   t i b i*, non humilitas, sed *g l o r i a   m e a*, quia iam ex humilitate exaltasti me ...

89,23 A 185: *C o m p u n c t u s   e s t* enim cum in cruce [186] penderet, lancea percussus est. Caput ergo nostrum dicit: *N o n   c o m p u n g a r*, iam non moriar. Nos autem quid dicimus propter *dedicationem domus? N o n* nos *c o m p u n g a t* conscientia stimulis peccatorum. Dimittentur enim omnia, et tunc liberi erimus.

89,26 C 260: *C o n f i t e b o r* autem hic accipiendum est a parte membrorum, ... Quod absolute creditur esse uenturum, cum illa ciuitas Ierusalem fuerit *dedicata*, ...

---

7 CSg: enim in
8 CSg: uel tate tua *von Ekkehard IV. übergeschr., so dass sich ergibt*: uel inmortalitate tua

89,26 Br 960 B: id est, sine fine laudabo te. (~A 186)

Psalm 30

A hat zu diesem Ps zwei *Enarrationes*.

90,2 A 186: *In finem psalmus ipsi Dauid*,[1] mediatori manu forti in persecutionibus. Nam et *e c s t a s i s*, quae addita est titulo, excessum mentis significat, quae fit uel pauore, uel aliqua reuelatione. Sed in hoc psalmo pauor maxime apparet perturbati populi Dei persecutione omnium gentium, et defectu per orbem fidei. – Vgl. A 191.

A 192: Moriturus ergo [Christus] ex eo quod nostrum habebat, non in se, sed in nobis pauebat; quia et hoc dixit, tristem esse animam suam usque ad mortem (vgl. Matth. 26,38), et utique nos ipsi omnes cum illo. Nam sine illo, nos nihil; in illo autem, ipse Christus et nos. Quare? Quia totus Christus caput et corpus. Caput ille saluator corporis, qui iam ascendit in caelum; corpus autem Ecclesia, quae laborat in terra. ... [193] ... Loquitur hic ergo Christus in propheta; audeo dicere: Christus loquitur. ... et tamen Christus loquitur, quia in membris Christi Christus.

90,10 A 194: Quae est aeterna confusio? Quando fiet illud quod dictum est: *Et traducent eos ex aduerso iniquitates eorum* (Sap. 4,20). Et fiet traducentibus ex aduerso iniquitatibus omnis grex malus ad sinistram, tamquam haedis ab ouibus separatis, et audient: *Ite in ignem aeternum, qui paratus est diabolo et angelis eius* (Matth. 25,41).

90,11 A 194: *I n ... m e*. Nam si adtendas ad *i u s t i t i a m   m e a m*, damnas me. ... Ideo autem Dei *i u s t i t i a* dicitur, ne homo se putet a seipso habere *i u s t i t i a m*. ... [195] ... Quia non inuenisti in me *i u s t i t i a m   m e a m, e r u e   m e   i n   t u a*;

90,12 A 196: Fecit hoc Deus, quando ipsum Christum ad nos misit. ... Ille autem *i n c l i n a u e r a t* se ad terram, id est, Deus ad hominem, ... C 261: *I n c l i n a*, dixit, *a u r e m   t u a m*, propter membrorum suorum humilitatem; [262] ut quoniam per naturam suam humana conditio ad diuinitatem non poterat attingere, ad eam diuinitas *i n c l i n a- t a* descenderet, quod omnipotentis Verbi incarnatione prouenit.

---

[1] CSg: *fehlt*.

90,14 A 186: Ne differas finem saeculi, sicut omnium credentium mihi, segregationem [187] meam a peccatoribus.

C 262: id est festina resurrectionem dare celerrimam, ...²

90,17 C 262: *D o m u s* est *r e f u g i i* gloriosa resurrectio, postquam iam nulla imbecillitate concutitur, sed incorruptibili maiestate perfruitur. Nam tunc *s a l u u s* fuit, cum ei mors ultra praeualere non potuit (vgl. Rom. 6,9).

90,19 A 187: *Q u i a   f o r t i t u d o   m e a* ad tolerandos persecutores meos, *e t   r e f u g i u m   m e u m* ad relinquendos *t u* mihi *e s*.

C 262: ... *r e f u g i u m* ad finem malorum [pertinet], quando istius saeculi iniquitates gloriosae mortis fine superauit.

90,22 A 187: Et ut per me innotescas omnibus gentibus, per omnia sequar uoluntatem tuam, et paulatim mihi aggregatis sanctis adimplebis corpus meum, et perfectam staturam meam.

C 262: *P r o p t e r   n o m e n* suum Dominus *d u x   e r a t* humanitati, quoniam illud latius per uniuersas gentes fecit agnosci, saluberrima praedicatione uulgata. ... Addidit etiam *e n u t r i t u m   s e* quousque ad perfectionem catholica Ecclesia ipsius munere perueniret.

90,25 A 187: *E d u c e s   m e* de insidiis istis, quas *o c c u l t a u e r u n t   m i h i*.

91,2 A 187: Potestati tuae *c o m m e n d o   s p i r i t u m   m e u m*,³ cito recepturus.

C 263: *C o m m e n d a t* itaque Patri inaestimabilem thesaurum, animam uidelicet ...

91,4 A 199: Faciens quod promisisti, non fallens in pollicitatione tua, *D e u s   u e r i t a t i s*.

Br 962 A: Sicut promisit per seruos suos prophetas, ita et uenit, et *r e d e m i t* nos sanguine suo.

91,7 C 263: Illa redduntur semper odiosa, quae probantur esse contraria. Iuste ergo *ueritas o d e r a t   u a n i t a t e m*, quia *u a n i t a s* in falsitate uersatur.

A 200: Speras in pecunia, *o b s e r u a s   u a n i t a t e m*; speras in honore et sublimitate aliqua potestatis humanae, *o b s e r u a s   u a n i t a t e m*;

---

2 R 61^(vb): *A c c e l e r a ... m e*, id est, festina, et celeriter fac me resurgere.
3 CSg: tuum

91,10 A 200: *E g o   a u t e m ... i n   D o m i n o   s p e r a u i*, qui non est *uanitas*.

C 263: Quae sunt ista uerissima? *S p e r a b o   i n   D o m i n o*: ubi nihil uanum, nihil superuacuum est, sed totum fixum atque integrum perseuerat.

91,15 A 201: Quae sunt etiam *n e c e s s i t a t e s* uincendarum uetustissimarum cupiditatum, et annosarum malarum consuetudinum? Vincere consuetudinem, dura pugna, nosti. Vides quam male facias, quam detestabiliter, quam infeliciter; et facis tamen; fecisti heri, facturus es hodie. ... Vnde enim *f a c t a   e s t   s a l u a   d e   n e c e s s i t a t i b u s   a n i m a   t u a*, nisi quia *r e s p e c t a   e s t   h u m i l i t a s   t u a* ? Nisi prius humiliareris, non te exaudiret, qui te a *n e c e s s i t a t i b u s* liberaret. Humiliatus est qui dixit: *Infelix ego homo, quis me liberabit de corpore mortis huius*? (Rom. 7,24).

91,18 A 187: *N e c   c o n c l u s i s t i   m e*, ut non haberem aditum respirandi in libertatem, et darer in sempiternam potestatem diaboli, cupiditate huius uitae illaqueantis, et morte terrentis.

91,21 A 201: Plane fecisti mihi facilem iustitiam, quae mihi erat aliquando difficilis;

91,24 A 202: In tribulatione utique angustia est; quomodo ergo: *Posuisti in spatioso pedes meos* ? Si adhuc *t r i b u l a t u r*, quomodo sunt *in spatioso pedes* ? An forte una quidem uox est, quia unum quidem corpus; sed in aliquibus membris[4] spatium sentitur, in aliquibus[4] angustia, id est, alii sentiunt felicitatem iustitiae, alii laborant in tribulatione? Nam si non alia membra illud, alia illud paterentur, non diceret apostolus: *Si patitur unum membrum, compatiuntur omnia membra* (I Cor. 12,26); ... [203] ... Aliquae[5] ecclesiae,[6] uerbi gratia, pacem habent; aliquae[5] in tribulatione sunt; in istis quae pacem habent, *in spatioso* sunt *pedes*; illae quae in tribulatione sunt, angustias patiuntur; sed et istos contristat illorum tribulatio, et illos pax istorum consolatur. ... Dicat ergo ex quibusdam membris: *M i s e r e r e ... u e n t e r   m e u s*.

92,5 A 204: Si *tribularis*, quare irasceris? Irascitur iste alienis peccatis. Quis non irascatur,[7] uidens homines confitentes ore Deum, negantes moribus? Quis non irascatur,[7] uidens homines saeculo uerbis et non factis

---
4 CSg: membris *bis* aliquibus *fehlen durch homoioteleuton.*
5 CSg: Aliqua ... aliqua
6 CSg: *fehlt*
7 CSg: irascitur

renuntiantes? Quis est qui non irascatur, uidens fratres insidiantes fratribus, fidem non seruantes osculo quod infigunt in sacramentis Dei?

92,9 A 205: hoc est, *t u r b a t a   s u n t* interiora mea. *V e n t r e m* pro interioribus posuit. Aliquando enim iniquis et peruersis et a lege deuiantibus et male uiuentibus irasci licet, clamare non licet. Cum irascimur et clamare non possumus, interiora nostra *t u r b a n- t u r*. Tanta est enim aliquando peruersitas, ut nec corripi possit.

92,13 A 204: In his ergo non apparentibus et gementibus irascitur, qui dicit alio loco: *Zelus domus tuae comedit me* (Ps 68,10). Dicit et alibi quando quidem uidet multos mala facientes: *Taedium detinuit me a peccatoribus relinquentibus legem tuam* (Ps 118,53). Dicit et alio loco: *Vidi insensatos, et tabescam* (Ps 118,58).

92,18 C 266: quoniam omnibus bonis indiget humana fragilitas. Quid enim illa pauperius quae nihil idoneum de se habere cognoscitur?[8]

92,20 A 206: *o s s a* uero fortes intelleguntur Ecclesiae, qui etiam si non *c o n t u r b a n t u r* persecutionibus alienorum, *c o n t u r b a n- t u r* tamen iniquitatibus fratrum.

92,24 A 206: qui sunt *i n i m i c i* Ecclesiae? Pagani, Iudaei? Omnibus peius uiuunt mali Christiani. ... Peius, inquit, uiuunt mali in sacramentis meis, quam qui ad illa numquam accesserunt.

92,26 A 207: *V i c i n i s   m e i s   n i m i u m* opprobium *f a c t u s s u m*, id est, qui mihi iam adpropinquabant ut crederent, hoc est, *u i c i n i   m e i   n i m i u m* deterriti sunt, mala uita malorum et falsorum Christianorum. (~C 266)

93,4 A 207: Quid tam timendum, quam cum uidet homo multos male uiuentes, et de quibus bene sperabatur in multis malefactis inuentos? Timet ne tales sint omnes quos putabat bonos, et ueniunt in suspicionem malam prope omnes boni. ... putas non tales sunt omnes? Hoc est *t i m o r   n o- t i s   m e i s*, ut et ipsis quibus *n o t i* sumus, plerumque in dubium ueniamus.

93,6 A 208: illud est magis gemendum; illud omnino intolerabile, quia multi *q u i   u i d e r u n t   m e,   f o r a s   f u g e r u n t   a   m e*, id est,[9] qui cognouerunt quid esset Ecclesia, exierunt *f o r a s*, et

---

[8] R 63rb: Pauperem scimus in hac uita fuisse Christum ut nos sua *p a u p e r- t a t e* diuites faceret (vgl. II Cor. 8,9).
[9] CSg: et *statt* id est

haereses et schismata contra Ecclesiam fecerunt. ... *Q u i   u i d e -
b a n t   m e*, id est, qui nouerant quid sit Ecclesia, qui eam in scripturis intuebantur, *f o r a s   f u g e r u n t   a   m e.*

93,9 C 267: *E x c i d i   a   c o r d e*, id est, a mente infidelium, quod solet illis contingere qui defunctos homines obruendo, cum corpore simul eorum memoriam recordationemque sepeliunt. (?)

93,11 C 267: *V a s   p e r d i t u m* est quod factum est ad nullos usus necessarium semper abicitur: ita et Iesus mortuus quasi fractum uas abiciendus putabatur a[10] perdidis.

93,15 A 209: *M u l t i   a c c o l u n t   i n   c i r c u i t u* meo, et reprehendunt me quotidie. Quanta mala dicunt in malos Christianos, quae maledicta perueniunt ad omnes Christianos! Numquid enim dicit, qui maledicit, aut qui reprehendit Christianos: Ecce quae faciunt Christiani; non separat, non discernit. Illi tamen ista dicunt, qui *a c c o l u n t   i n   c i r c u i t u*, id est, circumeunt, et non intrant. Quare circumeunt, et non intrant? Quia rotam temporis amant; non intrant ad ueritatem, quia non amant aeternitatem;

93,22 A 210: Vt consentirem prauitatibus eorum. Illis enim qui maledicunt, et non intrant, parum est quia non intrant; et eicere hinc uolunt uituperando. Si eiecerunt te de Ecclesia, *a c c e p e r u n t   a n i m a m* tuam, id est, tenuerunt consensionem tuam; et eris *in circuitu*, non in mansione. Ego autem, inter haec opprobria, inter haec scandala, inter haec mala, inter istas seductiones, ... quid feci?

93,25 A 210: Nihil salubrius, nihil securius. ... Non homo quisquam, **sed** *t u   e s   D e u s   m e u s.*

93,26 A 212: Quae sunt enim *s o r t e s* ? Hereditas Ecclesiae.
A 211: quando autem Deus nulla merita nostra inuenit, *s o r t e* uoluntatis suae nos saluos fecit, quia uoluit, non quia digni fuimus. Haec est *s o r s.*

94,5 C 268: id est, fac uidere, quia super[11] me dignaris intendere.

94,7 A 214: Confusio enim quaedam putatur, cum omnes Christiani dicuntur, et qui bene uiuunt, et qui male uiuunt, ... Quid est ergo: *I l l u s - t r a ... t u u m* ? Appareat quia pertineo ad te, nec̩ sic dicat et Christianus impius quia pertinet ad te, ...

---

10 CSg: *fehlt.*
11 CSg: supra (!)

94,9 C 269: Dicendo: *In tua misericordia saluum me fac*, negat[12] meritum suum.

A 214: hoc est, non in mea iustitia, non in meis meritis, sed *in tua misericordia*;

94,11 A 215: *Inuocas* Deum, quando in te uocas Deum. Hoc est enim illum *inuocare*, illum in te uocare, quodam modo eum in domum cordis tui inuitare. ... Dico ergo breuiter homini auaro: *Inuocas Deum?*[13] Quare *inuocas* Deum? Vt det mihi lucrum. Lucrum ergo *inuocas*, non Deum.

94,16 Br 964 D: Vel qui relinquentes uerum Deum, ligna adorant ac lapides uenerantur (vgl. I Cor. 3,12).

94,20 C 269: ... *aduersus iustum*, id est, Christum. ... Loquitur enim falsitas contra ueritatem, quando Iudaei Messiam proclamant adhuc esse uenturum; quando Arriani creaturam dicunt Dominum Creatorem;

A 189: *Quae loquuntur aduersus* Christum *iniquitatem*, superbientes; et contemnentes tamquam hominem crucifixum.

A 215: *Iustus* iste Christus est. ... Quia contemptibilis superbis apparuit, qui tam humilis uenit. ... [216] ... Quando *efficientur*[14] *muta labia* ista? In hoc saeculo? Numquam. ... augent linguis suis poenas, quibus apud inferos sitiant, et aquae stillam sine causa desiderent.

94,25 A 189: Exclamat hic propheta ista cernens, et mirans ...

A 217: Sed[15] ut commendaret ipsa bona futuri saeculi hominibus, quos iubet tolerare, non amare praesentia, exclamauit et addidit: *Quam ... Domine!*

95,1 A 217: Quid est *abscondisti* illis? Seruasti illis, non negasti, ut soli ad eam peruenient... Nihil enim dulcius est immortalitate sapientiae, sed initium sapientiae timor Domini (vgl. Prou. 1,7; Ps 110,10).

C 270: Non quia sanctis ideo *abscondita* est ut eam minime consequerentur, sed quia in futuro iudicio promittitur manifesta, quae hic sentitur *abscondita*.[16]

---

12 CSg: nec ad (*am Rande*: R[equire!])
13 CSg: Inuoca Deum
14 CSg: efficiantur
15 CSg: et

95,4 A 217: Ergo si *s p e r a s* in Domino, coram hominibus spera, ne forte abscondas ipsam spem tuam in corde tuo, et timeas confiteri, cum tibi pro crimine obiciatur quia Christianus es. ... [218]' ... Hoc ergo *i n c o n s p e c t u   h o m i n u m* si feceris, si inde coram hominibus non erubueris, si *i n   c o n s p e c t u   f i l i o r u m   h o m i n u m* nec ore nec factis Christum negaueris, *s p e r a* tibi *p e r f i c i dulcedinem* Dei.

95,8 C 271: Et quam pulchre regalem conspectum esse dicit *i n   a b d i t o*, reuera, quia contemplationem eius, qua iusti perfruentur, impii non uidebunt.

95,11 A 218: *A   c o n t u r b a t i o n e   h o m i n u m*. Ibi enim non conturbantur, cum *absconduntur*; ... Aliquando *abscondes eos in abscondito uultus tui, a   c o n t u r b a t i o n e*[17] *h o m i n u m*, ut prorsus in eis conturbatio humana deinceps esse non possit;

C 271: quando iam in aeterna beatitudine locabuntur, ubi purissimam ueritatem nemo faecilenta uoluntate conturbat,[18] ...

95,14 A 218: Quod est *t a b e r n a c u l u m* ? Ecclesia huius temporis; *t a b e r n a c u l u m* ideo dicitur, quia adhuc in hac terra peregrinatur. *T a b e r n a c u l u m* enim habitaculum est militum in expeditione[19] positorum. Ipsa dicuntur *t a b e r n a c u l a*. [219] Domus non est *t a b e r n a c u l u m*. Pugna in expeditione peregrinus, ut saluus factus *i n   t a b e r n a c u l o*, gloriosus recipiaris in domum. Erit enim in caelo domus tua aeterna, si modo bene *i n* hoc *t a b e r n a c u l o* uixeris. (~C 271f.)

95,21 A 219: Quae est *c i u i t a s   c i r c u m s t a n t i a e* ? In una Iudaea populus Dei erat positus, quasi in medio mundo, ubi dicebantur laudes Deo eique[20] sacrificia offerebantur, ... Adtendit propheta iste, et uidit futuram Ecclesiam Dei in omnibus gentibus; et quia omnes gentes circum undique erant, quae in medio ponebant unam gentem Iudaeorum, has undique circumstantes gentes appellauit *c i u i t a t e m   c i r c u m s t a n t i a e. M i r i f i c a s t i* quidem, Domine, *m i s e r i c o r d i a m* tuam *i n   c i u i t a t e* Ierusalem; ibi passus est

---

16 R 65[ra]: *A b s c o n d i s s e* autem dicitur hanc beatitudinem Deus, quia non eam statim in praesenti tribuit, sed in futura uita reseruat.
17 CSg: contradictione
18 CSg: conturbet
19 CSg: expo tione (*zwischen* o *und* t *Rasur*)
20 CSg: ubi

Christus, ... ibi multa miracula fecit; sed maior laus tua est, quia *m i r i f i c a s t i   m i s e r i c o r d i a m* tuam *i n   c i u i - t a t e   c i r c u m s t a n t i a e*, id est, in omnibus gentibus diffudisti *m i s e r i c o r d i a m* tuam.

95,26 A 220: Si in *f a c i e* tua essem, non[21] sic timerem;[22] si me adtende- res, non[21] sic trepidarem.[22]

A 190: Non enim si me respiceres, pati me ista sineres.

C 272: Patri dicit Filius a forma serui; speraui: quia me gratia tua desereret, cum passionis tristitia praeualeret, *i n   p a u o r e* uti- que mortis.

96,3 C 272: A Domino ideo se dicit *e x a u d i t u m*, quia humiliter, non desperanter more humanitatis dicebat esse contemptum: ...

A220: Quia confessus sum, ... quia non superbus exstiti, sed ... in tribulatione mea titubans ad te exclamaui, *e x a u d i s t i   o r a - t i o n e m   m e a m*.

96,5 A 220: Id est, illi *d i l i g i t e   D o m i n u m*, qui non *d i l i - g i t i s* mundum, ...

96,9 C 273: Et bene addidit, *a b u n d a n t e r*: quia illis non *r e t r i - b u e t*[23] qui se celeri emendatione conuertunt: illis autem superbis qui copiose delinquunt, et praecepta Domini iniqua praesumptione des- piciunt, in ipsis est sine dubitatione resecandum. Sed hic *s u p e r - b i a m*, non unum uitium debemus accipere, quoniam ex *s u p e r b i a* nascitur quidquid morum prauitate peccatur. Scriptum est enim: *Initium omnis peccati superbia* (Eccli. 10,15).

96,14 A 222: Sed quando *retribuet* ? O si modo retribueret![24] modo eos uole- bam uidere humiliatos atque prostratos. Audite quid sequitur: *V i r i - l i t e r   a g i t e*. Nolite lassas[25] manus in tribulationibus dimitte- re, non nutent genua uestra. ... Ad perpetienda et toleranda omnia ma- la huius saeculi confortetur cor uestrum.

P s a l m   31

A hat zu diesem Ps zwei *Enarrationes*.[1]

96,17 C 274: Deinde *i n t e l l e c t u s* ideo sequitur, quia nisi miseri-

---
21 CSg: *fehlt*.
22 CSg: timerem? ... trepidarem?
23 CSg: retribuit
24 CSg: O *bis* retribueret *fehlen*.
25 CSg: laxas

cordia Domini suffragante peccata nostra intellexerimus, ad paenitentiae studium uenire non possumus. In alio quippe psalmo dictum est: *Delicta quis intellegit?* (18,13) hoc est enim quod dicit i n t e l- l e c t u s; ut cum nos intellegere diuinitas praestiterit peccata nostra, pro eis diluendis studiosissime supplicemus.²

96,24 C 275: In prima parte psalmi paenitens loquitur, ... Paenitens iste propria facta cognoscens ... totis uiribus humiliato corde suspirans, nec inuocare maiestatem praesumpsit, sed *b e a t o s* dicit eos *q u i- b u s   r e m i s s a e   s u n t   i n i q u i t a t e s*, hic absolutionem desiderans peccatorum, nec tamen audens similia postulare.

97,1 C 276: *B e a t o* siquidem peccata contraria sunt. Et quoniam hic dicit *remissa*, competenter sub hac formula definitionis *b e a t u m   u i- r u m* constat expressum.

97,3 C 276: id est, qui nulla sibi remissione placuerit; et cum sit peccator, ipse se praedicet esse sanctissimum ... sed sua potius delicta cognoscens, in humilitate satisfactionis iugiter perseuerat.

A 232: At uero qui nolunt confiteri peccata, laborant sine causa in defensione peccatorum suorum. Et quanto laborant in defensione peccatorum suorum iactantes merita sua, non uidentes iniquitates suas, tanto plus robur³ eorum et fortitudo deficit. Ille enim fortis est, qui non in se, sed in Deo fortis est.

97,6 A 235: *T a c u i* enim dixit, non sum confessus. Ibi oportebat ut loqueretur, taceret merita sua, clamaret peccata sua; nunc autem peruerse tacuit peccata sua, clamauit merita sua. Et quid illi contigit? *I n- u e t e r a u e r u n t   o s s a* eius. Intendite quia si clamaret peccata sua, et taceret merita sua, innouarentur ossa eius, id est, uirtutes eius; esset robustus in Domino, quia inueniretur in se infirmus.

97,10 C 277: Peccatori grauis *m a n u s* est quae flagellat, et ponderosa quae uindicat.

WS 122ᵇ: Exaltantem enim se, humiliat Deus, *g r a u a t   s u p e r* illum *m a n u m* suam; noluit humiliari confessione iniquitatis suae, humiliatus est assiduo pondere *m a n u s* Dei, ... (~A 235)

97,12 A 235: Ex ipsa aggrauatione *manus tuae*, ex ipsa humiliatione *c o n-*

---

1 Aber im CSg fehlt die erste *Enarratio* (A 222-224) !
2 R 66ʳᵃ: Ipse paenitens introducitur in hoc psalmo loquens (bis hierher rot) et implorans ueniam. Laudat autem primo et beatificat eos qui per paenitentiam meruerunt ueniam, et bene laudat quod impetrare desiderat.
3 CSg: labor

u e r s u s   s u m   i n   a e r u m n a m, factus sum miser, *c o n-
f i x a   e s t* mihi *s p i n a*, compuncta est conscientia mea. Quid
factum est cum *c o n f i g e r e t u r   s p i n a* ? Datus est ei sensus doloris, inuenit infirmitatem suam.⁴

97,15 Br, CSg, 134: *D u m   c o n f i g i t u r* mihi *s p i n a*, id est, dum
conpungit mea conscientia peccati. (~Br 967 D)

97,19 A 236: Quid dixisti? Non iam *p r o n u n t i a t*, promittit se *p r o-
n u n t i a t u r u m*, et ille iam dimittit. ... *P r o n u n t i a b o*,
ostendit quia nondum ore *p r o n u n t i a u e r a t*, sed corde *p r o-
n u n t i a u e r a t*. ... Confessio ergo mea ad os nondum uenerat;
dixeram enim: *P r o n u n t i a b o   a d u e r s u m   m e*, uerumtamen
Deus audiuit uocem cordis mei. Vox mea in ore nondum erat, sed auris
Dei iam in corde erat.

97,22 A 237: *P r o   h a c*. *P r o   h a c* qua? Pro impietate.⁵ ... *i n   t e m-
p o r e   o p p o r t u n o*, quando manifestabitur Nouum Testamentum,
quando manifestabitur gratia Christi, ... *Cum autem uenit plenitudo
temporis, misit Deus Filium suum, factum ex muliere* (id est, ex femina; indiscrete enim uocabant hoc antiqui), *factum sub lege*, ... (Gal.
4,4-5).

98,1 A 238: Qui natant *i n   d i l u u i o   a q u a r u m   m u l t a r u m,
n o n   a d p r o p i n q u a n t* ad Deum. Quid est *d i l u u i u m
a q u a r u m   m u l t a r u m* ? Multiplicitas uariarum⁶ doctrinarum.
... *M u l t a e   a q u a e* sunt uariae doctrinae. Doctrina Dei una est,
non sunt *m u l t a e   a q u a e*, sed una *a q u a*, siue sacramenti baptismi, siue doctrinae ʻsalutaris. De ipsa doctrina qua irrigamur per
Spiritum sanctum dicitur: *Bibe aquam de tuis uasis, et de puteorum
tuorum fontibus* (Prou. 5,15). Ad istos fontes non accedunt impii, sed
credentes in eum qui iustificat impium, iam iustificati accedunt.
Aliae *a q u a e   m u l t a e*, multae doctrinae inquinant animas hominum, ... *I n* hoc *d i l u u i o   a q u a r u m   m u l t a r u m* ad Deum
n o n   a d p r o p i n q u a b u n t. ... [239] ... Haec *a q u a* in
nullis alienigenarum libris est, non in Epicureis, non in Stoicis, non
in Manichaeis, non in Platonicis.

---

4 R 66^(va): ... *c o n u e r s u s   s u m   i n   a e r u m n a* mea, id est, in-
tellexi me miserum, et infeliciter corruisse in peccatum.
5 CSg: pro qua impietate?
6 CSg: uarietates

C 279: Quae sententia maxime haereticos arguit, qui *in diluuio peruersitatis* suae tempestuosas et naufragas excitant quaestiones. Et hi *ad eum non approximabunt*, quoniam a uera religione discedunt.

98,7 Zu *mortalitas* und *corruptio* vgl. I Cor. 15,42.53. - A 240: Iam iustificatus erat et apostolus, et quid ait? *Non solum*, inquit, *sed etiam nos ipsi primitias habentes Spiritus,*[7] *et ipsi in nobismetipsis ingemiscimus*. Vnde *redime me* ? Quia *ipsi in nobismetipsis ingemiscimus*,[8] *adoptionem expectantes, redemptionem corporis nostri* (Rom. 8,23).

98,13 A 239: Audio uocem gaudii: *E x u l t a t i o   m e a*; audio gemitum: *R e d i m e   m e*. ... [240] ... Vnde ergo *exultatio mea* ? Ibi sequitur idem apostolus, et dicit: *Spe enim salui facti sumus*; ... (Rom. 8,24). Si speras, gaudes; ... Vbi premeris, ibi angustia est. ... Respondetur: *I n t e l l e c t u m   d a b o   t i b i*.

C 279: Dum subiungit, *r e d i m e   m e*, adhuc periclitantis indicat timorem. Sed quia iam gaudebat in spe, et adhuc timebat in re, congrue utraque coniuncta sunt. ... Nunc [280] uideamus in parte finitima, quid ei Dominus ipse respondeat.

98,17 C 280: Ipse est enim *i n t e l l e c t u s*, quem tituli ueritas indicauit, quem paenitentibus potestas Domini clementer infudit.

98,19 A 240: *D a b o   i n t e l l e c t u m*, ut cognoscas te semper, et semper gaudeas in spe ad Deum, donec ad illam patriam peruenias, ubi iam non spes, sed res erit.

98,21 C 280: id est, dirigam in te lumen intelligentiae meae.

98,23 A 241: conuertit se ad superbos defendentes peccata sua, ...

C 280: *E q u u s* sine discretione sessoris seruit arbitrio, et a quocumque fuerit ascensus excurrit. *M u l u s* autem patienter accipit sarcinas quibus fuerit oneratus; et pro hoc utrique *i n t e l l e c t u m* non habent, quia nec ille eligit cui oboediat, nec iste quibus oneribus ingrauetur intelligit.[9] Prohibet ergo[9] huiuscemodi homines diabolicis fraudibus insideri, et uitiorum oneribus praegrauari, ...

99,4 C 281: Nam quod ait *i n   f r e n o*, ad *equum* pertinet. ... *I n   c a m o* ad *mulum* respicit. Ergo haec duo animalia supradicta cohibent ista retinacula, ut ad arbitrium iubentis incedant, ne suis uoluntatibus efferantur.

---

7 CSg: spiritus habentes (spiritus *vor* habentes übergeschr.) (!)
8 CSg: Vnde *bis* ingemiscimus fehlen -- durch homoioteleuton?
9 CSg: intellegi prohibet. Ergo

Isidor, *Et.* XII, 1,35: Καμουρ enim uerbo graeco curuum significat. Vgl. XV, 8,5. An beiden Stellen aber etymologisiert Isidor nicht *c(h)amus*. Wo er das Wort erwähnt (XX, 16,2), gibt er keine Etymologie.

A 241: Quid enim patiuntur tales? *I n ... a d t e. Equus* et *mulus* uis esse, uis non habere sessorem?

99,9 A 241: Non est mirum si abhibito *freno* sequuntur *f l a g e l l a*. Indomitum enim animal esse cupiebat, domatur *freno* et *f l a g e l l o*; atque utinam perdometur!

99,11 C 281: Et bene dixit, *c i r c u m d a b i t*, ut non sit locus relictus unde possit ad eos diaboli hostilitas introire.

99,14 A 242: O qui *l a e t a m i n i* in uobis! o impii, o superbi, qui *l a e t a m i n i* in uobis; ... *E t e x u l t a t e*, subaudi: in Domino. Quare? Quia iam iusti. Vnde iusti? Non meritis uestris, sed gratia illius. (~C 282)

99,16 A 244: Sed uide rectum cor: *Verum non quod ego uolo, sed quod tu uis, Pater* (Matth. 26,39).

P s a l m   32

A hat zu diesem Ps zwei *Enarrationes*.[1]

99,19 A 247: Iniusti *e x u l t e n t* in saeculo;

C 283: Beatus *D a u i d* ... rectos commonet Christianos, ut non in terrenis delectationibus, sed *g a u d e n t* semper *i n D o m i n o*, ...

99,21 A 247: Qui sunt *r e c t i* ? Qui dirigunt cor secundum uoluntatem Dei; ... [248] ... quamuis enim corde mortali priuatim aliquid uelint, quod ... conueniat, ubi intellexerint et cognouerint aliud Deum uelle, praeponunt uoluntatem melioris uoluntati suae, ... Si autem curuus fueris, laudas Deum quando tibi bene est, blasphemas quando tibi male est.

C 284: sicut et alius propheta dicit: *Non est speciosa laus in ore peccatoris* (Eccli. 15,9).

99,24; 100,1 A 250: Et nunc non importune repetimus, ut in ista diuersitate duorum instrumentorum musicorum, diuersitatem factorum humanorum inueniamus, significatam per haec, implendam autem per uitam nostram.

---

1 Aber im CSg fehlt die erste *Enarratio* (A 244-247) !

C i t h a r a lignum illud concauum tamquam tympanum pendente testudine, qui ligno chordae innituntur, ut tactae resonent; ... hoc ergo lignum *c i t h a r a* in inferiore parte habet, *p s a l t e r i u m* in superiore. ... Mementote *c i t h a r a m* ex inferiore habere quo sonat, *p s a l t e r i u m* ex superiore. Ex inferiore uita, id est terrena,² habemus prosperitatem et aduersitatem,³ unde Deum laudemus in utroque, ut semper sit laus eius in ore [251] nostro, et benedicamus Dominum in omni tempore. Est enim quaedam terrena aduersitas; ex utroque laudandus est Deus, ut citharizemus. ... Iam uero cum adtendis superiora dona Dei, ... *p s a l l e* Domino *i n p s a l t e r i o   d e c e m   c h o r d a r u m*. Praecepta enim legis decem sunt; in decem praeceptis legis habes *p s a l t e r i u m*. Perfecta res est. Habes ibi dilectionem Dei in tribus, et dilectionem proximi in septem. (~C 284f.)

C 284: Huic [*c i t h a r a e*] merito comparantur opera quae de terrenis rebus ad supernam gratiam porriguntur, id est, dum esurientem pascimus, dum nudum uestimus, dum aegrotum uisitamus et cetera ... [285] ... *P s a l l i m u s* quoque et *d e c e m   c h o r d i s*, quando in quinque sensibus carnalibus et in quinque spiritalibus probabili nos conuersatione tractamus. Verum ista quae dicimus, non sunt extra nos posita, sicut in musica disciplina; in nobis est *c i t h a r a*, in nobis est *p s a l t e r i u m*: immo ipsa organa nos sumus, quando ad similitudinem eorum per gratiam Domini, actuum nostrorum qualitate cantamus.

100,6   C 285: *N o u u m   c a n t i c u m* dicit incarnationem Domini, qua mundus salutari exultatione complendus est, qua angeli canoris uocibus personarunt laudantes et dicentes: *Gloria in altissimis Deo* ... (Luc. 2,14). - Vgl. den Anfang des *Gloria* der Messe: *Gloria in excelsis Deo*, ...

100,8   A 254: Quid est *i n   i u b i l a t i o n e   c a n e r e* ? Intellegere, uerbis explicare non posse quod *c a n i t u r* corde.⁴ Etenim illi qui cantant, siue in messe, siue in uinea, siue in aliquo opere feruenti, cum coeperint in uerbis canticorum exultare laetitia ueluti impleti tanta laetitia, ut eam uerbis explicare non possint, auertunt se a syllabis uerborum, et eunt in sonum *i u b i l a t i o n i s*.

---

2 CSg: ex ista terra *statt* id est terrena
3 CSg: prosperitatem et aduersitatem *fehlen*.
4 CSg: Deo

100,12 C 285: *R e c t u s   e s t* itaque *s e r m o   D o m i n i*, ad dirigen-
dos scilicet homines. Veraciter enim *r e c t u s* dicitur, qui *r e c-
t o s* facit.

100,15 A 254: Inuenimus et Deum fidelem, et hoc non uerbis nostris dicitur,
apostolum audi: *Fidelis*, inquit, *Deus qui uos non permittat temptari
supra quam potestis ferre*; ... (I Cor. 10,13).

100,20 A 255: *M i s e r i c o r d i a e* tempus modo est, *i u d i c i i* tempus post erit.

100,22 A 258: Vbi iam non euangelium praedicatur? ubi sermo Domini tacet?
ubi salus cessat?

100,24 A 258: Quid *c a e l i* ?

100,23.25 A 259: ... audi quia Domino et *c a e l i* indigent: *S e r m o n e
D o m i n i   c a e l i   s o l i d a t i   s u n t*. Nam non a se sibi
solidamentum fuerunt, nec ipsi *c a e l i* firmitatem sibi propriam
praestiterunt. ... [260] ... Interim exceptis illis *c a e l i s*, habeo ... nobis proximos *c a e l o s* sanctos Dei[5] apostolos, praedicatores uerbi ueritatis, per quos *c a e l o s* compluti sumus, ut per
totum mundum seges Ecclesiae pullularet; ... Vnde[6] *p l e n a   e s t
t e r r a ? M i s e r i c o r d i a   D o m i n i.*[6] Quare? Quia ubique dimittit peccata Deus, quia misit *c a e l o s* qui terram com-
pluerent. Et quomodo ausi sunt ipsi *c a e l i* ire cum fiducia, ex
ho-[261]minibus infirmis *c a e l i* fieri, nisi quia *V e r b o   D o-
m i n i   c a e l i   s o l i d a t i   s u n t* ? Vnde enim haberent
tantam uirtutem oues inter lupos, nisi quia *S p i r i t u s   o r i s*[7]
e i u s   o m n i s   u i r t u s   e o r u m ?

C 286: *V e r b o   D o m i n i*, hoc est, a Filio Dei *c a e l i   f i r-
m a t i   s u n t*, id est, apostoli, siue sancti stabiliti sunt, qui
orbem terrarum salutari praedicatione complerent.

101,8 A 261: Quia ergo modo salsa *m a r i s   a q u a*, quae remansit, in
[262] Christianos saeuire non audet, occultum autem murmur rodit in
se, et intra mortalem pellem fremit conclusa salsugo, uidete quid
sequitur: *C o n g r e g a n s ... m a r i s*. ... Ipse *c o n g r e-
g a u i t* uelut *i n   u t r e m   a q u a m*[8] *m a r i s*; mortalis pellis
contegit amaram cogitationem. Timentes enim pelli suae, intus tenent

---

5 CSg: *fehlt.*
6 CSg: Vnde misericordia plena est terra?
7 CSg: *fehlt.* (!)
8 CSg: utre aquas

quod non audent emittere. ... Eat ergo Ecclesia, ambulet; facta est uia, strata nostra ab imperatore munita est. - Vgl. A zu 101,26.

101,12 A 262: Et si quando exsistunt temptationum[9] pressurae unde non sperabantur, iam *congregatis* uelut *in utrem aquis maris*, intellegamus Dominum facere hoc ad disciplinam, ut excutiat a nobis male praefidentem de temporalibus securitatem, et dirigat nos in regnum suum composito desiderio. Quod desiderium tribulationibus hinc atque hinc contundentibus producitur, ... Meminerimus ergo, fratres, iam his temporibus ... non deesse Deo unde proferat quo nos emendet, cum emendatione nobis opus est. ... *T h e s a u r o s* Dei dicit secretum Dei. Nouit ille omnium corda, quid ad tempus proferat, unde proferat, quantam potestatem tribuat malis in bonos, ad iudicandos quidem malos, erudiendos autem bonos.

101,14 C 287: Nam si hoc spiritaliter uelis agnoscere, *u t e r* est exutum pecoris tergus, quod usibus humanis deseruit ad liquores aliquos congregandos. Hic *u t e r* Ecclesiae comparatur: quia sicut iste susceptas aquas, siue aliquid tale complectitur, ita et illa adunationem populi credentis includit. *A q u a e* uero *m a r i s* populum significant christianum, qui in mundi salo fluctu alternante concutitur. *A b y s s u m* uero dicimus nimis aliquid profundum, quod altitudine sua humanos in se descendere non permittit aspectus. Ergo *i n t h e s a u r i s* suis, id est, sapientiae et scientiae *p o n i t* altitudines profundas; ut probet quis eius scripturas studio pietatis inquirat.

CSg 27,138: *P o n i t i n t h e s a u r i s*, id est, in scripturis diuinis profunditatem sensuum.

101,17 WS 128[b]: *T i m e a t D o m i n u m* omnis peccator, ut peccare desinat;

C 287: Ergo peccator iste terrenus qui amare nescit, *t i m e a t D o m i n u m*; ut si non desiderio praemiorum a peccatis abstinet, saltem uindictae consideratione reuocetur.

101,21 A 263: ... cum iubet *m o u e n t u r*, cum iubet quiescunt. Et malitia hominum (vgl. 101,9-10) cupiditatem nocendi potest habere propriam: potestatem autem si ille non dat, non habet.

101,23 C 287: Reddit causam quare a Domino debeant omnia *c o m m o u e r i*: ...

---

9 CSg: temptationes

101,26 A 264: Sed iam cessauerunt[10] reges mali, facti sunt boni (vgl. 101, 10); crediderunt et ipsi, signum crucis Christi in fronte iam portant ... illi[11] qui saeuierunt, destructi sunt. Sed quis fecit hoc? ... *D o m i n u s ... p r i n c i p u m*. Quando[12] dixerunt: Tollamus eos de terra (vgl. Isai. 53,8; Act. 8,33), non erit nomen christianum si hoc fecerimus;

102,4 C 288: *R e p r o b a u i t   c o g i t a t i o n e s   p o p u l o r u m*, quia licet uoluntas Iudaeorum in nece Domini nefanda completa sit, resurrectione tamen ipsius constat esse *r e p r o b a t a m*.

102,7 A 264: Quae sunt *c o g i t a t i o n e s   c o r d i s   e i u s*, et quod est *c o n s i l i u m   D o m i n i* quod *m a n e t   i n   a e t e r n u m*? ... Quis tollit praedestinationem Dei? Ante mundi constitutionem uidit nos, fecit nos, emendauit nos, misit ad nos, redemit nos;

WS 129[a]: *c o n s i l i u m* uero eius, quo beatum non facit nisi subditum sibi, *m a n e t   i n   a e t e r n u m*, ...

102,10 A 265: Et ecce nescio quis ut male faciat *b e a t u s* uult esse. Vnde? Ex pecunia, ex argento et auro, ex praediis, fundis, domibus, mancipiis, pompa saeculi, honore uolatico et perituro. ... [266] ... Ergo desiderate ut habeatis, tunc demum *b e a t i* eritis. Hoc solo *b e a t i* eritis: re meliore quam uos estis, meliores eritis.[13] Deus est, inquam, melior te, qui fecit te. ... [267] Noster Deus! ... Ipse sit *hereditas* nostra, possessio nostra. ... Ergo inde *b e a t i* erimus, Deum possidendo.

102,13 C 289: *D e   c a e l o* enim *p r o s p e x i t   D o m i n u s*, quando proprii Filii donauit aduentum. ... *P r o s p i c e r e* est siquidem porro positum conspicere.

102,15 Vgl. A zu 102,7. - A 268: *Hereditas* est enim Dei ipsi *o m n e s*. Et ipsos *o m n e s*[14] *de caelo respexit*[15] *Dominus*, et *u i d i t* eos ille ... *V i d i t* enim eum quia miseratus est eum.

C 289: Nam quod ait *e t   u i d i t*, gratiam significat miserentis.

---

10 CSg: cesserunt
11 CSg: illis
12 CSg: Quanti (*ursprüngliches* um *durch Punkte darunter getilgt*, i *darüber geschr.*)
13 CSg: estis
14 CSg: omnes et ipsius omnes *statt* omnes. Et ipsos omnes
15 CSg: prospexit

102,18 A 268: *D e   p r a e p a r a t o   h a b i t a c u l o   s u o*, quod sibi *p r a e p a r a u i t*. *Vidit* nos de apostolis, *uidit* nos de praedicatoribus ueritatis,[16] *uidit* nos de angelis, quos ad nos misit. Haec omnia domus eius, haec omnia *h a b i t a c u l u m* eius; quia haec omnia caeli qui enarrant gloriam Dei (vgl. Ps 18,1).

102,22 A 269: Quomodo singillatim membra formata sunt omnia, singillatim habent opera sua, et tamen in unitate corporis uiuunt; ... omnia tamen in unitate operantur, et manus et oculus et auris diuersa faciunt, nec sibi aduersantur, sic et in Christi corpore singuli homines, tamquam membra singula donis suis gaudent, ... Quomodo autem in membris nostris diuersa sunt opera, sed sanitas una, sic in omnibus membris Christi diuersa munera, sed caritas una.

102,26 A 269: *I n t e l l e g i t* quid est? Secretius et interius uidet. ... Homo factum hominis moto eius corpore uidet, Deus autem in corde uidet. ... Dant duo pauperibus; unus sibi mercedem quaerit caelestem, alius humanam laudem; tu in duobus unam rem uides, Deus duas intellegit;

103,5 C 290: *R e g e m* dicit hominem continentem, qui quamuis regat corpus suum miseratione diuina, a uitiis carnalibus tamen *s a l u u s   f i e r i* non potest, dum de sua uirtute praesumpserit. Iuste enim uirtus humana deseritur, quando datum bonum atque perfectum non largitori Deo, sed propriis uiribus applicatur. Idem[17] *g i g a n t e m* uult intellegi, qui uirtutum magnitudine roboratur, qui contra immanitatem diaboli assidua dimicatione confligit. ... Sed iste quoque... *s a l u u s   e s s e* non poterit, si ... de meritorum suorum qualitate praesumpserit.

WS 130[a]: *N o n   s a l u a t u r* qui carnem suam regit, si in sua uirtute multum praesumpserit; nec quisquam militans contra consuetudinem concupiscentiae suae, uel contra diabolum et angelos eius, *s a l u u s   e r i t*, si suae fortitudini multum commiserit, uelut quia est ipse aliquid in se et per se.

103,12 A 270: *E c c e ... e i u s*, non de meritis suis, non de uirtute, non de fortitudine, non de equo, sed de misericordia eius.

103,16 A 270: Vitam aeternam promittit.

103,17 A 271: Tempus *f a m i s* est modo, tempus saturitatis post erit.

---

16 CSg: *fehlt*.
17 CSg: Item

C 291: Duo ista sunt uota fidelissimi Christiani, ut in futuro iudicio *e r i p i a t u r   a   m o r t e* perpetua et hic spiritalibus alimoniis transigatur. ... *I n   f a m e* autem *e o s   a l i t*, quando in hoc mundo ... spiritali cibo nutrire non desinit quos redemit. ... Esuriunt enim beati, ... sicut euangelista dicit: *Beati qui esuriunt et sitiunt iustitiam, quoniam ipsi saturabuntur* (Matth. 5,6).

103,19 A 271: Secura expectabit misericorditer promittentem, misericorditer[18] et ueraciter exhibentem;

C 291: Cum dicit, *s u s t i n e t*, patientiam significat Christiani, ut inuitati iusti futuris praemiis constanti animo perseuerent. ... [292] ... Securus ergo *s u s t i n e t   D e u m*, qui tali promissione fulcitur.

103,20 A 271: Sed quid, si in[19] ipsa patientia[20] non durabimus? Immo plane durabimus: *Q u o n i a m ... e s t*.

103,23 C 292: ... sequitur magnificum et suauissimum munus: quia ipsa expectatio habet praemium suum, quando ipse *sustinens l a e t a t u r   i n   D o m i n o*.[21]

104,1 C 292: *S p e r a u i m u s* autem continuum tempus ostendit, quia non est fas ibi desinere, unde semper potest anima fessa recreari.

P s a l m   33

104,4 A 274: Nam scriptum est (vgl. I Reg. 21,10-15) quia cum fugeret Dauid persecutorem Saul, contulit se ad Achis regem Seth, ... [275] ... Et sic illum dimisit proiciens illum; et recessit inde Dauid incolumis per istam figurationem furoris. ... Sed ille Achis erat, non *A b i m e l e c h*. ... Ideo magis mouere nos debet ad quaerendum sacramentum, quia nomen mutatum est. ... [276] ... non defuerunt docti uiri, qui nobis nomina ex hebraeo in graecam linguam, et inde in latinam transferrent. Consulentes ergo nomina ista, inuenimus interpretari *A b i m e l e c h*: Patris mei regnum; et interpretari Achis: Quomodo est. ... Erat autem, ut nostis, sacrificium Iudaeorum antea

---

18 CSg: *fehlt*.
19 CSg: *sine* statt *si in*
20 CSg: *fehlt*.
21 R 69va: *Q u i a ... n o s t r u m*, id est, gaudium nostrum et uota in eo erunt, non in prosperitate et in diuitiis huius saeculi;

secundum ordinem Aaron in uictimis pecorum, et hoc in mysterio: nondum erat sacrificium corporis et sanguinis Domini, ... Proponite ergo uobis ante oculos duo sacrificia, et illud secundum ordinem Aaron, et hoc secundum ordinem Melchisedech. ... [277] ... Et tantus erat Melchisedech, a quo benediceretur Abraham. Protulit panem et uinum, et benedixit Abraham, ... [278] ... [Christus aber starb den Kreuzestod] ut iam de cruce commendaretur nobis caro et sanguis Domini nouum sacrificium. Quia *mutauit uultum suum coram Abimelech*, id est, coram regno patris. Regnum enim patris, regnum erat Iudaeorum. Quomodo regnum patris? Regnum Dauid, regnum Abrahae. ... *Et dimisit eum et abiit*. Quem *dimisit*? Ipsum populum Iudaeorum *dimisit, et abiit*. Quaeris modo Christum apud Iudaeos, et non inuenis. Vnde *dimisit et abiit*? Quia *mutauit uultum suum*. Haerentes enim illi sacrificio secundum ordinem[1] Aaron, non tenuerunt sacrificium secundum ordinem Melchisedech, et amiserunt Christum, et coeperunt eum habere gentes, quo non miserat ante praecones. ... [279] ... Achis dixi interpretari: Quomodo est. Recordamini euangelium; quando loquebatur Dominus noster Iesus Christus de corpore suo, ait: *Nisi quis manducauerit carnem meam, et biberit sanguinem meam, non habebit in se uitam*; ... (Ioh. 6,54). Et discipuli eius qui eum sequebantur, expauerunt, et exhorruerunt sermonem, et non intellegentes putauerunt nescio quid durum dicere Dominum nostrum Iesum Christum, ... et non potuerunt tolerare, quasi dicentes: Quomodo est? Error enim et ignorantia et stultitia in[2] persona regis Achis. ... Quia *mutauerat uultum suum*, quasi furor iste et insania uidebatur, dare carnem suam manducandam hominibus, et bibendum sanguinem. ... id est, stultis et ignorantibus. Ideo *dimisit* eos *et abiit*; ... [281] ... Non intellegentes *dimisit*. Ad quos *abiit*? Ad gentes.

Br 974 B: Aut si ueram mutationem *uultus* uolumus intellegere, *Abimelech* sciamus dictum esse pro Achis.

104,23 A 283: Quando tibi benefacit? quando abundant saecularia? ... Non; sed *in omni tempore*. Ergo et tunc, et quando ista secundum tempus et secundum flagella Domini Dei nostri turbantur, auferuntur, minus nascuntur, iam nata dilabuntur.[3] (~ C 294)

---

1 CSg: *fehlt*.
2 CSg: *fehlt*.
3 R 70rb: *In omni tempore*, id est, in prosperis et in aduersis.

Br 975 B: *B e n e d i c a m*, id est, laudabo Dominum; *in omni tempore*, in prosperis et aduersis.

104,25 A 284: Quare autem *benedicit Dominum* homo *in omni tempore* ? Quia humilis est. ... Qui in se uult laudari, superbus est. Qui superbus non est, humilis est. Non uis ergo esse superbus? Vt possis esse humilis, dic quod dictum est: *In Domino laudabitur anima mea*; (~C 294)

C 294: Tunc enim gloriatur fidelis seruus, quando laudabi-[295]lem Dominum habere cognoscitur;

105,2 A 285: Nam quando *a u d i u n t non m a n s u e t i*, non *l a e t a n t u r*, sed irascuntur;

105,4 A 285: Nolo solus *m a g n i f i c a r e D o m i n u m*, nolo solus amare, nolo solus amplecti. Non enim si ego amplexus fuero, non habet alius ubi manus ponat. Latitudo tanta est [286] in ipsa sapientia, ut omnes animae amplectantur et perfruantur. ... Excitate ergo in uobis amorem, fratres, et clamate unicuique uestrorum, et dicite: *Magnificate Dominum mecum*.

C 295: Spiritalis autem gratia non[4] uult sola facere quod multis proficit ad salutem, ... Vocat enim fratres, hortatur populos oboedientes, ut nomen Domini gloriosa societate *m a g n i f i c e n t*.

105,6 C 295: Sequitur *et exaltemus nomen eius in inuicem*. Suauis commutatio,[5] iustissima regula, ut ab omnibus in unum fiat, quod sanctae unitati constat offerri.

A 286: Quid est: ... *in idipsum*? Hoc est, in unum. ... Ergo rapite quos potestis, ... rapite ad amorem; ut si *magnificant Dominum*, in unum *magnificent*. Et pars Donati uidetur sibi *magnificare Dominum*; ... Quare in praecisione uultis *magnificare Dominum* ? Ille unus est, quare duos populos uultis facere Deo? Quare uultis dissipare corpus Christi?

105,8 A 288: Qui ergo non *e x a u d i u n t u r*, non Dominum quaerunt. Intendat Sanctitas uestra: non dixit: *I n q u i s i u i* aurum a Domino, *et exaudiuit me*; ... *inquisiui* a Domino hoc aut illud, *et exaudiuit me*. Aliud est aliquid *i n q u i r e r e* a Domino, aliud ipsum Dominum *i n q u i r e r e*.

105,12 A 289: Sed dicit aliquis: Quomodo ad eum *a c c e d o* ? ... Si humiliaueris te per paenitentiam.

---

4 CSg: *fehlt (ausradiert)*.
5 CSg: *commonitio*

WS 133[a]: Sed ut *a c c e d a m u s* credendo, *i l l u m i n e m u r* intellegendo. ... Ipse est enim *lux uera quae illuminat omnem hominem uenientem in hunc mundum* (Ioh. 1,9).

105,15 A 289: Sed noli timere, *accede ad eum*, et *n o n e r u b e s c e s*. ... non uides quia poenam gestas in uultu, quia ideo *e r u b u i t* uultus tuus, quoniam non *accessit* ad Deum; ideo non *accessit*, quia non uult agere paenitentiam?

105,18 A 290: ut intellegas te indigentem, ut intellegas te tamdiu esse pauperem, quamdiu non[6] habes illum qui facit te diuitem.

C 296: Dicendo *i s t e*, spiritalem *p a u p e r e m* designat, qui non tantum mundanis opibus, sed uitiorum ubertate uacuatur. *I s t e p a u p e r* est, qui *accedens* ad Deum *illuminabitur*, ... qui quando *c l a m a t* ad Dominum, salutariter et competenter *a u d i t u r*; et tunc prouenit, ut *l i b e r e t u r* non ab una *t r i b u l a t i o n e* sed ex omnibus mundanis angustiis. Quod accidere[7] solet iustis, quando in sancta conuersatione animas reddunt et de saeculi istius clade confusa ad securitatem perpetuam transferuntur.

105,23 A 290: Ipse Dominus noster Iesus Christus in prophetia dictus est magni consilii *a n g e l u s*, magni consilii nuntius (vgl. Isai. 9,6, nach LXX);

C 297: Ne crederetur Dominus fideles suos posse neglegere, praesenti eos oraculo consolatur. Et inspice medicinale uerbum quod dicit: *i m m i t t e t*;[8] nam propter insolentiam humanae fragilitatis non palam facit, sed occultis immissionibus operatur; ut te nesciente, pro salute tua, quod expedire possit, accipias.[9]

106,2 C 297: *G u s t a t e* non pertinet ad palatum sed ad animae suauissimum sensum, qui diuina contemplatione saginatur. ... Vita enim nostra, quae reuera Deus est, qui carnem ... uiuicatricem ... esse professus est; sicut ait in euangelio: *Amen, amen, dico uobis, nisi manducaueritis carnem Filii hominis et biberitis sanguinem eius, non habebitis in uobis uitam aeternam* (Ioh. 6,54).

106,5 A 290: Nonne aperit se psalmus, et ostendit[10] tibi ... sobriam ebrietatem illius Dauid, qui in figura nescio quid ostendebat, quando illi

---

6 CSg: *fehlt*.
7 CSg: accedere
8 CSg: Inmittit
9 R 71[rb]: et erit huiusmodi sensus: *I n m i t t i t a n g e l u s D o m i n i*, ... sed auxilium gratiae suae *i n c i r c u i t u t i m e n t i u m e u m*, casto et filiali timore adhaerentium.

ex persona regis[11] Achis dixerunt: Quomodo est? ... Et illi in quibus regnabat Achis, id est, error et ignorantia, quid dixerunt? *Quomodo iste*[12] *poterit nobis dare*[12] *carnem suam manducare*? (Ioh. 6,53). Si ignoras, *g u s t a , e t   u i d e   q u a m   s u a u i s   e s t   D o m i n u s*; si autem non intellegis, rex es Achis. Immutabit faciem suam Dauid, et recedet a te, et *dimittet* te, et *abibit*. - Vgl. A zu 104,4.

106,11 A 291: Quisquis non *s p e r a t* in Domino, miser est.

106,14 C 298: solus ipse nihil indiget qui Domini timore ditatus est. (~A 291)

106,14.16 A 292: Et ille diues ideo fuit, quia habebat lectum eburneum;[13] et tu pauper es, cuius cubiculum cordis plenum est tantis gemmis uirtutum,[13] iustitiae, ueritatis, caritatis, fidei, patientiae et tolerantiae! Explica diuitias tuas, si habes illas, et compara diuitiis diuitum. ... Si fidem inuenires uenalem, quantum pro illa dares, quam te uoluit Deus gratis habere, et ingratus es? *E g e n t* ergo illi *d i u i t e s , e g e n t*; ... Quantum habuit quidam, et quid[14] eum satiauit? Sic mortuus est egens, quia plura uolebat adquirere quam tenebat.

106,18 C 298: Subsequitur *i n q u i r e n t e s ... b o n o*, quia nullo bono deficiunt qui spiritali desiderio perfruuntur. Nam cum diligimus Dominum, in ipso omnia reperimus.

106,21 C 299: Non est enim *t i m o r* iste qui formidetur, sed qui diligatur. *T i m o r* humanus amaritudinem habet, iste dulcedinem; ille ad seruitium cogit, istĕ ad libertatem trahit; postremo ille claustra metuit, hic caelorum regna patefacit.

107,1 A 294: *C o n t i n e ... d o l u m*, id est, nulli fraudem, nulli mendacium.[15]

107,3 A 294: Sed quid est: *D e c l i n a   a   m a l o* ? Parum est nulli noceas, ... *D e c l i n a   a   m a l o*; cum *d e c l i n a u e r i s*, dicis: Securus sum, perfeci omnia, habebo uitam, uidebo dies bonos. ... Non tibi dixit: habebis hic *p a c e m*; *q u a e r e* illam, *e t*

---

10 CSg: ostendet
11 CSg: miseri coram rege statt ex persona regis
12 CSg: potest iste dare nobis (!)
13 CSg: eburneum? ... u̇irtutum?
14 CSg: quis
15 CSg: mendatia

s e q u e r e illam. Quo illam *s e q u o r* ? Quo praecessit. Dominus enim est *p a x* nostra, resurrexit et ascendit in caelum.

C 299: Ad uidendos dies bonos non sufficit tantum a malis actibus abstinere, nisi nos pietas compellat et bona peragere. ... Nam pupillo non nocuisse, ... abstinentia est quae ad praemium sola non sufficit.

107,6 C 300: Cum enim dicit: *O c u l i ... i u s t o s*, continuam gratiam diuinitatis ostendit, ut aspectus immobilis super eos esse uideatur.

107,7 C 300: Subiungit quoque exauditionis uelocissimam celeritatem, quando *a u r e s* Domini paratas *i n   e o r u m   p r e c e s* esse commemorat. Quae enim illis ad obtinendum fiat mora, cum in ipsis qui exaudire possit inhabitat?[16]

107,11 C 301: *D e   t e r r a* uero dicit, id est, de futura patria, quam soli Deo placiti possidebunt.

Br 977 D: ... *d e   t e r r a* ... hoc est, *d e   t e r r a* uiuentium, ...

107,14 C 301: *L i b e r a t i* plane *s u n t*, quando ad caelorum regnum perducti, *o m n i b u s   t r i b u l a t i o n i b u s* probantur exuti.

107,18 A 296: Altus est Deus, *h u m i l i s* sit Christianus. Si uult ut altus Deus uicinetur illi, ille *h u m i l i s* sit.

C 301: Dominus enim altissimus attingi non potest, nisi per humilitates uidelicet inclinatas;

107,20 C 302: *M u l t a e* reuera *t r i b u l a t i o n e s* sunt *i u s t o r u m*, quia eos et diabolus ualidius insequitur, et homines per inuidiam frequenter affligunt. ... *i u s t u s* uero et propriis passionibus affligitur et aliis caritate compatitur.

107,26 C 302: *O s s a* dixit fidelium firmitatem, id est, patientiam et mansuetudinem ceterasque uirtutes, quae perire in sanctis nequeunt, quia Domino custode seruantur. Ipsa sunt enim quae comminui non possunt, quamuis corporea *o s s a* frangantur. Nam si ad litteram consideres, non minima quaestio uidetur oboriri; quomodo enim latronis illius *o s s a* cui Dominus dixerat: *Hodie mecum eris in paradiso* (Luc. 23,43), *n o n   s u n t   c o n t r i t a*, quae a militibus leguntur esse confracta; ...? Sed hoc omne naeuum dubietatis excludit, si *o s s a* uirtutem fidei et robur animae sentiamus.

A 297: Dominus erat in medio crucifixus; iuxta illum duo latrones erant: unus insultauit, alter credidit; unus damnatus est, alter

---

16 R 72[ra]: id est, facilis exauditio ad preces eorum, iuxta quod scriptum est: *Cum*, inquit, *ad me clamauerint, dicam: Ecce, adsum* (vgl. Isai. 58,9).

iustificatus est; ... et tamen illi qui uenerant, Domini ossa non fregerunt, latronum [298] autem fregerunt; ... Vbi est ergo quod dictum est: *D o m i n u s ... c o n t e r e t u r* ? ... Respondet tibi Dominus: Immo custodiui; nam firmamentum fidei ipsius frangi non potuit illis ictibus quibus crura sunt fracta.

108,5 C 302: Reuera *p e s s i m a*, quoniam eam aeterna poena[17] comitatur. ... Scilicet in inferno, ubi recepti poenas [303] patiuntur aeternas. A 298: Vides foris iacentem in lecto, numquid uides intus raptum ad gehennam?

108,7.9 A 299: quem *i u s t u m*, nisi Dominum Iesum Christum, ...? Qui ergo hunc *o d e r u n t mortem pessimam* habent, quia in peccatis suis moriuntur, qui per eum Deo nostro non reconciliantur.

108,11 A 299: Iste est modus humanae iustitiae, ut uita mortalis quantumlibet proficiens, quia sine delicto esse non potest, in hoc *n o n d e l i n q u a t*, dum *s p e r a t* in eum, in quo est remissio delictorum.

P s a l m   34

108,13 Br 979 B: uox Christi in passione, et uox Ecclesiae in tribulatione. A 300: Ergo uocem eius audiamus, nunc corporis, nunc capitis. Est enim psalmus iste inuocans Deum contra inimicos in tribulationibus huius saeculi; et utique ipse est Christus, tribulato tunc capite, tribulato nunc corpore;

108,16 C 305: ... *n o c e n t e s*, id est, diabolus cum ministris, ...

108,18 A 301: *A d p r e h e n d i s* enim animam meam, et debellas inimicos meos. ... Quid est ipsa anima nostra, aut quid potest, nisi Deus illam teneat et pugnet de illa? ... Ecce animam iusti dixit frameam Dei, ... Ergo quidquid uult, facit de anima nostra. Cum in manu eius est, utatur ea quemadmodum uult. ... [302] ... *E x s u r g e* ergo quid est? Innotesce, appare, sentire.

C 305: *s c u t u m* ad repellendos ictus inimici, ut frustrata tela cadant, quae fuerant in exitium hominis destinata.

108,22 C 306: *E f f u n d e* ergo *f r a m e a m*, id est, animam meam dilata munere tuae pietatis indulto.

---

17 CSg: aeternam poenam

A 302: Quomodo *e f f u n d i t   f r a m e a m* ? (Quoniam iam audiuimus quid sit *f r a m e a* ipsius; anima enim iusti est.) Abundent iusti, et *e f f u n d i t u r   f r a m e a,*[1] *et concluditur aduersus* inimicos. ... *c o n c l u s u m   e s t   a d u e r s u s* eum, quia[2] quod loquatur aduersus sanctos, non potest inuenire.

109,1 A 303: Maxime suggeritur humano cordi ab inuisibiliter *expugnantibus* inimicis, quia[3] Deus nobis non est adiutor; ut requirentes alia adiutoria, inueniamur inualidi, et ab inimicis ipsis capiamur. ... Contra istas uoces quid hic dicitur? *D i c ... s u m.*

109,4 C 306: Hic iam ubi uenit ad homines, non maledictio funditur sed correctio postulatur. *C o n f u n d i* est facta sua erubescere et in meliorem sententiam commutare;[4] ... Sed ut hoc magis ad conuersionem intellegere debuisses, addidit: *R e u e r e a n t u r*, id est, emendati colant, quem persequendum esse putauerant. ... *I n q u i r e n t e s   a n i m a m   m e a m*, in malam partem dicitur; qui sic quaerunt, ut eam non uenerari uelint sed a corpore segregare festinent. ... *Q u i   c o g i t a n t   m i h i   m a l a*, siue de Iudaeis siue de haereticis siue potest accipi de paganis.

109,7 A 305: Non praecedant, sed sequantur; ... Nam Petrus praecedere uoluit Dominum, ... [306] ... Et ille quid? *Redi retro, Satana* (Matth. 16,23). Praecedendo satanas es, sequendo discipulus eris. ... Cum enim coeperint *r e t r o r s u m* sequi, iam non *c o g i t a b u n t   m a l a*, sed desiderabunt bona.

109,13 A 306: Non sic impii, non sic, sed tamquam puluis quem proicit uentus a facie terrae (vgl. Ps 1,4). *V e n t u s* temptatio est, *p u l u i s* iniquus. Quando uenerit temptatio, tollitur *p u l u i s*, nec stat, nec restitit.

109,15 C 306: *P u l u i s* terrena quidem, sed nimis arida tenuisque substantia est, quae *u e n t o* flante in sua sede manere non sinitur, sed in auras liquidas eleuatur. [307] Ita uoluntates peccatorum, cum ueritatis fuerint inspiratione commónitae,[5] a terrenis uitiis subleuantur et ad uirtutes aethereas, praestante Domino, perducuntur.

---

1 CSg: effundet frameam
2 CSg: qui
3 CSg: nisi quia
4 CSg: commutari
5 CSg: communitae

109,17 C 307: Iste ergo *a n g e l u s* conuersos affligit, ut in illam patriam felicem humilitatis munere perducantur.[6]

109,19 A 306: In ipso capite nostro adtendite, hoc fecerunt Iudaei, ...
[307] ... Quid est: *g r a t i s* ? Quibus nihil mali feci (~C 307), quibus nihil nocui.

Br 980 C: *G r a t i s*, id est, sine causa, tam Iudaei Christum, quam persecutores Ecclesiam. - Vgl. C zu 109,4.

109,21 A 307: Quid est: *u a n o* ? Falsa[7] dicentes, nihil probantes.

C 307: Nam quod sequitur, *u a n e ... m e a m*, significat false accusauerunt, quando iudaicus populus Domino Saluatori dicta ueracia quasi crimen aliquod imputabant. Clamabant enim uesani mendaciter: *Hic est qui dicebat, destruam templum hoc* (Matth. 26,61); cum ille dixerit: *Destruite templum hoc, et in triduum aedificabo illud* (Ioh. 2,19).

110,2 C 308: Pia retributio, uindicta salutaris; ut quia illi *l a q u e u m* parauerant, qui credebatur posse nesciri, in illam tendiculam incidant quam sensus peccatoris *i g n o r a t*; scilicet ut nexu ueritatis astricti reddantur potius absoluti. ... Quae est illa *c a p t i o*, nisi mors Domini Saluatoris, quae occultis machinata probatur insidiis? *A p p r e h e n d a t   e o s*, quasi fugientes protinus consequatur et illud totum efficiat, ne derelicti suis sceleribus obruantur.

110,6 A 308: Quid enim melius Deo dabitur mihi?[8] ... Ecce proposuit, pete quod uis. ... [309] ... Ipsum pete qui fecit, et in illo et ab illo[9] habebis omnia quae fecit.

110,9 C 308: *O s s a* nec sensum nec uocem habere manifestum est, sed ... fortitudo animi et constantia mentis debent intellegi. Quae merito *o s s i b u s* comparantur, quia sicut illa corpus continent, ita et haec sanctas corroborat uoluntates. ... Multum quippe est creatura a Creatore dissimilis.

A 309: Terrena mihi ostenduntur, tu terrae creator es. Et hinc forte aduertunt ad superiorem creaturam, et dicunt mihi: Cole lunam, cole istum solem, qui luce sua, tamquam magna lucerna, de caelo efficit

---

6 R 74[ra]: Potest et de *a n g e l o* illo magni consilii intellegi, qui *c o a r t a t* ad paenitentiam plurimos ut saluentur (vgl. A zu 105,23).
7 CSg: falsum
8 CSg: dicit *statt* dabitur mihi
9 CSg: et ab illo *fehlen*.

diem. Et hic plane dico: *D o m i n e , q u i s   s i m i l i s   t i - b i*? Lunam et stellas tu fecisti, solem diei [310] tu accendisti, caelum tu composuisti. ... Sed forte et hic dicitur mihi: Angelos cole, angelos adora. Et hic dicam: *D o m i n e , q u i s   s i m i - l i s   t i b i*? Et ipsos angelos tu creasti. ... Vbi est ergo hoc quod dictum est: *Custodit Dominus omnia ossa eorum, unum ex his non conteretur* (Ps 33,21), nisi quia *o s s a* dicuntur in corpore Domini omnes iusti, firmi corde, fortes, ...? ... [311] ... Dic ergo inter *o s s a* Christi: *D o m i n e , q u i s   s i m i l i s   t i b i*?

110,14 C 309: In isto uersu exposuit quod superius dixit: *Quis similis tibi*? Nam cum diabolus manu sua teneret paene totum genus humanum, de illa potestate qua tenebatur obnoxium, constat incarnatione Verbi fuisse liberatum. ... *p a u p e r*, quoniam de illa sapientia et puritate deiectus, solam tenuem et umbratilem ratiunculam possidebat.

110,19 C 309: ... nunc propriam commemorat passionem. ... *I g n o r a t* enim Dominus blasphemare, ...

A 312: Quid ergo *i g n o r a b a s ? I g n o r a b a t* peccatum; et hoc peccatum *i g n o r a b a t*, non quasi non iudicando, sed non committendo. ... [313] ... Quid sic *i g n o r a b a t* Christus, quam blasphemare? Hinc *i n t e r r o g a b a t u r* a persecutoribus, et quia uerum dixit, blasphemasse iudicatus est.

110,25 A 313: Ego adtuli fecunditatem, ipsi *r e t r i b u e b a n t   s t e - r i l i t a t e m*; ego uitam, ipsi mortem; ego honorem, ipsi contumelias; ego medicinam, ipsi uulnera; et in his omnibus quae *r e - t r i b u e b a n t*, utique *s t e r i l i t a s* erat. Hanc *s t e - r i l i t a t e m* in arbore maledixit, ubi fructum cum quaereret non inuenit (vgl. Matth. 21,19; Marc. 11,13-14). (~C 310)

111,3 A 314: *C i l i c i u m* fortasse appellat carnis suae mortalitatem. ... Hoc *c i l i c i o* se *i n d u i t* Dominus; et ideo non est agnitus, quia sub *c i l i c i o* latitabat.

111,5 A 315: Quid esuriuit, quid sitiuit Christus, nisi bona opera nostra? In illis enim crucifigentibus et persequentibus, quia nulla bona opera inuenerat, ieiunabat; *retribuebant* enim *sterilitatem animae ipsius*.

C 310: *Sterilitas* quoque *animae* fuit, quando Magister bonus in ipsis fructum fidei reperire non potuit; ... Haec enim fuit *sterilitas animae* ipsius, quod et *i e i u n i u m*. ... Ieiunauit ergo Dominus, quia se ei incredula turba subtraxerat.

111,9 A 316: hoc intellego dictum, quia in *s i n u* suo habebat Patrem. ...
In se habebat quem deprecaretur; non erat ab illo longe, quia ipse
dixerat: *Ego in Patre, et Pater in me est*[10] (Ioh. 14,10).

111,11 C 311: ... sed hic mutatus est nominum casus; pro ablatiuis enim accusatiui sunt positi. Quae figura dicitur antiptosis, quando casus
pro casu ponitur. Dicit enim *s i c u t* de *p r o x i m o, s i c u t*
de *f r a t r e n o s t r o, i t a* mihi *c o m p l a c e b a m*; id
est, de eorum affinitate gaudebam, qui me hostiliter insequebantur.

111,16 C 311: Illa Domini sanctitas et impensa caritas quam docebat, quamuis *sicut fratres* et *proximos* se Iudaeos dilexisse testetur, *c o n-
t r i s t a t u m* se tamen iuste commemorat, quia in cunctis fidem
inuenire non potuit, quam magnopere quaerebat.

111,18 A 317: Illi laeti, ego tristis. Sed modo audiuimus in euangelio:
Beati qui lugent (Matth. 5,5). Si beati qui lugent,[11] miseri qui
rident. (~C 312)

111,21 A 317: Quoniam *quae ignorabam interrogabant me, e t* ipsi *i g n o-
r a u e r u n t* quem *interrogarent* (vgl. v. 11).
C 312: quia in Dominum suum tormenta praeparabat, quae in ipsos
erant iustitiae compensatione reditura. Hoc est enim quod dicit: *E t
i g n o r a u e r u n t,* ...

111,23 C 312: *D i s s o l u t i s u n t* utique, cum passione Domini sol
tenebras accepit, terra contremuit, uelum templi scissum est; et cum
haec tanta fuerint ostensa miracula, non sunt tamen conuersi faciente duritia.
WS 144[a]: Domino enim in cruce pendente, cum elementa suum quodammodo
[144[b]] flerent auctorem, persecutores eius *d i s s i p a t i s u n t*
potius obstinata duritia quam *c o m p u n c t i* ad paenitentiam;

111,25 Zum Bibelzitat vgl. Matth. 27,40.42 (~A 319, zu v. 21)

112,1 A 317: Id est, irriserunt me, insultauerunt mihi: ...

112,5 C 312: Sed hoc totum ad magnam humani generis aedificationem refertur, ne membra sibi existiment onerosum pati, quod caput suum sustinuisse cognoscunt.

112,7 C 312: *Q u a n d o r e s p i c i e s*? pro consuetudine infirmitatis humanae dicitur, cui morosum uidetur quodcumque futurum est,
[313] quae mox ut cupit aliquid, festinat implere.

---

10 CSg: *fehlt.* (!)
11 CSg: Si *bis* lugent *fehlen -- durch homoioteleuton?*

A 318: Nobis enim tardum est, et ex persona nostra hoc dictum est: *Quando respicies*? id est, quando uidebimus uindictam de his qui nobis insultant?

112,10 C 313: *Restitue* uero dixit, quasi ereptam redde; hoc est, praesta resurgere *a malefactis*: quia iniuste probatur occisus.

112,12 A 318: id est, Ecclesiam meam a saeuientibus potestatibus.

C 313: *A leonibus* enim, a potestatibus cruentis atque crudelibus significat. *Vnicam*, quidam carnem Domini aduertere uoluerunt, quae licet sit ista communis, *unica* tamen facta est, quia de Virgine, quia sine peccato, quia sociata est Verbo, hoc est Filio Dei. Siue *unicam*, catholicam Ecclesiam intellegamus, ...

Br 983 B: *Vnicam meam*, quia *unica* fuit anima Christi, sine peccato, ...[12]

112,15 A 318: Fit enim confessio in omni multitudine, sed non in omnibus Deus laudatur; ... In ista enim omni multitudine, id est, in Ecclesia, quae toto orbe terrarum diffusa est, palea est et frumentum; palea uolat, frumentum manet; ideo *in populo graui laudabo te. In graui populo*, quem uentus temptationis non aufert, in his Deus *laudatur*. Nam in palea blasphematur semper. Quando palea nostra adtenditur, quid dicitur? Ecce quomodo uiuunt Christiani, ecce quid faciunt Christiani; et fit quod scriptum est: *Quoniam nomen meum per uos blasphematur in gentibus* (Isai. 52,5; Rom. 2,24). (~C 313)

112,22 A 318: *Insultant* enim mihi de palea mea.

C 313: *Insultant* haeretici, quando aliquos de numero fidelium sancta perdit Ecclesia; *aduersantur inique*, quando de pereuntium errore laetantur.

112,24 C 313: ... *gratis*; hoc est quibus nihil nocui. (=A 318) Inaniter siquidem exsecratur, cui laesionis causa nulla praemittitur.

112,25 A 318: *Et annuentes oculis*, [319] hoc est, hypocritae simulati. ... Pronuntiantes uultu quod in corde non gestant.

C 313: *Annuentes* autem *oculis* dixit, quod solet fieri quando uoluntatem nostram [314] tacita et dolosa significatione declaramus; et ubi uoce prodi nolumus, oculorum quempiam nutibus commonemus.

---

[12] R 76rb: *Vnica* autem uocatur anima Christi quia unice ex uirgine nata, unice conuersata, singulariter resurrexit, singulariter caelos ascendit.

113,2   A 319: Primo ... blandientes pacifica loquebantur, et super iram do-
        lose cogitabant. Quae pacifica loquebantur? *Magister, ... Licet dare
        tributum*[13] *Caesari,*[14] *an non licet?*[15] (vgl. Matth. 22,16-17) (~C 314)

113,6   C 314: *D i l a t a u e r u n t* utique *o s   s u u m* quando clamabant:
        Crucifige, crucifige (Luc. 23,21; Ioh. 19,6); (=A 319) iam non *annuen-
        tes oculis,* non dolose cogitantes sed aperta et libera uoce damnantes.

113,7   C 314: Sequuntur uerba lethaliter laetantium Iudaeorum; ac si dice-
        rent: bene, bene[16] uidemus de te quod desiderabamus efficere; ut dis-
        suasor plebis cum latronibus in cruce penderes.

113,11 A 319: Quid est: *n e   s i l e a s* ? Iudica. ... Quid ergo? *S i l e t*
        a iudicio, ... id est, quia non *s i l e b i s,* quia necesse est ut
        iudices.

        C 314: *N e   s i l e a s,* id est, non differas dare sententiam, ...
        Nam quod dicit, *n e   d i s c e d a s   a   m e,* a parte[17] accipiendum
        est humanitatis, quae subiacuit passioni.

113,15.18 A 320: Cui *i u d i c i o* ? Quia tribulatus es, quia laboribus et
        doloribus cruciatus es? Nonne ista etiam multi mali patiuntur? Ideo
        iustus, quia ista pateris? Non! Sed quid? *I u d i c i o   m e o.* ...
        Non in poenam meam, sed *i n   c a u s a m   m e a m*; non in id quod
        mecum habet latro commune, sed in illud quod *beate qui persecutionem
        patiuntur propter iustitiam* (Matth. 5,10). Haec enim *c a u s a* dis-
        creta est. Nam poena similis est bonis et malis. Itaque martyres non
        facit poena, sed *c a u s a.* (~C 315)

        Br 984 B: *I n t e n d e   i u d i c i u m   m e u m,* quia par est poena,
        et dispar est culpa; id est, quando cum illis latronibus pendebat,
        quia ipse innocens pendebat.

113,21 C 315: Sed quae est ista *c a u s a* quae a Deo petebatur *i n t e n-
        d i* ? scilicet ut qui dare uenerat salutem humano generi, ab insanis
        et perfidis probaretur occidi.

113,25 C 315: *E t ... m e i*: scilicet ne dicant quod insultantium potest ha-
        bere nequitia, id est, potuimus, fecimus, egimus; sed precatur ut ma-
        la sua potius salutariter tristes defleant, quam se exitialiter imples-
        se congaudeant.[18]

---

13 CSg: dari censum (!)
14 CSg: caesari (*das erste a durch Unterstreichung getilgt*)
15 CSg: fehlt (*ausradiert*). (!)
16 CSg: bene *nur einmal.*
17 CSg: aperte
18 R 77rb: ... ostende me esse iustum et innocentem, faciens me tertia die
   resuscitari. *V t   n o n   s u p e r g a u d e a n t   m i h i* qui gaudent
   modo me comprehendisse et morti tradidisse. *N o n ... e u g e,* id est, *n e
   i n s u l t e n t   m i h i* et gaudeant super me, ...

113,25; 114,2 A 321: *E t   n o n   ...   n o s t r a e*, id est, fecimus quod potuimus, occidimus, abstulimus.

C 315: ... *E u g e, e u g e*, id est, bene, bene. Verba sunt enim ista scelerata mente laetantium, ... O ingens et immensa pietas Creatoris! non patitur eos laetos temporaliter relinqui, ne debeant aeterna calamitate percelli.

114,4 A 321: Hoc enim *a b s o r b e s*, quod in corpus tuum traicis. (~C 315) ... Tu *a b s o r b e* corpus paganorum. Quare corpus paganorum? Vult te *a b s o r b e r e*, fac illi quod uult tibi facere.

114,8 C 316: Hic autem addidit *e t   r e u e r e a n t u r   s i m u l*, ut conuersionis eorum indicia declararet. *R e u e r e n t i a* est enim Domini timor cum amore permixtus; quod illis prouenit qui uoluntate sincerissima confessionis munera consequuntur.

114,11 C 316: Quasi quodam cilicio paenitentiae, quasi ueste lugubri. *P u d o r e m* contra audaciam ponit, quam habuerunt furentes; *r e u e r e n t i a m* contra impudentiam falsitatis, ut duabus uirtutibus curent, quod duobus commisere criminibus.

114,15 A 321: *E x u l t e n t ... m e a m*, qui haeserint corpori meo.

114,17 C 316: Persecutores enim solent dicere: *Euge, euge, animae nostrae*, ... Quod autem dixit, *s e r u i   e i u s*, ad humilitatis respicit formam: quia in assumpta carne humilitas est, in maiestate uero potentia. Sic utrumque perfectum atque uerissimum, unus est Dominus Christus.

114,20 C 316: *L i n g u a* ipsius *m e d i t a t a   e s t   i u s t i t i a m*, quando Nouum Testamentum populis praedicauit.

P s a l m   35

114,22 C 317: Haec omnia nomina bene intelleguntur de Domino Saluatore. Nam et *i n   f i n e m* ipsum significat. Et *s e r u o   D o m i n i* de ipso dicitur qui *formam serui accipiens, factus est oboediens usque ad mortem* (Phil. 2,7-8); sicut Isaias propheta de ipso dicit (42,1): *Ecce seruus meus, suscipiam eum*.

115,2 C 317: Totus psalmus a persona prophetae dicitur.

A 323: Sed numquid qui proponit *d e l i n q u e r e*, publice hoc dicit, et non *i n   s e m e t i p s o*? Quare *i n   s e m e t i p s o*? Quia homo illum non uidet.[1] (~C 318)

115,5 A 323: *A n t e   o c u l o s   t i m o r* hominum *e s t.* ... Discedit autem a conspectu homìnum; quo? Ad semetipsum! ducit se intro, et nemo illum uidet; ubi meditatur dolos et insidias et delicta, nemo uidet. Posset nec ibi apud se meditari, si cogitaret quia Deus illum uidet; ... Sed *n o n   e s t   t i m o r   D e i* in conspectu *e i u s.*

115,8 A 323: Iste sic *e g i t* ut non inueniret. Sunt enim homines qui quasi conantur quaerere *i n i q u i t a t e m   s u a m*, et timent illam *i n u e n i r e*; ... Nunc autem multi *d o l o s e   a g u n t, u t   i n u e n i a n t   i n i q u i t a t e m   s u a m*, id est, non ex animo *a g u n t   i n u e n i r e   e t   o d i s s e.* Sed quia in ipsa inquisitione dolus est, in inuentione defensio *i n i q u i t a t i s* erit. Cum enim *i n u e n e r i t   i n i q u i t a t e m*, ecce iam manifestum est illi, quia *i n i q u i t a s* est. Noli illam facere, inquis. Et ille qui *d o l o s e   a g e b a t   u t   i n u e n i r e t*, iam *i n u e n i t*, et non *o d i t*; quid enim dicit? Quam multi hoc faciunt, et quis hoc non facit?

115,15 A 324: Videtis quia uoluntati illud tribuit, quia sunt homines qui uolunt *i n t e l l e g e r e* et non possunt; sunt autem homines qui *n o l u n t   i n t e l l e g e r e*, ideo non intellegunt.

115,17 A 324: Quid dixit: *i n   c u b i l i   s u o* ? ... quod dixit superius (v. 2): *in semetipso*, hoc hic dixit: *i n   c u b i l i   s u o.   C u b i l e* nostrum est cor nostrum.

115,23 A 326: Munera Dei partim temporalia sunt atque terrena, partim aeterna et caelestia; qui propter hoc colit Deum, ut terrena ista atque temporalia accipiat, quae omnibus praesto sunt, quasi adhuc ut pecus est; utitur quidem *m i s e r i c o r d i a* Dei, sed non illa quae excepta est, quae non dabitur nisi solis iustis, sanctis, bonis. Quae sunt munera quae omnibus abundant? Qui solem suum oriri facit super bonos et malos (vgl. Matth. 5,45), ... Quis non habet istam *m i s e r i c o r d i a m* Dei, primo ut sit, ut discernatur a pecoribus, ut rationale sit animal, qui possit Deum intellegere, deinde frui ista luce, isto aere, pluuia, fructibus, diuersitate temporum, solatiis terrenis, salute corporis, affectu amicorum, salute domus suae? ... [327] ... id est, *m i s e r i c o r d i a* quaedam quam

---

1 R 77[va]: *D i x i t*, id est, statuit in corde suo et decreuit apud se, *u t   d e l i n q u a t.*

donas sanctis tuis, caelestis² est, non terrena; aeterna est, temporalis non est.²

115,26 C 319: ... hic tamen specialiter *in caelo* dicit, id est, in caelestibus creaturis et sanctis hominibus, ubi copiosius dona manauerunt.

116,2 A 327: Nam quis posset nosse caelestem *misericordiam* Dei, nisi annuntiaret Deus hominibus? Quomodo illam annuntiauit? Mittendo *ueritatem* suam *usque ad nubes*. Quae sunt *nubes*? Praedicatores uerbi Dei. ... Missi sunt enim praedicatores apostoli. (~C 319f.)

116,4 C 320: *Iustitia tua* beatos dicit apostolos, qui capaces Domini *iustitiae* deuotis sensibus exstiterunt;

A 328: Qui sunt *montes Dei*? Qui dicti sunt *nubes*, ipsi sunt et *montes Dei*: magni praedicatores, *montes Dei*. Et quomodo, quando oritur sol, prius luce montes uestit, et inde lux ad humillima terrarum descendit, sic quando uenit Dominus noster Iesus Christus, prius radiauit in altitudinem apostolorum, prius illustrauit montes, et sic descendit lux eius ad conuallem terrarum. (~C 320) ... [329] ... *Iustitia tua sicut montes Dei*, id est, *montes* implentur *iustitia Dei*.

116,9 C 320: *Abyssus* est enim profunditas aquarum, quam nec metiri, nec intrinsecus ex toto uidere praeualemus. ... sicut apostolus dicit: *Quam incomprehensibilia sunt iudicia eius, et inuestigabiles uiae ipsius!* (Rom. 11,33) ... *Abyssus*, id est, profunditas quae non ualet apprehendi.

Br 986 C: *Abyssus multa*, iudicia Dei occulta, quia unum reprobat, et alium assumit, sicut dixit: *Iacob dilexi, Esau odio habui* (Mal. 1,2-3; Rom. 9,13).

116,14 A 330: *Multiplicata est misericordia tua, Deus*, ut non solum hominibus, sed et iumentis detur, quae datur hominibus, ista carnalis et temporalis salus. ... [331] ... Etenim Adam homo erat, sed filius hominis non erat; ideo illi pertinent ad Adam qui desiderant carnalia bona, et salutem istam temporalem.

116,19 A 331: Quando portamus imaginem terreni hominis, homines sumus; quando portamus imaginem caelestis hominis, *filii hominum* sumus,

---

2 CSg: caelestis est, non temporalis (*danach Rasur*) *statt* caelestis *bis* non est.

quia Christus Filius hominis dictus est. ... Hortamur illos ut *f i-
l i i* sint *h o m i n u m*, qui *s u b   t e g m i n e   a l a r u m*
eius *s p e r e n t*, et *misericordiam* illam desiderent, quae *in caelo*
est, ... [332] ... Erant ibi qui nonnisi carnalia desiderarent et
terrenam ac temporalem felicitatem.

116,23 A 333: uidit quid diceret, quia cum accepta fuerit illa ineffabilis
laetitia, perit quodammodo humana mens, et fit diuina, et *i n e-
b r i a t u r   a b   u b e r t a t e   d o m u s* Dei.

C 321: Sic ista caelestis ebrietas memoriam intercipit saecularium
rerum et carnalia ita facit a mente discedere, ... *a b   u b e r t a-
t e   d o m u s   t u a e*, id est, ab enthecis spiritalibus[3] sanctae
matris Ecclesiae. Ipsa est enim *d o m u s* quae ... sic uniuerso mundo sufficit, ut plena semper exuberet.

117,1 C 321: *T o r r e n t e m* uero diximus esse fluuium uelocem, qui subita pluuiarum inundatione descendit. Cui bene comparatur sapientia
Christi, quia et subita est, et ita rapida, ut ad finem quem uult
sine aliqua tarditate perueniat.

A 333: *T o r r e n s* dicitur aqua ueniens cum impetu.

117,5 A 333: Quo ergo *f o n t e* irrigaberis, et unde currit tantus *torrens
uoluptatis* eius? ... Quis est *f o n s   u i t a e*, nisi Christus? ...
satiabit sperantem, qui irrorauit sitientem.

117,7 C 322: Vnde uersus iste merito de Saluatore dicit: *I n ... l u m e n*,
Patris scilicet, et Spiritus sancti, ...

117,8 Vgl. im *Credo* der Messe: *Credo in unum Deum, Patrem omnipotentem*, ...
Et in unum Dominum Iesum Christum, Filium Dei unigenitum. ... *Deum de
Deo, lumen de lumine, Deum uerum de Deo uero*. - Notker hatte schon
in seiner Übersetzung des Martianus Capella, Buch 2, Kap. 43, den
Kommentar des Remigius: *Flos ignis filius dei lux de luce* durch "daz
lîeht . fone lîehte chómenez . táz chît filium dei" (S./St. 212f.)
wiedergegeben.

117,10 C 322: *P r a e t e n d e*, dixit, id est, praeroga, praesemina, longe
lateque diffunde;

Br 987 C: id est, qui *t e   s c i u n t* et te intellegunt, ipsis
ostende *m i s e r i c o r d i a m   t u a m*, Domine.

117,12 A 334: Voluntas Dei est aliquando ut sanus sis, aliquando ut aegro-
tes; si quando sanus es, dulcis est uoluntas Dei, et quando aegrotas,

---

3 CSg: spiritalis

amara est uoluntas Dei. Non *r e c t o   c o r d e* es. Quare? Quia non uis uoluntatem tuam dirigere ad uoluntatem Dei, sed Dei uis curuare ad tuam. Illa *r e c t a* est, sed tu curuus;

117,17 C 322: Orat ut gressu mentis a iusto tramite non recedat, ne in superbiam erectus cadat qui tutissima humilitate constiterat. Nec uacat quod *p e d e m* hic sin-[323]gulari numero posuit: certum est enim in uno nos *p e d e* continue stare non posse: qui conuenienter *s u p e r b i a e* datus est, quoniam elatum hominem diutius non praeualet continere.

117,20 A 335: Si enim uenerit *pes superbiae*, *m o u e t   m a n u s   p e c c a t o r i s*. Quae est *m a n u s   p e c c a t o r i s* ? Male suadentis operatio. ... id est, opera *p e c c a t o r i s* non me dimoueant a te, ut imitari illa uelim. (~C 323)

117,22 C 323: Hoc enim maximum constat esse peccatum, unde angelus *c e c i d i t*, per quod Adam a paradiso probatur exclusus. ... *I b i*, ubi superius dixit, in *pede* scilicet *superbiae* et praua suasione nequitiae. ... In illo enim *pede* non staturus, sed *c a s u r u s* innititur.

A 335: ubi primo *c e c i d e r u n t* ? In *pede superbiae*. ... [336] ... Prior ille qui in ueritate non stetit, deinde per eum illi quos dimisit Deus de paradiso.

P s a l m   36

118,8 C 326: Sequitur *f a c   b o n i t a t e m*, quia, sicut legitur, *fides sine operibus mortua est* (Iac. 2,20).

118,10.14 A 341: *T e r r a* enim Domini Ecclesia eius est; ... *D i u i t i a e   e i u s* Dominus eius, *d i u i t i a e   e i u s* Deus eius. ... Ipse est ille de quo dicitur: *Dominus pars hereditatis meae et calicis mei* (Ps 15,5). ... *Beati enim mundi corde, quoniam ipsi Deum uidebunt* (Matth. 5,8).

C 326: *I n h a b i t a   t e r r a m*; hoc est, in sanctae Ecclesiae uisceribus perseuera, ... *P a s c e r i s*, ad saturitatem pertinet et ad suauitatem perennem. *I n   d i u i t i i s   e i u s*, id est, in Christi Domini contemplatione, qui solus inaestimabile praemium probatur Ecclesiae.[1]

---

[1] R 81rb: *e t   d a b i t ... t u i*, id est, seipsum quem mens tua petit solum, ...

118,15 A 341: Indica illi quid patiaris, ... Quid enim pateris? *Caro concupiscit aduersus spiritum, et spiritus aduersus carnem* (Gal. 5,17).

C 326: R e u e l a u i t enim Paulus apostolus u i a m   s u a m, quando dixit: *Caro ... carnem.*

118,20 A 342: Modo enim abscondita est i u s t i t i a   t u a; in fide res est, nondum in specie.² Aliquid credis ut facias, nondum uides quod credis. Cum autem coeperis uidere quod credisti, e d u c e t u r i n   l u m i n e   i u s t i t i a   t u a; quia i u s t i t i a t u a erat fides tua. Iustus enim ex fide uiuit (vgl. Habac. 2,4; Rom. 1,17; Gal. 3,11).

118,21 Br 989 A: *Tunc enim iusti fulgebunt sicut sol in regno Patris eorum* (Matth. 13,43), *et erunt clara omnia quae nunc abscondita sunt.*(= HC 206) Die zweite Hälfte dieses Satzgefüges dürfte das bei N vorhergehende Bibelzitat (I Cor. 4,5) angeregt haben.

118,25 A 342: Hoc est clarum l u m e n. ... Iudicas tamen tu magis sequi Christum promittentem quod non uides, quam impium reprehendentem credidisse te quod nondum uides. Et hoc est i u d i c i u m   t u u m; et quale sit i u d i c i u m   t u u m, adhuc non apparet; in isto saeculo quasi nox est. Quando ergo e d u c e t   i u d i c i u m   t u u m uelut m e r i d i e m ? (~C 327:) Cum Christus apparuerit uita uestra, tunc et uos cum ipso apparebitis³ in gloria (vgl. Col. 3,4).

119,7 A 343: V i a uero impiorum felicitas transitoria; finita u i a, peracta est felicitas. Quare? Quia u i a illa lata est, finis eius in profundum inferni perducit. V i a uero tua angusta est, et pauci ingrediuntur per eam (vgl. Matth. 7,13-14); sed ad quam latitudinem perueniant debes cogitare.

119,10 A 343: Nescis quo te prouocet i r a ista? Dicturus es Deo quia iniquus est, illuc pergit. Ecce ille quare felix est, et ille infelix est? ... Si felicitatem saeculi huius tibi promisit Christus, murmura aduersus Christum, ... quando uides infidelem felicem.

C 328: D e s i n e illi dicit qui ... inflammatus ira et indignatione blasphema uerba profundit; ut sibi felicitatem negatam saeculi conqueratur, quam habere pessimos contuetur.

119,12-13 C 328: Nequitiam ueteres definierunt uoluntariam esse malitiam, ...

---

2 CSg: specta (*Versuch, zu* specie *zu verbessern*)
3 CSg: apparebitis cum ipso (!)

E x t e r m i n a r i est foras terminos proici, id est, ab illa Dei ciuitate fraudari.

119,17 C 328: scilicet qui despiciunt felicitatem impiorum, nec sibi uolunt munera praesentia condonari, sed expectant Domini Saluatoris aduentum. ... *P o s s i d e b u n t   t e r r a m*, hoc est, ciuitate Domini futura potientur, quam iustis uiris diuina pietas pollicetur.

A 344: Quam *t e r r a m*, nisi illam Ierusalem, ...?[4]

CSg 27,157: Qui uero econtra *s u s t i n e n t   D o m i n u m, i p s i* hereditate possidebunt *t e r r a m* uiuentium. (~Br 989 B)

119,20 C 329: *L o c u m* enim *e i u s* istum mundum significat, quia peccatoribus fauet, proprieque ipsi amicus est; ubi tamquam in domicilio suo delicta uernare manifestum est.

119,22 C 329: *M a n s u e t o s* appellamus manu consuetos, ... qui alienas iniquitates tolerant, ... Hos dicit *p o s s e s s u r o s* Ierusalem futuram, ...

A 346: *T e r r a* est illa de qua saepe locuti sumus, Ierusalem sancta, quae liberabitur de peregrinatione ista, et in aeternum uiuet cum Deo et de Deo.[5]

119,25 C 329: ut semper suauiter sentiatur omne quod est, nec[6] aliquando possit desinere quod *d e l e c t a t*.[7]

120,1 C 329: ... nunc dicit *p e c c a t o r e s* supra [330] *i u s t o s* inuidia faciente torqueri. Diuersa quippe uoluntas *i u s t o* odium parat. Nam quando illum uiderit sceleratus bonis moribus operam dare, ille se credit specialiter accusari: stridet dentibus, fremit animo; et cuius non potest mores subuertere, uitam ipsam protinus conatur auferre. *O b s e r u a b i t*, quasi de occultis insidiis cum dolore respiciet.

A 347: iniustus autem sic odit *i u s t u m*, ut nolit eum esse, non ut bonum uelit esse. Quanto enim bonus est, tanto magis oneri est iniquitati illius. Et laborat quidem, si fieri potest, ut eum iniustum faciat; si autem non potest, de medio tollat, et a suo taedio molestiaque remoueat.[8]

---

[4] R 81vb: ... *t e r r a m*, id est, beatitudinem et felicitatem illam supernam, de qua dicitur: *Portio mea in terra uiuentium* (Ps 141,6).
[5] R 81vb: *T e r r a m*, [82ra] id est, caelestis patriam hereditatis.
[6] CSg: ne
[7] R 82ra: *P a x* nostra uera Christus est, ... cuius infinitae et beatae uisio pacis erit aeterna, ...
[8] R 82ra: *O b s e r u a b i t ... i u s t u m*, id est, insidiabitur, uolens eum decipere, humilem et quemlibet sanctum.

120,4   A 348: Vnde autem *D o m i n u s   i r r i d e b i t   e u m ? Q u o-*
n i a m ... d i e s   e i u s. Acerbus uidetur, cum minatur iusto
nesciens horam sui crastinam; *D o m i n u s* autem uidet, et *p r o-*
s p i c i t   d i e m   e i u s. Quem *d i e m* ? Quo reddet unicuique secundum opera sua (vgl. Matth. 16,27).

120,12 C 331: *A r c u m* diximus occultam designare malitiam quae contra in-
nocentissimos parabatur. Sed hanc *c o n f r i n g i* dixit, quia non
erat fidelibus in animae parte nocitura.[9]

120,16 C 331: illud siquidem ad caelorum regna perducit, istud autem demer-
git in tartarum. Hoc argumentum tractum est ex contrariis; contra-
rium est enim *m o d i c u m   i u s t i,* quam *m u l t a e   d i u i-*
t i a e   p e c c a t o r i s.

120,20 A 351: Quia[10] iam [Paulus] dixerat eis quos parturierat in euangelio:
Et ipse impendar pro animabus uestris. Ego enim, inquit, *non solum*
alligari, sed etiam mori paratus sum pro nomine Domini Iesu Christi
(vgl. II Cor. 12,15).

120,23 A 351: Quando patiuntur mala, *u i a s* malas ambulare creduntur ab
ignorantibus, ab his qui non nouerunt uidere *u i a s   i m m a c u-*
l a t o r u m. Ille qui eas nouit, scit per quam rectum ducat mansue-
tos suos.

120,26 C 332: *H e r e d i t a s   e o r u m* est caelestis illa Ierusalem ...

121,1   C 332: *M a l u m   t e m p u s* significat diem iudicci, ... - Zum Bibelzitat vgl. Matth. 15,41.

121,3   A 353: Quid enim facit malus homo cum coeperit tribulari? Foris[11]
nihil habet, ablata sunt omnia, in conscientia nullum solatium est;
... et quaecumque bona sunt corporalia, non possunt consolari intrinsecus, quomodo consolabatur ille plenus sagina interiore, ...
C 332: *D i e s   f a m i s,* tempus huius mundi significant, quando beati esuriunt et sitiunt iustitiam (vgl. Matth. 5,6). ... Ergo in hoc
mundo, ubi iusti[12] possunt esurire, uel quaerere iustitiam *s a t u-*
r a b u n t u r, per scripturas scilicet sanctas, ... quibus epulis
fideles satiat Christianos.

---

9 Am 91: ... ita etiam malitia peccatorum, qua iusto nocere conantur, in
   eorum perniciem reuertatur, quo suis telis et uulneribus trucidentur;
   saepe enim iacula in ipsos qui ea iecerint refunduntur.
10 CSg: qui
11 CSg: tribulari foris?
12 CSg: *fehlt.*

121,7   C 332: In illo siquidem iudicio *p e r i-*[333]*b u n t   p e c c a t o-
         r e s,* ...

121,11   A 354: *F u m u s* a loco ignis erumpens in altum[13] extollitur, et ip-
         sa elatione in globum magnum intumescit; ... [355] ... it in auras
         atque dilabitur, ... Vnde autem resistunt ueritati, nisi inflatione
         tumoris sui, euntes in uentos, extollentes se quasi iustos et magnos?
         C 333: Cur ergo dicit, *m o x* ? Quoniam qui ruinosam altitudinem as-
         cendit, statim a ueritate cadit; quia tunc incipit perire, cum niti-
         tur ruitura conscendere.

121,14   A 355: Quid non reddet? Gratiarum actionem. ... non reddet ei a quo
         accepit, non aget gratias.
         C 333: *M u t u a t u r* etiam quando Dei beneficia diuersa suscipit
         et nullam gratiarum restituit actionem; sed contra proteruus et tam-
         quam nihil acceperit, semper ingratus est. *I u s t i* uero causa
         diuersa est; nam quamuis hic pauca suscipiat, pia deuotione plura
         restituit: largitor[14] in omnibus gratias agens, ...

121,17   A 356: *Q u o n i a m   b e n e d i c e n t e s   e u m   p o s s i d e-
         b u n t   t e r r a m   h e r e d i t a t e*; erunt eius coheredes,
         (~C 334:) in *t e r r a* illa uiuentium,....

121,20.24 A 356: Nam uentum est ad *m a l e d i c e n t e s*, et facti sunt
         benedicentes; et iam sic *d i s p e r i e r u n t   m a l e d i c e n-
         t e s   e u m*, cum eius munere facti sunt *benedicentes*, quem malo suo
         m a l e d i c e b a n t, bono[15] autem ipsius *benedicunt.*

122,2   C 334: *C u m   c e c i d e r i t*, non in peccatum intellegas, quia
         i u s t u m dixit, sed in manibus peccatorum, in casu aspero, qui
         frequenter sanctis (diabolo insidiante) contingit. ... *M a n u m*
         quippe huius, id est, consilium operationemque confirmat.

122,4   A 370: Dominus enim ipse in corpore suo, quod est Ecclesia, *i u-
         n i o r   f u i t*[16] primis temporibus, *e t   e c c e iam s e n u i t.*[16]
         C 334: sed magis introductae uox credatur Ecclesiae, ...[335] ...
         Sed ut omnem nodum contrarietatis euadamus, *i u s t u s   d e r e-
         l i c t u s* non est, sed spiritalibus bonis, non temporalibus, ut
         putatur, auxiliis;

122,7   C 335: *S e m e n* uniuscuiusque hominis operam esse diximus, quam

---

13 CSg: alta
14 CSg: largienter
15 CSg: Malo enim suo maledicebant, bono
16 CSg: fui ... senui

seminat et metit,[17] siue bonam siue malam. Ergo opera iusti pane non indiget, hoc est, uerbo Dei' quo satiatur, quo reficitur, quo intus reuera uiuit et pascitur.[18]

122,12 A 372: Adtende quid facit fenerator. Minus uult dare certe, et plus accipere; hoc fac et tu; da modica, accipe magna. ... Da temporalia, accipe aeterna;

122,15 C 336: Haec [opera] recipitur *in benedictione*, quia seminata est in bona uoluntate. Nam *semen* operam debere intellegi docet apostolus cum dicit: *Qui seminat in carne, de carne metet corruptionem; et qui seminat in spiritu, de spiritu metet uitam aeternam* (Gal. 6,8).

122,17 A 373: Noli tibi putare sufficere, si non exspolias uestitum. Non exspoliando enim uestitum, *declinasti a malo*; sed noli arescere et sterilis esse. Sic noli exspoliare uestitum, ut uestias nudum; hoc est enim *declinare a malo, et facere bonum*.

C 336: sed ideo [Dominus iustos] coronat, quia nudos uestierunt, uisitauerunt infirmos, et esurientes sitientesque pascere delegerunt.[19]

122,23 A 375: Reuera *non dereliquit* tres pueros in camino laudantes, non eos tetigit ignis (vgl. Dan. 3,50); numquid *sancti eius*[20] Machabaei non erant, qui in ignibus defecerunt carne, non fide? (vgl. II Mach. 7,7) ... Visibiliter *non dereliquit* tres pueros, occulte *non dereliquit* Machabaeos.

123,1 C 337: Diuina siquidem miseratio, dum nos mauult gehennae poenas euadere, dignatur saepius admonere.

123,2 A 375: Sed *semen impiorum*, omnia opera *impiorum peribunt*, ...

123,5 A 375: Illa est *terra* uiuentium; haec est autem *terra morientium*, ...

123,7 C 337: *Os* hic cogitationem debemus accipere, ...

123,7.9 A 376: Ecce ille est panis; uidete quam libenter manducet iustus

---

17 CSg: metet
18 Am 117: talis ergo *iuuenis fuit* Dauid, ... *iuuenis fui*, sed sanctificatus, sed propheta in gentibus positus, qui iam possem regni caelestis sacramenta cognoscere et uera praemia considerare iustitiae, ... Postea quoque alibi et usu roboratus et munere adquisiui incrementa sapientae;
19 CSg: diligerunt
20 CSg: et iusti

iste, quomodo uerset in o r e suo s a p i e n t i a m. Et lingua ... in c o r d e i p s i u s. Ne forte putares eum in o r e habere quod i n c o r d e non habet;

123,9 C 338: sed sicut cor m e d i t a b i t u r s a p i e n t i a m, ita l i n g u a l o q u e t u r per cuncta iustitiam.

123,12 C 338: S u p p l a n t a r e enim dicimus plantis foueas praetendere, ne possit incedens firmum reperire uestigium.

A 376: ... liberat a labina[21] uerbum Dei in corde. Tecum est, cuius uerbum a te non recedit.

123,15 A 376: Dicit enim quod in libro Sapientiae dicere praedictum est: *Grauis est nobis etiam ad uidendum, quoniam dissimilis est aliis uita ipsius* (2,15).

123,18 A 377: Caro tradita est in manus persequentium. Non ibi autem dimisit *iustum* suum Deus; de carne capta educit animam inuictam. ... etsi tradatur terra in manus impii (vgl. Iob 9,24), capta terra spiritus euadit; spiritu euadente, et terra resurget.

C 339: Considera quemadmodum ordinem istum futuro saeculo deputauit, ut dicat in potestate inimici *iustum* ulterius non esse tradendum;[22]

123,21 A 377: Cum ergo coeperit audire causam *iusti* sui Deus, ... quando ergo uentum fuerit ad illud iudicium, non e u m d a m n a b i t, etsi ad tempus uideatur d a m n a r i ab homine.

123,23 C 339: ... redit ad *iustum*, consolans eum ...

A 377: Sed quando erit? Noli modo putare: tempus laboris est, tempus seminis est, tempus frigoris est; etsi inter uentos, etsi inter pluuias, semina; noli esse piger: aestas ueniet quae te laetificet, in qua te gaudeas seminasse.

124,2 Vgl. 123,5.

124,3 A 378: Et quam de proximo uidebis: tu eris ad dexteram, illi ad sinistram.

124,7 A 378: quid sequitur?

124,8 A 378: Si autem adhuc carnaliter cogitas, et ista terrena felicitas uera felicitas tibi uidetur, nondum t r a n s i s t i, ...

124,15 A 379: Habeto oculos directos, ut u i d e a s d i r e c t i o n e m; non prauos, quibus malos u i d e s, et distortos, ut distortus tibi et prauus u i d e a t u r Deus, quia fauet impiis et persequitur

---

21 CSg: labia (*durchgestrichen*; *am Rande*: R[equire!])
22 R 84^(vb): Licet ille semper ei nocere quaerat, non tradet eum nec permittet potestati eius.

fideles. Non *u i d e s* quam distortum *u i d e a s*? Corrige oculos tuos *et uide directionem*. Quam *directionem*? Noli ad praesentia adtendere. Et quid *u i d e b i s*?

124,18 A 379: Quid est: *s u n t r e l i q u i a e*? Cum mortuus fueris, non eris mortuus. ... Vnde Dominus: *Qui credit in me*, inquit, *licet moriatur, uiuet* (Ioh. 11,25).

C 341: Reliquum est enim, ut post hanc uitam aeternae beatitudinis praemia consequatur. ... *P a c i f i c u s* autem dicitur, qui in hoc mundo inter discordantes pacem facit, ...

124,21 C 341: Nam sicut iusti post hanc uitam spe maxima gratulantur, ita iniusti finita luce *d i s p e r e u n t*.[23]

124,23 C 341: Pollicitatio firma, custodia fortis, *i u s t o r u m s a l u t e m a D o m i n o*, ...

P s a l m   37

125,3 A 383: quod[1] est hoc *s a b b a t u m*? Cum gemitu enim recordatur. Et cum psalmus legeretur, audistis, et modo cum retexerimus, audietis quantum sit maeror, quantus gemitus, quantus fletus, quae miseria. ... *S a b b a t u m*, requies est. Sine dubio iste in nescio qua inquietudine erat, qui cum[2] gemitu requiem recordabatur.

Al, CSg 55: De illa requie [56] paradisi quam perdidit in Adam, psalmus ostendit ut si accidat infirmitas corporisque fragilitas, non desistat requirere medicinam caelestem.[3] (~579 A)

125,3.9 A 383: Futurum est enim ut quidam *in ira* Dei *emendentur, et in indignatione arguantur*. Et forte non omnes qui *arguuntur emendabuntur*; sed tamen futuri sunt in emendatione quidam salui. ... Futuri autem quidam qui *ar-*

---

23 CSg: disperibunt
1 CSg: Quid
2 CSg: tam cum
3 R85rb: *S a b b a t u m* hebraice, latine requies interpretatur. Significat autem (bis hierher rot) hoc *s a b b a t u m* requiem illam beatam animarum de hac uita migrantium. ... [85va] ... *In* cuius *c o m m e m o r a t i o n e*, id est, *r e c o r d a t i o n e* propheta cantauit hunc psalmum. Nam reminiscens illius beatae quietis, in qua primus homo conditus est et a qua per eum omnes in hanc lacrimarum conuallem eiecti sumus, suspirans etiam ad hanc eandem quietem, ad quam sancti omnes tendunt, *in* eius ... *r e c o r d a t i o n e* hunc psalmum concinuit, ...

g u e n t u r, et non *e m e n d a b u n t u r*. ... [384] ... Haec iste grauiora formidans, excepta uita ista, in cuius malis plangit et gemit, rogat et dicit: *D o m i n e*, ... *a r g u a s   m e*. Non sim inter illos quibus dicturus es: *Ite in ignem aeternum*, ... (vgl. Matth. 25,41).

C 344: Hinc est quod rogat ut *n o n   a r g u a n t u r   i n   i r a*, nec in eum damnatione perpetua uindicetur. - Vgl. Ps 6,2 und Notker zur Stelle.

125,10 A 384: Tamquam dicens Deo: Quoniam iam ista quae patior multa sunt, magna sunt, quaeso ut sufficiant.

C 344: Secuta est causa probabilis; ut in illo iudicio iam non debeat puniri, qui malis praesentibus uehementer afflictus est. Dominus enim cum hic uindicat, ibi parcit,[4] quoniam clementia ipsius in idipsum duas non exigit[5] ultiones;

125,10.13 Al 579 C: *E t   c o n f i r m a s t i ... t u a m*, ut tamquam bonus magister castigationis uerberibus afflictum redderes emendatum.

125,13 C 345: Quod congruenter a potestate iudicis dicitur, ut salutaris beneuolentia comparetur.

125,14 A 386: et ipsa *recordatio sabbati* ... facit me nondum gaudere, et agnoscere nec *s a n i t a t e m   e s s e   i n* ipsa *c a r n e*, neque dici debere, cum[6] comparo istam *s a n i t a t e m* illi *s a n i t a t i* quam habebo in requie sempiterna, ubi corruptibile hoc induet incorruptionem, et mortale hoc induet immortalitatem (vgl. I Cor. 15,53);

125,16 A 384: Iam haec dicebat quae hic patiebatur; et tamen hoc iam de *i r a* Domini, quia et de uindicta Domini. De qua uindicta? Quam excepit de Adam. ... [385] ... Iste naturalis quidam morbus est, quia natura nobis facta est poena ex uindicta. Primo homini quod erat poena, natura nobis est.[7]

125,20 A 388: Repetiuit id quod dixit: *Non est sanitas in carne mea*; hoc est enim: *n o n   e s t   p a x   o s s i b u s   m e i s*. Non autem repetiuit: *a uultu irae tuae*, sed causam dixit irae Dei: *N o n   e s t   p a x*, inquit, *o s s i b u s   m e i s   a   f a c i e   p e c c a t o r u m   m e o r u m*.

---

4 CSg: parcet (e aus i verbessert)
5 CSg: exiget (i aus e verbessert)
6 CSg: quia statt neque dici debere cum
7 R 86[ra] (auch zu 125,11): ... addit causam flagellorum suorum, inquiens: *A f a c i e ... m e o r u m*.

C 345: *V u l t u s* est *i r a e*, timor futurae uindictae sub magno pauore cogitatus. ... Verum supra illas corporales poenas affligi se dicit *a f a c i e p e c c a t o r u m s u o r u m*, more sanctissimi animi, qui dum recordatur iniquitates suas, grauiora se credit esse passurum.

125,25 C 345: *C a p u t* enim nostrum ratio est, ... Quam si *i n i q u i t a s* oppresserit, illa protinus uicta succumbit. - Vgl. 125,16-17.

126,2 Vgl. 125,3-4; A zu 125,14.

126,8 C 346: *C i c a t r i c e s* enim sunt praecedentium uulnerum sanata uestigia, quas grauius constat affligere, quando eas contigerit ad transacta pericula remeare. ... Subiunxit, *a f a c i e i n s i p i e n t i a e m e a e*, id est, a praesentia stultitiae meae.[8]

126,13 A 389: In his gemat, ut illud accipiat, recordetur *sabbatum*, ut ad *sabbatum* peruenire mereatur. ... Quid est: *u s q u e i n f i n e m* ? Vsque in mortem.

C 346: *V s q u e i n f i n e m*, siue terminum uitae significat, siue Dominum Saluatorem: ...

126,15 A 389: Hoc dicit *t o t a d i e*, tota uita.

126,17 A 389: De corporibus cogitare non nouimus nisi imagines; et saepe irruunt quas non quaerimus, et uolumus ex hac in hanc ire, et ab illa in illam transire; et aliquando uis redire ad id quod cogitabas, [390] et dimittere unde cogitas, et aliud tibi occurrit; uis recordari quod oblitus eras, et non tibi uenit in mentem, et uenit potius aliud quod nolebas.[9] - Zu *ligna unde lapides* vgl. I Cor. 3,12.

126,22 C 347: Dicit enim uitium, quo maxime humana laborat infirmitas ut modo in oratione prostrati, superfluas res uideamur appetere; modo psalmodiam dicentes terrena cogitemus.

126,26 A 389: Tristitia nobis sit, donec et *anima* nostra exuatur *illusionibus*, et corpus nostrum induatur *s a n i t a t e*. Illa est enim uera *s a n i t a s*, quae est immortalitas.

---

8 R 86[rb]: id est, aggrauata sunt nimia et crebra iteratione; *c i c a t r i c e s m e a e*, plagae et uulnera delictorum; *c i c a t r i c e s* uocat peccata. Sicut enim *c i c a t r i c e s* quo amplius exulcerantur, eo magis corrumpuntur et deteriorantur, sic peccata eo noxiora sunt, quo pensus iterantur.

9 Am 163: Inimicis meis, inquit, signa iniquitatis suae supra summum ponentibus - quod est summum nisi caput tuum, ubi sensus sunt, ubi Christus est sapientia? - ego non cognoui, ... non cognoui ligna quae ardeant nec quae in aceruo lignorum sunt posita uel stipulam uel faenum (vgl. I Cor. 3,12), ut citius ea nutrimentis suis flamma consumat.

C 347: Nam quamuis *c a r o* diuersis frangeretur angustiis, originalibus tamen uitiis non reddebatur excepta. Ista est *illusio* quae secundo Domini curatur aduentu (vgl. 126,24), quando et *c a r n i s* uitiis caremus et immissiones diabolicas ultra non patimur.

127,3 A 390: Qui recordatur altitudinem *sabbati*, ipse uidet quantum *s i t h u m i l i a t u s*.

127,9 A 391: Propterea *r u g i e b a m*, inquit, *a g e m i t u c o r d i s m e i*, quia homines si quando audiunt *g e m i t u m* hominis, plerumque *g e m i t u m* carnis audiunt; gementem *a g e m i t u c o r d i s* non audiunt. ... At uero seruus Dei, quia ex *recordatione sabbati* rugit, ubi est regnum Dei, quod caro et sanguis non possidebunt: *R u g i e b a m*, inquit, *a g e m i t u c o r d i s m e i*.

127,13 A 391: Non enim *a n t e* homines, [392] qui cor uidere non possunt, ... Quidquid aliud agas, si desideras illud *sabbatum*, non intermittis orare.

127,11.15 A 392: Videtur aliquando et ridere seruus Dei; numquid *desiderium* illud mortuum est in corde? Si autem inest *desiderium*, inest et *g e m i t u s*; non semper peruenit ad aures hominum, sed numquam recedit ab auribus Dei.

127,17.19 A 392: Vnde *c o n t u r b a t u m e s t*? ... [393] ... fit conturbatio cordis, pauetur, undique sollicitudo incutitur. ... Si enim maneret illa fortitudo, quid timeretur?

C 348: *F o r t i t u d i n e m* suam dicit patientiae robur, quae, quamdiu permanserit, uoluntatem nostram in sua firmitate custodit: si uero recesserit, mens turbata succumbit. Malorum itaque abundantia mollitam in se dicit patientiae firmitatem.

127,21 A 393: Latuerat ergo Adam *l u m e n o c u l o r u m* ipsius. Nam *l u m e n o c u l o r u m* ipsius ipse Deus erat; quem cum offendisset, fugit ad umbram, ... Si ergo ille de origine, et nos de propagine;[10] ... Sed numquid hoc solum est quod patitur homo? Patitur enim ex se intrinsecus, forinsecus autem ex eis inter quos uiuit: patitur mala sua, cogitur pati et aliena. ... Iam de occultis suis confessus est, [394] a quibus se cupit mundari; dicat et de alienis a quibus sibi uult parci.

---

10 CSg: Sic (c *übergeschr.*) ergo ille in origine (*es fehlen*: et nos de propagine); *am Rande*: R[equire!]

Br 995 D: Quia postposito ueritatis *l u m i n e*, in tenebras decideram peccatorum.

128,1 A 394: *P r o x i m i* erant Iudaei, quia cognati erant; *a d p r o p i n q u a u e r u n t* et[11] quando crucifixerunt.

C 342: Hic enim psalmus (ut quidam uoluerunt) totus ad beati Iob uiuacissimam pertinet passionem, ... [343] ... persona introducitur inuicti militis Christi, ... insuper exprobrationibus sauciata, ... Quam merito beato Iob et nos credimus applicandam, quando huic et aerumnae similes exstiterunt, ...

128,4 A 394: Hoc quod ait: *a d u e r s u m m e s t e t e r u n t*, intellege.

128,5 A 395: *Adpropinquauerunt* enim corpore, sed *l o n g e s t e t e r u n t* corde. Qui tam propinqui corpore, quam qui in crucem leuauerunt? Qui tam *l o n g e* corde, quam qui blasphemauerunt? Audite istam longinquitatem ab Isaia propheta, uidete istam propinquitatem et longinquitatem: *Populus hic labiis me honorat*; ecce propinquat corpore: *cor autem eorum longe est a me* (29,13 = Matth. 15,8; Marc. 7,6).

128,9 A 395: Iam manifestum est *q u i q u a e r e b a n t a n i m a m* ipsius, qui non habebant *a n i m a m* eius, quia non erant in corpore eius. *Q u i q u a e r e b a n t a n i m a m* eius, *longe* erant ab *a n i m a* eius; sed *q u a e r e b a n t* ut occiderent eam.[12]

128,14 A 396: Nostis quanta falsa testimonia dicta sunt in Dominum, ...

128,16 A 396: Qui[13] ad ea quae *a u d i e b a t* non respondebat, tamquam[14] non *a u d i e b a t*.

128,21 A 396: Nonne iam antea multa increpauerat, multa dixerat, ... et multa talia?[15] Tamen quando passus est, nihil horum dixit; ... Oportebat ergo ut taceret in passione, non taciturus[16] in iudicio. Iudicandus enim uenerat, qui postea iudicaturus ueniret; et ideo cum magna potestate iudicaturus, quia cum magna humilitate iudicatus.

128,24 C 350: ... *s p e r a u i t i n D o m i n o*, qui potest tristitiam in gaudium commutare.

128,26 A 396: Quaeris enim te defendere, et forte nemo accipit defensionem tuam.

---

11 CSg: *fehlt*.
12 CSg: eum
13 CSg: id est
14 CSg: iam quo [=quoniam] (o *auf Rasur*)
15 CSg: alia
16 CSg: nunc iturus *statt* non taciturus

129,3   C 350: Nam inter grauissimos aestus malorum, illam partem uir egregius magnopere custodiebat, ne de lapsu ipsius *i n s u l t a r e t   i n i m i c u s*.

129,6   A 397: Iterum redit ad infirmitatem corporis sui, et rursus caput illud adtendit *p e d e s* suos; non sic est in caelo, ut deserat quod habet in terra; adtendit plane, et uidet nos. Aliquando enim, ut est ista uita, *c o m m o u e n t u r   p e d e s* nostri, et labuntur in aliquo peccato; ibi exsurgunt linguae nequissimae inimicorum. Hinc ergo intellegimus, etiam cum tacebant quid quaerebant. *L o q u u n t u r* tunc aspere[17] immites, gaudentes se inuenisse quod dolere debuerunt.

129,9   A 397: Omnino magnifice, tamquam diceret: Ad hoc natus sum, ut *f l a g e l l a* sufferam. Non enim nasceretur nisi de Adam, cui flagella debentur. ... Ideo ergo non *insultent inimici mei*, non *magna loquantur*; et si flagellat me Pater meus, *i n   f l a g e l l a   p a r a t u s   s u m*, ...[18]

Al 581 C - D: Praeparo me, inquit, ad sustinendam crucem, lanceam, fel, acetum, ut per hanc mortem redimam populum pereuntem. Christus enim ad hoc uenit, ut passionem sustineret.

129,12 A 398: Quis *d o l o r* ? ... de *f l a g e l l o* quo flagellabatur? Absit. ... Non de *f l a g e l l o   d o l o r*; de uulnere, non de medicina. Nam *f l a g e l l u m* medicamentum est contra peccatum.[19]

129,16 C 351: *V i u e n t*, ... id est, uoluntatis suae libertate potiuntur;
A 399: Bene est eis, gaudent in saeculi felicitate, ubi ego laboro, ...

129,20 A 399: Bona sibi uolentem *o d e r u n t*. ... reddunt autem mala pro bonis qui[20] oderunt inique.

129,23 A 399: ne forte persecutionem semper in malo intellegas, *p e r s e c u t u s* dixit, perfecte secutus: ...

Al, CSg 65: ... *q u o n i a m   s e q u e b a r   b o n i t a t e m*, dulcedinem aeternae uitae afferentem ... (= Br 997 C:) *d e t r a h e b a n t   m i h i*, dicentes: *Alios saluos fecit, seipsum saluum non potest facere* (Matth. 27,42; Marc. 15,31). (~582 A)

---

17 CSg: quia erunt tunc asperi *statt* Loquuntur tunc aspere
18 R 87[vb]: ideoque haec *f l a g e l l a* patior, sponte omnia proba [= probra ?] excipio, quia tuae uoluntati refragari nolo.
19 R 88[ra]: Christus *i n i q u i t a t e m* non habuit, quia peccatum non fecit. Quia tamen ex persona infirmorum suorum membrorum loquebatur, non dedignetur ea quae humanae fragilitatis sunt de seipso dicere. ... *P e c c a t u m* autem suum dicit, quia delicta nostra ipse portabit.
20 CSg: quia

CSg 27, 169: *Quoniam loquebar bonitatem*, implens uoluntatem Patris, pro uita populi mortem suscipiens.

129,26 A 400: Dicamus in illo, dicamus per illum; ipse enim interpellat pro nobis (vgl. Rom. 8,34). ... Si a corpore non recedit, recessit a capite?

Psalm 38

130,4 A 401: *I d i t h u n* interpretatur: Transiliens eos. ... [402] ... Sed si quis transiliens cantauit, gaudeat se esse quod cantauit; ... Hinc enim peccata omnia: aut cupiendo aut timendo. Transiliat ergo iste omnia quibus teneri posset in terra; ... immo uero in Domini gratia[1] multi se agnoscunt, qui forte iam uilem habentes mundum, et omnia quae delectant in [403] mundo, eligunt recte[2] uiuere, dum hic uiuunt in gaudiis quibusdam[3] spiritalibus. ... [404] ... Quamuis transilierim delectationes terrenas, ... in ipsis tamen melioribus sufficit mihi delectatio intelligentiae coram Deo;
C 354: ... *c a n t i c u m*, ... Cantare enim laetantis est, interdum et dolentis, numquam uero paenitentis.[4]

130,8.11 C 354: Consuetudo est humanitatis, ut cum se aliquis laudabili conuersatione tractauerit, calumniantium insidiis protinus appetatur. Iste ergo *Idithun*, qui de probabili opinione pessimorum contraxit inuidiam, secum ipse deliberans dicit, melius esse silentium tenere, quam aliquid malitiosis edicere ... *D i x i*, hoc est, apud me in corde meo, ubi sapientes ante deliberant, quam loquantur.[5]

130,11.15 A 404: Contra haec remedium melius est silentium. Stat enim peccator, propria quadam nota peccator, superbus quisquam et inuidus; audit loquentem transilientem, captat uerba, proponit laqueos; difficile est ut non inueniat aliquid non ita dictum, ut dici debuisset;

---

1 CSg: gratia;
2 CSg: *fehlt*.
3 CSg: quibus?
4 Am 184: Dauid autem, qui non haec serta coronarum marcentium requirebat, sed illam incorruptibilem et incontaminatam remunerationem, caelestium hereditatem pio desiderabat affectu, hymnum non uictoriae epinicium, sed ei scripsit, qui uictoriam in se credentibus inpertiebat, qui *f i n i s* est omnium quae pia mente deposcimus. ... in omnibus tibi sequendus est Christus.
5 R 88[va] (rot): *D i x i*, id est, statui et proposui;

nec audiendo ignoscit, sed calumniatur inuidendo. Contra hos iste *Idithun* transiliens eos silere delegerat;

130,15 C 355: scilicet quando inuidus cuiquam c o n s i s t i t   a d u e r - s u s, quaerens audire, unde calumniam possit efficere.

130,18 A 405: Dum nimis timeo, ne loquar aliqua[6] mala, tacui omnia b o n a.

130,20 A 406: A d o l o r e quippe quodam, quem mihi inflixerant calumniatores et reprehensores, tamquam requieueram in silentio, et cessauerat d o l o r ille qui factus erat a calumniantibus; sed ubi *silui a bonis,* r e n o u a t u s   e s t   d o l o r   m e u s. Coepi plus dolere tacuisse me quae dicere deberem, quam dolueram dixisse quae dicere non deberem.

130,23 A 406: in hoc aestu quaesiuit alium meliorem locum ab hac dispensatione, in qua sic laborat homo et periclitatur; et suspirans in finem quemdam, ... in illum, inquam, finem quo dicturus est bono erogatori Dominus: *Intra in gaudium Domini tui* (Matth. 25,21): L o c u - t u s   s u m, inquit, i n   l i n g u a   m e a.

C 355: C o n c a l u i t, dixit, c o r   m e u m, id est, ab omni parte succensum est, ut motus iste tam magnus ad cogitationem rerum caelestium perueniret. ... Ne putares ignem insanis motibus aestuare, i n   m e d i t a t i o n e   m e a posuit, id est, in consilio, in deliberatione, ubi ardor mentis sub modestia prudenter accenditur et illuminatam mentem disciplinabilis flamma circumuolat.

131,2 A 407: F i n e m illum dicit, quem currens intuebatur apostolus, et de sua imperfectione confitebatur, aliud in se intuens, aliud alibi quaerens. Ait enim: *Non quia iam acceperim, aut iam perfectus sim, fratres, ego meipsum non arbitror adprehendisse* (Phil. 3,12-13). Et ne diceres: ... si perfectus non est apostolus, ego perfectus sum? uide quid agat,[7] adtende quid dicat. ... Ipse est enim f i n i s. Vnum autem, hoc est illud unum: *Domine, ostende nobis Patrem, et sufficit nobis* (Ioh. 14,9).

131,5 A 409: Isti ergo d i e s non s u n t; ante abeunt paene, quam ueniant; et cum uenerint, stare non possunt; iungunt[8] se, sequuntur se, et non se tenent. Nihil de praeterito reuocatur; quod futurum est transiturum expectatur; nondum habetur, dum non uenit; non tenetur, dum

---

6 CSg: alia
7 CSg: agas
8 CSg: urguent (*das zweite* u *durch Punkt darunter getilgt*)

uenerit. *N u m e r u m* ergo *d i e r u m   m e o r u m   q u i   e s t*:
non istum qui non *e s t*, et quod me difficilius et periculosius per-
turbat, et *e s t* et non *e s t*; nec *e s s e* possumus dicere quod non
stat, nec non *e s s e* quod uenit et transit. *E s t* illud simplex
quaero, *E s t* uerum quaero, *E s t* germanum quaero, *E s t* quod est
illa Ierusalem sponsa Domini mei, ubi non erit mors, non erit defec-
tus, non erit dies transiens, sed manens, qui nec hesterno praecedi-
tur, nec crastino impellitur.

131,8 A 409: Hoc enim mihi *d e e s t* hic laboranti; ... In comparatione
enim illius quod *est*, adtendens ista [410] quae non ita sunt, et
plus mihi uidens *d e e s s e* quam adesse, ero humilior ex eo quod
d e e s t, quam elatior ex eo quod adest.

131,12 A 410: Veterascunt enim hi, ego nouos uolo, nouos numquam ueterascen-
tes, ...

131,14-15 C 356: Nam quomodo poterat fieri, ut qui mundum transilierat, su-
perauerat carnis suae uitia, ante Deum haberetur ut *n i h i l u m*?
... [357] ... uerumtamen quoniam in hac mortalitate uersamur, ...
u n i u e r s a   u a n i t a s   o m n i s   h o m o   u i u e n s.
V a n i t a s enim, sicut saepe diximus, mutabilitatem significat, ...[9]
(~A 411)

131,21 C 358: Sed licet *i m a g o* ista magna sit et tanti auctoris aliqua
similitudine glorietur, quod uiuit, quod rationalis, quod immortalis
est: *h o m o* tamen quia iam factus est peccatis obnoxius, et primi
patris ante transgressionem puritati dissimilis, tamen caducis desideriis turbatur atque confunditur; modo uictum cogitans, modo uestem
temporis necessitate perquirens, uel alia nimis innumera, quibus in
hoc mundo subdita tenetur humanitas. Et bene dixit, *c o n t u r b a-*
b i t u r, quia puritatem mentis perdunt, qui desideriis temporalibus occupantur.

A 412: Quae *uanitas* ?

131,26 C 358: Hinc probatur stulta *uanitas*, quoniam cupit peritura seruare
et transitoria custodire; maxime cum possessio eorum probetur incerta. Nam qui se putat caris filiis relinquere, ignorat si ea magis
non contingat inimicissimos possidere.

A 415: Cum autem seruaueris in terra, dic mihi cui *c o n g r e g a-*
b i s   e a ?

---

9 R 89va: Nostra *s u b s t a n t i a* illi uerae et aeternae substantiae com-
parata *n i h i l* prorsus uidetur.

132,3   A 415: ipse mihi dabit et se, qui est super omnia, ... ipse est *e x-
        p e c t a t i o   m e a   D o m i n u s.*
132,5   C 358: Nam uitiorum transilitor egregius, necesse erat ut illud tem-
        pus expectare debuisset, quando eum aeterna praemia coronarent. ...
        [359] ... *A n t e   t e   e s t,* ... in conspectu tuo, ...
        A 415: *S u b s t a n t i a* autem ista et *a n t e* homines est. Aurum
        habes, argentum habes, ... haec uideri et ab hominibus possunt;
132,8   C 359: Quamuis iste sanctus probabili se deuotione tractaret, tamen
        rogat ut *a b   o m n i b u s   i n i q u i t a t i b u s* suis Domini
        miseratione liberetur; ut agnoscamus neminem hic esse securum, quam-
        uis beneficia diuina perceperit.
132,12 A 416: Inter eos me uiuere uoluisti, inter eos praedicare ueritatem,
        qui amant uanitatem; et non possum nisi irrideri ab eis;
132,15 C 359: Ipse utique *f e c i t,* qui patientiae dona concessit. Nam
        hcc[10] tam salubre silentium non[10] habuisset,[10] nisi caelestis largi-
        tas dedisset.
132,19.22 C 359: *P l a g a e* sunt correptiones quae de flagello ueniunt,
        quibus pro nostris peccatis iustissime uerberamur. Ipsas ergo sanc-
        tissimus uir desiderat *a m o u e r i* quae culpis debebantur admissis.[11]
132,24 C 360: Huic ergo exiguo corpusculo recte conuersi et afflicti *a n i-
        m a* comparatur, qui longis obseruationibus uigiliisque fatigatus,
        terrena deserens, subtilissimas operationes uirtutum diuino timore
        tabeficatus efficit.
133,1   Vgl. C zu 131,21. - A 419: Quis enim uel de ipso bono suo securus
        est? *V a n e   c o n t u r b a t u r.* Iactet in Dominum curam suam,
        in illum iactet quidquid sollicitus est, ipse nutriat, ipse custodiat.
133,9   C 361: *N e   s i l e a s,* dixit; id est, audiam te dicentem quod
        euangelium testatur: *Remissa sunt tibi peccata tua* (Luc. 7,48). Siue
        illud quod alio loco psalmus dicit: *Dic animae meae: salus tua ego
        sum* (34,3); ... *i n c o l a e   s u m u s* quoniam illuc aduenimus, id
        est, de Babylonia ad Ierusalem ipso attrahente transponimur. ... Et
        ut generalem hanc cognosceres fuisse sententiam, dicit: *s i c u t
        ... m e i,* ne quis ab hac conditione putaretur exceptus. - Das Zi-
        tat aus Ps 34,3 hat A 420 dreimal.
        A 421: qui autem iam crediderunt et fideles sunt, *p e r e g r i n i*

---

10 CSg: *fehlen.*
11 R 90rb: *p r o p t e r   i n i q u i t a t e m,* id est, propter peccata ...

quidem *s u n t*, quia nondum ad illam patriam domumque uenerunt, sed tamen apud Deum sunt. *Quamdiu enim sumus in corpore, peregrinamur a Domino* (II Cor. 5,6);

133,13 A 421: Quid *r e m i t t e t* tibi, nisi forte illum scrupulum ubi dicis, et unde dicis: *Dimitte nobis debita nostra* (Matth. 6,12)? ... *R e m i t t e   m i h i*, ut requiescam[12] in conscientia mea, ut exonerata sit aestu[13] sollicitudinis; qua sollicitudine curam gero pro peccato meo (vgl. Ps 37,19).

133,16 C 362: *E t   a m p l i u s   n o n   e r o*, utique in hoc mundo, ... Siue dicit, *a m p l i u s   n o n   e r o*, si desinas subuenire; quia non est esse, in aeternis afflictionibus permanere. *E s s e* enim proprie beati est. Merito ergo non se dicebat *e s s e*, si se habere cum electis non intellegeret portionem.

A 422: Si enim mihi non *remiseris* peccata, ibo in aeternum abs te. ... Ab illo qui dixit: *Ego sum qui sum* (Exod. 3,14); ab illo qui dixit:[14] *Dic filiis Israel: Qui est misit me ad uos* (ebda).

133,18 Zu *Hic .... psalmus* vgl. Ps 146,1.

P s a l m   39

133,20 C 362: Sed in primordiis eius Ecclesia loquitur, ... [363] ... Sed considerandus est hic sermo geminatus, quia superflua non est tam decora repetitio. *E x p e c t a r e* siquidem possumus et ingrati. *E x p e c t a n t e s* autem *e x p e c t a m u s*, quando mites aliquid cum magno desiderio sustinemus.

133,23 A 425: *A d t e n d i t, e t   e x a u d i u i t*. ... Quid ergo, cum male faceres, cum eum blasphemares, non uidebat? ... Ergo et cum malus esses, *a d t e n d e b a t* te, sed non *a d t e n d e b a t* tibi. ... *A d t e n d i t   m i h i*, inquit, id est, consolando *a d t e n d i t* ut mihi prodesset.

133,26 A 425: Et quid tibi praestitit, quid tibi fecit?

134,3 A 426: Quis est *l a c u s   m i s e r i a e* ? Profunditas iniquitatis, ex carnalibus concupiscentiis. Hoc est enim: *e t   d e   l u t o   l i m i*. (~C 363)

---

12 CSg: refrigescam (*WS 176^b, der hier A folgt, hat* requiescam)
13 CSg: aut (*WS 176^b:* estu)
14 CSg: Ego *bis* dixit *fehlen durch homoioteleuton.*

134,5 A 426: in Christo ambulat, qui in diabolo errabat. Ideo enim: *P o - s u i t*, inquit, ... *g r e s s u s   m e o s*. Petra autem erat Christus (I Cor. 10,4).

C 363: Deinde *p e d e s* nostros *s u p r a   p e t r a m   s t a - t u i t*, cum in Christi Domini iussionibus ambulamus. Ipse est enim nobis spiritalis *p e t r a*, quae in se fixa non sinit demergi uestigia.

134,8 A 427: Dicebas forte *h y m n o s* diis alienis, ueteres *h y m n o s*; ... fiat nouus homo, dicat *c a n t i c u m   n o u u m*; ... Dicimus ergo *h y m n u m   D e o   n o s t r o*, ... *H y m n u s* est enim canticum laudis. ... [428] ... Forte quaerit aliquis, quae persona loquatur in hoc psalmo. Breuiter dixerim, Christus est. ... Loquitur ergo aliquando ex capite nostro, loquitur aliquando et ex nobis, id est, ex membris suis;

C 364: *H y m n u s* autem graecus sermo est, id est, laus carminum lege composita. Et quoniam *h y m n i* erant quos idolis suis etiam gentilitas personabat, addidit, *D e o   n o s t r o*;

134,10 A 428: Etenim in Ecclesia iste ordo est: alii praecedunt, alii sequuntur; et qui praecedunt, exemplo se praebent sequentibus; et qui sequuntur, imitantur praecedentes. ... [429] ... *V i d e b u n t, e t   t i m e b u n t* sequi uias malas, cum *u i d e n t* quosque meliores iam elegisse uias bonas;

134,12 A 429: ... *e t   s p e r a b u n t   i n   D o m i n u m*, non in eos a quibus praeceduntur; sed adtendendo praecedentes se, sequuntur quidem et imitantur, sed quia[1] cogitant a quo acceperint illi ut praecedant, et in eum *s p e r a n t*. Quamuis ergo istos imitentur, spem suam tamen in illo ponunt, a quo et isti acceperunt unde tales sunt.

134,14 A 430: non aliud aliquid a Domino Deo tuo speres,[2] sed ipse Dominus tuus sit *s p e s* tua.

134,17 A 430: Quae uides bona putas, falleris; ... Laudas aurigam, clamas aurigae, insanis in aurigam. Vanitas est, *i n s a n i a* mendax est. Non est, ait, nihil melius, nihil delectabilius. ... [432] ... Aurigam laudat regentem quattuor equos, et sine labe atque offensione currentes;

Isidor, *Et.* XVIII, 33: DE AVRIGIS. Ars Circi: auriga et cursus,

---

1 CSg: *fehlt*.
2 CSg: *fehlt*.

equites uel pedites. Auriga proprie dictus quod currum agat et regat, siue quod feriat iunctos equos. (~ GS 118[a]; vor dem Lemma steht am Rande ISID.) Etwas weiter heißt es aber GS 118[a]: Aurigae: Equorum agitatores dicti quasi aurigae, quod frenis equos regunt; quos antiqui aurigas appellauerunt.

134,24 A 432: Quid ergo faciamus? Demus pro spectaculis spectacula. ... Ecce auersus fuerit a circo, a theatro, ab amphitheatro, quaerat quod spectet, prorsus quaerat; ...*M i r a c u l a* hominum intuebatur, intendat *m i r a b i l i a   D e i*. ...Aurigam laudat ... Nunc specta histrionem. Didicit enim homo magno studio in fune ambulare, et pendens te suspendit. ... Didicit iste in fune ambulare, numquid fecit in mari ambulare? Obliuiscere theatrum tuum, adtende Petrum nostrum, non funiambulum, sed, ut ita dicam, mariambulum.

C 365: Cum de operibus hominum loqueretur insanis, apte intulit diuina *m i r a c u l a*. Nam qui inflammantur contendentibus aurigis, qui pantomimis saltantibus molliuntur, quanto melius si cogitent caelum et terram pulcherrima diuersitate formata, ...

135,5 C 365: Hactenus praedicauit sancta mater Ecclesia, nunc audiamus loquentem Dominum Saluatorem; ...*A n n u n t i a r e* est enim uentura praedicare,[3] quod fecit ore prophetarum. *L o c u t u s   s u m*, id est, cum inter nos conuersatus euangelizauit, quando sacramentum beatae incarnationis assumpsit. Addidit *m u l t i p l i c a t i   s u n t   s u p e r   n u m e r u m*; scilicet quia super calculum beatorum multiplicata est turba peccantium.

135,8 Zum Bibelzitat vgl. Matth. 20,16; 22,14.

135,9 C 366: Dicit enim *s a c r i f i c i u m   e t   o b l a t i o n e m*, quae in honorem Domini fiebant ante pecoribus immolatis, ... Deum postremo tempore respuisse. Prius quippe talia suscipere dignatus est, quoniam per illa sacrificia praefiguratio quaedam corporis Christi esse uidebatur. Postquam uero ipse Messias ... aduenit et se pro omnibus nobis hostiam pietatis exhibuit, necessarium non erat ut, ueritate completa, adhuc illa figura praecursoria permaneret.

A 434: Antiqui enim, quando adhuc *s a c r i f i c i u m* uerum quod fideles norunt, in figuris praenuntiabatur, celebrabant figuras futurae rei; ... Quare illa noluit? quare prima uoluit? Quia illa omnia quasi uerba promittentes; et uerba promissiua, cum uenerit quod

---

3 CSg: praedicere

promittunt, non iam enuntiantur. ... ablata sunt signa promittentia, quia exhibita est ueritas promissa. ... [435] ... Agnum occidunt, azyma comedunt: *Pascha nostrum immolatus est Christus* (I Cor. 5,7). Ecce agnosco agnum occisum, quia immolatus est Christus.[4]

135,14 C 366: Haec dicit iam Dominum non petiisse; merito, quoniam illud a nobis expetit, quod in quinquagesimo legitur psalmo (50,19): *Cor contritum et humiliatum Deus non spernit.*

135,16 Vgl. A zu 135,9.

135,20 A 436: Sed *i n* quo *c a p i t e l i b r i s c r i p t u m e s t d e* illo? Fortasse *i n c a p i t e l i b r i* huius psalmorum. Quid enim longe petamus, aut alios libros inquiramus? Ecce *i n c a p i t e l i b r i* huius psalmorum[5] scriptum est: ... *sed in lege Domini uoluntas eius fuit* (Ps 1,2);

135,24 A 436: hoc est, *et in lege eius meditabitur die ac nocte* (Ps 1,2). (~C 367)

135,26 C 367: *I n E c c l e s i a m a g n a*, sicut saepe diximus, catholicam dicit, quae toto orbe diffusa est;

136,2 A 436: Sonant quidem *l a b i a m e a* ad aures hominum, sed *t u c o g n o u i s t i* cor meum. ... Aliud audit homo, aliud agnoscit Deus. Ne in *l a b i i s* solis esset annuntiatio, et diceretur de nobis: *Quae dicunt uobis facite, quae autem faciunt, facere nolite* (Matth. 23,3); aut ipsi populo, laudanti Deum ore, non corde, diceretur: *Populus hic labiis me honorat, cor autem eorum longe est a me* (Isai. 29,13; Matth. 15,8; Marc. 7,6). Sona *l a b i i s*, propinqua corde.

136,6 C 367: quod Dominum Saluatorem fecisse non dubium est, quando turbas arguebat, increpabat incredulos et multa huiuscemodi praedicabat, quae euangelii textus eloquitur. Fuit tamen tempus cum in passione tacuit;

136,8 A 438: Vnde *u e r i t a s* Christus? *Ego sum ueritas* (Ioh. 14,6). Vnde *s a l u t a r e* ipsius Christus? Simeon agnouit infantem in

---

4 R 92ra: *C o r p u s a u t e m a p t a s t i m i h i*, id est, uoluisti me *c o r p u s* assumere. — Zu 135,12.16 vgl. Am 219: Scriptum est in capite libri: *Agnus sine macula, mundus, ... erit uobis, et occidet eum omnis synagoga* (vgl. Exod. 12,5-6). Quis iste sit *agnus*, audisti dicentem: *Ecce agnus Dei, ecce qui* [220] *tollit peccatum mundi* (Ioh. 1,29).
5 CSg: *Quid bis psalmorum fehlen durch homoioteleuton.*

manibus matris in templo (vgl. Luc. 2,30), ... Hoc *s a l u t a r e* Dei bonum est ut ostendatur hominibus. (~C 368)

136,11 A 439: Vis audire *m i s e r i c o r d i a m* Domini? Recede a peccatis, donabit peccata. Vis audire *u e r i t a t e m* Domini? Tene iustitiam, coronabitur⁶ iustitia.

136,15 A 439: adtende membra saucia, adtende delictores et peccatores, et noli remouere *m i s e r i c o r d i a s t u a s*. ... Adtendo quia bonus es, adtendo⁷ quia iustus es; amo bonum, timeo iustum. Amor et timor perducunt me; quia, *m i s e r i c o r d i a e t u e r i t a s t u a s e m p e r s u s c e p e r u n t m e*.

136,21 C 368: Hoc a membris suis dicit, ...

136,25 A 440: quid ergo, cor saucium leuabis ad Deum? Nonne prius sanandum est *u t u i d e a s* ? ... [441] ... sanato corde et mundato corde quid uidebo? *Beati mundo corde, quoniam ipsi Deum uidebunt* (Matth. 5,8).

Br 1002 D: *E t n o n ... u i d e r e m*, quia abstracta fuerat illa lux ueritatis.

137,1 A 441: *C a p i l l o s c a p i t i s* ad numeri multitudinem reuocat. Quis numerat *c a p i l l o s c a p i t i s* sui? Multo minus peccata, quae excedunt numerum capillorum. Minuta uidentur, sed multa sunt. Praecauisti magna; ... moles istae sunt peccatorum. Magna praecauisti, de minutis quid agis? An non times minuta? Proiecisti molem, uide ne arena obruaris.

137,5 A 441: Quid mirum est, si *c o r* tuum desertum est a Deo tuo, quando seipsum deseruit? Quid est: *C o r m e u m d e r e l i q u i t m e* ? Non est idoneum *c o r m e u m* ad cognoscendum se. ... Numquid comprehendit corde suo *c o r* suum Petrus, qui dixit: *Tecum usque ad mortem ero*⁸ (vgl. Matth. 26,35; Luc. 22,33)?

137,11 C 369: Aliter enim liberari non possumus, nisi nos diuinitas propitiata respiciat.

137,13 C 369: *C o n f u n d a n t u r*, dixit, mirabilium operatione turbentur. *R e u e r e a n t u r* autem, resurrectio-[370]nis gloria corrigantur, ut illum confiteantur Deum, quem dudum putauerunt esse trucidandum. ... *u t a u f e r a n t e a m*, ... sed ut a corpore meo interuentu mortis segregare contendant.

---

6 CSg: coronetur
7 CSg: timeo
8 CSg: *fehlt*.

A 442: id est, ad mortem *q u a e r u n t   a n i m a m   m e a m* ...

137,16 A 442: Quando enim ante sunt, praecedere uolunt Dominum, meliores uolunt esse quam Dominus; si autem retro sunt, ipsum agnoscunt meliorem, se posteriores, ut ille praecedat, illi sequantur.

137,19 A 443: *Conuertantur ... mala*, respexit ad aliud genus dolose maleuolum, et falso benedicum: *F e r a n t ... e u g e*. Laudant falso: Magnus uir, bonus uir, litteratus, doctus, sed quare Christianus? Ea tua laudant, quae nolles laudari; illud reprehendunt unde gaudes. Sed si forte dicis: Quid in me laudas, o homo, quia uir bonus, quia uir iustus sum? Si hoc putas, Christus me hoc fecit, ipsum lauda. At ille: Absit; noli tibi iniuriam facere, tu te ipse talem fecisti.

C 370: Sequitur *q u i ... e u g e*. Hic falsos arguit laudatores, qui plus nituntur adulando decipere, quam possint uituperationibus sauciare. *E u g e* uerbum quidem praeconiale est; sed cum recto animo non profertur, ad derisionem trahitur inferendam. Quae figura dicitur ironia, id est, irrisio.[9]

137,22 A 444: non *mihi*: *Euge, euge dicunt*; sed in te me gloriari[10] uident, si quid habeo[11] gloriae. Qui enim gloriatur, in Domino glorietur (vgl. I Cor. 1,31).

137,25 C 371: Exultabat quippe, quando[12] laetabatur in Domino, in quo reuera sunt omnia profutura.

A 444: Quia etsi ex peccatore fit iustus, da gloriam illi qui iustificat impium (vgl. Rom. 4,5). Siue ergo peccator sit, laudetur qui ad indulgentiam uocat; siue quis iam ambulet in uia iustitiae, laudetur qui ad coronam uocat.

137,26 A 444: *E g o   a u t e m*, cui *dicebant*: *Euge, euge, e g e n u s   e t   p a u p e r   s u m.* ... Si uiuit in te Christus, et totum quod boni habes Christi est, totum quod habebis Christi est;

C 371: O paupertatem thesauris omnibus ditiorem! *P a u p e r* enim de nostro, diues de suo est; qui ideo indigentiam humanitatis assumpsit, ut abundantiae suae nos faceret esse participes. - Vgl. A zu 138,7.

---

9 R 93rb: *E u g e*, et adulantis est et in-[93va]sultantis.
10 CSg: illo, et ante me glorificari *statt* te me gloriari
11 CSg: habent
12 CSg: quō [= quoniam]

Psalm 40

138,6 C 372: Primo ingressu propheta loquitur, ...

138,7 A 448: *I n t e l l e g e   s u p e r   e g e n u m   e t   p a u p e -
r e m*, ut illius paupertate diues efficiamur. Quid est: *I n t e l -
l e g e   s u p e r   e g e n u m   e t   p a u p e r e m*? Vt ipsum
Christum *e g e n u m   e t   p a u p e r e m* accipias, dicentem in
alio psalmo (39,18): *Ego autem egenus et pauper sum, Dominus curam
habet mei.* ... [449] ... Implere uenit *p a u p e r e s*, qui *p a u -
p e r* effectus est. ... suscipe *p a u p e r e m*,¹ ne *p a u p e r*
remaneas.

Br 1004 A : Christus *e g e n u s   e t   p a u p e r* factus est pro
nobis, ut illius inopia nos diuites faceret (vgl. II Cor. 8,9).

138,11 A 449: Intellege, quia ubi tibi exposita est infirmitas, ibi latet
diuinitas. ... *d i e s* iudicii aderit, *m a l a   d i e s*, si non *in-
tellexeris super egenum et pauperem*.

C 373: *D i e m* quidem iudicii significat.

138,14 C 374: *C o n s e r u e t*, dixit, id est, inter mala saeculi perire
non faciat, ... Ergo *u i u i f i c e t   e u m*, dicit, hoc est, faciat illum inter electos in suam uiuere portionem.

A 451: Viuunt omnes fideles in nomine Christi, quisque pro gradu suo
implens praecepta Christi, ... [452] ... uiuunt quantum donat Dominus eis uiuere; neque de suis uiribus praesumunt, sed nouerunt se in
illo debere gloriari (vgl. I Cor. 1,31).

138,17 C 374: Addidit *e ṭ b e a t u m   f a c i a t   e u m*, utique ut in
resurrectione ad dexteram collocetur et in patriam illam beatorum
magni Iudicis pronuntiatione mittatur.

138,20 A 452: *L e c t u s   d o l o r i s* infirmitas est carnis. Ne dicas:
Non possum tenere et portare et frenare carnem meam: adiuuaris ut
possis.

138,24 A 453: adquiescit in domo sua, in familia sua, in coniuge, in filiis,
in paupertate, in praediolo suo, in nouella manibus suis consita, in
aedificio aliquo suo studio fabricato; adquiescunt innocentes in his.
Sed tamen Deus uolens nos amorem non habere nisi uitae aeternae, et
istis uelut innocentibus delectationibus miscet amaritudines; ut et
in his patiamur tribulationes, et *u n i u e r s u m   s t r a t u m*

---

1 CSg: a paupere

nostrum *u e r t i t   i n   i n f i r m i t a t e* nostra. ... Sed quare ista? Quia flagellat omnem filium quem recipit (vgl. Hebr. 12,6). ... conuertat se, et dicat quod quod sequitur: *E g o ... t i b i*.

139,5 A 453: O Domine, in tribulationibus me exerce; flagellandum iudicas omnem filium quem recepturus es, qui nec Vnico pepercisti. Ille quidem sine peccato flagellatus est; ... Scit se sano homini praeceptum dedisse, ne languorem incurreret; dixisse in paradiso: Hoc manduca, et hoc noli (vgl. Gen. 2,16-17). Non audiuit sanus medici praeceptum, ut non caderet; audiat uel aegrotus, ut surgat.

139,8 A 447: Persona est haec Domini nostri Iesu Christi;
C 375: Hactenus propheta de beatorum afflictione locutus est, nunc secundo ingressu Dominus Saluator de sua passione dicturus est;

139,11 A 447: ... quia dixerunt: *Hic est heres*; *uenite occidamus eum, et nostra erit hereditas* (Matth. 21,38), ...

139,13 A 454: quod passum est caput, patiuntur et membra. ... Iudas ille ad caput nostrum erat, ad caput nostrum *i n g r e d i e b a t u r   u t   u i d e r e t*, id est, ut exploraret; ... Quid illa membra post assumptionem capitis nostri? Nonne dicit apostolus Paulus: *Propter subintroductos falsos fratres, qui subintroierunt proscultare libertatem nostram* (Gal. 2,4)? Ergo et isti *i n g r e d i e b a n t u r   u t   u i d e r e n t*, sunt enim hypocritae, simulatores mali adiungentes se ficta caritate, captantes omnes motus, omnia uerba sanctorum, in omnibus laqueos inquirentes.

139,15 A 455: id est, loquuntur quasi ficta dilectione; uanum est quod loquuntur, uerum non est, solidum non est.

139,17 A 455: *S i b i*, inquit, non mihi.[2]

139,18 A 455: Quid est: *a d u e r s u m   m e   i n   i d i p s u m*? Vno consilio, una conspiratione.
C 375: Conuentus ipsorum congregatio fuit utique peccantium, quando in uno facinore omnia scelera perpetrata sunt, dum [376] rerum Dominum crucifigere decreuerunt.

139,21 C 376: Susurratio est oris paruissimus sonus sine aliqua uocis distinctione confusus, ...

139,22 A 455: occiso autem Christo et resurgente, nos uiuificati sumus. ... [456] ... Et quae *m a l a* Christo, quae *m a l a* martyribus? Omnia in bonum uertit Deus.

---

2 R 95ra: *C o n g r e g a u i t ... s i b i*, id est, sibi nocuit.

139,24 WS 183^b: *V e r b u m* quo clamauerunt omnes: *Reus est mortis* (Matth. 26,66).

139,26 A 456: Quando uos exultastis[3] occidisse eum, ille *d o r m i u i t*;[3] dicit enim et in alio psalmo: *Ego dormiui* (3,6). ... (~C 376:) Nam si noluissem, nec *d o r m i s s e m.* ... *quia potestatem habeo ponendi animam meam, et potestatem habeo iterum sumendi eam* (Ioh. 10,18). C 376: Quod [*d o r m i r e*] morti dominicae pulcherrime uidetur aptatum, quia tanta celeritas resurrectionis fuit, ut *d o r m i s s e* potius quam mortuus aestimetur;

140,4 A 456: Quis est iste *h o m o   p a c i s* ipsius? Iudas. ... Quomodo ergo in illum *s p e r a u i t*, nisi quia in membris suis ipse est, et quod multi fideles de Iuda *s p e r a u e r u n t*, hoc in se transfigurauit Dominus? Quando enim uidebant Iudam multi qui crediderant in [457] Christum, ambulare inter duodecim discipulos, *s p e r a b a n t* in illum aliqui; quia talis erat, quales et ceteri; Christus autem quia in membris suis erat hoc *s p e r a n t i b u s*, quomodo in illis est esurientibus et sitientibus; quomodo dixit *Esuriui* (Matth. 25,37), sic dixit *S p e r a u i.* ... sic potest dicere: Cum unus ex minimis meis *s p e r a u i t*, ego *s p e r a u i.* In quem *s p e r a u i? H o m o ... m e o s.* Quomodo ipsum ostendit in passione, de istis uerbis prophetiae? Per bucellam illum designauit, ut appareret de illo dictum: *Q u i   e d e b a t   p a n e s   m e o s.* Rursus quando uenit ut traderet eum, osculum illi dedit, ut appareret de illo dictum: *H o m o   p a c i s   m e a e.*

140,9 A 457: Hoc ex forma serui, hoc ex forma inopis et pauperis.

140,12 A 457: Occiderunt enim Christum Iudaei, ne perderent locum (vgl. Ioh. 11,48);[4] illo occiso perdiderunt locum; eradicati a regno,[5] dispersi sunt. - Vgl. 83,19; 330,16.

140,15 A 458: *G a u i s i   s u n t* ergo tunc; resurrexit Christus, glorificatus est Christus. Vident modo in nomine ipsius conuerti genus humanum, ...

C 377: Ad hoc enim eum occidere uoluerunt, sicut superius dictum est, ut nomen eius de terra penitus abrogarent. Sed econtra uident Ecclesiam Christi toto orbe diffusam, nomenque eius ubique celeber-

---

3 CSg: exultatis ... dormit
4 Ioh. 11,48: *Si dimittimus eum sic, omnes credent in eum; et uenient Romani, et tollent nostrum locum, et gentem.*
5 CSg: eradicato regno

rimum esse cognoscunt; ut merito *g a u d e r e* non possint, quibus tam contraria prouenerunt.

140,19 A 458: *C o n f i r m a s t i   m e   i n   a e t e r n u m*, infirmasti ad tempus;

140,21 A 459: Ille est enim *D e u s   I s r a e l*, *D e u s* noster, *D e u s* Iacob, *D e u s* minoris filii, *D e u s* minoris populi. ... *Maior seruiet minori* (Gen. 25,23), modo impletum est; modo, fratres, nobis seruiunt Iudaei, tamquam capsarii nostri sunt, studentibus nobis codices portant. ... Apud illos sunt prophetae et lex; in qua lege et in quibus prophetis Christus praedicatus est. Quando agimus cum paganis, et ostendimus hoc euenire modo in Ecclesia Christi, quod ante praedictum est de nomine Christi, de capite et corpore Christi, ne putent nos finxisse illas praedictiones, et ex his rebus quae acciderunt, quasi futurae essent, nos conscripsisse, proferimus codices Iudaeorum. Nempe Iudaei inimici nostri sunt, de chartis inimici conuincitur aduersarius.

141,2 C 378: ... pulchre secuta est laudatiua conclusio; ... *A   s a e c u l o*, praesentem mundum significat, ... *E t   u s q u e   i n   s a e c u l u m* futurum uult intellegi, ubi iam omnia aeterna consistunt. ...

P s a l m   41

141,5 A 460: Magni enim sacramenti res est, ut Christiani appellerentur *f i l i i   C o r e.*[1] Vnde *f i l i i   C o r e? F i l i i* sponsi, *f i l i i* Christi. Dicti sunt enim Christiani, *f i l i i* sponsi. Quare ergo *C o r e* Christus? Quia *C o r e* interpretatur Caluaria. ... Nonne iam occurrit in loco Caluariae crucifixus? Occurrit omnino. Ergo *f i l i i* sponsi, *f i l i i* passionis illius, *f i l i i* redempti sanguine illius, *f i l i i* crucis illius, portantes in fronte quod inimici in Caluariae loco fixerunt, appellantur *f i l i i   C o r e*;

C 379: Hebraice *C o r e* dicitur Caluaria: Caluariae uero locus est, ubi Dominum Saluatorem constat esse crucifixum. Quapropter *f i l i i   C o r e* merito dicuntur, qui tamquam gloriosissimum tropaeum caelestis regis, id est, signaculum crucis suscipere meruerunt.

---

1 *Die CCSg pflegen zu schreiben*: chore.

Vgl. Isidor, *Et.* XI, 1,27: Caluaria ab ossibus caluis dicta, per defectionem;

141,13 A 461: Audi quid aliud est in *c e r u o*. Serpentes necat, et post serpentium interemptionem maiori siti inardescit, peremptis serpentibus ad fontes acrius currit. Serpentes uitia tua sunt; consume serpentes iniquitatis, tunc amplius desiderabis fontem ueritatis. ... [462] ... *d e s i d e r a   a d   f o n t e s   a q u a r u m*; habet Deus unde te reficiat, et impleat uenientem ad se, et sitientem post interemptionem serpentium, ...

C 380: Serpentes naribus trahit [*c e r u u s*], quas ut uorauerit, ueneno aestuante permotus *a d   f o n t e m   a q u a r u m* quanta potest uelocitate festinat. ... *F o n s* enim *a q u a r u m* Christus est Dominus, unde omnia fluunt quaecumque reficiunt. ... Vnde merito dictum est ad liquorem sacrae originis festinandum, ubi desiderium nostrum numquam possit habere ieiunium.

141,23 A 463: Suaues erant mihi ipsae *l a c r i m a e*; *sitiens* illum *fontem*, quia bibere nondum poteram, auidius *m e a s   l a c r i m a s* manducabam. Non enim dixit: Factae sunt *m i h i   l a c r i m a e   m e a e* potus, ne ipsas *desiderasse* uideretur sicut *fontes aquarum*; sed seruata illa siti, qua inardesco, qua rapior *ad fontes aquarum*, *p a n i s   m i h i* factae sunt *l a c r i m a e   m e a e*, dum differor.

141,26 A 463: Quia paganus si hoc mihi dixerit, non illi et ego possum dicere: *V b i   e s t   D e u s   t u u s? D e u m* quippe suum digito ostendit. Intendit enim digitum ad aliquem lapidem, ... [464] ... suspicit caelum, et forte in solem digitum intendens, iterum dicit: Ecce *D e u s* meus. *V b i   e s t   D e u s   t u u s*? Inuenit ille quod ostenderet oculis carnis; ego autem non quasi non habeam quem ostendam, sed non habet ille oculos quibus ostendam. Potuit enim ille oculis corporis mei ostendere Deum suum solem; quibus ego oculis ostendam solis creatorem? Verumtamen audiendo quotidie: *V b i   e s t   D e u s   t u u s*?, et in *lacrimis meis* quotidianis pastus, *die ac nocte meditatus sum* quod audiui: *V b i   e s t   D e u s   t u u s*? ... Video enim quae fecerit *D e u s* meus, non autem uideo ipsum *D e u m* meum qui fecit haec. ... admiror splendorem solis exserendo diei sufficientem, lunam nocturnas tenebras consolantem.

142,4 A 464: Sed quoniam ... in *intellectum* scriptus est psalmus *filiis Core*, et inuisibilia Dei per ea quae facta sunt intellecta conspiciuntur, quid agam, ut inueniam *Deum* meum? ... [465] ... Est ergo aliquid quod animus ipse ... uidet, quod non per oculos corporis sentit, ... sed per seipsum; ... Est prorsus; seipsum enim per seipsum uidet, et animus ipse ut norit se, uidet se. ... Aliquam quaerit incommutabilem ueritatem, sine defectu substantiam. Non est talis ipse animus: deficit, proficit; nouit, ignorat; meminit, obliuiscitur; modo illud uult, modo non uult. Ista mutabilitas non cadit in Deum. ... aliquid *super animam* esse sentio Deum meum. ... Quando *anima mea* contingeret quod super *animam meam* quaeritur, nisi *anima mea super* seipsam *effunderetur*? Si enim in seipsa remaneret, nihil aliud quam se uideret; et cum se uideret, non utique *Deum* suum uideret. ... Quaero ego *Deum* meum in omni corpore, siue terrestri, siue caelesti, et non inuenio; quaero substantiam eius [466] in *anima mea*, et non inuenio; *meditatus sum* tamen inquisitionem Dei mei, et per ea quae facta sunt, inuisibilia Dei mei cupiens intellecta conspicere, *effudi super me animam meam*; et non iam restat quem tangam, nisi *Deum* meum. Ibi enim domus Dei, *super animam meam*; ibi habitat, inde me prospicit, inde me creauit, ...

142,12 A 466: Ille enim qui habet altissimam in secreto *domum*, habet etiam in terra *tabernaculum*. *Tabernaculum* eius in terra, Ecclesia eius, est adhuc peregrina. Sed hic quaerendus est, quia in *tabernaculo* inuenitur uia, per quam uenitur² ad *domum*. ... *Quoniam* ... *tabernaculi*. Nam extra *locum tabernaculi* errabo quaerens *Deum* meum. ... *In locum tabernaculi ingrediar, admirabilis tabernaculi, usque ad domum Dei*. ... *Tabernaculum* enim Dei in terra, homines sunt fideles; ... Miror et istas uirtutes in anima; sed adhuc in *loco tabernaculi* ambulo. Transeo et haec; et quamuis *admirabile* sit *tabernaculum*, stupeo cum peruenio³ *usque ad domum Dei*. ... Ibi est enim fons intellectus,⁴ in sanctuario Dei, in *domo Dei*. Ibi intellexit iste in nouissima, et soluit quaestionem de felicitate iniquorum, et labore iustorum.

---

2 CSg: uia, qua peruenitur
3 CSg: uenio
4 CSg: intelligentiae (!)

142,20 C 382: Sed quomodo illuc ire sanctissimus ambiebat? ... *E x u l-
t a t i o* ad psalmodiam respicit, *c o n f e s s i o* ad peccata
deploranda; quae duo iuncta perfectum efficiunt utique Christianum.
... Definitio breuis quid sit *e x u l t a t i o e t c o n f e s-
s i o*, id est, *s o n u s e p u l a n t i s*: quia *s o n u s* ipse
animam pascit et epulas illi suaui delectatione concedit. Quid enim
dulcius, quidue salubrius quam Deum laudare et se semper arguere?
A 467: et cum ille ambularet in *tabernaculo*, audito quodam interiore *s o n o*, ductus dulcedine, ... peruenit *ad domum Dei*.

142,24 A 467: Et quomodo ibi inueneramus unde gauderemus, sic hic non deerit quod gemamus. Etenim *ceruus* iste ... ambulans *in locum tabernaculi admirabilis, usque ad domum Dei*, et ductus interioris et intel-
ligibilis *soni* iucunditate, ut omnia exteriora contemneret, et in
interiora raperetur; [468] adhuc tamen homo est, adhuc hic *gemit*, adhuc carnem fragilem portat, adhuc inter scandala huius mundi periclitatur. ... *q u a r e* adhuc *c o n t u r b a s m e, q u a r e* adhuc
t r i s t i s e s? Non enim dubitas de Deo tuo. Non enim non est
quod tibi dicas, contra illos qui dicunt: *Vbi est Deus tuus*?

143,3 A 468: Quare *S p e r a ? Q u o n i a m c o n f i t e b o r i l l i.*
Quid ei *c o n f i t e b e r i s ? S a l u t a r e ... m e u s.* ...
[469] ... *Quare ergo tristis es, anima mea, et quare conturbas me?
S p e r a i n D e u m q u o n i a m c o n f i t e b o r i l l i.*
Haec est confessio mea: *S a l u t a r e u u l t u s m e i D e u s
m e u s.*

143,7 A 469: Numquid ad Deum *t u r b a t u r ? A d m e t u r b a t a
e s t.* Ad incommutabile reficiebatur, ad mutabile perturbabatur. ...
Ergo quia non est in me firmitas mihi, nec est mihi spes de me: ...
Vis non conturbetur? Non remaneat in teipso, et dic: *Ad te, Domine,
leuaui animam meam* (Ps 24,1).

143,12 A 469: Vnde *m e m o r a t u s s u m t u i ? A m o n t e p a r u o,
e t d e t e r r a I o r d a n i s*. Forte de baptismo, ubi est remissio peccatorum. Etenim nemo currit ad remissionem peccatorum, nisi
qui displicet sibi; nemo currit ad remissionem peccatorum, nisi qui
se confitetur peccatorem; nemo se confitetur peccatorem, nisi humi-
liando seipsum Deo. Ergo *d e t e r r a I o r d a n i s m e m o-
r a t u s s u m t u i e t d e m o n t e p a r u o*; non de monte magno, ut *d e m o n t e p a r u o* tu facias magnum, *quoniam qui
se exaltat, humiliabitur; et qui se humiliat, exaltabitur* (Luc.

14,11; 18,14). Si autem et interpretationes nominum quaeras, *I o r-
d a n i s* est descensio eorum. Descende ergo, ut leueris; noli extolli, ne elidaris: ... *H e r m o n i i m* anathematio interpretatur.
Anathema teipsum, displicendo tibi; displicebis enim Deo, si pla-
cueris tibi. (~C 383f.) – Vgl. C 384: *H e r m o n i i m* dicitur
anathema, quod dicit homo diabolo, quando ad Deum uenerit.

143,12 Br 1007 D-1008 A: *I o r d a n i s* pro baptismo accipitur, *H e r-
m o n* anathema interpretatur. Igitur iste qui erat peccator ... *m e-
m o r f u i t* in humilitate paenitentiae, et baptismi ablutione abluit uetera delicta; anathematizauit peccata sua, et non se extulit
magnum gloriando, sed effecit paruulum paenitendo.

143,19.21 C 384: Duabus enim *a b y s s i s* duo Testamenta significat, id est,
Nouum et Vetus, quae se utraque mutua attestatione confirmant: quando
Vetus Nouum praedicit, Nouum autem commemorat Testamenti Veteris lec-
tiones. ... Profunda sunt enim Testamenta Domini, quia in sinu sapientiae ipsius alta ueritate consistunt. *I n u o c e* autem *c a-
t a r a c t a r u m t u a r u m*, prophetas et apostolos dicit: quoniam sicut aquarum multitudo per *c a t a r a c t a s* euomitur, ita
et de ore ipsorum Domini fluenta manauerunt.

A 470: *A b y s s u s a b y s s u m i n u o c a t*, homo hominem. Sic
discitur sapientia, sic discitur fides, cum *a b y s s u s a b y s-
s u m i n u o c a t. A b y s s u m i n u o c a n t* sancti praedicatores uerbi Dei. Numquid[5] et ipsi non *a b y s s u s* ? ... Tantamne
profunditatem creditis esse in homine, quae lateat ipsum hominem in
quo est? ... [471] ... Nam hoc illi [Petro] Christus praenuntiabat,
quod in se ipse ignorabat. Ergo omnis homo licet sanctus, ... *a b y s-
s u s* est, et *a b y s s u m i n u o c a t*, quando homini aliquid fidei, aliquid ueritatis propter uitam aeternam praedicat.[6]

144,1 A 471: Ego ... a iudiciis tuis timui uehementer; *iudicia* enim **tua
abyssus multa** (Ps 35,7), et *abyssus abyssum inuocat*. Nam sub hac carne mortali, laboriosa, peccatrice, ... damnatio quaedam est de iudicio tuo; ... Haec *abyssus* prima iudicii tui. ... Paruane iudicia sunt
tua ista? Magna sunt, dura sunt, molesta sunt; sed utinam sola essent!
... Quia tu minaris, tu dicis et post illos labores restare alteram

---

5 CSg: non quia
6 R 98[ra]: ... *i n u o c e ... t u a r u m*, id est, uerbis et doctrina prophetarum, apostolorum et reliquorum doctorum.

damnationem: ... Quo ergo abibo a facie tua, et a spiritu tuo quo fugiam, si *abyssus abyssum inuocat*, si post istos labores timentur grauiores? ... Omnis perpessio mea, *f l u c t u s* est *t u u s*; omnis comminatio tua, suspensura tua est. In *f l u c t i b u s inuocat abyssus* ista, in suspensuris *inuocat* alteram *abyssum*. In eo quod laboro, omnes *f l u c t u s t u i*; in eo quod minaris grauius, omnes *s u s p e n s i o n e s t u a e s u p e r m e i n g r e s s a e s u n t*. Qui enim minatur, non premit, sed suspendit.

144,5 A 472: Etenim in rebus prosperis *m a n d a t* tibi Deus *m i s e r i- c o r d i a m s u a m*, si ei fideliter[7] seruieris, quia liberat te de tribulatione; ... Cum uenerit ipsa tribulatio, tunc adiutorio te non deserit;

C 385: illus utique quod discitur in quiete, in tribulatione *d e- c l a r a t u r*. Prius enim otioso tempore legis uerba discuntur, sed eorum fructus in afflictione monstratur;

144,8 A 472: Intus habeo uictimam quam immolem, intus habeo thus quod imponam, intus habeo sacrificium quo flectam Deum meum: ... Quod sacrificium contribulati spiritus [473] intus habeam, audi: ...

144,12 A 473: Sic enim hic laboro, quasi tu *o b l i t u s s i s m e i*.

144,13.17 A 473: Dicit alio loco ista uox: *Ego dixi in ecstasi mea*, ubi uidit nescio quid magnum, excessu mentis: *Ego dixi in ecstasi mea: Proiectus sum a facie oculorum tuorum* (Ps 30,23). Comparauit enim haec in quibus esset, illis in quae erectus erat, et uidit se longe proiectum a facie oculorum Dei, sicut et hic: *V t q u i d m e r e- p u l i s t i, e t u t q u i d c o n t r i s t a t u s i n c e- d o, d u m a f f l i g i t m e i n i m i c u s, d u m c o n- f r i n g i t o s s a m e a*, temptator ille diabolus, scandalis ubique crebrescentibus,[8] quorum abundantia refrigescit caritas multorum (vgl. Matth. 24,12)? Cum uideamus fortes Ecclesiae plerumque scandalis cedere, nonne dicit corpus Christi: *C o n f r i n g i t* inimicus *o s s a m e a ? O s s a* enim fortes sunt, et aliquando ipsi fortes temptationibus cedunt. ... Non carnes meas tantum, sed etiam *o s s a m e a*; ut in quibus putabatur esse aliqua fortitudo, uideas cedere in temptationibus, ut ceteri infirmi desperent, quando fortes uident succumbere.

---

7 CSg: *fehlt*.
8 CSg: crebrescens

144,21 A 473: Et maxime ista dicunt in temptationibus Ecclesiae: *V b i e s t   D e u s   t u u s*? Quantum haec martyres audierunt, pro nomine Christi fortes et patientes, quantum illis dictum est: *V b·i e s t   D e u s* uester? ... Et ego propter haec, quoniam *ad me turbata est anima mea* (v. 7), quid ei aliud quam illud dicam: *Q u a r e* [474] ... *m e*?

P s a l m   42

144,26 A 474: Nostis autem omnes qui proficiunt, et qui caelesti illi ciuitati ingemescunt, qui peregrinationem suam norunt, qui uiam tenent, qui in desiderio terrae illius stabilissimae spem tamquam ancoram praefixerunt; nostis ergo quia hoc genus hominum, hoc semen bonum, hoc frumentum Christi inter zizania gemit (vgl. Matth. 13,18); et hoc donec uenit tempus messis, id est, usque in finem saeculi, sicut exponit quae non fallitur ueritas. Gemens ergo inter zizania, id est, inter malos homines, ... [475] ... erumpit in hanc uocem: *I u d i c a ... s a n c t a*.

145,5 A 475: Nunc interim in hac peregrinatione nondum *d i s c e r n i s* locum meum, quia simul cum zizaniis uiuo usque ad tempus messis; ... *d i s c e r n e   c a u s a m   m e a m*. Distet inter eum qui in te credit, et eum qui in te non credit. Par infirmitas est, sed dispar conscientia; par labor, sed dispar desiderium.

145,9 A 475: *T r i s t i s* ambulo, *i n i m i c u s   a f f l i g i t   m e* quotidianis temptationibus, immittens uel quod male amemus, uel quod male timeamus; et contra utrumque pugnans anima, etsi non capta, tamen periclitans, contrahitur tristitia, et dicit Deo: *V t   q u i d*? Quaerat ergo ab ipso, et audiat *u t   q u i d*. [476] Quaerit enim in psalmo causam tristitiae suae, dicens: *V t   q u i d ... i n c e d o*? Audiat ex Isaia, succurrat illi lectio, quae modo recitata est: *Spiritus*, inquit, *a me prodiet, et omnem flatum ego feci; propter peccatum modicum quid contristaui illum, et auerti faciem meam ab illo; et contristatus est, et abiit tristis in uiis suis* (57,16-17). Quid ergo quaerebas: *V t   q u i d ... i n c e d o*? Audisti: *p r o p t e r   p e c c a t u m*. Causa tristitiae tuae peccatum est, causa laetitiae tuae iustitia[1] sit. Peccare uolebas, et laborare nolebas; ut

---

1 CSg: iusta

parum tibi esset quod esses iniustus, nisi et eum² iniustum uoluisses, a quo in te iudicari noluisses. Respice uocem meliorem in alio psalmo: *Bonum est mihi quod³ humiliasti me, ut discam iustificationes tuas* (118,71).

145,21 A 476: Quid enim aliud *l u x* Dei, nisi *u e r i t a s* Dei? aut quid *u e r i t a s* Dei, nisi *l u x* Dei? Et hoc utrumque unus Christus. (~C 389).

145,24 A 476: *S a n c t u s   m o n s* eius, sancta Ecclesia eius. *M o n s* ille est, qui creuit ex minimo lapide, secundum uisionem Danielis (vgl. Dan. 2,35), confringens regna terrarum; et in tantum excrescens, ut impleret uniuersam faciem terrae. ... [477] ... Modo *i n   m o n t e* eius sumus, id est, in Ecclesia eius, et *i n   t a b e r n a c u l o* eius. *T a b e r n a c u l u m* peregrinantium est, domus cohabitantium; est et *t a b e r n a c u l u m* peregrinantium et militantium. Cum audis *t a b e r n a c u l u m*, bellum intellege, hostem caue. Domus autem quae erit? *Beati qui habitant in domo tua, in saecula saeculorum laudabunt te* (Matth. 5,8).

146,7 A 477: Est enim quoddam sublime *a l t a r e* inuisibile, quo non accedit iniustus. Ad illud *a l t a r e* ille solus accedit, qui ad istud securus accedit; illic inueniet uitam suam, qui in isto *discernit causam* suam. *E t   i n t r o i b o   a d   a l t a r e   D e i*. De *monte sancto* eius, et de *tabernaculo* eius, de sancta Ecclesia eius, *i n t r o i b o   a d   a l t a r e   D e i* sublime. (~C 390) Quale ibi sacrificium est? Ipse qui intrat, assumitur⁴ in holocaustum.

146,11 A 477: *I u u e n t*u s* nouitatem significat; tamquam diceret: *A d   D e u m   q u i   l a e t i f i c a t* nouitatem *m e a m. L a e t i f i c a t* nouitatem meam, qui contristauit uetustatem meam. *Incedo* enim modo *tristis* in uetustate, tunc autem stabo gaudens in nouitate.

146,15 A 477: Quid est *i n   c i t h a r a   c o n f i t e r i*, et in psalterio *c o n f i t e r i* ? ... Duo haec organa musicorum habent inter se distinctam discretamque rationem, dignam consideratione et commendatione memoriae. ... Sed quia psalterium istud organum dicitur, quod de superiore parte habet testudinem; illud scilicet tympanum et concauum lignum cui chordae innitentes resonant; *c i t h a r a* uero idipsum lignum cauum et sonorum ex inferiore parte habet; discernenda

---

2 CSg: Deum
3 CSg: quō [=quoniam]
4 CSg: assumetur

sunt opera nostra, quando in psalterio sint, quando *i n   c i t h a-
r a*, utraque tamen placita Dei et suauia eius auditui. ... [478] ...
Cum autem aliquid patimur tribulationum, temptationum, scandalorum
in hac terra, quia non patimur nisi ex inferiore parte, id est, ex
eo quod mortales sumus, ex eo quod primae nostrae causae quiddam tribulationum debemus, et quia patimur multa ab eis qui non sunt desuper, *c i t h a r a* est. Venit enim sonus suauis ex inferiore parte;
... Omnis enim patientia dulcis est Deo.

146,23 A 479: Ergo intellegimus habere nos aliquid ubi imago Dei est, mentem scilicet atque rationem. Ipsa mens inuocabat *lucem* Dei et *ueritatem* Dei. ... ipsa est quae uocatur intellectus, quo intellectu ca-
rent bestiae; ... Intellectus ergo noster alloquitur animam nostram.

146,18.25 A 479: et in quadam lucta et quasi desperatione, inuocat [aposto-
lus] gratiam Dei: *Miser ego homo, quis me liberabit de corpore mortis huius?* (Rom. 7,24)

147,1 A 480: Quid illi confiteberis? *S a l u t a r e ... m e u s.*

P s a l m   43

147,2 A 481: Psalmus iste *f i l i i s   C o r e* dicitur, sicut eius titulus praefert. Interpretatur autem *C o r e* Caluitium uel Caluaria, et
inuenimus in euangelio Dominum Iesum Christum in loco Caluariae crucifixum. ... [482] ... *Clamabo ad te*, inquit in ipso psalmo, *per diem,
et non exaudies*; *et nocte*, subauditur utique, *et non exaudies*; sed
addidit: *et non ad insipientiam mihi* (Ps 21,3), id est, hoc ipsum
quod *non exaudies, non ad insipientiam mihi*, sed ad *i n t e l l e c-
t u m*. Quid est, ad *i n t e l l e c t u m* me *non exaudies* ? Id est,
me *non exaudies* ad temporalia, ut intellegam a te desideranda sempiterna.
C 391: Audituri sumus martyres, siue confessores, id est, *f i l i-
o s* crucis edicere, ...

147,12 A 483: Illi sperauerunt, et liberasti eos; egone speraui, et dere-
liquisti me, ...? Haec ergo nobis indicauerunt *p a t r e s   n o s-
t r i.*

147,14 A 483: id est, populos expulisti de terra sua, ut istos introduceres
atque *p l a n t a r e s*, ... Haec *audiuimus a patribus nostris.*

C 393: Exeuntibus enim Amorrhaeis, uel ceteris[1] de propriis terris, Hebraei in eorum sedibus leguntur esse *plantati*. - Isidor, *Et*. IX, 2,22-23: Filii Chanaam undecim, ex quo Chananaeorum decem gentes, quorum terram his expulsis Iudaei possiderunt. ... Secundus Chet, a quo Chetaei. ... Quartus Amorrhaeus, a quo Amorrhaei. Quintus Gergesaeus, a quo Gergesaei. Sextus Heuaeus, a quo Heuaei.

147,19 C 393: Ne putarent Hebraei triumphatores suis se uiribus exstitisse, profitentur illos non *in suo gladio* fuisse uictores, nec terram gentium sibi propria fortitudine uindicasse. *Brachium* pro robore dicimus, quoniam ipso dimicante pugnatur.

147,21 A 483: *Dextera tua*, potentia tua; *brachium tuum*, ipse Filius tuus.

147,22 A 483: Quid est hoc? Quia talibus signis eis adfuisti, ut praesens intellegereris. Numquid enim quando nobis Deus aliquo miraculo adest, faciem ipsius oculis nostris uidemus? Sed effectu miraculi suam praesentiam insinuat hominibus. Denique omnes qui mirantur ad huiuscemodi facta, quid dicunt? Vidi Deum praesentem.

147,25 A 483: *Tu es ipse*, non enim mutatus es. (~C 393)

147,26 C 393: *Mandauit* enim illi *salutem*, quando audiuit per angelum: *Iam non diceris Iacob, sed Israel* (Gen. 32,28).

A 483: Etiamsi tu per tuam prorsus substantiam atque naturam qua es quidquid es, occultus es, nec per hoc quod es interfuisti patribus, ut facie ad faciem te uiderent; tamen per quamlibet creaturam tu *mandas salutem* [484] *Iacob*. Etenim illa uisio facie ad faciem liberatis in resurrectione seruatur. ... Etsi ergo tunc *patres nostri* non te uiderunt facie ad faciem secundum quod tu es, etiamsi ista uisio seruatur in resurrectione, tamen etsi angeli adfuerunt, tu *mandas salutem Iacob*.

148,4 A 484: Sed forte praeterita tantum narrata sunt nobis, de futuro autem non est aliquid tale sperandum. Immo uero sperandum. *In te inimicos nostros uentilabimus*. Ergo *patres nostri* indicauerunt *nobis opus quod operatus es in diebus eorum, et in diebus antiquis*; quia *manus tua gentes disperdidit, eiecisti populos et plantasti eos*. Ista praeterita sunt; de futuro uero quid dicit? ... Veniet tempus quando omnes *inimici* Christianorum sicut puluis *uentilentur* et de terra proiciantur.[2]

---

1 CSg: cetheis
2 R 100va: *Cornu*, id est, robore [100vb] et uirtute. *Ventilari* hostes dicuntur, quando fugantur.

148,9 A 484: *N o n ... s p e r a b o*, quomodo nec *patres in gladio suo. E t g l a d i u s ... m e.*

148,12 A 484: Et hoc figura praeteriti de futuro dicitur; sed ideo tamquam praeteritum dicitur, quia tam certum est quasi factum sit.

148,15 C 394: *C o n f u n d u n t u r*[3] etiam qui beatos oderunt; quando illi aeterna ultione damnantur, iustos autem caelorum regna recipiunt.[4]

148,17 C 395: *T o t a   d i e* perpetuum tempus ostendit, quod non habet noctem, ...

A 485: Quid: *l a u d a b i m u r* ? quid: *c o n f i t e b i m u r* ? Quia *ex* omnibus *affligentibus nos* eruisti *nos*, quia regnum perpetuum dabis nobis, ...

148,20 C 395: ... in illa aeternitate ... ubi iuge praeconium cognoscitur esse beatorum. ... quoniam ipsa est beatitudo iustorum Dominum laudare[5] perpetue; satietas[5] quae numquam nouit habere fastidium; ·

148,22 C 395: *R e p u l i s t i* significat dilationem quam sanctis prouenire non dubium est, quia non hic, sed in futuro illis perfecta beatitudo promittitur. *C o n f u d i s t i* illam dicit gloriosam confusionem quam martyres subeunt, cum iniuriis affliguntur, fustibus uerberantur et uelut criminibus obnoxii morti non desinunt mancipari.

A 485: *C o n f u d i s t i*, non in conscientia nostra, sed in facie hominum. Erat enim tempus quo affligerentur Christiani, cum ubique fugerent, cum ubique diceretur: Christianus est, tamquam ad insultationem et ad opprobrium pertineret.

148,25 C 395: Nunc autem *D e u s   n o n   e g r e d i t u r   i n   u i r t u t i b u s* martyrum, quando eos tribulationibus subdit et diuersis passionibus tradit. Tunc enim *e g r e d i e b a t u r   i n   u i r t u t i b u s* Hebraeorum, quando sine labore prostrati sunt, qui se contra electum populum erigere temptauerunt.

A 485: Procedimus ad inimicos nostros, et tu nobiscum non procedis; uidemus eos, praeualent illi, et nos inualidi sumus. Vbi est illa uirtus tua? ... [486] ubi Amalech resistens, in crucis signo superatus (vgl. Exod. 17,11)?

149,3 C 396: *A u e r s o s* se in hoc mundo ante *i n i m i c o s* suos esse

---

3 CSg: Confundentur
4 Am 279: Qui et hic *c o n f u n d u n t u r* grauissime, sed multo amplius *c o n f u n d e n t u r*, cum uiderint sanctos Domini resurgentes ...
5 CSg: laudare; perpetua satietas

testantur, qui insequentium discrimina uitauerunt.

A 486: ut quasi illi ante sint, nos retro; illi uictores, nos uicti deputemur.

149,8 C 396: *E s c a* enim luporum est *o u i u m* mansueta simplicitas; quae martyribus merito comparantur, qui a persecutoribus suis occidi sine concertationibus acquiescunt.

A 486: A nationibus manducati sumus. Hi significantur qui sic passi sunt, ut in corpus gentium uerterentur. Plangit enim eos Ecclesia, tamquam membra sua deuorata.

149,13 A 486: Vidimus enim quos *dedisti*, non uidimus quid[6] accepisti.

C 396: Tunc autem quasi *s i n e   p r e t i o   u e n d i t* Deus, quando alienigenus affligendum tradit populum christianum.

149,15 C 396: Homines qui commutant, traditae rei paria consequuntur; hic autem Deo nulla multitudo pretii in tantae rei compensatione prouenit, quando Christiani sunt traditi, ...

149,22 A 486: Quid est: *i n   s i m i l i t u d i n e m* ? Quando maledicentes homines *s i m i l i t u d i n e m* dant de eo quem detestantur: Sic moriaris, sic puniaris. Quanta tunc dicta sunt talia? Sic crucifigaris. Hodieque non desunt hostes Christi, illi ipsi Iudaei, contra quos quando defendimus Christum, dicunt nobis: Sic moriaris quomodo ille.[7]

Br 1012 A : Sicut enim in passione tua transeuntes mouebant capita sua, ita et in martyribus tuis faciunt.

149,24 C 397: Solet *u e r e c u n d i a* ad momentum uenire et breui tempore sedata discedere. Ista uero grauissima fuit, quae iugiter permanebat.

150,2 C 398: ... nunc dicitur unde uenit ille roseus amictus, qui nudam faciem coloris sui tegmine uestiebat. ... *A   f a c i e   i n i m i c i*, id est, dum proximum uidet qui eum capitaliter odit. Et ne putares aduersarium leuem, addidit *e t   p e r s e q u e n t i s*; quod odium probatur acerrimum;

150,5 A 487: Et quis hic intellectus? Quae praeterita dicta sunt, non in nobis fient; quae futura sperantur, non apparent. Praeterita: in magna gloria tua eductus est populus de Aegypto, liberatus a persequentibus, ductus per gentes, expulsis gentibus collocatus in regno. Quae futura? Educendus populus de ista Aegypto saeculi, duce Christo

---

6 CSg: quos (o *über ursprünglichem* i, s *auf Rasur von* d)
7 CSg: et ille

apparente in gloria sua; ... Haec sunt futura, illa praeterita. In medio quid? Tribulationes. Quare? Vt appareat animus colens Deum, quantum colat Deum; ut uideatur utrum gratis colat eum a quo salutem gratis accepit. Si enim tibi dicat Deus: Quid dedisti mihi ut facerem te? ... Quid dicturi sumus ei, qui primo gratis nos fecit, quia bonus est, non quia aliquid meruimus? Deinde de ipsa reparatione, de secunda natiuitate quid dicturi sumus? Merita nostra fecisse ut nobis illa salus perpetua mitteretur a Domino? Absit. ... Quid non ab eo gratis accepisti? Merito et gratia nominatur, quia gratis datur. Exigitur ergo a te, ut et tu gratis eum colas, non quia dat temporalia, sed quia praestat aeterna. ... Sed forte tu dicis: Ideo eum colam, quia dabit mihi uillam, non tamen temporalem. Nihilominus adhuc corruptam mentem geris; amore enim casto non colis, adhuc mercedem expetis. ... [488] ... Ergo ut haec fides nostra qua purgamur, ad inuisibilia praeparetur, hoc est, quod *in intellectum filiis Core* (v. 1) facta sunt ista omnia, ut detraherentur sanctis ea quae habebant, detraheretur et ipsa uita temporalis; ut non propter haec ipsa temporalia colerent ipsum aeternum, sed amore illius casto tolerarent haec omnia quae pro tempore paterentur. Denique quia intellexerunt hoc *filii Core*, quid dicunt? *H a e c   o m n i a ... s u m u s   t e*.

150,14.19 A 488: Quid est: *e t   o b l i t i   n o n   s u m u s   t e ?* ... [489] ... Ecce est intellectus, quia *n o n   r e c e s s i t   r e t r o   c o r   n o s t r u m*, quia *o b l i t i   n o n   s u m u s   t e*, quia *i n i q u e   n o n   e g i m u s   i n   t e s t a m e n t o   t u o*, positi in magnis tribulationibus et persecutionibus gentium.

C 398: *R e t r o   r e d i t   c o r* eorum qui de Domini bonitate desperant ...

150,22 A 489: Quid est: *d e c l i n a s t i ... t u a* ? Tamquam diceret nobis: In tribulatione positi estis, multa patimini, multa quae amabatis in hoc saeculo, amisistis; sed non uos dimisi in *u i a*, quam angustam uos doceo.[8] Latas *s e m i t a s* quaerebatis; quid uobis dico? Hac itur ad uitam sempiternam; qua uultis ambulare, ad mortem pergitis.

C 399: Quapropter aptissime dicuntur humanae *s e m i t a e   a   u i a* superna diuisae: quando illae ducunt ad detestabilem mortem, haec

---

8 CSg: docui

confert sine dubio desiderabilem sospitatem. Vnde *filii Core* reuera *filii* erant sanctissimae crucis, cum talia sentiebant. - Vgl. 150,16.

150,26 C 399: ... *i n   l o c o   a f f l i c t i o n i s*, id est, in isto mundo humiliatos esse testantur, ...

151,2 A 489: Haec enim mortalitas *u m b r a   m o r t i s* est. Vera *m o r s* est damnatio cum diabolo.

C 399: Sequitur *e t   o p e r u i t   n o s   u m b r a   m o r t i s*. Vitae istius transitum dicunt, qui sanctis et peccatoribus probatur esse communis. Ceterum uera *m o r s* illa est, qua impii aeterna damnatione puniuntur.

151,7 A 489: *N o u i t*, et *r e q u i r i t*; si *n o u i t   o c c u l t a   c o r d i s*, quid ibi facit? *N o n n e   D e u s   r e q u i r e t   i s t a ? N o u i t* in se, *r e q u i r i t* propter nos. Etenim ideo *r e q u i r i t* Deus aliquando, et dicit sibi innotescere, quod facit tibi innotescere. (~C 399)

151,10 A 490: Sed ipse Abraham se non cognouit, quia in ipsa temptatione ipse sibi innotuit. Plerumque enim homo putat se posse quod non potest, aut putat se non posse quod potest; accedit ad illum interrogatio ex diuina dispensatione, et per interrogationem notus fit sibi; et dicitur Deus cognouisse, quod illum fecit *n o s s e*. Numquid Petrus *n o u e r a t* se, quando dixit medico: *Tecum sum*[9] *usque ad mortem* (vgl. Matth. 26,35; Luc. 22,33)? Medicus *n o u e r a t*, ... aegrotus non *n o u e r a t*. Venit accessio temptationis; et probauit medicus sententiam suam, perdidit aeger praesumptionem suam.

151,16 A 490: Quid est: *nouit occulta* ? quae *occulta* ? *Q u o n i a m* ... *o c c i s i o n i s*. Potes enim uidere *m o r t i f i c a r i* hominem; quare *m o r t i f i c e t u r*, nescis; Deus hoc *nouit*; res in occulto est. Sed dicit mihi aliquis: Ecce pro nomine Christi detinetur, nomen Christi confitetur. Quare non[10] et haeretici nomen Christi confitentur, et non tamen iam *p r o p t e r* ipsum moriuntur? Prorsus in ipsa Ecclesia, dicam, catholica, putatis defuisse aut deesse posse, qui causa humanae gloriae paterentur? Si deessent huiusmodi homines, non diceret apostolus: *Si tradidero corpus meum ut ardeam, caritatem autem non habeam, nihil mihi prodest* (I Cor. 13,3). Sciebat ergo esse posse quosdam qui hoc iactatione facerent, non dilectione.

---

9 CSg: *fehlt*.
10 CSg: quare? nonne (ne *übergeschr.*)

C 400: ... *t o t a   d i e*; quod non momentaneam mortem, sed per uniuersum uitae tempus protractum nobis fidelium declararet exitium, ...

151,23 C 400: *O u i s*, quia non habet arma resultationis, raptoribus suis probatur temnibilis. ... sed manibus latronis patienter acquiescit, dum nulla se reluctatione defendit. Sic famuli Christi uelut *o u e s   a e s t i m a t i   s u n t* mori; quoniam sine contentione aliqua uidebantur occidi.

151,25 C 400: Quae figura catachresis est, quam recte dicimus abusionem, quae rebus nomen commodat alienum. Non enim Deo conuenit *e x s u r- g e r e*, qui numquam noscitur posse dormire: ...

A 491: scio qui non dormit qui custodit Israel; sed tamen martyres clamant: *E x s u r g e , q u a r e   o b d o r m i s , D o m i n e* ? O Domine Iesu! occisus es, dormisti in passione, iam nobis resurrexisti. Nouimus enim quia nobis resurrexisti. Quare resurrexisti? Gentes quae nos persequuntur, mortuum te putant, resurrexisse non credunt. *E x s u r g e* ergo et illis. Quare dormis, non nobis, sed illis? Si enim iam te illi crederent resurrexisse, numquid eos qui in te crederent persequi poterant? ... Adhuc eis dormis; *e x s u r g e* ut intellegant quia resurrexisti, et quiescant. ... [492] ... Namque cum *e x s u r g e r e t*, id est, cum resurgeret, et gentibus innotesceret, cessantibus persecutionibus, ...

152,5 C 400: ... *i n   f i n e m*, ubi consistit muneris tui uniuersa perfectio, ubi sunt praemia beatorum, ubi martyribus coronae praeparantur.

152,7 A 491: *Q u a r e ... a u e r t i s*, quasi non adsis, quasi oblitus sis nostri.

C 400: Quare nos tamdiu aestimas differendos, ut respicere non credaris, cum subuenire distuleris?

152,9 C 401: hoc est, cui consueueras subuenire, quam sic in aliis amas, ut te inopem dicas. Venisti enim ditissimus, ut nostrae indigentiae subuenires.

152,12 C 401: Sequitur, *a d h a e s i t ... n o s t e r*; quod utique facere solent qui longa oratione prostrati, tota corporis effusione tenduntur.

A 491: Poenam nimiae humiliationis mihi uidetur expressisse, qua quisque quando se prosternit, *h a e r e t   i n   t e r r a   u e n t e r* eius. ... An forte, fratres, eos plangit Ecclesia uoce ista, quibus [492] illi qui persequebantur persuaserunt impietatem, ut illi qui perdurarunt hoc dicant: *H u m i l i a t a ... n o s t r a* ? Id est, inter manus *p u l u e r i s* huius, inter manus impiorum et persequentium, ... non sine causa dictum est, de *u e n t r e* isto quod[11] adhaesit *i n t e r r a*, nisi quia illi significantur, qui persecutionem non tolerantes, consenserunt iniquis; sic enim *h a e s e r u n t i n t e r r a*. Sed quare dicti sunt *u e n t e r*, nisi quia carnales sunt: ut os Ecclesiae in sanctis sit, in spiritalibus sit, *u e n t e r* Ecclesiae in carnalibus sit? Itaque os Ecclesiae eminet; *u e n t e r* absconditus est, tamquam mollior et infirmior. Hoc significat quodam loco scriptura, ubi quidam dicit se accepisse librum; *et liber ipse dulcis erat*, inquit, *in ore meo, et amarus in uentre meo* (Apoc. 10,10). Quid est hoc, nisi quia praecepta summa quae capiunt[12] spiritales, non capiunt[12] carnales; et de quibus gaudent spiritales, contristantur carnales? - Vgl. 149,10-12.

152,20 A 492: Et uere, carissimi, *e x s u r r e x i t e t a d i u u i t*. Namque cum *e x s u r g e r e t*, id est, cum resurgeret, et gentibus innotesceret, cessantibus persecutionibus, etiam illi qui *haeserant in terra*, eruti sunt de terra, ... [493] ... (~C 401:) *p r o p t e r n o m e n t u u m*. Hoc est, gratis: *p r o p t e r n o m e n t u u m*, non propter meritum meum;

C 401: *E x s u r g e* autem non ad dormitionem, sed ad resurrectionem est potius applicandum.

P s a l m   44

152,25 A 494: Sed et unusquisque nostrorum, fratres, ex uetere homine in nouum mutatur: ex infideli fidelis fit, ... Nam *d i l e c t u s* ille uisus est a persecutoribus suis, sed non *i n i n t e l*-[495] *l e c t u m*. Si enim cognouissent, numquam Dominum gloriae crucifixissent (vgl. I Cor. 2,8). Ad hunc *i n t e l l e c t u m* oculos alios quaerebat ipse, cum diceret: *Qui me uidet, uidet et Patrem* (Ioh. 14,9).

C 402: *I n f i n e m* saepe dictum est perfectionem significare, hoc est, Dominum Saluatorem. ... *f i l i i s C o r e*, hoc declarat: quia *f i l i i s* crucis ... *P r o d i l e c t o* filium uult intel-

---

11 CSg: qui
12 CSg: accipiunt

legi Dominum Christum, de quo Patris uox insonuit:*Hic est filius meus dilectus*, ... (Matth. 3,17).

153,7 A 496: Quis dicit, Pater, an propheta? Intellexerunt enim quidam Patris personam dicentis: E r u c t a u i t ... b o n u m, commendantis nobis natiuitatem quamdam ineffabilem. Ne forte putares aliquid assumptum, unde Filium generaret Deus; quemadmodum homo sibi assumit aliquid unde generet filios, coniugium scilicet, sine quo prolem procreare homo non potest; ne igitur putares aliquo coniugio indiguisse Deum, unde Filium generaret, e r u c t a u i t, inquit, c o r m e u m u e r b u m b o n u m. ... [497] ... Dixerit hoc Deus Pater de *V e r b o* suo *b o n o* atque benefico bono nostro, per quod solum bonum utcumque boni esse possumus.

153,10 Vgl. 167,13.

153,12 A 497: Sicut autem *Eructauit ... bonum*, intelleximus ibi generationem Filii; ueluti repetitio mihi uidetur facta in consequenti sententia, ut illud quod dictum erat: *Eructauit ... bonum*, repeteretur in eo quod ait: *D i c o*. Quid est enim: *D i c o* ? *Verbum* profero. ... Quare ergo: *O p e r a m e a* [498] *d i c o* ? Quia in ipso *Verbo* omnia *o p e r a* Dei.

153,15 A 498: Sed mihi uidetur quantum audet humana intellegentia, et hoc[1] posse accipi ex persona Patris dictum: ... Quia quod *l i n g u a* dicitur, sonat et transit; quod scribitur manet; cum ergo *dicat* Deus *Verbum*, et *Verbum* quod *dicitur* non sonet et transeat, sed et *dicatur* et maneat, scriptis hoc maluit Deus comparare quam sonis.

153,19 A 498: *V e l o c i t e r* Dei tale est, ut uelocius nihil sit. In scripturis[2] enim scribitur littera post litteram, syllaba post syllabam, uerbum post uerbum; nec ad secundum transitur, nisi primo perscripto. Ibi autem nihil uelocius, ubi non multa sunt uerba, nec tamen aliquid praetermissam est, cum in uno sunt omnia. - A 497: Sed *d i c e r e* Dei aeternum est. ... *d i c e r e* Dei sine initio est, et sine fine; et tamen unum *Verbum d i c i t*.

153,18.23 A 498: Ecce iam *Verbum* illud sic prolatum,[3] aeternum, ab aeterno coaeternum, ueniet sponsus. ... [499] ... Quid uoluit dicere: *P r a e f i l i i s h o m i n u m*, nisi quia homo?

C 404: ... factum est de incarnatione Domini laudis initium; ... sed

---

1 CSg: adhuc *statt* et hoc
2 CSg: scriptis
3 CSg: probatum

ueraciter humano genere pulchrior fuit, quia peccata non habuit. ...
Et quare *s p e c i o s u m* dixerit probat: quia, loquente Christo,
per gratiam Deo reconciliatus est mundus. Quid ergo potuit in humano
genere esse simile, quam ipsum incarnatum conspicere, per quem re-
demptionis donum totus orbis accepit?

154,2 A 499: Venit nobis cum uerbo *g r a t i a e*, cum osculo *g r a t i a e*.

154,3-4 Zu den Bibelzitaten vgl. Marc. 16,16; Ioh. 6,55.

154,6 A 500: Adcommodatius uidetur hoc accipi ex persona prophetae. ...
P r o p t e r e a, inquit, *b e n e d i x i t t e D e u s i n
a e t e r n u m*. Quare? *P r o p t e r* gratiam. Illa enim *gratia* quo
pertinet? Ad regnum caelorum. Primum enim Testamentum terram promiserat; et aliud praemium fuit uel promissio sub lege positorum,
aliud sub *gratia*: terra Chananaeorum Iudaeis sub lege positis, regnum caelorum Christianis sub *gratia* positis. Itaque quod pertinebat
ad eos qui sub lege positi erant, regnum, terra illa transiit; regnum
caelorum quod pertinet sub *gratia* positis, non transit. Propterea ...
non ad tempus, sed *i n a e t e r n u m*.

154,11 A 501: *G l a d i u m t u u m*, quid, nisi uerbum tuum? Illo *g l a-
d i o* strauit inimicos, illo *g l a d i o* diuisit filium a patre, fi-
liam a matre, nurum a socru (vgl. Matth. 10,34-35). ... [503] ...
De potentia huius *g l a d i i* loquebamur, cum ista diceremus. *A c-
c i n g e r e g l a d i u m t u u m*, sermonem tuum; ... Quid est:
c i r c a f e m u r ? quid significat de *f e m o r e* ? Carnem.
C 405: Sed hic *g l a d i u m* sermonem praedicationis debemus accipere, ...

154,14 C 405: Hic utramque naturam positam euidenter agnoscimus, ut *s p e-
c i e s* pertineat ad humanitatem, *p u l c h r i t u d o* ad deitatem.

154,16 Br 1015 A : *P r o c e d e*, id est, de caelo ueni.
A 503: Nonne uidemus? Certe iam factum est. Adtendite orbem terrarum: *i n t e n d i t, p r o s p e r e p r o c e s s i t, e t
r e g n a t*; subditae sunt omnes gentes.
C 406: *I n t e n d e* dictum est, ut hominem pereuntem de caelo miseratus aspiceret, ... *P r o c e d e*, uelut sponsus de utero uirginali,
... *R e g n a*, hoc est, in hominum credulitate potentiam tuae maiestatis ostende.

154,19 A 503: Praedicatum est euangelium; *u e r i t a s* est. Quid *m a n-
s u e t u d o* ? Passi sunt martyres, ... [504] ... Corpus Christi
hoc fecit, in capite suo didicit. ... Quid *p r o p t e r i u s t i-*

t i a m? Veniet etiam, ut iudicet, et retribuat unicuique secundum opera sua (vgl. Matth. 16,27).

154,21 A 504: *D e x t e r a* sua *d e d u c t u s   e s t*, id est, potentia sua. ... *D e d u c e t* eum[4] *m i r a b i l i t e r   d e x t e r a   eius*: faciens diuina, patiens humana, malitias hominum sternens bonitate sua.

C 406: *D e d u c e t   t e*, id est, per cursum totius uitae inoffensa conuersatione custodiet. *M i r a b i l i t e r*, quia contra mundi inopinabilem consuetudinem tertio die resurrecturus erat a mortuis;

154,24 A 504: Verba cor transfigentia, amorem excitantia. ...O[5] *s a g i t t a m   a c u t a m, p o t e n t i s s i m a m*, qua accepta cecidit Saulus ut esset Paulus! Vt ille, ita et populi; gentes adtendite, uidete subditas Christo. ... *i n   c o r d e   i n i m i c o r u m* [505] *r e g i s*; hoc est, *i n   c o r d e   i n i m i c o r u m* tuorum. Ipsum enim appellat *r e g e m*, ipsum nouit *r e g e m*.[5]

C 406: *S a g i t t a e   a c u t a e* sunt uerba Domini Saluatoris, hominum corda salutariter infigentia; ... *P o p u l i   s u b   t e   c a d e n t*, conuersiones[6] signi-[407]ficat hominum: quando credentes in humilitatem feliciter cadunt, qui prius uitio praesumptionis erecti sunt; sicut apostolo Paulo contigit, ... *I n i m i c o r u m   r e g i s*, inimicos Christi dicit, ...

155,5 A 505: Erat autem *s e d e s* regni iudaici temporalis, pertinens ad eos qui sub lege erant, non ad eos qui sub gratia erant; ... Vnde nunc *s e d e s   i n   s a e c u l a   s a e c u l o r u m*? Quia Dei. *S e d e s   t u a, D e u s,*[7] *i n   s a e c u l a   s a e c u l o r u m*. ... Non enim posset Deus *s e d e m* habere temporalem.

155,7 A 505: *D i r e c t i o n i s   u i r g a* est, quae dirigit homines. Curui erant, distorti erant; sibi regnare cupiebant, se amabant, facta sua mala diligebant; non uoluntatem suam Deo subdebant, sed uoluntatem Dei ad suas concupiscentias flectere uolebant.

155,11 A 506: regat te *uirga* ista, ne frangat te. *Virga* enim ferrea est

---

4 CSg: enim eum
5 CSg: O *bis* regem *fehlen. Der Text von CSg springt unvermittelt von* ceciderunt (A 504,16,8) *auf* amici (A 505,16,26); *über* ceciderunt *steht aber das Auslassungszeichen* ⋕.
6 CSg: conuersationes
7 CSg: Quia dš [= Deus] (s *aus* i *verbessert*) sedes tua *statt* Quia *bis* Deus, ...

illa, inflexibilis. Et quid dictum est? *Reges eos in uirga ferrea,
et tamquam uas figuli conteres eos* (Ps 2,9). Alios regit, alios conterit: regit spiritales, conterit carnales.

155,15 A 507: P r o p t e r e a   u n x i t   t e, ut *diligeres iustitiam, et
odires iniquitatem*. ... O tu Deus, u n x i t   t e   D e u s   t u u s.
... V n c t u s   e s t ergo D e u s a Deo; quo oleo, nisi spiritali?
Oleum enim uisibile in signo est, oleum inuisibile in sacramento est,
oleum spirituale intus est.

155,19 C 408: O l e u m   l a e t i t i a e est peccati maculam non habere;
unde se conscientia semper exhilarat, quando nulla recordationis
asperitate mordetur. P r a e   c o n s o r t i b u s   t u i s, *prae
filiis hominum* dicit (vgl. v. 3), quos et ipse in euangelio fratres
appellat. Ideo autem dictum est, p r a e   c o n s o r t i b u s
t u i s, quoniam hanc benedictionem supra omne humanum genus dignoscitur accepisse, ut *unctus* singulariter ceteros *ungere* debuisset.[8]
A 509: Quomodo *speciosus forma prae filiis hominum*, sic *unctus
oleo exultationis prae participibus
suis*. Qui enim p a r t i c i p e s eius? Filii hominum; quoniam
et ipse Filius hominis particeps factus est mortalitatis illorum, ut
faceret eos p a r t i c i p e s immortalitatis suae.

155,24 C 408: G u t t a uero quae dicitur ammoniaca duritias curat ab aliqua necessitate contractas. Quae pulchre incarnationi Domini comparatur, quia duritiam cordis humani sancta praedicatione dissoluit.
C a s i a, quae a nostris fistula dicitur, redemptio generis humani
per aquam baptismatis indicatur, quoniam hoc herbae genus aquosis locis dicitur inueniri. His rebus etiam odor inest suauis, ut merito
sanctae incarnationi et uirtus herbarum et [409] odoris suauitas
comparetur, ...

A 509: Odores boni *a   u e s t i m e n t i s   t u i s. V e s t i-
m e n t a* eius sunt sancti eius, electi eius, tota Ecclesia eius, ...[9]

156,2 C 409: sed quoniam elephas, cuius haec ossa sunt, nimiae castitatis
asseritur, qui inter quadrupedia et sensu plurimo ualet et temperan-

---

8 Vgl.Hieronymus, *Epistula 65* [s. Einl. § 5f)], 633: P a r t i c i p e s
autem apostolos credentesque significat; quibus unctionis suae uocabulum
tribuit, ut ab *uncto* uocentur *uncti*, id est Christiani.
9 R 103vb: Hae quidem species aromaticae sunt, seu et species uirtutum significant.

ter miscetur feminae suae et coniuge secunda non utitur; hoc pudicis feminis decenter aptatum est, ...

156,7.11 A 510: Etenim omnes animae[10] quae illis praedicantibus et euangelizantibus natae sunt, *f i l i a e   r e g u m* sunt; et Ecclesiae *f i l i a e* apostolorum, *f i l i a e   r e g u m* sunt. ... Praedicauerunt uerbum ueritatis, et genuerunt ecclesias, non sibi, sed illi. Ad hoc sacramentum pertinet quod scriptum est in lege: *Si mortuus fuerit frater, accipiat uxorem eius frater eius, et suscitet semen fratri suo* (Deut. 25,5). *Accipiat* [511] *uxorem frater eius, et suscitet semen,* non sibi, sed *fratri suo.* ... Mortuus est Christus, resurrexit, ascendit, absentauit se corpore: susceperunt fratres eius uxorem eius, praedicatione euangelii generaturi filios, non per seipsos, sed per euangelium, propter nomen fratris. *In Christo enim Iesu,* inquit, *per euangelium, ego uos genui* (I Cor. 4,15). Itaque suscitantes semen fratri suo, quotquot genuerunt, non Paulianos aut Petrianos, sed Christianos nominauerunt. ... Intellegite etiam *f i l i a s   r e g u m,* ciuitates quae crediderunt in Christum, et a *r e g i b u s* conditae sunt; ... *F i l i a e   i n   h o n o r e   t u o*; quia non quaesierunt *h o n o r e m* patrum suorum, sed quaesierunt *h o n o r e m   t u u m.* ... In Petro quis honoratur, nisi ille defunctus pro nobis? Sumus enim Christiani, non Petriani. ... Ecce Roma, ecce Carthago, ecce aliae et aliae ciuitates *f i l i a e   r e g u m* sunt; et delectauerunt *r e g e m* suum *i n   h o n o r e* ipsius; et ex omnibus fit una quaedam regina. ... Quae a sinistris, non regina. Stabit enim quaedam et a sinistris, cui dictur [512]: *Vade in ignem aeternum* (Matth. 25,41). A dextris autem stabit, cui dicetur: *Venite, benedicti Patris mei, ...* (Matth. 25,34).

156,11 C 410: hic autem *a   d e x t r i s   a d s t e t i s s e* dicit *r e g i n a m,* quia *d e x t e r a* honorabilis pars est Sponsi, quem caput constat esse Ecclesiae. Sequitur *i n   u e s t i t u   d e a u r a t o.* Aurum ad caritatis debemus aptare fulgorem, qua uirtute circumdata sancta resplendet Ecclesia.

Br 1016 C: *R e g i n a,* Ecclesia est (= CSg 27,197; WS 202[a])

156,15 C 410: *D e a u r a t u m* enim dicimus, quando superducta species auri in aliqua materia glutinatur. ... Perscrutemur cur Ecclesia Dei de uestis *u a r i e t a t e* laudetur, cui totum simplex conuenit at-

---

10 CSg: *fehlt.*

que unum. Sed hic *u a r i e t a t e m*, aut linguas multiplices significat, quia omnis gens secundum suam patriam in Ecclesia psallit auctori; aut uirtutum pulcherrimam diuersitatem.

A 512: *V e s t i t u s   r e g i n a e* huius quis est? Et pretiosus est, et uarius est: ... Ecce *u a r i e t a t e m* intelleximus de diuersitate linguarum et uestem intelleximus propter unitatem; in ipsa autem *u a r i e t a t e* aurum quod est? Ipsa sapientia. Quaelibet sit *u a r i e t a s* linguarum, unum aurum praedicatur: non diuersum aurum, sed unitas de auro. ... *V a r i e t a s* in linguis, aurum in sententiis.

156,19 A 512: Alloquitur propheta *reginam* istam ... Nos enim alloquitur: *A u d i, f i l i a, e t   u i d e*. Alloquitur eam tamquam unus de patribus, quia *filiae regum* sunt; etsi alloquatur propheta, etsi alloquatur apostolus, tamquam *f i l i a m* (sic enim dicimus, patres nostri prophetae, patres nostri apostoli; si nos illos ut patres, illi nos ut filios), et uox una paterna alloquitur unicam *f i l i a m*: *A u d i, f i l i a, e t   u i d e*. Prius *a u d i*, postea *u i d e*. Ventum est enim ad nos cum euangelio, et praedicatum est nobis quod nondum uidemus, et *a u d i e n d o* credimus, credendo *u i d e b i m u s*; ... Si non *a u d i e r i s*, non *u i d e b i s*. *A u d i* ut mundes cor fide, sicut apostolus ait in Actibus Apostolorum: *Fide mundans corda eorum* (15,9). Ad hoc enim *a u d i m u s* quod credamus, antequam *u i d e a m u s*, ut[11] credendo cor mundemus, unde *u i d e r e* possimus. *A u d i*, ut credas, munda cor fide. Et cum cor mundauero, quid *u i d e b o* ? *Beati mundo corde, quia ipsi Deum uidebunt* (Matth. 5,8).

C 410: *F i l i a m* uero merito propheta uocat Ecclesiam; quia eius praedicationibus sanctis genitus est populus christianus. *E t   u i d e*, sub gratulatione dicendum est: quoniam Sponsus qui tibi promittebatur aduenit, in quo est amor, gloria et gaudium tuum.

156,23 A 512: Parum est [513] *audi*, humiliter *audi*: ...

C 410: Sequitur *e t ... t u a m*; quod oportebat Ecclesiam facere, ut honorabiliter prophetae uerba perciperet.

156,25 A 513: Erat *p o p u l u s* quidam, et *d o m u s   p a t r i s* quaedam, in qua nata es,[12] *p o p u l u s* Babyloniae, habens regem diabolum. Vndecumque uenerunt gentes, a *p a t r e* diabolo uenerunt; sed *p a-*

---

11 CSg: Et
12 CSg: in qua natus es *nach* Babyloniae (!)

t r i diabolo renuntiauerunt. ... Foedam te ille genuit, cum peccatricem fecit; pulchram te iste regenerat qui iustificat impiam[13] (vgl. Rom. 4,5). - Vgl. 153,25-26.

157,3 A 509 (zu v. 9): *V e s t i m e n t a* eius sunt sancti eius, electi eius, tota Ecclesia eius, quam sibi sicut uestem exhibet, sine macula et ruga (vgl. Eph. 5,27);

A 513: Quam *s p e c i e m*, nisi quam ipse fecit? ... Quis *r e x* ? ... Deus tuus est, *r e x* tuus est. *R e x* tuus, et ipse est sponsus tuus. *R e g i* nubis Deo, ab illo dotata,[14] ab illo decorata, ab illo redempta, ab illo sanata. Quidquid habes unde illi placeas, ab illo habes.

C 411: *R e x* itaque iste Saluator est Dominus, qui *c o n c u p i- u i t* Ecclesiam ... quam speciosam fecit ipse, non reperit. ... Sed ille [Sponsus] *s p e c i e* sua habere dictus est *p u l c h r i t u- d i n e m* singularem; haec [Sponsa] uero ideo pulchra est, quia sibi eam sociauit Sponsus.

157,10 A 513: *F i l i a e   T y r i, f i l i a e* gentium: ... [514] ... (~C 412:) Venite cum *m u n e r i b u s*: *Date eleemosynas*, ... (Luc. 11,41).

157,13 A 514: Ad Ecclesiam enim concurrunt, et ibi eleemosynas faciunt. Ne extra fiant, id est, ne extra positi fiant, in Ecclesia faciant. *V u l t u s* enim sponsae huius et *reginae* proderit facientibus.

157,15 Zum Bibelzitat vgl. Ps 21,23. - Vgl. C zu 158,13.

157,17 Vgl. A zu 156,19.

157,18 A 515: ... sed *i n t u s* pulchram nouit, qui *speciem* eius amauit. Quae sunt interiora pulchritudinis? Conscientiae. Ibi uidet Christus, ibi amat Christus, ...

157,20 C 412: *F i m b r i a e* sunt finitima uestium, quae in stamine colligatae tamquam capillorum segetes dependunt; per quas hominum uita significatur extrema. Haec non *deaurata* (ut supra) sed nunc illi esse *a u r e a* profitetur; quia in fine tota perfectio est, ubi caritas non tamquam *deaurata* conspicitur, sed iam plenissima tamquam *a u r e a* reperitur. *C i r c u m a m i c t a* uero *u a r i e t a t e* dicit propter uarias uirtutes fidelium, quas superius constat expositas.

---

[13] CSg: impium
[14] CSg: ditata

157,23 C 413: *A d d u c e n t u r*, dixit, *r e g i   u i r g i n e s   p o s t   e a m*, post Ecclesiam utique, quia prius fuit, ut eius unitas diceretur et post enumeratio partium distincta proueniret.

157,25 C 413: *A f f e r e n t u r   t i b i*, Deo dicitur. ...

A 515: Et quia dixit: *r e g i*, ad eum conuersus dixit: *t i b i*: ...

157,26 C 413: Sed quae *uirgines* ante conspectum Domini *adducuntur* ? fideles scilicet et pudica se mente tractantes. Nam quid proderit cuiquam corpus intactum seruare, si contingat eam integritatem fidei non habere? ... *P r o x i m a e* sunt autem Ecclesiae, id est, uiduae et[15] castae, quae gradu inferiore iunguntur.

158,3 A 515: *T e m p l u m   r e g i s* ipsa Ecclesia, ...

C 413: Vt copiosa munera sanctae Ecclesiae monstraret, dicit eam *i n   l a e t i t i a   e t   e x u l t a t i o n e* angelorum ministeriis *a d d u c e n d a m*.

158,4 A 516: Genuerunt te apostoli: ipsi missi sunt, ipsi praedicauerunt, ipsi *p a t r e s*. Sed numquid nobiscum corporaliter semper esse potuerunt? ... Ergo illorum abscessu deserta est Ecclesia? Absit. ... *P a t r e s* missi sunt apostoli, *p r o* apostolis *f i l i i   n a t i   s u n t   t i b i*, constituti sunt episcopi. Hodie enim episcopi, qui sunt per totum mundum, unde *n a t i   s u n t* ? Ipsa Ecclesia *p a t r e s* illos appellat, ipsa illos genuit, et ipsa illos constituit in sedibus *p a t r u m*. Non ergo te putes desertam, quia non uides Petrum, quia non uides Paulum, quia non uides illos, per quos *n a t a   e s*; de prole tua tibi creuit paternitas.

158,10 A 516: Haec est catholica Ecclesia: *filii eius constituti sunt principes super omnem terram, filii eius constituti sunt pro patribus.*

158,13 C 414: Omnis enim Christianus cum symboli sacramenta reddiderit, in Ecclesiae facie *c o n f i t e t u r*; quae confessio fit aeterna, quia uera et pia est. Nam quod addidit *i n   s a e c u l u m   s a e c u l i*, futura significat, ...

158,14 C 414: Ecce epithalamium gloriosum psalmigraphi exultatione completum est. Ecce Sponsi laus Sponsaeque admirabili uarietate celebrata est: ...

---

15 CSg: *fehlt*.

Psalm 45

158,17 A 517: Commemoro enim uos scientes, *C o r e* interpretari caluitium; Dominumque nostrum, quoniam in Caluariae loco crucifixus est, adduxisse sibi multos, ... et eos qui adducti sunt, appellatos *f i l i o s C o r e*. Hoc in mysterio. ... [518] ... *O c c u l t u m* est ergo; sed ille ipse qui in Caluariae loco crucifixus est, nostis quia uelum discidit, ut templi secreta patescerent. Proinde quia crux Domini nostri clauis fuit, qua clausa apirerentur, credamus adfuturum eum nobis, ut ista *o c c u l t a* reuelentur. *I n f i n e m* quod habet, semper Christum intellegere debemus. *Finem enim legis Christus, ad iustitiam omni credenti* (Rom.10,4). *F i n i s* autem dicitur, non quia consumit, sed quia perficit.

C 414: *I n f i n e m*, notum est quemadmodum ad Dominum Chri-[415]stum possit referri. *F i l i o s* autem *C o r e* significari diximus Christianos, ex quorum persona psalmus iste cantatur. *P r o a r c a n i s* uero, aduentum Domini significat Saluatoris, quem diuinitatis suae secreto pro hominum salute disposuit.

158,20 A 518: Sunt quaedam *r e f u g i a* ubi non est *u i r t u s*, quo quisque cum fugerit, magis infirmatur quam confirmetur. ... Non est *r e f u g i u m* nostrum tale, sed *r e f u g i u m* nostrum *u i r t u s* est. Cum illuc confugerimus, firmi erimus.

158,24 A 519: Verumtamen, carissimi, inter omnes *t r i b u l a t i o n e s* humanae animae, nulla est maior *t r i b u l a t i o* quam conscientia delictorum. Namque si ibi uulnus non sit, sanumque sit intus hominis quod conscientia uocatur; ubicumque alibi passus fuerit *t r i b u l a t i o n e s*, illuc confugiet, et ibi inueniet Deum. ... Isti ergo *filii Core* fortasse intelleguntur esse illi, quibus locutus est Petrus in Actibus Apostolorum, ... [520] ... Illi quem ipsi crucifixerant manibus suis, cogitantes quam contemptibilis esset, cum ab eis occideretur, quam altus et excelsus apud Deum factus esset, qui Spiritu sancto idiotas impleret, et linguas infantium faceret disertas, compuncti corde dixerunt: *Quid faciemus?* (2,37) ... et hi *i n t r i b u l a t i o n i b u s*, a quibus se inuentos esse dixerunt, hoc dixerunt: *Deus noster ... nimis.* ... Ab illo ergo cui dictum est: *Refugium et uirtus*, acceperunt magnam securitatem. *Baptizetur unusquisque uestrum in nomine Domini nostri Iesu Christi*: in illius nomine quem occidistis, baptizamini, *et dimittuntur uobis peccata uestra* (2,38). ... Denique accepta tanta securitate, quid dicunt?

159,7 A 521: Dominus quippe dixit discipulis: *Si habueritis fidem sicut granum sinapis, dicetis monti huic: Tollere et mittere in mare, et fiet* (Matth. 17,19). Forte *monti huic* de seipso dixit; dictus est enim *mons*: *Erit in nouissimis temporibus manifestus mons Domini*. Sed iste *mons* super alios m o n t e s collocatus est; quia et apostoli m o n t e s, portantes *montem* hunc. Ideo sequitur: *Erit in nouissimis temporibus manifestus mons Domini, paratus in cacumine montium* (Isai. 2,2). ... M a r e autem significat hoc saeculum, in cuius m a r i s comparatione tamquam t e r r a uidebatur gens Iudaeorum. Non enim idololatriae amaritudine tegebatur, sed erat tamquam arida amaritudine gentium tamquam mari circumdata. Futurum erat ut t u r b a r e t u r t e r r a, id est, illa ipsa gens iudaea, e t t r a n s f e r e n t u r m o n t e s i n c o r m a r i s, id est, primo ipse *mons* magnus *paratus in cacumine montium*. Deseruit enim gentem iudaeam, et factus est in gentibus; t r a n s l a t u s e s t d e t e r r a a d m a r e. T r a n s f e r e n t i b u s quibus? Apostolis, quibus dixerat: *Si ... et fiet* [s. oben den ganzen Text]; id est, per fidelissimam uestram praedicationem fiet ut *mons* iste, hoc est, ego ipse praedicer in gentibus, ... Quando autem et illi m o n t e s t r a n s l a t i s u n t ? ... Quando apostolus praedicabat Iudaeis, respuerunt uerbum, et ait apostolus Paulus: *Ad uos missi eramus, sed quia respuistis uerbum Dei, imus ad gentes* (Act. 13,46). ... [522] ... Tunc nos n o n t i m e b i m u s. ... Crediderunt enim quidam illorum, et adhaeserunt apostolis praedicantibus.[1] T i m e a n t ergo illi quos deseruerunt m o n t e s; nos a m o n t i b u s non recessimus; et quando t r a n s l a t i s u n t i n c o r m a r i s, secuti sumus.

159,21 A 522: Quid ergo factum est, dum *translati sunt montes in cor maris* ? S o n u e r u n t e t t u r b a t a e s u n t a q u a e e i u s. Quando praedicabatur euangelium: ... [523] ... Hinc ciuitas Dei laetificabatur, dum *mare* t u r b a r e t u r sonitu a q u a r u m suarum, dum m o n t e s c o n t u r b a r e n t u r quaerentes quid agerent, quomodo nouam doctrinam pellerent, ...

---

1 CSg: *Der Satz lautet*: crediderunt enim et accesserunt ad apostolos (ad übergeschr., o über i *von ursprünglichem* apostolis)

C 416: *S o n a s s e* dicit apostolos praedicationes suas, ... Quo tempore *t u r b a t a s* asserit *a q u a s*, id est, saeculi huius innumeras gentes, ...

159,21.25 A 522: Sed tamen *s o n u e r u n t ... a q u a e   e i u s; c o n t u r b a t i ... i n   f o r t i t u d i n e   e i u s.* Cuius? Numquidnam maris, an potius Dei, de quo dictum est: *Refugium et uirtus* (v. 2), ...? Turbati enim sunt *m o n t e s*, id est, potestates huius saeculi. Alii sunt enim *m o n t e s* Dei, alii sunt *m o n t e s* saeculi: ... Sed per istos *m o n t e s* turbati sunt illi *m o n t e s*.
C 417: Potestates enim mundanae turbatae sunt, quando contra religionem Dei leges pagani principes sacrilegas inferebant.

160,5 A 523: Qui sunt isti *i m p e t u s   f l u m i n i s* ? Inundatio illa Spiritus sancti, de qua Dominus dicebat: *Si quis sitit, ueniat et bibat; qui credit in me, flumina aquae uiuae fluent de uentre eius* (Ioh. 7,37-38). Ergo haec *flumina* fluebant de uentre Pauli, Petri, Iohannis, aliorum apostolorum, aliorum euangelistarum fidelium. ... die Pentecostes uenit Spiritus sanctus, impleuit credentes, locuti sunt linguis, praedicare euangelium coeperunt gentibus. Hinc *c i u i t a s   D e i   l a e t i f i c a b a t u r,* ...
C 417: Et ut istum fluuium irrigatorem cognosceres animarum, non dicit satiasse sed *l a e t i f i c a s s e   c i u i t a t e m*.

160,11 A 523: Saeuiat *mare, conturbentur montes*: *D e u s   i n   m e d i o   e i u s   e t   n o n   c o m m o u e b i t u r*. ... Quid ergo est: *D e u s ... e i u s* ? Hoc significat quod aequus est omnibus Deus, et personas non accipit (vgl. Matth. 22,16). Quomodo enim illud quod [524] *i n   m e d i o* est, paria habet spatia ad omnes fines; ita Deus medius esse dicitur, aequaliter omnibus consulens.

160,14 A 524: Quid est: *u u l t u   s u o* ? Demonstratione sua. Quomodo se demonstrat Deus, ut *u u l t u m* eius uideamus? Iam commemoro, didicistis praesentem Deum, didicimus per opera.

160,16 C 418: *C o n t u r b a t a e   s u n t* utique *g e n t e s*, quando ... subito incognitae sibi religionis regulas audierunt. Multos enim miraculorum operatio conuertit, multos praedicati iudicii terror afflixit; et quamuis perducerentur ad bonum, non poterant animum non habere turbatum.

160,17 C 418: id est, humiliata sunt ad adorandum, ...
A 524: *I n c l i n a t a*, inquit, *s u n t   r e g n a*, iam non erec-

ta, ut saeuirent; sed *i n c l i n a t a*, ut adorarent.²

160,20 C 418: Non dixit *u o c e m   s u a m* protulit, sed *d e d i t*, quasi mirabile donum, quasi praemiale beneficium. *V o c e m* uero sanctam praedicationem dicit, quam et per se et per apostolos tonitruali uirtute per uniuersum mundum omnipotens Doctor insonuit. Ad quam necesse fuit tremefieri peccatores, qui terribilia iussa aeterni Iudicis audiebant.

160,23 A 525: Magna gratia. Si Deus pro nobis, quis contra nos (vgl. Rom. 8,31)?

160,25 A 525: Putasne sic te suscepit *D e u s*, quomodo infantem te suscepit mater tua? Non sic, sed in aeternum.

161,2 A 525: Iam de hac susceptione quid fecit Dominus?³ ... [526] ... *P r o d i g i a* dicuntur, quod aliquid por-[527]tendant, signa illa miraculorum quae facta sunt quando mundus credidit. Et quid inde factum est, et quid portendebant? (~C 418f.)

161,4 C 419: Siue hoc historica potest ueritate cognosci, quia natiuitate Domini regnante Augusto orbis legitur fuisse pacatus;

Br 1019 B: Omnia *b e l l a* in aduentu Domini quieuisse, multorum narrant historiae. - Zu *iani porta* vgl. Vergil, Äneis, VII, 601-615.

A 527: Contra Deum impietas dimicabat, et uasa fictilia conterebantur; praesumendo de se homines, de uirtute sua multum praeualendo. ... Nimium praesumendo de protectione sua. Numquidnam isti tales erant qui dicebant: *Deus noster refugium et uirtus* (v. 2), ...?

161,10 A 527: Feruente *i g n e* isto, nulla in nobis impietatis arma remanebunt, necesse est ut omnia *c o n f r i n g a n t u r, c o n t e r a n t u r, c o m b u r a n t u r*. Remaneas inermis, non habens ullum adiutorium tuum; et quanto magis infirmus es, nulla tua *a r m a* habens, tanto magis te suscipit, de quo dictum est (v. 8): *Susceptor noster Deus Iacob*. ... [528] ... Quando autem nos Dominus suscipit, numquid inermes dimittit? Armat nos, sed aliis⁴ *a r m i s*, euangelicis, ueritatis, continentiae, salutis, spei, fidei, caritatis. Haec *a r m a* habebimus,⁵ sed non a nobis. *A r m a* autem quae a nobis habuimus, arserunt; si tamen igne illo Spiritus sancti accensi sumus, de quo dicitur:⁶ *E t   s c u t a   c o m b u r e t   i g n i*.

---

2 R 106va: id est, humiliauerunt se ad suscipiendam fidem Christi.
3 CSg: Deus
4 CSg: illis
5 CSg: habemus
6 CSg: de quo dicitur *fehlen*.

161,15 A 528: *V a c a t e*. Ad quam rem? *E t[7] u i d e t e q u o n i a m e g o s u m D e u s*. Hoc est: Non uos, sed *e g o s u m D e u s*: *e g o* creaui, *e g o* recreo; ... alioquin uiuunt *arma* nondum illo *igne combusta*. Si autem *combusta sunt*, *u a c a t e*, quia non[8] habetis unde pugnetis.

161,18 A 528: Paulo ante dixeram *terrae* nomine significari gentem Iudaeorum, *maris* nomine ceteras gentes (vgl. A zu 159,7). ... Et post istam clarificationem, numquid deserit et plebem Iudaeorum, de qua dicit apostolus: *Dico enim uobis, ut non sitis uobis sapientes, quia caecitas ex parte Israel facta est, donec plenitudo gentium intraret* (Rom. 11,25)? Id est, donec *montes* huc *transferrentur* (v. 3), nubes hic pluerent, hic Dominus tonitruo suo *regna inclinaret, donec plenitudo gentium intraret*. Et quid [529] postea? *Et sic omnis Israel saluus fieret* (Rom. 11,26). (~C 420)

161,23 C 418 (zu v. 8): B̶reuiter explanatur quid sit omnipotens Christus, id est, *D o m i n u s u i r t u t u m*; ... Sequitur *n o b i s c u m*, quoniam assumpta carne habitauit in terris. - Vgl. A zu 162,19.21.

P s a l m   46

161,25 A 529: multa nomina hebraea interpretata sunt no-[530]bis; et inspicimus, et inuenimus *C o r e* interpretari caluum. ... Qui sunt isti *f i l i i* calui? An forte *f i l i i* Sponsi? Quia Sponsus in loco Caluariae crucifixus est. Recolite euangelium, ubi Dominum crucifixerunt, et inuenietis eum in loco Caluariae crucifixum. Proinde qui crucem eius irrident, a daemonibus tamquam a bestiis deuorantur. Nam significauit et hoc quaedam scriptura. Cum ascenderet propheta Dei Elisaeus, clamabant post eum pueri irridentes: *Ascende calue, ascende calue* (vgl. IV Reg. 2,23-24); ille autem non tam crudeliter quam mystice, fecit illos pueros ab ursis exeuntibus deuorari. ... Nemo ergo irrideat crucem Domini; Iudaei sunt possessi a daemonibus et deuorati. Nam in Caluariae loco crucifigentes Christum, et leuantes in cruce, tamquam ipsi dicebant sensu puerili non intellegentes quid loquerentur: *Ascende calue*. Quid est enim: *Ascende* ? *Crucifige, cru-*

---

7 CSg: Vacate et
8 CSg: *fehlt*.

cifige (Luc. 23,21; Ioh. 19,6), ... Psalmus canitur; ergo Christianis cantatus est.

162,6 A 530: Numquid populus Iudaeorum o m n e s   g e n t e s erant? Sed caecitas ex parte Israel facta est, ut pueri insensati clamarent: *Calue, calue*; atque ita Dominus crucifigeretur in Caluariae loco, ut sanguine fuso gentes redimeret, et impleretur quod ait apostolus: *Caecitas ex parte Israel facta est, ut plenitudo gentium intraret* (Rom. 11,25). [531] Insultent ergo uani et hebetes et insensati, et dicant: *Calue, calue*; uos autem sanguine illius redempti, qui fusus est in Caluariae loco: O m n e s   g e n t e s   p l a u d i t e   m a n i b u s, peruenisse ad uos gratiam Dei. ... Quid est: p l a u d i t e ? Gaudete. Sed quare m a n i b u s ? Quia bonis operibus.

162,10 A 531: Et u o c e, et *manibus*.

162,12 A 531: E x c e l s u s ille, quasi irrisibilis descendendo, ascendendo in caelum factus est t e r r i b i l i s.

Br 1020 B: Ille qui quondam irritabatur a Iudaeis, obtentis gentibus, e x c e l s u s caelos ascendens, t e r r i b i l i s factus est, residens ad dexteram Patris.

162,14 A 531: Non tantum super Iudaeos; ... *Omnes gentes plaudite manibus, q u o n i a m   r e x   o m n i s   t e r r a e Deus*. Non enim illi sufficit unam g e n t e m habere sub se; ideo tantum pretium ex latere dedit, ut emeret orbem t e r r a r u m. (~C 421f.)

C 421: R e x   m a g n u s, quoniam *Rex regum* et *Dominus dominantium* (Apoc. 19,10) est.

162,17 A 531: Putas ergo uoces esse apostolorum: ... ? Nescio. ... [532] ... Omnes pertinentes ad hereditatem Christi in omnibus g e n t i b u s sunt, et omnes non pertinentes ad hereditatem Christi in omnibus g e n t i b u s sunt; et uidetis sic exaltari in nomine Christi Ecclesiam Christi, ut omnes nondum credentes in Christo, s u b   p e d i b u s iaceant Christianorum.

C 422: P o p u l o s   e t   g e n t e s, significat eos qui extra Ecclesiam latitare noscuntur. Omnibus enim iustis spiritaliter s u b i e c t i   s u n t, qui eorum merita aequiparare non possunt.

162,19.21 A 532: Pulchritudinem quamdam I a c o b   e l e g i t   n o b i s   h e r e d i t a t e m   s u a m   I a c o b. Duo fratres erant Esau et Iacob; ... et ibi cum duo essent, electus est minor, et praepositus est maiori, et dictum est: *Duo populi sunt in utero tuo, et maior seruiet minori* (Gen. 25,23). ... Sed quia dictum est: *Maior seruiet minori*, manifestum est quia piis subdentur impii, et humilibus subdentur superbi. Prior natus est Esau, et posterior natus est Iacob; sed qui posterius natus est, praelatus est primo nato, qui per gulam perdidit primogenita sua. Sic habes scriptum: *Desiderauit lenticulam, et ait illi frater eius: Si uis ut dem tibi, da mihi primogenita tua* (vgl. Gen. 25,30-34). Ille plus amauit quod carnaliter[1] concupierat, quam quod spiritaliter prius nascendo meruerat; et deposuit primogenita sua, ut manducaret lenticulam.

C 422: Ille [Esau] terrenarum rerum auidius inquisitor cessit honorem suum; eoque facto contigit ut Iacob felici commercio carnalia offeret, quatenus spiritalia conquirere potuisset.

163,1 C 422: *I n   i u b i l a t i o n e* uero propterea dictum est, quoniam stupentes apostoli tale miraculum ineffabili cordis laetitia replebantur; ... *V o c e m* quoque *t u b a e* uerba significant angelorum, quae magno stre-[423]pitu percussi aeris fragore tonuerunt. Tunc enim de tali uisione apostolis stupentibus dixerunt angeli: *Viri Galilaei, quid admiramini? Hic Iesus qui assumptus est a nobis sic ueniet, quemadmodum uidistis eum euntem in caelum* (Act. 1,11); (~A 533)

163,5 A 533: Ergo uos *filii Core*, iam si intellexistis uos, et inspicitis hic uos, et uos gaudetis, quia uidetis hic uos. *P s a l l i t e   D e o   n o s t r o , p s a l l i t e .* ... Non enim homo tantum, sed et Deus.

163,8 A 534: Quid enim? Et ante, non *o m n i s   t e r r a e   D e u s ?* ... Sed non omnes homines agnouerunt *D e u m* suum; et ubi agnoscebatur, quasi ibi tantum *D e u s* erat. Notus in Iudaea *D e u s*; nondum filiis *Core* dicebatur: *Omnes gentes plaudite manibus*. Ille enim *D e u s* notus in Iudaea, *r e x   o m n i s   t e r r a e   D e u s* est. Iam ab omnibus agnoscitur, ...

163,11 A 534: Gentes, unde uocati estis ut Christiani essetis, adorabant deos manufactos, et *p s a l l e b a n t* illis; sed non intellegenter. Si intellegenter cantarent, lapides non adorarent. ... Modo autem, fratres, non uidemus oculis quem adoramus, et tamen correcti adoramus. Multo magis nobis Deus commendatur,[2] quia eum oculis non uidemus. Si eum oculis uideremus, forte contemneremus. Nam et Christum Iudaei uisum contempserunt, non uisum gentes adorauerunt.

---

1 CSg: corporaliter
2 CSg: commendatur potentior (!)

163,16 A 534: Qui *r e g n a b a t   s u p e r* unam *g e n t e m, r e g n a - b i t*, inquit, *s u p e r   o m n e s   g e n t e s*. Quando dicebantur ista, *s u p e r* unam *g e n t e m   r e g n a b a t* Deus; prophetia erat, nondum res demonstrabatur. Deo gratias, iam uidemus impleri quod ante prophetabatur.

163,16-17 A 535: Quae *s e d e s* eius *s a n c t a* ? Forsitan caeli; et bene intellegitur. Ascendit enim Christus, ... et *s e d e t* ad dexteram Patris: ... Vis et tu esse *s e d e s* eius? Noli putare te esse non posse; para illi locum in corde tuo; uenit, et libenter *s e d e t*.
C 423: Dominum significat Saluatorem, qui *s e d e t* ad dexteram Patris, ... Et intuere quod ipsam *s e d e m   s a n c t a m* dicit, ne intellegeres aliqua insensata aut ratione carentia, sed uirtutes et thronos quibus ille gloriosus Regnator insidet.

163,21 A 536: *P r i n c i p e s   p o p u l o r u m*: gentium *p r i n c i - p e s*, non unius populi *p r i n c i p e s*, sed *p r i n c i p e s   p o p u l o r u m* omnium, *c o n u e n e r u n t   c u m   D e o   A b r a h a m*. Ex ipsis *p r i n c i p i b u s* erat et iste centurio, de quo modo euangelium cum legeretur audisti. ... *Conuersus* denique *Christus, miratus est, et ait sequentibus se: Amen dico uobis, non inueni tantam fidem in Israel* (Luc. 7,9). ... Iste enim centurio non erat de populo Israel. Nam in populo Israel superbi repellebant a se Deum; in *p r i n c i p i b u s* gentium inuentus [537] est humilis, qui ad se inuitaret Deum. Admirans Iesus fidem ipsius, reprobat perfidiam Iudaeorum.
C 424: *C o n u e n e r u n t*, ac si diceret crediderunt. *C o n u e - n i r e* enim est ad unum multos uenire. *C u m   D e o   A b r a h a m*, hoc est, in Christum qui. *D e u s* est *A b r a h a e*.

163,25 A 537: Illi qui erant *d i i   f o r t e s   t e r r a e*, praesumentes de *t e r r a*.³ De qua *t e r r a* ? de seipsis; quia omnis homo *t e r - r a*. ... Debet autem homo de Deo praesumere, et inde sperare auxilium, non de se.
C 424: Expulsis enim infidelibus Iudaeis qui carne tantum, non operibus erant filii Abrahae, plenitudinem gentium intromisit ad illam promissionis beatitudinem possidendam, quam promiserat Abrahae et semini eius. Filii enim ipsius per sanctam fidem facti sunt, qui carnis semine non fuerunt. *Q u o n i a m   d i i   f o r t e s   t e r r a e*

---

3 CSg: *am Rande*: superbi praesumentes de terra (*Verweisungszeichen nach* terra)

n i m i u m   e l e u a t i   s u n t. Sensus iste pendet de superiore uersiculo. Ideo enim *principes populorum conuenerunt cum Deo Abraham, q u i a   f o r t e s   t e r r a e* (qui erant populus Dei) *n i m i u m   e l e u a t i   s u n t*; id est, quia Iudaei, quibus data fuerat uirtus in gentibus, erecti contra Deum scelerata mente tumuerunt et facti sunt per superbiam extremi, qui per humilitatem potuerunt esse praecipui.

P s a l m   47

164,7 A 538: De hoc quod Dominus donare dignatur, excipite tamquam *f i l i i* firmamenti. *S e c u n d a* enim *s a b b a t i*, id est, post diem primum, quem Dominicum dicimus, quae etiam secunda feria dicitur, factum est firmamentum caeli, immo firmamentum caelum. Caelum enim uocauit Deus firmamentum. Primo autem die lucem fecerat, et a tenebris diuiserat; ... *S e c u n d a m* ergo *s a b b a t i* non debemus intellegere nisi Ecclesiam Christi; sed Ecclesiam Christi in sanctis, Ecclesiam Christi in his qui scripti sunt in caelo,[1] Ecclesiam Christi in his qui mundi huius temptationibus non cedunt. Ipsi enim digni sunt nomine firmamenti. Ergo Ecclesia Christi in his qui firmi sunt, ... appellata est firmamentum.

164,13 Br 1022 A: Quasi interrogaretur: ubi *m a g n u s*, ubi *l a u d a b i l i s* ?

C 425: scilicet *i n   c i u i t a t e   D e i   n o s t r i*, id est, in Ecclesia catholica.

A 539: sed numquid infideles laudant Dominum? Numquid etiam qui credunt et male uiuunt laudant Dominum, per quos fit ut nomen Dei blasphemetur in gentibus? ... An uero si etiam laudent, acceptatur laus eorum, cum scriptum sit: *Non est speciosa laus in ore peccatoris* (Eccli. 15,9)? ... sed hic[2] ubi? *I n   c i u i t a t e   D e i   n o s t r i*, ... Non autem uniuersi ciues eius sunt, sed illi, in quibus *m a g n u s   D o m i n u s   e t   l a u d a b i l i s   u a l d e*.

164,17 A 539: Vtinam non sis piger ascendere *i n   m o n t e m*, ... [540] ... liberati homines ab infidelitate et superstitione daemoniorum,

---

1 CSg: in caelo *fehlen*.
2 CSg: dic

credentes in Christum collinati sunt illi *ciuitati*, ... [542] ...
Iam ecce illa *latera aquilonis* uidete quomodo ueniant, uidete quomodo dicant: *Venite, ascendamus in montem Domini*; ... (Isai. 2,3).

164,22 A 539: Quid autem factum est? Quid dicit prophetia Danielis (vgl. Dan. 2,34-35)? Quid, nisi quia creuit lapis iste, et factus est mons magnus? Quam magnus? Ita ut impleret uniuersam faciem terrae. Ergo crescendo mons iste et implendo uniuer-[540]sam faciem terrae, uenit ad nos. Quid ergo montem quasi absentem quaerimus, et non in praesentem iam ascendimus, ut sit in nobis *magnus Dominus et laudabilis ualde* ?

Br 1022 B: atque in ea [t e r r a] credulitatis suae e x u l t a t i o n e m ac laetitiam d i l a t a u i t. Vel fundata fuit, et est Ecclesia, in toto mundo in fide.

164,24 A 540: S i o n unus m o n s est, quid ergo m o n t e s ? An quia ad S i o n pertinuerunt etiam qui de diuerso uenerunt, ... unus ex Iudaeis, alter ex gentibus; ... Intenderas enim tu S i o n tamquam unum locum, ubi condita est Ierusalem, et in ea tibi non occurrebat, nisi populus ex circumcisione; ... Sed adtende et gentes, ... Ecce gentes: l a t e r a   a q u i l o n i s; adiuncta sunt l a t e r a   a q u i l o n i s   c i u i t a t i   r e g i s   m a g n i. Contrarius solet esse a q u i l o   S i o n: S i o n quippe in meridie, a q u i l o contra meridiem.

C 426: modo m o n s   S i o n   e t   l a t e r a   a q u i l o n i s, id est, natio Iudaeorum et populi gentium, facta est c i u i t a s   r e g i s   m a g n i, hoc est, Ecclesia catholica, quam de uniuerso mundo constat esse collectam.

165,2 A 541: Suscepit ergo hanc *ciuitatem* Dominus, et agnitus est in ea, id est, gratia ipsius c o g n i t a est in illa *ciuitate*; quia quidquid habet illa *ciuitas* quae gloriatur in Domino, non habet de se (vgl. I Cor. 4,7).

165,4 C 427: Haec sunt *latera aquilonis*, quae superius dixit;
A 542: Iam ecce illa *latera aquilonis* ... In quem unum, nisi in lapidem illum angularem?
A 541: et duo iam parietes, ... *ciuitatem regis magni* fecerunt.

165,7 A 542: Post admirationem miraculorum et gloriae Christi, quid secutum est?

165,9 A 542: Vnde tremor adprendit eos, nisi de conscientia delictorum?
C 427: C o n t u r b a t i   s u n t, quia se nouerant peccatores.

165,12 A 542: Quid sunt *d o l o r e s   u t   p a r t u r i e n t i s*, nisi dolores paenitentis?

C 427: sed statim secuta paenitentia est, ubi *d o l o r e s* cruciant tamquam matres *p a r t u r i e n t e s*.³

165,13 A 543: *T h a r s i s* ciuitatem quaesierunt docti, hoc est, quaenam ciuitas hoc nomine significaretur; ... Aliqui autem eam Carthaginem intellexerunt; ... Manifestum est autem, quod primordia regni Carthaginis *n a u i b u s* floruerunt, et ita floruerunt, ut inter ceteras gentes excellerent negotiationibus et nauigationibus. ... Atque hinc nimium superba facta est ciuitas illa, ut digne per eius *n a u e s* intellegatur superbia gentium praesumens in incertis tamquam in flatibus uentorum. ... Quomodo in *s p i r i t u   u i o l e n t o* ? Timore fortissimo.

165,19 A 544: *A u d i u i t* in promissionibus, *u i d e t* in exhibitionibus: *a u d i u i t* in prophetia, *u i d e t* in euangelio. Omnia enim quae modo complentur, antea prophetata sunt.⁴

165,22 A 544: Sed forte ista *ciuitas* quae mundum tenuit, aliquando euerteretur. Absit: ...

165,24 A 545: Nunc quippe populus Dei censentur omnes qui portant sacramenta eius, sed non omnes pertinent ad *m i s e r i c o r d i a m* eius. Omnes quippe sacramentum baptismi Christi accipientes, Christiani uocantur; sed non omnes digne illo sacramento uiuunt. ... Tamen propter ipsam speciem pietatis in populo Dei nominantur, quomodo ad aream, quamdiu trituratur, non solum grana, sed etiam palea pertinet. ... *I n* hoc *m e d i o* autem populi mali est populus bonus, qui suscepit *m i s e r i c o r d i a m* Dei. ... Et quid illi obest, quia *i n   m e d i o* populi inoboedientis est, donec area ista uentiletur, donec boni a malis separentur (Vgl. Matth. 3,12; Luc. 3,17)? ... sit lilium in medio spinarum. Nam et ipsae spinae quoniam ad populum Dei pertinent, uis audire? Ita posita est ipsa similitudo: *Sicut lilium*, inquit, *in medio spinarum, ita proxima mea in medio filiarum* (Cant. 2,2). ... Sunt ergo filiae malae, et inter illas est *lilium in medio spinarum*.

WS 212[b]: Si templum tuum *s u s c e p i t   m i s e r i c o r d i a m   t u a m*, quomodo *i n   m e d i o   t e m p l i   t u i*, nisi in medio

---

3 CSg: matrem parturientis (*sic*)
4 Vgl. R 109[rb]: *S i c u t   a u d i u i m u s* in lege et in prophetis praenuntiatum, sic *u i d i m u s* in euangelio impletum.

cordis sui, quod *t e m p l u m   t u u m* dignatus es facere, purificans illud gratia fidei tuae? - Zu *templum dei* vgl. I Cor. 3,16; II Cor. 6,16.

166,4 C 429: *N o m e n* Dei in toto orbe *t e r r a r u m* sine dubio creditur adorandum. ... Hoc ergo dicunt: sicut in toto orbe *t e r r a r u m* reuerentia tui *n o m i n i s* dilatatur, ita et in Ecclesia, quae per totum mundum distenditur, deuotio tibi *l a u d i s* offertur.

A 547: nec potest esse *l a u s* eius, nisi in sanctis eius. Nam qui male uiuunt, non eum laudant; ... nos iuste uiuimus, nos laudamus Deum, ...

166,7 C 429: Locum significat ubi isti sunt collocandi; ad *d e x t e r a m* quippe ipsius ueniunt, quicumque aeterna praemia consequentur.

A 547: id est, multi sunt et illi qui stabunt ad *d e x t e r a m*. Non solum illi multi erunt qui stabunt ad sinistram, sed et ibi erit plenitudo massae ad *d e x t e r a m* constitutae: ...

166,10 C 429: Per *m o n t e m   S i o n* Ecclesia catholica significatur, ... *F i l i a e   I u d a e*, omnes sanctas feminas declarat.

A 547: Discretae uiuite, etsi concretae natae estis, non frustra uox exiit de ore et de corde uestro: *Ne comperdas cum impiis animam meam,* ... (Ps 25,9). Ille uentilabit tantus artifex, ... ut unum granum tritici non cadat in aceruum paleae comburendum, ... *I u d a* confessio est.

166,14 A 548: Dicatur[5] eis qui male uiuunt, *in* quorum *medio* est populus ille qui *suscepit misericordiam* Dei: *In medio* uestrum est populus bene uiuens: *C i r c u m d a t e   S i o n*. Sed quomodo? *C o m p l e c t i m i n i   e a m*. Nolite scandalis *c i r c u m d a r e*, sed caritate *c i r c u m d a t e*; ut qui bene uiuunt *in medio* uestrum, eos imitemini, et eorum imitatione Christo, cuius membra sunt, incorporemini.

166,17 C 429: Et quoniam Ecclesia *ciuitas* Dei est, *t u r r e s* ibidem competenter aptatae sunt; id est, altitudines et munitiones contra hostes haereticos.

166,19 A 548: Quae est *u i r t u s   ciuitatis* huius? Qui uult intellegere *u i r t u t e m* huius *ciuitatis*, intellegat uim caritatis. - Vgl. A zu 166,14.

---

5 CSg: dicitur

166,20 A 549: Potest et alius esse intellectus. *D o m o s* illas duas, unam ex circumcisione, alteram ex praeputio uenientem, apostolis dictum est ut distribuerent. Cum enim uocatus esset Saulus, et factus apostolus Paulus, conueniens in unitatem coapostolorum suorum, sic cum eis habuit placitum, ut illi irent in circumcisionem, iste in praeputium (vgl. Gal. 2,9).

166,24 C 430: *H i c   e s t   D e u s   n o s t e r*. Christum significant, ...
A 549: Quid *e n a r r e t i s* ? ... Terra uidebatur, terrae conditor non uidebatur; caro tenebatur, sed Deus in carne non agnoscebatur. ... [550] ... *H i c   e s t   D e u s   n o s t e r*. Et homo est, et quis est qui cognoscet eum? ... Quousque?

166,26 A 550: Si *Deus noster est*, et rex noster est; ... *r e g i t* nos, quia rex est, ne cadamus.
C 430: *R e g e t* utique *n o s*, quia ipse rex noster proprie ac ueraciter dicitur Christus.

P s a l m   48

167,1 C 431: Tituli huius uerba (sicut saepe dictum est) cuncta trahunt ad Dominum Saluatorem. Ipse enim et per *f i n e m* significatur et per *f i l i o s* crucis intellegitur et per *p s a l m u m* sine dubio denuntiatur; ... Admonetur uniuersitas ut indiscrete ueniat ad audiendum, quia Deus sine ullius acceptione personae bonus est, nec uult paucis prodesse et alios, qui tamen eum puro corde requirunt, sub dissimulatione neglegere. ... [432] ... *G e n t e s* enim accipiamus paganos; *h a b i t a t o r e s* autem *o r b i s*, Christianos et iustos, qui norunt *o r b e m* terrarum sic *e s s e   h a b i t a n d u m*, ut in eius sceleratis non implicentur erroribus.

167,4 A 551: Clamauit enim per apostolos Dominus noster Iesus Christus, clamauit tot linguis quas misit;
C 431: Per totum psalmum uerba sunt omnipotentis Filii.

167,6 A 551: Quid est: *a u r i b u s   p e r c i p i t e* ? Quod Dominus dicebat: *Qui habet aures audiendi, audiat* (Matth. 11,25); cum omnes qui in conspectu eius erant, utique haberent aures, quas ille aures quaerebat nisi cordis, ...?

167,8 A 552: Quod ait: *t e r r i g e n a e*, ad peccatores retulit, quod ait: *f i l i i   h o m i n u m*, ad fideles et iustos. ... Qui sunt *f i l i i   h o m i n u m* ? Qui pertinent ad filium hominis. Aliquando iam ista distinximus Sanctitati uestrae (vgl. A 53f.), et inuenimus quia Adam homo erat, filius hominis non erat; Christus autem filius hominis erat, et Deus erat. Quicumque enim pertinent ad Adam, *t e r r i g e n a e*; quicumque pertinent ad Christum, *f i l i i   h o m i n u m*. (~C 432)

167,11 A 552: *D i u i t e s* intellege superbos, *p a u p e r e s* humiles.

167,12 C 432: Excolit quod superius coepit, non humanam, sed diuinam se *s a p i e n t i a m* atque *p r u d e n t i a m* esse [433] locuturum, id est, Dominum Christum, de quo dicit apostolus: *Nos autem praedicamus Christum Dei uirtutem et Dei sapientiam* (I Cor. 1,23-24).

167,14 A 553: Multi enim habent in labiis et non habent in *c o r*-[554]*d e*, ... Quid ergo ait ille qui tibi *loquitur* ? qui cum dixerit: *Os meum loquetur sapientiam*, ut intellegas quia illud quod ex ore funditur, de uena *c o r d i s* emanat, intulit:[1] *E t   m e d i t a t i o   c o r d i s   m e i   i n t e l l e g e n t i a m*.

167,17 A 554: Quis est iste qui audit, et sic *loquitur* ? Multi enim *loquuntur* quod non audiunt. Qui sunt qui *loquuntur* quod non audiunt? Qui non faciunt quae dicunt, quales dicit Dominus pharisaeos sedere super cathedram Moysi (vgl. Matth. 23,2-3).

167,19 A 554: Antequam *loquar* tibi, inquit, per corpus, antequam *p s a l t e r i u m* sonet, primo ego *i n c l i n a b o   i n   p a r a b o l a m   a u r e m   m e a m*, id est, audiam quid tibi dicam. Et quare: *i n   p a r a b o l a m* ? Quia *uidemus nunc per speculum in aenigmate* (I Cor. 13,12), sicut dicit apostolus. ... Quidquid modo intellegimus, per *aenigmata* conspicimus. *Aenigma* est obscura parabola quae difficile intellegitur.

C 433: Sed ut omnes ad praecepta sua salutariter implenda institutor serenissimus inuitaret, *a p e r i r e* se dixit *i n   p s a l t e r i o   p r o p o s i t i o n e m* suam, id est, declaraturum se praecepta diuinitatis sui proprii corporis sanctitate, ut non tam uerbo quam docere probaretur exemplo.

167,22 C 433: *I n   d i e   m a l a, i n   d i e* scilicet passionis, quae *m a l a* Iudaeis, bona fidelibus fuit. Ille enim *t i m e r e* debet uitae finem, qui peccatorum recordatione mordetur. Christus autem mortem *t i m e r e* non poterat, qui peccata omnimodis non habebat. ...

---

1 CSg: Intus est

Numquid *i n i q u i t a s* ... [434] ... *m e*? Quemadmodum solet contingere peccatori, ut extrema eius scelerato fine claudantur.²

167,25 A 557: Qui sunt autem quos *circumdabit iniquitas calcanei* ?

C 434: Haec pendent de superiore uersiculo, quibus iungendum est, tales *circumdantur in iniquitate calcanei*.

168,1 A 557: Sunt qui praesumunt in amicis suis; alii praesumunt *i n u i r t u t e   s u a*, alii *i n   d i u i t i i s*. ... Expectas ut *h o m o   t e   r e d i m a t* ab ira uentura? Si te *f r a t e r   n o n   r e d i m i t*,³ *h o m o   t e   r e d e m p t u r u s   e s t* ? Quis est *f r a t e r*, qui si *n o n   r e d e m e r i t*, nullus *h o m o   r e d e m p t u r u s   e s t* ? Qui post resurrectionem dicit: *Vade, dic fratribus meis* (Matth. 28,10). *Frater* noster⁴ ·uoluit esse; et cum Deo dicimus: Pater noster, hoc manifestatur in nobis. Qui enim dicit Deo: Pater noster,⁵ Christo dicit: *Frater*. Ergo qui patrem Deum et *fratrem* habet Christum, non *timeat in die mala*.

168,4 A 557: Ille *confidit in uirtute sua*, ... qui *n o n   d a b i t   D e o   d e   p r o p i t i a t i o n e m   s u a m*, id est, placationem, ...

168,6 A 557: Qui sunt autem qui *d a n t   p r e t i u m   r e d e m p t i o*-[558]*n i s   a n i m a e   s u a e* ? Quibus ait Dominus:*Facite uobis amicos de mammona iniquitatis*, ... (Luc. 16,9). Illi *d a n t   p r e t i u m   r e d e m p t i o n i s   a n i m a e   s u a e*, qui non cessant eleemosynas facere.

168,9 A 558: Labor eius sine *f i n e* erit, uita ipsius habebit *f i n e m*. ... [559] ... Quomodo *u i u e t   i n   f i n e m* ? Quomodo *u i u e b a t* ille qui induebatur purpura et bysso, et epulabatur quotidie splendide (vgl. Luc. 16,19-25); ... ille ab epulis splendidis missus est in ignem; ... apud inferos in tormentis positus, ... labor huius *i n   a e t e r n u m*, ...

168,11 A 559: Quid est hoc? Non intelleget quid sit *i n t e r i t u s*, quando *u i d e r i t   s a p i e n t e s   m o r i e n t e s*. Dicit enim sibi: Iste, quia⁶ *s a p i e n s* erat, et cum sapientia inhabitabat,

---

2 R 110^(vb): *I n i q u i t a s   c a l c a n e i   m e i*, sed numquid *c i r c u m d a b i t   m e* ? Non utique. Per *c a l c a n e u m*, qui est extrema pars corporis, mortem [111^(ra)] debemus accipere, quae est extrema pars uitae. Cuius *i n i q u i t a s* non *c i r c u m d e d i t* Christum, qui minime potuit labi in *c a l c a n e o*. ... *i n   d i e   m a l a*, id est, *i n   d i e* mortis, ...
3 CSg: redemit (*das zweite* e *aus* i *verbessert, ursprüngliches* a *durch Punkt darunter getilgt, darüber* i)
4 CSg: Fratres nos *statt* Frater noster
5 CSg: *fehlt*.
6 CSg: qui

et cum pietate Deum coluit, numquid non *e s t   m o r t u u s* ? Faciam mihi ergo bene, cum uiuo; nam si aliquid possent qui aliud sapiunt, non *m o r e r e n t u r. V i d e t* illum *m o r i*, et *n o n u i d e t* quae sit mors. ... [560] ... Ille [Christus] *m o r i e b a t u r* temporaliter, ut reuiuisceret in aeternum; illi [Iudaei] uiuebant temporaliter, ut *m o r e r e n t u r* in aeternum. Sed quia illum *u i d e b a n t   m o r i e n t e m, n o n   u i d e b a n t i n t e r i t u m*, id est, non intellegebant quis esset uerus *i n t e r i t u s.*

168,16 A 560: Quis est *i m p r u d e n s* ? Qui non sibi prospicit in futurum. Quis est *i n s i p i e n s* ? Qui non intellegit in quo malo sit. Tu uero intellege in quo malo sis modo, et prospice ut in bonis sis in posterum.

168,19 A 561: Ergo felices illi qui *r e l i n q u u n t* filios in possessione sua, quibus sui succedunt. Habuit filios, non est mortuus.[7] ... [562] ... et quid putatis, intellego, fratres, nisi quia omnes tales *a l i e n i s   r e l i q u u n t   d i u i t i a s   s u a s* ? Quomodo *a l i e n i* sunt filii? Iniquorum filii *a l i e n i* sunt,[8] ... Si quis[9] tuorum tibi nihil prodest, *a l i e n u s* est. ... Nam ut noueritis quia *a l i e n i* sunt, subuenirent illi diuiti qui ardebat in flamma successores *d i u i t i a r u m* ipsius? ... illi mihi fratres subuenire non possunt qui possident *d i u i t i a s* meas; *a l i e n i* a me facti [563] sunt.

168,22.24 A 563: Iam quia ista structa sunt *s e p u l c r a, d o m u s* sunt *s e p u l c r a*. Nam plerumque auditis diuitem dicentem: Habeo marmoratam *d o m u m* quam relicturus sum, et non cogito mihi aeternam *d o m u m* ubi semper ero. Quando cogitat sibi memoriam marmoratam aut exsculptam facere, quasi de *d o m o* aeterna cogitat; quasi ibi manebat ille diues. Si ibi maneret, non arderet apud inferos.

169,1 C 436: Subiungit etiam ritum quem gentilitas in parentalibus agere consueuit, quando fatua superstitione *i n   t e r r i s* eorum, id est, in sepulcris *i n u o c a n t   n o m i n a* mortuorum; et credunt hoc illis prodesse, quod eorum uidentur exhibere memoriae.

A 563: Iam *generatio et generatio*, puta, filii sunt, nepotes erunt et pronepotes; quid faciunt, quid prosunt *tabernacula eorum* ? Quid?

---

[7] CSg: mortuus?
[8] CSg: *Der Satz lautet:* Quomodo alienis? Filii iniquorum, filii alieni sunt.
[9] CSg: Sic (c *übergeschr.*) quisquis

Audi: *I n u o c a b u n t ... i p s o r u m.* Quid est hoc? Tollent panem et merum ad sepulcra, et *i n u o c a b u n t* ibi *n o m i n a* mortuorum. Putas quantum *i n u o c a t u m e s t n o m e n* illius diuitis postea, quando inebriabant se homines in memoria ipsius, nec descendebat una gutta super linguam ipsius ardentem?

Br 1025 C: Saepe enim pagani super defunctorum epulantes sepulcra, atque in *n o m i n e* eorum qui mortui sunt bibentes, inania cum quodam modulamine cantant; sed nihil prodest in inferno damnatis.

169,5 A 564: Quid est, *i n h o n o r e* positus? Factus ad imaginem et similitudinem Dei (vgl. Gen. 1,26; 5,3), homo praelatus iumentis.[10] (~C 436)

169,9 C 436: Nam tolle homini Dei considerationem, et omnino pecus *i n s i p i e n s* est, praesumptio uana et caduca superbia.[11]

169,10 A 564: *I p s i s* sit *s c a n d a l u m*, non tibi. Quando autem erit et tibi? Si putes quod beati sint tales. — Zu *offendiculo* vgl. 515,9 und Rom. 14,13: *sed hoc iudicate magis, ne ponatis offendiculum fratri, uel scandalum.*

169,13 A 564: Cum facti fuerint tales ut non quaerant nisi bona temporalia, fiunt hypocritae; et quando *b e n e d i c u n t* Deum, labiis *b e n e d i c u n t*, non corde.

169,17 A 565: Si uita Christus est, *m o r s* diabolus. ... [566] ... Infidelium *p a s t o r m o r s*, fidelium *p a s t o r* uita. Si ergo *i n i n f e r n o* sunt *o u e s* quibus *p a s t o r m o r s e s t*, in caelo sunt *o u e s* quibus *p a s t o r* uita *e s t*.

169,20 A 566: Isti ergo quibus *mors pastor est*, uidentur florere ad tempus, et *i u s t i* laborare; sed quare? Quia nox est adhuc. Quid est: nox est? Non apparent merita *i u s t o r u m*, et quasi nominatur felicitas impiorum. ... [567] ... Apparebit labor noster mane, et erit fructus mane; ut illi qui modo laborant, postea *d o m i n e n t u r*; et illi qui modo se iactant et superbiunt, postea subiciantur.

C 437: *O b t i n e b u n t*, dixit superabunt, ... Hic enim *i u s t o s o b t i n e n t* peccatores: in illo uero iudicio *i u s t i* infideles modis omnibus *o b t i n e b u n t. I n m a t u t i n o,*

---

10 R 112rb: ~ A und C; dann: Ornauit enim eum [112va] sapientia, ratione et intellectu.

11 R 112va: Sed quanto [Adam] supra se ascendere uoluit, tanto infra se detrusus est. *C o m p a r a t u s* quippe *e s t i u m e n t i s i n s i p i e n t i b u s.*

ac si diceret, in albescente die cum gloria resurrectionis illuxerit, quando iam beatitudinis claritas aperitur et incohat esse dies qui nulla nocte finitur.[12]

169,24 A 568: Modo habent *g l o r i a m*; *i n   i n f e r n o   u e t e r a s c e n t*. Quod est *a u x i l i u m   e o r u m* ? *A u x i l i u m* de pecunia, *a u x i l i u m* de amicis, *a u x i l i u m* de uirtute sua. Sed cum mortuus fuerit homo, in illa die peribunt omnes cogitationes eius. Quantam uisus est *g l o r i a m* habere inter homines, cum uiueret, tantam uetustatem et corruptionem suppliciorum habebit, cum mortuus fuerit, apud inferos.

170,1 C 438: Nam siue hoc Dominus Christus de se dicat, siue a parte membrorum suorum, ut assolet, loquatur, accomodum est. Ipse enim descendens *a n i m a m* suam ab inferno *l i b e r a u i t*; sed simul et illorum qui aduentum eius constanti animo crediderunt. *D e   m a n u* autem *i n f e r i*, dicit de potestate diaboli, qui ante aduentum eius animas tenebat obnoxias.

A 569: Hanc redemptionem dicit, quam Christus iam in se ostendit. Descendit enim ad *i n f e r o s*, et ascendit in caelum. Quod uidimus in capite, inuenimus in corpore.

170,6 A 570: ... et forte dicit cor tuum: Me miserum! puto sine causa credidi, Deus non respicit causas humanas. ... [571] ... Fratres, numquid sic legimus in euangelio (vgl. Luc. 16,24), quia *d i u e s* ille cum holosericis et byssinis tegumentis apparebat in igne?

C 438: Scandalum nostrum non est illi perpetuum, nec aliud secum ualet portare, nisi unde possit ardere.

170,11 A 572: Etenim *diues* ille quando quotidie epulabatur splendide, bene secum facere putabatur; cum autem coepit ardere apud inferos, tunc inuentum est male quod putabatur bene.

170,13 Br 1026 B: Tunc gratias agit, ...

A 572: Venit illi lucrum, *c o n f i t e t u r*; ... patitur damnum, blasphemat. Qualis filius es, qui quando te pater emendat, tunc tibi displicet? ... puta quia hoc pateris quod est passus Iob;[13] (~C 439)

---

12 R 113[ra]: In praesenti quidem extolluntur reprobi, et affligunt pauperes ac humiles *i u s t o s   e t   d o m i n a n t u r* eis, ... Sed *i n   m a t u t i n o*, id est, in die iudicii, quando finitis tenebris huius uitae uerus sol effulgescet, ... *i u s t i* exaltabuntur, et *d o m i n a b u n t u r   e o r u m*, id est, reproborum.

13 R 113[va]: At si eum aduersitas ulla conturbauerit, statim blasphemat, nec Dei flagella patienter tolerat.

170,15 A 574: id est, imitabitur *p a t r e s   s u o s*. ... Antiqui iniqui, *p a t r e s* sunt praesentium; et modo qui iniqui sunt, *p a t r e s* sunt posterorum iniquorum, ... et qui modo sunt, *p a t r e s* sunt eorum qui futuri erunt. ... Duos genuit Adam, et in uno iniquitas, in uno iustitia: iniquitas in Cain, iustitia in Abel.

170,19 A 574: Sed quare hoc? Quod posuit in medio psalmo, hoc et in fine: ... - Vgl. v. 13.

P s a l m   49

170,24 C 440: *A s a p h* filius[1] Barachiel, qui in Paralipomenon (vgl. I Par. 6,31.39) legitur electus inter quatuor cantorum magistros, ut instrumentis musicis psalmos Domino personaret. Hic pro sui nominis significatione in hoc titulo meruit adhiberi, non auctor psalmi, sicut et de aliis dictum est; sed musicus egregius, qui nobis per uocabulum suum aliquid indicaret. Huius enim nominis significatio, quae apud Hebraeos semper est plena mysteriis, indicat Synagogam, quae in hoc psalmo loquitur. Sed hic illa fidelis Domini Synagoga intellegenda est quae et uenturum Christum credidit, et aduentum eius gloriosa expectatione suscepit: in qua fuerunt patriarchae, prophetae, Nathanael, ipsi quoque apostoli et reliqui sincera deuotione credentes.

171,5 A 575: Manifestum est ergo, quia homines dixit *d e o s*, ex gratia sua deificatos,[2] non de substantia sua natos.

171,7 A 575: Loquendo autem quod egit?

171,8 A 577: Qui *t e r r a m   u o c a u i t*, et totam *t e r r a m   u o c a u i t*; ... totum redemit; partes autem calumniantes condemnauit.

C 441: *T e r r a m* hic genus hominum debemus aduertere, quod per totum orbem terrarum uidetur esse diffusum. Sed propter illud quod habitat, positum est quod inhabitatur. ... Hoc enim fecit sanctae incarnationis aduentus, ut uniuersas gentes prauis erroribus sauciatas ad credulitatem suae remedia pius Medicus inuitaret;[3]

---

1 CSg: filius fuit
2 CSg: et gratia sua dii factos (!)
3 R 114ra: *E t   u o c a u i t*, sed ad se [= suam?] fidem, *t e r r a m*, id est, homines terram incolentes, omne genus hominum uidelicet, quod duobus modis *u o c a u i t* ad fidem suam Christus, electione et praedicatione.

171,11 C 441: Hic Ierosolyma significatur, intra quam ciuitatem mons iste puris mentibus uelut aurea massa resplendet. De hac enim urbe exeuntes apostoli *s p e c i e m   d e c o r i s* Christi annuntiauerunt in toto orbe terra-[442]rum;

A 577: Quod uero *e x   S i o n   s p e c i e s   d e c o r i s   e i u s*, quod inde coepit decus euangelii eius, quod inde annuntiari coepit speciosus forma prae filiis hominum (vgl. Ps 44,3), concordat uerbis Domini dicentis: *Incipientibus ab Ierusalem* (Luc. 24,47). ... [578] ... Erat gloriae *s p e c i e s* in diuinitate; sed haec latebat in carne.

171,13 A 579: Qui *u e n i t* occultus, *u e n i t   m a n i f e s t u s*; *u e n i t* occultus iudicandus, *u e n i e t   m a n i f e s t u s* iudicaturus;

171,16 C 442: *S i l e t* enim modo ... Tunc autem *n o n   s i l e b i t*, quando sceleratis dicturus est: *Ite in ignem aeternum*, ... (Matth. 25,41).

171,18 A 580: Quia uero ad iudicium *ueniet*, sequentia docent. *Ignis ante eum praeibit* (Ps 96,3). Timemus? Mutemur, et non timebimus. *I g n e m* palea timeat;[4] auro quid facit? (~C 442)

171,21 A 581: *V a l i d a   t e m p e s t a s*, uentilatura tam magnam aream. ... In illa uero separatione fit quaedam malorum[5] et bonorum distinctio.

C 442: sed diuina po-[443]tentia uehemens consurgit spiritus, ut area Domini aequitatis eius sententia uentiletur; tunc frumenta sequestrat a paleis, hoc est, bonos discernit ab impiis,

Br 1027 B: Et in alio loco dicit: *Purgabit aream suam, et congregabit triticum in horreum, paleas autem comburet igni inexstinguibili* (Luc. 3,17). Notker folgt vielmehr Matth. 3,12.

172,1 C 443: Hoc certe facturus est in illo iudicio. ... Sed *c a e l u m* hic omnem iustum debemus accipere, *t e r r a m* peccatorem;

172,2 A 585: A quibus, nisi a malis?

C 443: In fine autem mundi *caelum aduocat*, ut iustos iam *d i s c e r n a t* ab impiis, ne ulterius, sicut hic, confusis habitationibus misceantur.

172,4 C 443: Nunc Synagoga Christi uerba facit ad angelos, qui ministerio suo in fine saeculi *s a n c t o s* de uniuerso mundo, sicut legitur,

---

4 CSg: timet
5 CSg: *fehlt*.

c o n g r e g a b u n t. Dicit enim ipse Dominus in euangelio: *Mittet angelos suos et congregabunt ante eum omnes gentes* ... (vgl. Matth. 24,31; 25,32).

172,9.11 C 443: *O r d i n a r e* dicimus *t e s t a m e n t u m* eos qui actibus bonis restituunt ea quae in *t e s t a m e n t i* serie cognouerunt, ut hospitem suscipere, eleemosynam dare, caritati studere. Hoc enim *s u p r a s a c r i f i c i u m* pecudum Domino constat acceptum, ...

172,11 A 586: ... *q u i d i s p o n u n t ... s a c r i f i c i a* ; id est, qui cogitant de promissis eius super illa quae operantur. Ipsa enim sunt *s a c r i f i c i a*, Deo dicente: *Misericordiam uolo plus quam^6 sacrificium* (Os. 6,6; Matth. 9,13).

172,14 C 444: Superiora excolit, per^7 *c a e l o s* significans iustos uiros, ... Addidit *q u o n i a m D e u s i u d e x · e s t*; ac si diceret, qui nescit falli;

172,16 C 441: Sequenti uero parte ipse Rex loquitur Christus, ... [444] ... in qua iam Veritas ipsa ex persona propria loquitur. ... *E t l o q u a r*, subaudi profutura; quod si non audieris, consequitur ad interitum tuum, taceam.

A 587: Ille qui *ueniet et non silebit* (v. 3), uidete quia et modo, si *a u d i t i s, non silet: A u d i*, ... *t i b i*. Nam^8 si non *a u d i s*, non *l o q u a r* tibi. *A u d i, e t l o q u a r t i b i*.^{8} Nam si non *a u d i s*, etsi *l o q u a r*, non *t i b i*. Quando ergo *t i b i l o q u a r ?* Si *a u d i s*. Quando *a u d i s* ? Si populus meus es.

172,19 C 444: *T e s t i f i c a r i* uero est testimonium dicere; ... Sequitur: *q u o n i a m D e u s D e u s t u u s e g o s u m*. Hoc erat quod *p o p u l u m a u d i r e* sub contestatione praemonebat;

172,20 A 587: *S u m D e u s,* et *t u u s s u m D e u s*; et si *t u u s non sim D e u s, s u m D e u s*. Bono meo *s u m D e u s*, malo tuo non *s u m D e u s t u u s*. ... *D e u s, D e u s t u u s s u m e g o*. Quid uis amplius? Praemium quaeris a Deo, ut aliquid tibi det Deus, ut quod tibi dederit tuum sit? Ecce ipse *D e u s* qui dabit, *t u u s e s t*. Quid eo ditius? Dona quaerebas, ipsum donatorem habes.

---

6 CSg: et non *statt* plus quam (!)
7 CSg: *fehlt.*
8 CSg: Nam *bis* tibi *fehlen durch homoioteleuton.*

172,25 A 588: Non tibi dicam: Quare non mihi pinguem taurum mactasti? quare non de grege tuo optimum hircum elegisti?

173,2 A 587: Quid quaerit ab homine, uideamus. Deus noster, imperator et rex noster, quod uectigal nobis indicit, quoniam uoluit esse rex noster, et uoluit nos esse prouinciam suam? Au-[588]diamus indictiones eius. Non trepidet pauper sub indictione Dei; ... *holocaustum* autem est totum igne absumptum. Est quidam ignis flagrantissimae caritatis: animus inflammetur caritate, arripiat eadem caritas membra in usum suum, non ea permittat militare cupiditati, ut totus exardescat igne amoris diuini qui uult offerre Deo *holocaustum*.

173,10 A 588: Praenuntiat Testamentum Nouum, ubi omnia illa sacrificia uetera cessauerunt. Erant enim tunc praenuntiantia futurum quoddam sacrificium, cuius sanguine mundaremur.

173,12 A 588: Quid a te quaeram quod ego condidi?[9] ... Sed forte ait ille Israel: *Bestiae* Dei sunt, illae *bestiae* ferae quas non includo in curte mea, quas [589] non alligo ad praesepe meum; ceterum *bos* ille et ouis et hircus, mea sunt haec. ... Ergo meae sunt *bestiae siluae* quas tu non cepisti; mea sunt et *pecora in montibus* quae sunt tua, et *boues* qui sunt ad praesepe tuum: omnia mea sunt, quia ego creaui ea.

173,16 A 589: Alia est notitia Dei, alia hominis; ... Vnum tamen scio, quia et antequam essent omnia *uolitilia caeli*, nouerat Deus quod fuerat creaturus.

173,17 A 589: *Et species agri mecum est*. Pulchritudo *agri* ubertas omnium in terra gignentium, *mecum est*, inquit. Quomodo cum illo? ... [590] ... Et quare apud ipsum omnia? Quia et antequam essent omnia aut crearentur, ei nota erant omnia.

173,21 A 590: Noli ergo laborare quid mihi des, sine labore habeo quod uolo.

173,23 A 590: nihil tale Deo offerre cogitetis.

173,25 A 590: Dicamus illi et nos: *In me sunt, Deus, uota tua, quare reddam laudis tibi* (Ps 55,12). Expaueram ne aliquid indiceres quod esset extra me, quod [591] computabam in curte mea, et a fure iam forte ablatum erat. Quid mihi indicis? *Immola Deo sacrificium laudis*. ... *O sacrificium* gratuitum, gratia datum! ... Et haec immolatio *sacrificii laudis*, gra-

---

9 CSg: non dedi

tias agere illi a quo habes quidquid boni habes, et cuius misericordia tibi dimittitur quidquid tuum mali habes.

174,3 A 591: *R e d d e   A l t i s s i m o   p r e c e s   t u a s.*[10]

174,7 C 448: Ventum est ad tertiam sectionem, ubi iterum *Asaph*, id est, deuota Synagoga reloquitur. ... [449] ... *T e s t a m e n t u m* uero Vetus et Nouum significat;

174,10.12 A 593: *T u   u e r o   o d i s t i   e r u d i t i o n e m. O d i s t i* disciplinam.

174,16 A 594: quia etsi non facis, et laudas quod fit, adstipulator es facti; ... Non facis mala, laudas mala facientes. Hoc enim paruum malum est?

C 449: Arguit enim peccatorem, quare simul *c u m   f u r e* concurrat, id est, cur ad faciendum scelus sociata uoluntate iungatur; ut quod forsitan ille solus implere non poterat, ad effectum[11] sceleris, isto auxiliante, perueniat?

174,17 C 449: *O s* hic cogitationem cordis debemus aduertere, quia postea de *lingua* dicturus est.

A 594: sed ut ostenderet tibi quamdam delectationem in ipso malo facto, *a m p l e x a   e s t* dixit. ... tu nosti mala esse, et laudas, et irrides apud te.

174,20 A 594: Maleuolentiam et *d o l o s i t a t e m*, fratres, quorumdam hominum dicit, qui per adulationem, quamuis sciant mala esse quae audiunt, ne offendant eos a quibus audiunt, non solum non reprehendo, sed tacendo consentiunt.[12]

174,21 A 594: Et [595] ipsum *s e d e n s* ad hoc pertinet quod superius dixit: *amplexa est.* Qui enim stans aut transiens facit, non cum uoluptate[13] facit; qui uero ad hoc *s e d e t*, quantum otium quaerit ut faciat!

C 450: *S e d e r e* morantis est; et ideo culpatur grauius quia in derogatione alterius non casu aliquo faciente dilapsus est, sed diutinus fratris sui detractor insedit. *F r a t r e m* hic omnem carne proximum debemus accipere, quia et de spiritali dicturus est.

174,24 C 450: *F i l i u m   m a t r i s*, sobolem dicit Ecclesiae, ... *P o n i t*

---

10 zu 174,6 vgl. R 115vb: *E t   h o n o r i f i c a b i s   m e*, subaudiendum, laude tua.
11 CSg: affectum
12 CSg: *fehlt.*
13 CSg: uoluntate

ergo *s c a n d a l u m* fratri suo, qui haereticas prauitates, uel alias interceptiones, quibus innocens capiatur, excogitat.

174,25 A 596: A uindicta supersedi, seueritatem meam distuli, patientiam tibi prolongaui, paenitentiam tuam diu expectaui.[14]

175,1 A 596: Quando *Deus manifestus ueniet, Deus noster, et non silebit* (v. 3), *a r g u a m t e*.

175,3 A 596: Modo te non uides; facio ut uideas te. Quia si uideres te, et displiceres tibi, placeres mihi; quia uero non te uidens placuisti tibi, displicebis et mihi et tibi; mihi cum iudicaberis; tibi, cum ardebis.

175,8 C 451: quando Dominus ad uindictam trahit, non est qui liberare possit addictum;

175,10 A 598: Nemo mihi offert hoc *s a c r i f i c i u m l a u d i s*, et malus est. Non dico: Non hoc mihi offerat malus; sed: Nemo mihi hoc offert malus. Qui enim laudat, bonus est, quia si laudat, etiam bene uiuit;

175,12 A 598: Quod est *s a l u t a r e D e i* ? Christus Iesus.

C 451: *I t e r* appellat beatissimam psalmodiam. ... [452] ... Quod si puro corde gradiamur, nos ducit ad Christum, fitque nobis illa scala Iacob quae ascendentes perducebat ad caelos.

P s a l m   50

175,16 A 600: *B e r s a b e e* erat mulier uxor aliena. ... Huius mulieris uxoris alienae pulchritudine captus rex et propheta *D a u i d*, ... adulterauit eam. Hoc in isto psalmo non legitur, sed in titulo eius apparet; in libro autem Regnorum (vgl. II Reg. 11; 12,1-14) plenius legitur. ... Huius autem maritum in bello occidendum curauit; homocidio auxit adulterium; et post hoc factum missus est *a d e u m N a t h a n p r o p h e t a*, missus a Deo, qui eum argueret de tanto commisso. ... [602] ... audi *D a u i d* gementem.[1] ... audi gementem, ... audi flentem, ...

175,20 A 602: adtendat quidem uulneris magnitudinem, sed non desperet medici

---

14 R 116va: ... *e t t a c u i*, id est, patienter sustinui. *E x i s t i m a s t i ... s i m i l i s*. O inique, *e x i s t i m a s t i*, id est, putasti me *s i m i l e m*, dum te peccantem patienter sustinui, ...

1 CSg: agentem

maiestatem. ... [603] ... Subueni graui uulneri secundum *m a g n a m medicinam tuam*.

175,24 Vgl. 180,22 und 311,13 sowie Tob. 4,16: *Quod ab alio oderis fieri tibi, uide ne tu aliquando alteri facias*; Matth. 7,12: *Omnia ergo quaecumque uultis ut faciant uobis homines, et uos facite illis*.

176,1 A 603: Quid est: *M a g i s   m a g i s q u e   l a u a ?* ... *M a g i s   m a g i s q u e   l a u a* peccata scientis, qui abluisti peccata ignorantis.

176,4 A 603: Vide enim quem inuoces; iustum inuocas: odit peccata, si iustus est, uindicat in peccata, si iustus est; non poteris auferre a Domino Deo iustitiam eius. Implora misericordiam, sed adtende iustitiam: misericordia est ut ignoscat peccanti, iustitia est ut puniat peccatum. Quid ergo? Quaeris misericordiam, peccatum impunitum remanebit? Responderit Dauid, responderint lapsi, responderint cum Dauid, ut misericordiam mereantur sicut Dauid, et dicant: Non, Domine, non erit impunitum peccatum meum; noui iustitiam eius, cuius quaero misericordiam; non impunitum erit, sed ideo nolo ut tu me punias, quia ego peccatum meum punio; ideo peto ut ignoscas, quia ego *a g n o s c o*.

176,6 A 603: Non posui post dorsum meum quod feci, non intueor alios oblitus mei, ...

Al 583 C: *D e l i c t u m* nostrum contra nos ponimus, uel *c o r a m* nobis *s e m p e r* habemus, quando in memoria illud iugiter tenemus ad supplicandum pro eo, ...

176,8 A 605: Quia tu *s o l u s* sine peccato. Ille iustus punitor, qui non habet quod in illo puniatur; ille iustus reprehensor, qui non habet quod in illo reprehendatur.

C 457: De populo si quis errauerit et Deo peccat et regi. Nam quando rex delinquit, *s o l i* Deo reus est, quia hominem non habet qui eius facta diiudicet. Merito ergo rex Deo tantum se dicit *p e c c a s s e*, quia *s o l u s* erat qui eius potuisset admissa discutere.

176,11 C 457: Et quia illum ubique esse nouerat, iure *c o r a m* ipso *m a l u m* se *f e c i s s e* deplorabat, arguens dementiam suam, qui non expauit tanto iudice praesente peccare.[2]

---

[2] Zu 176,12 vgl.R118ra: *V t ... t u i s*, faciendo ut Filius tuus nascatur ex semine meo sicut promisisti; *i u s t i f i c e r i s*, id est, iustus praediceris et uerax in tuis promissionibus. *E t   u i n c a s*, explendo illas, *d u m   i u d i c a r i s* a populis. Aliter: *i u s t i f i c e r i s*, indulgentiam peccati dando ad te conuersis, sicut promittis, *e t   u i n c a s*, remittendo peccata, *d u m   i u d i c e r i s* non posse dimittere.

176,13 Zum Bibelzitat vgl. Ps 131,11.

176,14 A 605: Patior, inquit, indignus pro dignis,³ ut eos dignos faciam uita mea, pro quibus indigne patior mortem illorum.

176,19 C 457: Hic inuidia peccati minuitur, quando proprium crimen delictis generalibus comparatur; ut ipsa multitudo et confessio peccatorum miserationem boni iudicis commoueret. Ergo iste sensus est: quid dicam me modo fecisse quae arguor, qui iam ex originali peccato *in iniquitatibus* probor *esse conceptus*, ut ante peccata contraxerim quam uitae principia reperissem? ... Neque enim nouum est illum peccare, qui *in iniquitatibus conceptus et in delictis* est genitus.

A 606: Numquid Dauid de adulterio natus erat, de Iesse uiro iusto et coniuge ipsius? Quid est quod se dicit *in iniquitate conceptum*, nisi quia trahitur *iniquitas* ex Adam? ... Nouimus enim et baptismo Christi solui peccata, et baptismum Christi ualere ad remissionem peccatorum. ... Praeter hoc uinculum concupiscentiae carnalis, natus est Christus sine masculo, ex uirgine concipiente de Spiritu sancto.

176,24 C 459: ... sic iterum per suam confessionem sibi supplicat subueniri, quoniam in confitendo peccato *ueritatem* dixit, ... Non enim Deus delectatur poenis nostris, sed confessionem quaerit erroris, sicut scriptum est: *Nolo mortem peccatoris sed ut conuertatur et uiuat* (Ez. 18,32). - Zu PVRA ... MORTE vgl. 517,20; es ist kein Bibelzitat.

177,2 C 460: Onus aliud addit reatui suo, ut cum beneficia numerat, culpa semper accrescat. *Incerta* ergo *et occulta* sunt quae Deus illi in Filii sui manifestatione reuelauit. Primum ut agnosceret eum habere Filium, deinde ut ipsum nosset ex suo semine in carnis assumptione uenturum; ... et inde non se dicit debuisse peccare, cum talia meruisset agnoscere.

177,5 C 460: Et in libro Leuitico (vgl. Leu. 14,6-7), immolato sanguine intincta, supra leprosi corpus septies solebat *aspergi*: significans pretioso sanguine Domini Saluatoris maculas peccatorum efficaciter esse diluendas.

177,10 C 460: ... sed etiam *super niuem* puritatem animae relucentis ostendunt. *Super niuem* autem album in corporibus nil potest

---

3 CSg: dignus pro indignis

inueniri; sed ideo *s u p e r   n i u e m* dixit, quia spiritalis anima longe supra corpora mundata resplendet.

177,13 C 461: Hoc est autem audire *g a u d i u m   e t   l a e t i t i a m*, quod promittitur absolutis: *Venite, benedicti Patris mei, percipite regnum quod uobis paratum est ab initio mundi* (Matth. 25,34).

177,16 C 461: Per *o s s a* uero significantur animi firmamenta, quae necesse fuerat omnino humiliari, quamdiu paenitens iste potuisset absolui.

177,17 A 609: Feliciores sunt qui audiunt, quam qui loquuntur. Qui enim discit, humilis est; qui autem docet, laborat ut non sit superbus, ... Credite cordi nostro quod uidere non potestis; ... Cum autem ipsum aliquid suggerentem et docentem intus audimus, securi sumus, securi gaudemus; sub magistro enim sumus, illius gloriam quaerimus, illum docentem laudamus, delectat nos ueritas eius intus, ... Et ideo quia humilis, audiet. Qui audit, qui uere audit et bene audit, humilis audit; gloria enim in illo est a quo audit quod audit. Posteaquam dixit:[4] *A u d i t u i ...   l a e t i t i a m*; continuo demonstrauit quid faciat auditio: *E x u l t a b u n t   o s s a   h u m i l i a t a*. ... Inde et ille humilis magnus, ... Iohannes ille Baptista, dans gloriam magistro suo et ideo amico suo, ... (... [610] ... et uide humilitatem de *a u d i t u*) ait: *Qui habet sponsam, sponsus est; amicus autem sponsi stat et audit eum*. ... Audistis *a u d i t u m*; ubi est *e x u l t a t i o   e t   l a e t i t i a* ? Continuo sequitur: *Stat et audit eum, et gaudio gaudet propter uocem sponsi* (Ioh. 3,29).

178,1 C 462: Petit ergo propheta tale *m u n d u m   c o r* sibi *c r e a r i*, quod iam peccatis impellentibus[5] commoueri minime potuisset ad culpam; sed stabilitate defixum, bonum non possit mutare propositum. ... Et intuere quanta uiuacitate se desideret expiari, ut intellegas eum nullum tale ulterius committere uoluisse delictum.

178,2.9 A 610: Per factum, inquit, meum inueterata erat atque curuata rectitudo *s p i r i t u s* mei. ... [612] ... Siue ergo hoc ita sit, siue *s p i r i t u m   r e c t u m* ipsius hominis accipi uoluit, dicens: *S p i r i t u m ... m e i s*, quem curuaui et distorsi peccando, ut iam *S p i r i t u s* sanctus ipse sit *s p i r i t u s*

---

4 CSg: audit, quod posteaquam dixi.
5 CSg: inplentibus

p r i n c i p a l i s, quem et *a u f e r r i* a se noluit, et eo se uoluit *c o n f i r m a r i*;

C 462: Addidit *i n   u i s c e r i b u s*, unde nouerat adulterii detestabile crimen exiisse.

178,6 Br 1032 B (zu v. 12): *C o r   m u n d u m   c r e a   i n   m e , D e u s*, quo te uideam.

178,8 C 463: Solum *s p i r i t u m* prophetiae sibi *n o n   a u f e r r i* petiit, quem pretiosum supra cuncta rex habuit.

178,9.11 A 612: *R e d d e* quam habebam, quam peccando amiseram; ... *s a - l u t a r i s   t u i*; utique Christi tui.

C 463: Redit ad Filium Dei, quem ut ostenderet Christum, dixit, *s a - l u t a r i s   t u i*, cuius natiuitate salus gentibus uenit; ... *R e d d e*, dixit, quia sibi nescio quid gratiae senserat imminutum, quoniam ab illa gratia *s a l u t ̄a r i*⁶ tantum quis recedit, quantum se reprehensibili conuersatione tractauerit. Nam cum dicit: *R e d d e ... t u i*, gratiam se Spiritus sancti sine dubio amisisse cognouerat, quam fragilitas humana non potest habere cum peccat.

178,13 A 612: quoniam scriptum est: *Deus spiritus est* (Ioh. 4,24). ... in *s p i r i t u   p r i n c i p a l i* Patrem. ... In quo *c o n f i r - m a* ? Quia ignouisti mihi, quia securus sum non mihi imputari quod donasti, ex hoc factus securus, atque ista gratia *c o n f i r m a - t u s*, non ero ingratus.

C 463: *C o n f i r m a   m e*, dixit, ne iterum peccem, ...

178,17 A 612: *D o c e a m   i n i q u o s* ex *i n i q u o*; id est, qui fuerim et ego *i n i q u u s*, iam non *i n i q u u s*, ... Si peccatum Dauid impietati deputatur, non de se desperent *i m p i i*, quia pepercit Deus *i m p i o*;

178,19 A 613: Ita plenus es adipe misericordiae, ut *a d   t e   c o n u e r - s i s*, non solum quibuslibet peccatoribus, sed etiam *i m p i i s* non sit desperandum.

C 465: Dicit itaque: Quoniam si prophetae parcatur, delinquenti⁷ spes remissionis maxima concedatur. Quis enim ad conuersionem non daret animum, ubi rex et propheta concessae sibi ueniae praestabat exemplum?

178,22 A 613: Quare ergo pluraliter dixit: *d e   s a n g u i n i b u s* ? In

---

6 CSg: salutaris
7 CSg: delinquentibus

multis *s a n g u i n i b u s*, tamquam in origine carnis peccati, multa peccata intellegi uoluit. ... et eas [iniquitates suas] tribuens corruptioni carnis et *s a n g u i n i s*, *l i b e r a   m e*, inquit, *d e   s a n g u i n i b u s*; hoc est, *L i b e r a   m e* ab iniquitatibus, munda me ab omni corruptione. Incorruptionem enim desiderat qui dicit: *L i b e r a   m e   d e   s a n g u i n i b u s*; *quia caro et sanguis regnum Dei non possidebunt, neque corruptio incorruptionem* (I Cor. 15,50). ... [614] ... Qui perseuerauerit usque in finem, ipsa est illa patientia: hic saluus erit (vgl. Matth. 10,22; 24,13), ipsa est *s a l u s* quam nondum habemus, sed habituri sumus.

179,2 C 466: Illud praeterea uidetur afferre nonnullis aliquam quaestionem, quare post absolutionem delicti dixerit: laudabo *i u s t i t i a m   t u a m*; et non magis quod aptum erat posuit: laudabo pietatem tuam? ... Sed si causam profunda ratione consideres et *i u s t i t i a e* diuinae fuit, ut audiret ad se clamantem, parceret supplicanti, et susciperet confitentem.

179,5 A 614: *L a u d e m   t u a m*, quia creatus sum; *l a u d e m   t u a m*, quia peccans non derelictus sum; *l a u d e m   t u a m*, quia ut confiterer admonitus sum, *l a u d e m   t u a m*, quia ut securus essem mundatus sum.

Al 586 B: *L a b i a* prophetae, quae clausa fuerant conditione peccati, beneficio absolutionis aperienda pronuntiantur.

179,8 C 466: Reum se culpa interueniente cognoscens humilis precator, insinuat potuisse quippe regem facile *s a c r i f i c i a* pecudum offerre, quae adhuc illo tempore pro peccatorum expiationibus pendebantur, si *h o l o c a u s t a* Dominus libenter assumeret. Nam quod dicit, *h o l o c a u s t i s   a u t e m   n o n   d e l e c t a b e r i s*, significat ritus sacrorum per immolationes pecudum, qui erant aduentu Domini respuendi.

A 614: Nonne in his uocibus nos agnoscimus? Erant illa *s a c r i f i c i a* figurata, praenuntiantia unum salutare *s a c r i f i c i u m*.

179,13 C 467: Dicit ... quod sit acceptius *s a c r i f i c i u m* quod offertur Deo, id est, *s p i r i t u s   c o n t r i b u l a t u s*.

179,15 Vgl. C zu 179,22.24.26. - A 615 (zu v. 21): *T u n c   a c c e p t a b i s   s a c r i f i c i u m   i u s t i t i a e*. Modo autem *s a c r i f i c i u m* pro iniquitate, *s p i r i t u m   c o n t r i b u l a t u m   e t   c o r   h u m i l i a t u m*;

179,11.15 Zum liturgischen Ausdruck *salutaris hostia* vgl. Pflieger, 604-606.

179,18 A 615: unus uidebatur deprecari Dauid, uidete hic imaginem nostram et typum Ecclesiae. ... Huic S i o n   b e n i g n e   f a c. Quae est S i o n ? Ciuitas sancta.

C 468: Supplicat itaque ut, quoniam Synagoga posita sub lege peccauit, per gratiam Christi succedens S i o n, hoc est, catholica firmetur Ecclesia.

179,20 A 615: Munimenta construantur immortalitatis nostrae, in fide, et[8] spe, et caritate.

179,22 C 468: id est, Filii tui gloriosissimam passionem, qui se s a c r i f i c i u m pro omnibus obtulit;

179,24 A 615: Quae sunt h o l o c a u s t o m a t a ? Totum igne consumptum. Quando totum pecus imponebatur arae igne consumendum, h o l o c a u s t u m dicebatur. Totos nos diuinus ignis absumat, et feruor ille totos arripiat. Quis feruor? ... De quo dicit apostolus: *Spiritu feruentes* (Rom. 12,11).

C 468: Sequitur o b l a t i o n e s   e t   h o l o c a u s t a. Istud iam ad fideles pertinet Christianos, qui erant post aduentum Domini credituri;

179,26 C 468: sacerdotes scilicet, quando Ecclesia catholica fuerit Domini passione constructa. ... Dictum enim est per figuram allegoriam, quae aliud dicit, aliud significat. V i t u l o s quippe posuit, aut pro innocentibus adultis, quorum aetas prima est ... [469] ... Siue illos praedicatores euangelii promittit, ... Siue illos magis u i t u l o s debemus aduertere, qui animas suas in hostiam suauitatis sacris altaribus obtulerunt. ... Quapropter siue de adolescentibus, siue de praedicatoribus, siue de martyribus sentiatur.

A 614: Noli extrinsecus pecus quod mactes inquirere, habes in te quod occidas.[9]

---

8 CSg: *fehlt*. (!)
9 Nach dem *Martyrologium Romanum* fällt das Fest des Laurentius auf den 10. August, der Vincentius-Gedenktag auf den 6. August. Hat Notker diesen Psalm während dieser Zeit ausgearbeitet? Allerdings wird nach dem St. Galler *Kalendarischen Verzeichnis der hagiographischen Texte, 9.-15. Jahrhundert* (*MBK*, 89-99) eines "Vincentii martyris" am 22. Januar (92: "XI. Kal. Feb.") gedacht, zusammen mit Anastasius (wie heute), während zum 6. August Vincentius nicht erwähnt wird. Beide gleichnamige Märtyrer sind verschiedene Personen. Notker dürfte den berühmteren Vincentius (Fest: 6. August) gemeint haben.